Risk Finance View

风险财政观

刘尚希 等著

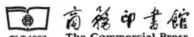

图书在版编目（CIP）数据

风险财政观 / 刘尚希等著 . —北京：商务印书馆，2024
ISBN 978-7-100-23303-3

Ⅰ.①风… Ⅱ.①刘… Ⅲ.①财政管理—风险管理—研究 Ⅳ.① F811.2

中国国家版本馆 CIP 数据核字（2024）第 003805 号

权利保留，侵权必究。

风险财政观
刘尚希　等著

商务印书馆出版
（北京王府井大街36号　邮政编码100710）
商务印书馆发行
北京盛通印刷股份有限公司印刷
ISBN 978 - 7 - 100 - 23303 - 3

2024 年 9 月第 1 版　　　开本 880×1230　1/32
2024 年 9 月北京第 1 次印刷　印张 16¼

定价：78.00 元

参与本书撰写人员

刘尚希　中国财政科学研究院研究员
刘　晔　厦门大学经济学院财政系主任、教授
马　珺　中国社会科学院财经战略研究院税收研究室主任、研究员
崔惠玉　东北财经大学财政税务学院教授、人事处处长
李　华　山东大学经济学院教授

代序
风险财政观的基本逻辑

中国哲学社会科学的发展，"要按照立足中国、借鉴国外，挖掘历史、把握当代，关怀人类、面向未来的思路，着力构建中国特色哲学社会科学，在指导思想、学科体系、学术体系、话语体系等方面充分体现中国特色、中国风格、中国气派"。[①]这为中国特色社会科学的发展指明了方向。"加快构建中国特色哲学社会科学，归根结底是建构中国自主的知识体系。要以中国为观照、以时代为观照，立足中国实际，解决中国问题，不断推动中华优秀传统文化创造性转化、创新性发展，不断推进知识创新、理论创新、方法创新，使中国特色哲学社会科学真正屹立于世界学术之林。"[②]构建中国自主财政知识体系，是当今财政理论研究者的使命，要立足我国的国情、制度特点和历史文化，从古今中外的思想资源和财政实践中汲取灵感和经验，积极主动探索，不断创新理论和政策，为国家治理现代化奠基，助力中国式现代化建设。

[①] 习近平：《加快构建中国特色哲学社会科学》，《习近平著作选读》第一卷，人民出版社2023年版。

[②] 《习近平在中国人民大学考察时强调：坚持党的领导传承红色基因扎根中国大地走出一条建设中国特色世界一流大学新路》，详见https://www.gov.cn/xinwen/2022-04/25/content_5687105.htm。2023-06-30。

世界的本质是不确定的。进入风险社会，是新时代的一个基本特征，这就要求财政基础理论创新必须转变思维范式和研究范式，打破传统的确定性世界观，代之以不确定性世界观。在不确定性世界观中，人类生存和发展的前提是防范和化解公共风险，在不确定性中构建确定性。正如乌尔里希·贝克《风险社会》这本书所写的，在风险社会里，"过去"丧失了它决定"现在"的权力，取而代之的是"未来"。也就是说，某些不存在的、设计的、虚构的事物，成了当下经验和行动的"原因"。我们今天的行为导向，应转向未来的风险，以避免、缓解或预防明后天的问题与危机。重新认识风险、风险社会，意味着我们对世界、对财政，以及对财政学、财政学科、财政话语体系的认知框架都要发生重大转变，而且，这种转变将是颠覆性的。防范和化解公共风险，构建社会共同体生存、发展的确定性，是风险社会财政的基本职能。因此，应以公共风险为逻辑起点，以整体观和行为主义为逻辑线索，实施财政基础理论创新和财政学重构。

一直以来，我们以公共风险为逻辑起点，推动具有中国特色的财政理论创新和财政学理论体系重构。20世纪90年代，关于公共财政理论的探讨如火如荼。当时，我们就已经意识到各界聚焦于政府、市场二元论以及基于工业社会基础上的传统财政经济理论在解释和指导我国财政实践时存在内在逻辑缺陷，风险社会的到来，更是催唤新的理论和相应的制度安排。在进入21世纪之后，我们结合中国及世界各国财政改革发展的实践，开始了风险财政理论的探索，关注如何通过财政制度创新、财政政策创新来注入确定性，对冲来自国内外的不确定性冲击，防范化解公共风险，努力实现经济稳定、金融稳定和社会稳定，为我国的可持续发展提供理论支撑。

一、传统财政经济理论的局限性

推动财政理论创新，需要重新认识我们当下所处的社会。现实社会在金融化和数字化之下加速成为一个"虚拟社会"，尤其是数字革命，很多新的数字技术不断涌现，把原来实体三维空间存在的东西呈现在超三维的虚拟世界中，在快速改变人类生存方式和生产、生活方式。过往，这些场景只会在科幻电影中出现，现在的人类生活，已经在虚拟世界和实体世界两者叠加的状态之中，经济交易、社会生活已经突破了物理时空的限制。一手交钱、一手交货的时代已经过去，供求关系进入了没有物理时空限制的虚拟世界当中，极大地拓展了"可交易性"；交易对象也越来越多地变为虚拟的抽象权利，新增的社会财富越来越以虚拟形态呈现。金融化叠加数字化，导致人类的生存与发展越来越呈现出虚拟化特征，这也是人类文明演化的新特征，是一种颠覆性的人类文明形态的重塑。

人类越来越依赖虚拟化生存，加快了风险社会的形成。为什么说人类社会进入了风险社会呢？过去没有风险，难道现在才有风险？从过去到现在，风险总是伴随着人类，过去的风险多处在人与自然的关系这个维度，而当前的风险主要存在于人与人的关系这个维度。在这个维度，风险的内涵则更多地与人类制定的规则相关。风险的来源是什么？风险与规则、秩序相关。为什么要有规则，为什么要有秩序？在工具意义上就是防范化解风险，为人类生活注入确定性。没有规矩不成方圆，没有秩序则使社会陷入混乱，那就变成一个混沌、混乱的风险世界。但是规则和秩序构建越来越滞后，这与人类社会发展，文明演化的加速度有关系。人类社会发展不是一个匀速运动，从一个时间跨度来讲，农业社会是千年一变，到了工业社会百年一变，数字社会十年一变，ChatGPT出来以后，下一步会带来什么样的颠覆性变化难以预料。这个速度是加速度，所以在研究数字经济的时候我一再提出一个看法，在工业社会，落下的工业化有"补课"的机会，而进入数字社会，数字经济的发展差距一旦落下很难追赶。这就是我们当下状态的一个特征，这个加速度不断颠覆传统的规则和秩序。因此，我们的社会处于规则"破"的速度快于"立"的速度、实体逻辑在虚拟化过程中不断被打破、监管跟不上创新以及政策既对冲风险也可能制造新的风险状态中，这就要求我们的理论能够适应现实、解释现实，而且要前瞻现实。当前流行的财政学都是"经济财政学"，其理论建立在经济学基础之上。而确定性思维对经济学的影响是由来已久、根深蒂固的，尽管过去的经济学家们都意识到了不确定性和公共风险的存在，但大都是基于微观个体视角，等同于"偶然性"，这与经典物理学的"决定论"是联系在一起的。直到今天，包括经济学在内的主流哲学社会科学都仍是建立在基于确定性的"决定论"基础之上，尽管自然科学的发展早已经突破了决定论。不难想见，构建在确定性思维基础上的传统经济财政学，是半半拉拉的财政学，无法真正地和有效地认识财政的地位作用。透过表面的观点，传统经济财政学隐含着诸多不确定性元素和公共风险理念，如传统经济财政学讨论的政府与市场，实质都是化解公共风险的手段，或者说，是一种制度安排；传统经济财政学中的收入分配，其背后实际是风险分配，土地、劳动、资本等要素承担的风险不同，其占有的收入份额就不同，实质是按风险分配，收入是风险的报酬；传统经济财政学关注的制度实质上是防范化解公共风险的历史产物，否则，制度就没有必要存在；现代行为经济学和现代货币理论等已经触摸到公共风险理论的边缘。然而，在传统的经济财政学当中，确定性思维是基础，内嵌到了经济学逻辑当中，不可避免地存在与现实世界不相符的理论与逻辑缺陷，对公共风险认知也非常局限，最终陷入理论与现实脱节的处境。

  总结而言，传统的经济财政学在确定性世界中可以一定程度解释现实问题，但在不确定性的世界当中，传统的经济财政理论就出现了失灵，沿用老一套的确定性思维和分析方法，观察到的经济现象、社会现象和财政现象就会失真，会忽视很多东西，尤其是对风险的观察和认知。第一，基于确定性世界观的风险理论是基于过去，认为未来风险是在过去的延长线上的偏差。这种暗含的假设流行于各种计量模型和预测之中。不言而喻，基于过去的风险理论会忽视未来的多种可能性，尤其是对未来十字路口的认知会产生盲区，量变与质变的关系其实是高度不确定的，突变的拐点总是无法预测的，一旦面临这样的风险，可能毫无察觉，不由自主陷入风险和危机之中。历史上出现的各种危机都没有预见到，不然，就不会产生危机。第二，基于确定性世界观的风险理论认为风险是有规律可循的，只要掌握过去防范和化解风险的经验、方法，并将之形成制度，只要严格按照制度做出行动，就可以解决风险问题。然而，现实世界不是机械的，而是不确定性的，完全遵循成文制度行事的制度主义在一个快速变化的社会中越来越不相适用，用成文制度来定义的规则，难以应对复杂的不确定性，何况成文制度本身总是带有高度的模糊性。第三，基于确定性世界观的风险理论下的风险思维并非彻底的风险思维，而是基于"偶然性"的风险思维，是现象层面的认知，没有认识到世界的本质在于不确定性，确定性是现象，是构建的。一个人在水里没有沉下去，那是他学会了游泳，构建了自己的确定性。只有基于不确定性世界观的风险思维，才能更有效地解决风险问题。

推动财政理论创新需要我们从传统财政学的固有框架中跳出来。传统的经济财政学实际上是经济学的一个延伸，所以我们现在将财政学归在经济学底下的应用经济学科中，这种分类本身对财政学做出了定位。实际上，财政学不仅仅是经济学的延伸，这一点从预算收支就可以看出，其远远超出了经济本身。现在的财政理论，首先要从经济学的视角跳出来，要超越它，而不是否定它。现在的理论创新，建立在工业化时代的思维范式之上，经济学、财政理论都是如此。面对着风险社会，不确定性的时代，它的解释力越来越弱，现在实际上出现了很多新的现象，传统理论无法去解释。虚拟时代、虚拟社会的范式革命，已经悄然来临。大家如果研究数字化，这种感觉就更加明显。因此，这个时候需要"虚拟理性"，过去是实体理性，传统的概念就是基于实体理性，科学就是通过实验验证，凡能通过实验验证的，称之为科学，可证伪，不能证伪的东西就不能称之为科学。那风险能通过实验证伪吗？如何证明风险？那只能是让风险变成危机。若说通过努力，化解了风险，那怎么证明有风险呢？所以，从这一点来说，风险是不可证伪的。这跟基于实体理性的科学理念、科学方法、科学逻辑，实际上是不一样的。对于风险，只能是运用虚拟理性，通过"思想实验"来进行证伪。这个过程实际上也是识别风险的过程。

二、基于风险逻辑推动财政理论创新

在微观领域,尤其在金融学里面,研究风险应该是比较早的,在保险研究领域,风险这个概念早就有了。风险概念,支撑了保险学和保险市场的发展。我国虽没有风险概念,但是风险这种观念很早就存在,"天有不测风云""祸福相依""风起于青萍之末""生于忧患,死于安乐"等,就是讲的风险。所以把英文的"risk"翻译成中文"风险"十分贴切。风险这个概念其实就是一种虚拟思维的起步,过去在农业社会、工业社会,实体占主导,但现在已经是走向一个虚拟社会的时代。马克思曾提出虚拟经济,数字社会来临后,不仅是经济,整个社会快速进入虚拟化,虚拟化程度越来越高,跟我们建立在实体理性之上的认知实际上愈发背离。因此,从实体理性去观察越来越虚拟化的社会,其中很多问题越来越难以理解。

构建现代财政学,要以风险社会为背景,以公共风险作为逻辑起点,转向和坚持"以人为本",基于行为主义构建公共风险的治理机制,这样才能构筑起不倒的财政学大厦。我们基于风险逻辑对财政学开展研究,探讨其概念、内涵、外延、内在机理,进一步对照现实经济运行、财政体制、财政政策,试图找寻一些新解释,提出一些新的观点和改革措施,这是风险社会对理论研究、对财政学的新要求和新呼唤。

从公共风险的视角看,财政是一种社会机制,它动员、集中和使用社会资源,调节各种利益关系,化解社会共同体面临的公共风险,构建社会共同体发展的确定性。公共风险视角的财政体现着思维的改变和对财政的另一种认知。一是整体观。财政看问题要有全局视野,不只是财政的收收支支,不能局限于做一个"账房先生",否则就不能充分发挥其作为国家治理基础的木桶"底板"作用。因为财政是经济社会风险的最后一道防线,所以要跳出财政看财政,不能有自己一亩三分地的观念。防范化解公共风险的过程中要有全局意识、宏观视野和演化观念。二是确定性是构建的,不是发现的。财政要改革,制度要创新,都要基于公共风险导向,有什么样的公共风险,就要怎么去进行改革,以此对冲公共风险,构建新的确定性。规律是基于条件的,不知条件谈规律,等于没说。这就是说,各种规律带来的确定性也都是构建的,自然规律也不例外,何况人类社会的运行与发展。具体到财政预算编制、绩效评价、税收制度、收费制度等内容都是分散的碎片,缺乏统一的理论将其系统梳理归纳,在实际工作中很容易出现偏差,而这些问题都应当以公共风险为导向去考虑,统一到社会共同体公共风险的防范化解当中去。财政作为国家治理的基础和重要支柱,就应通过财政收支的功能化运用去对冲风险,给整个社会注入更大的确定性,这样才能让社会共同的公共风险最小化。三是以风险对冲风险。财政政策制定的目的是对冲风险,实际上是以财政风险作为一种工具去对冲公共风险,比如对冲疫情的风险、外部的风险。所以风险社会中政策的制定、调整,最基本的原理就是权衡风险。权衡风险的起点在财政风险与公共风险,若财政不可持续,在防范化解公共风险过程中就会产生"火上浇油"效应,导致公共风险蔓延扩散;若对财政风险的工具性功能认知不足,目标与手段颠倒,追求财政风险最小化,则会导致公共风险最大化。以财政风险为手段,以对冲公共风险为目标,这是不能颠倒的。赤字财政的实践实际上就蕴含了这种思维,从而打破了局限于财政自身的"平衡财政观"。赤字财政成为财政常态,反映出公共风险的演化在加速,而制度变迁跟不上。对风险进行排序,将首要风险摆在最重要的位置,最终在整个社会形成动态的"风险地图",并根据风险地图去调整财政政策。四是风险是分类、分层的,又是可相互转化的。从财政视角来观察,最典型的是公共风险、财政风险与债务风险,这既是三类风险,也是三个不同层次的风险,也是性质不同的风险,其对应的风险主体是不同的。公共风险是以整个社会共同体为主体的风险,属于整体性的风险,或说宏观风险;财政风险是以政府为主体的风险,政府作为公共主体承担公共责任,所以对公共风险负有兜底的责任;债务风险也是以政府为主体的风险,但此处政府作为民事主体出现,同样受民法的约束,比如政府作为债务人这一特殊法人出现时,必须履行偿债的责任和义务。但上述三类风险不是固化的,可相互转化,其复杂性由此而生,其转化的具体条件因时因地而异,很难有长期规律可循。因此,在财政政策制定过程中,需要辩证认识财政风险、债务风险和公共风险,需要辨证施治。

在研究风险财政学的过程中,我们也试图总结出一些基本的原理:风险循环原理阐释风险相互转换、动态演化、循环往复的过程,揭示了财政主动介入风险循环的重要意义。一个风险在不同的时间空间场景下,它的形态是不断变化的,比如经常说金融风险、财政风险、环境风险等,这些风险是循环的。所谓财政风险金融化、金融风险财政化,就是风险在不断地循环转化。风险分配原理阐释相关主体在不同风险处境中的风险契约关系。风险分配既可通过标准化契约实现,也可通过非标准化的口头契约,现实生活中的这类契约只具有道义约束,不具有法律约束。财政是风险分配的中枢，是通过社会契约来实现的，大众认可，并体现为法律意志。公共风险最小化原理阐释如何在财政风险约束条件下实现公共风险最小化，实现共同体的可持续发展。风险缓冲原理阐释当制度变迁滞后于风险变化时，如何通过相应的机制缓冲风险带来的不利影响。风险缓冲机制是共同体的韧性所在，而财政是风险缓冲的核心机制。风险导向原理阐释如何基于对未来风险的认识，提前采取措施防范化解风险以构建未来发展的确定性。风险权衡原理阐释如何预判和权衡各种风险，以便做出更优决策。政府权衡风险要奔着公共风险而去，并以此为基准处理财政与货币等政策关系。以上原理离不开"风险人"假设。这实际上是基于人的本能做出的假设，人是会不由自主地习惯让别人、让社会承担、让外部去承担风险，即任何主体，包括个人、家庭、企业、地方政府、政府部门、国家等，都存在利益内部化、风险外部化的本能倾向。过去的"经济人"假设只是一个维度，而"风险人"假设是多个维度，有更广泛的解释力，生活在一个风险世界当中，遇到风险本能地规避、逃避是社会的普遍现象，也是人作为动物的一种本能。

可以看出，在风险逻辑之下，财政的基本职能超出了经济职能，底层逻辑发生变化，对财政的认知也随之发生变化，不再仅仅是收钱、花钱这样的实体观念，它的实质目标落在了防范化解风险之上。具体到如何防范风险、化解风险进而避免危机，看似是一个抽象的问题，但在现实生活中无时无刻不在。正如之前所述，风险是不可证伪的，我们很难应用传统的科学思维或者方法加以讨论和验证，因此，对于我们固有的认识，需要进行转换，需要有新的认知和理论。在不确定的时代，在风险社会中，有非常多的概念和事物需要重新定义，比如货币、银行、财政、财政收入、财政支出等。财政收入就是比较典型的例子,就财政收入而言,从资产负债表去理解,有净值增加才能定义为收入;从我国的土地收入看仅仅是资产形态发生转变。从风险逻辑去理解我们的财政工作,能够得出新的认识和思路。例如,编制预算这项工作,预算针对未来,未来是风险,因此,预算要跟着风险走。财政体制是划分事权、收入和支出责任的,划分的背后实际上是风险的分配。制定财政政策背后的逻辑,实际上是在对风险进行权衡,由于风险无处不在、无时不有,所以财政政策的制定、调整和变化都是在权衡公共风险和财政风险。

三、建构中国自主财政知识体系的关键

坚持"两个结合",守正创新。要求我们不再沿着过去老路,及时主动地行动起来。改革开放以来,我们大量引进西方的成果,通过学习、消化、吸收、应用这些研究成果,创新的含量相对较少。2023年是改革开放45周年,接近半个世纪,确实值得总结。财政学的发展一定要基于中国的实际、中国的文化,也就是构建中国自主知识体系必须坚持把马克思主义基本原理同中国具体实际相结合、同中华优秀传统文化相结合,我们并不排斥国外的理论和实践经验,而是要更多地立足中国实践,将中国文化思想资源吸收到今天的理论创新之中,做到守正创新。

加大对哲学基础问题的关注。正如我们前面所说的,当前我们所形成的哲学思维是在工业化时期建成的。工业化时期所建立的传统的哲学理论,是建立在科学思维基础之上的,尤其是自然科学。

目前，自然科学走在前，哲学显得落后，很难为我们社会科学的创新提供支撑。在研究风险财政学的过程中，我们也尝试探讨了风险的哲学基础，风险到底是什么？过去，哲学强调主观与客观。现在，哲学基本上是二元对立思维，给我们提供的概念基本是二元对立的，比如说唯心与唯物、主观与客观、必然与偶然等，这种观念深刻地影响了我们的认知。但是从现实看，这种二元对立观点被量子力学颠覆。在量子力学看来，世界的本质是不确定性的，便不存在主观与客观，犹如"薛定谔的猫"，确定的结果需要观察者参与才能呈现。"双缝实验"已经证明，观察者在与不在，事物的状态是不同的，似乎事物能感知到观察者。按照传统的认知，确定性就是在寻找、掌握、应用客观规律过程中构建的，而这又与世界本质是不确定性的不相吻合。总之，建立在既往哲学基础上的认知会束缚我们对事物的思考，需要我们加大对哲学基础问题的关注，以此推动中国自主的知识体系建构。

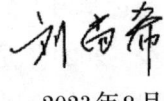

2023年8月

目　　录

第一章　风险财政观之思想史研究 …………………………… 1
　第一节　西方早期学说中所隐含的公共风险财政思想 ……… 2
　第二节　古典经济学中所隐含的公共风险财政思想 ………… 12
　第三节　公共风险视角下的现当代财政思想 ………………… 42
　第四节　公共风险视角下的中国财政思想史概览 …………… 65
　第五节　公共风险财政思想史小结 …………………………… 123

第二章　风险财政观之财政基础理论流变 …………………… 136
　第一节　财政基础理论演变概论 ……………………………… 136
　第二节　风险财政学：发生、发展及主要观点 ……………… 163
　第三节　风险财政学的学术贡献 ……………………………… 205

第三章　风险财政观之实践观察 ……………………………… 238
　第一节　风险治理视角下财政的理论基础与分析框架 ……… 238
　第二节　基于风险分配的财政体制改革 ……………………… 259
　第三节　风险预算与预算风险 ………………………………… 286
　第四节　基于风险化解的减税降费政策 ……………………… 310
　第五节　风险权衡下的地方政府债务治理 …………………… 335
　第六节　大国财政与全球公共风险治理 ……………………… 361

第四章　风险财政观之行为分析 ···················· 387
第一节　引言 ··· 387
第二节　不同财政观的行为分析与逻辑起点 ·········· 400
第三节　行为主义的风险财政观 ······················· 416
第四节　风险视域下的财政行为分析 ·················· 428
第五节　风险视域下的政府行为案例分析 ············· 468

后记 ·· 512

第一章　风险财政观之思想史研究

虽然风险是一个现代性的概念，并构成现代社会的本质特征之一。同样，公共风险作为一个正式的概念进入财政思想更是一个相对较晚的事情。但是，不确定的随机现象和偶然事件却是早在古代人生活中就观察到的现象①，而人类的社会属性也使其一开始就有了共同体意识和实践，由此也就产生了相应的公共风险意识。恩格斯曾经指出："历史从哪里开始，思想进程也应当从哪里开始。"由此我们力求挖掘从古典到现代的古今中外财政思想史中的公共风险思想元素，并以此为视角来看待财政思想发展脉络。

2016年5月17日，习近平总书记在哲学社会科学工作座谈会上发表重要讲话指出，"我们要善于融通古今中外各种资源"，"要坚持不忘本来、吸收外来、面向未来"，"要按照立足中国、借鉴国外，挖掘历史、把握当代，关怀人类、面向未来的思路，着力构建中国特色哲学社会科学"。这为我们基于公共风险的视角研究财政思想史提供了基本遵循。

---

①　例如中国古代早已有之的骰子和抽签等就表明不确定性和风险是古已有之的现象和人类思维。

第一节　西方早期学说中所隐含的
　　　　　公共风险财政思想

虽然如贝克所认为的，风险社会是作为现代性产物乃至反思现代性而提出来的①，但人类实践表明即使在荒蛮的原始社会，伴随着人自身生存状况的不确定性就产生了朴素的风险意识和风险思维。而人一开始就如马克思所言的类存在物，人类在共同体意识下也就产生了朴素的公共风险意识②。如刘尚希教授认为的，公共风险源于社会共同体内部内生的各种不确定性，而国家则是社会共同体的一种形式③。由此，挖掘早期财政思想史中的公共风险思想应该从共同体思想与国家思想入手。

一、城邦共同体：公共风险视角下的古希腊财政思想

（一）古希腊时期的城邦共同体思想及其公共风险思想

公共化和社会化是人类发展的两个侧面。个体自利动机下的社会化过程，是分工交易产权生成过程；而人在公共风险推动下公共化过程，是制度和公共组织生成过程。④在古希腊和古罗马时期，一方面从社会化角度看，商品货币经济在当时就已经自发萌芽，商品、货币、分工、交换和高利贷的商业资本都已经萌芽并生成在当

---

① 正如他开篇即指出的，"在发达的现代性中，财富的社会生产系统伴随着风险的社会生产"。〔德〕乌尔里希·贝克：《风险社会》，何博闻译，译林出版社2004年版，第15页。
② 例如西方《圣经》中的诺亚方舟的故事或许就是早期公共风险思维的代表。
③ 高尚希：《公共风险论》，人民出版社2018年版，第6页。
④ 同上书，第56页。

时的自然习俗经济土壤中；另一方面从公共化角度看，古希腊就出现了城邦共同体及其相应的政治和法律，从而产生了公共领域和政治生活。亚里士多德在公元前325年的《政治学》开篇就指出，"所有共同体都在追求某种善。那些最高的共同体，也包括其他一切共同体，就一定会追求至善。这种共同体就被称作城邦或政治共同体"①。亚里士多德认为，"甚至说人就是天生的政治动物"②，城邦共同体则为公民提供了公共领域和政治参与。根本上看，城邦共同体是一个承载公民权利和义务的社会契约，追求的是亚里士多德所称"至善"的公共利益。如亚里士多德在《政治学》中所描述的，由于城邦共同体社会契约关系所提供的规则、法律、公正、防卫、审判等，在很大程度上消除了人与人之间的不确定性，这是单纯作为自然的个人存在或原子式存在状态下所无法实现的公共利益。也可以认为，城邦国家本身就是公共风险的产物，其产生就是为了防范各种公共风险，特别是公共安全风险。通常认为，城堡就是希腊城邦最早期的存在形式，基于安全防卫的需求是促使古希腊各城邦产生的首要需求。"甚至从最开始的时候，城堡就占据小山，乡邻们据此可以免受敌人或强盗的威胁"③。

（二）公共风险视角下的古希腊城邦共同体财政思想

自古希腊城邦国家开始，就产生了财政活动以及相应的财政思想，因当时经济体制虽然已经有了商品货币经济的萌芽，但总体上

---

① 〔古希腊〕亚里士多德：《政治学》，高文书译，中国社会科学文献出版社2009年版，第1页。
② 同上书，第4页。
③ 朱海：《〈理想国〉解读下的雅典民主》，辽宁师范大学2013年，第14页。

还是建立在自然习俗经济土壤的基础上,所以相应的财政收支活动还是相当简单的,尤其是财政直接的货币收支所占的比重还是很小的,在此基础上所产生的财政思想也相对朴素和简陋,但其中也隐含着一些朴素的公共风险财政思想。

应看到,在早期的古希腊城邦,用于公共防卫风险的战争支出占了财政支出较大的比重,但由于商品货币关系刚刚萌芽所以都是采取力役的形式来提供的。对此,小林丑三郎是这样描述的,"一切的官吏,都是义务的名誉职,在战争时候的武装和食用。都是各战斗员本身负担,故此勤务都是按照各人的财产,凡没有财产的人,便也没有战役义务"①。当然随着商品货币关系的发展,古希腊后期的战争财政支出也部分采取货币形式。小林丑三郎指出,"然自高度文化的发达,货币经济的流行,陆军制度的建设……市民兵固然还是自费武装,然而战斗兵则老早便受国家的给养,给予制开始实行了,都市则建设坚固的城堡了,加以希腊各国,大多数都感觉海防的必要,已开始建造军舰"②。

在城邦共同体体制下,一个重要问题是如何获得稳定的财政收入以防范公共风险。对此,财政收入首先来源于城邦国家的财产收入③,因其较为稳定;其次,财政收入还主要来自对有财产人课征的人头税,其也相对有保障。"特别在战时不能避免。开首征收人头税,是将必要的额,对于一切有完全权利的人——对一切有产者以

---

① 〔日〕小林丑三郎:《各国财政史》,邹敬芳译,神州国光社1930年版,第8页。
② 同上书,第9页。
③ 主要包括土地、矿山、领地等财产租金,并主要采取私人承包的形式来获取。〔日〕小林丑三郎:《各国财政史》,邹敬芳译,神州国光社1930年版,第9—12页。

及负战斗义务的市民,平等征课的"①;最后,则是随交通和贸易的发展而开征的关税、港口税以及市场税等。由此,从财政收入角度看,就不得不提及色诺芬的名著《雅典的收入》,其所论述的核心问题是国家如何取得赋税以实现国家的稳定②。在国家领地土地等既定的情况下,色诺芬从增加人头税和关税等入手,制定了鼓励人口和商业发展的政策建议③:首先,鼓励外侨和其家人留居雅典以增加人口及其人头税;其次,他建议通过提高商人的社会地位来增大贸易额和关税收入;再次,他建议以国家投资来改善商业发展的基础设施,以增加市场贸易税收入;最后,色诺芬还建议财政应投资于具有规模报酬递增的产业如银矿的开采。尤其是当国家面临饥荒或战争风险时可解财政燃眉之急。

在希腊城邦国家等级制及私有财产存在的情况下,日益扩大的贫富差距是城邦共同体面临的重要公共风险,不仅有奴隶的反抗,也存在广泛的平民与贵族间的斗争。由此,柏拉图在其名著里提出了其正义论和公平分配观,其财政分配论被称为国家分配论④。柏拉图建议,全国的收入可分为十二份,其中的每一份又可按相应合理比例一分为三,分给公民、公民的仆从和工匠、外侨以及外宾。各家动产不允许超过上述份额的四倍之价值,所余部分应上缴国库⑤。应看到,柏拉图的财政思想其核心在于通过国家对收入的分配和财产的限制来防止贫富悬殊所造成的公共风险。

---

① 〔日〕小林丑三郎:《各国财政史》,邹敬芳译,神州国光社1930年版,第12页。
② 〔古希腊〕色诺芬:《经济论:雅典的收入》,张伯健、陆大年译,商务印书馆1961年版。
③ 晏智杰:《西方市场经济理论史》,商务印书馆1999年版,第21—22页。
④ 同上书,第27页。
⑤ 同上书,第27页。

二、庄园共同体：公共风险视角下的西欧中世纪财政思想

（一）中世纪的庄园共同体及其公共风险思想

随着5世纪蛮族人（日耳曼）的入侵和罗马帝国的衰亡，西欧在罗马奴隶制崩溃的废墟上进入了史称中世纪的封建主义和农业社会。由此古希腊罗马时期的商业文明和商品贸易萌芽基本中断而转入农业社会。如皮朗所指出的，"中世纪社会本质上是农业社会，这是毋庸置疑的事实"[①]。在中世纪封建制下，封建庄园制是基本的经济组织，也是整个封建经济政治和社会的基本制度结构和契约关系。由此，西欧实际上由古希腊罗马时期的城邦共同体转为庄园共同体[②]。这一庄园共同体在实质上仍是通过提供共同防卫来消除公共安全风险。如诺思和托马斯指出的，"设防的城堡和具有专门作战技术的骑士提供了地方安全，这是任何装备简陋的农民团体所不能相比的"[③]。领主提供的主要是城堡和骑士的保护，此外还提供庄园法庭的公正[④]。因此，庄园制的实质是农奴和领主间以劳役换取保护和公正的契约关系。

（二）公共风险视角下的西欧中世纪财政思想

在封建庄园制下，根本上存在的是领主财政。此时虽然也有国

---

① 〔比〕皮朗：《中世纪欧洲经济社会史》，乐文译，上海世纪出版集团2001年版，第56页。
② 当然也有研究（付国庆，2015）认为，西欧中世纪存在的是村庄共同体，并比较了村庄和庄园的联系和区别。
③ 诺思、托马斯：《西方世界的兴起》，蔡磊、厉以宁译，华夏出版社1999年版，第30页。
④ 按庄园的习惯法——由领主同意并由居民所长期沿用下来的习俗，来对争端进行调解和裁决。

王，但国王的主要收支来自自身领地的收入。而且在庄园制下的保护和公正是由领主直接提供的，税赋也是农民通过劳役形式和少量实物形式交纳给直接领主的[①]。因此，农民是领主的奴仆而非国王的奴仆，从严格意义上看，此时尚不存在所谓国家或政府，也不存在所谓国家财政或政府财政[②]，现实中的财政制度不过是并存中的王室财政和领主财政，而从国王不过是大领主和王室财政依存于王室领地来看，更为根本的中世纪封建财政只不过是领主财政[③]。对此，小林丑三郎也认为，"国王的财政，也是完全隶属于王领地的收入"[④]。综上可见，中世纪西欧庄园共同体以领主的领地财政形式，为其属民提供公共防卫安全，一定程度上消除了公共安全风险和公共秩序上的不确定性。

中世纪的欧洲因庄园经济上的封闭、政治上的支离破碎、文化上的宗教统治，因此在作为经院哲学的宗教思想之外并没有出现太多其他思想。期间，只有意大利的阿奎那和法国的让·博丹等在财税方面提出若干思想片段。如阿奎那认为，国王在正常情况下只能靠自己王室领地的收入，只有在紧急状态时才可以征税，即税收只能是紧急状态时的储备性手段[⑤]。这样的财政思想反映了中世纪封建庄园共同体基本制度的要求，也适应了当时公共风险防范局限于庄

[①] 马克垚谈道，"法国国王名义上是一国国王，但对于其他诸侯的领地，既不能派遣官吏管辖，更不能征取税赋。他只能以封建宗主的名义享受臣下的军役、协助金，而且也很难施行"。马克垚：《西欧封建经济形态研究》，人民出版社2001年版，第119页。

[②] 马克垚指出，"君主的收入主要限于个人领地。法国国王只有王室财政，而与之并存的则是众多的封建主的私人财政，因为在他们的领地内，封建主就是政府"。马克垚：《中西封建社会比较研究》，学林出版社1997年版，第323页。

[③] 刘晔：《资本市场发展与财政制度变革》，中国财政经济出版社2015年版，第63页。

[④] 〔日〕小林丑三郎：《各国财政史》，邹敬芳译，神州国光社1930年版，第37页。

[⑤] 张馨：《公共财政论纲》，经济科学出版社1999年版，第502页。

园这一封闭的小规模政治经济单元的要求。

三、国家共同体：公共风险视角下重商主义时期的财政思想

（一）重商主义时期的国家共同体及其公共风险思想

从11世纪中叶的中世纪晚期开始，随着西欧人口增长开始了拓殖运动、贸易发展、市民阶级的出现、城市复兴等，使得原封建庄园制逐步瓦解。这时候远距离贸易的出现要求对贸易的保护和公共风险的承担由原来的庄园领主转到更大的政治单位即专制君主手中。从15世纪开始，西欧就进入经济思想史所称的重商主义时期，如奇波拉指出，"十六世纪开创了一个变化显著的时代，或至少是上几个世纪开始萌发出的一些基础性的发展在这个时代有了突飞猛进"[①]。其后西欧的重大变化从根本上看均围绕着市场经济的发展和民族国家的形成而展开。市场化发展伴随着公共风险的新变化，呼唤着更大范围和更大规模的国家共同体的出现。如奇波拉指出的，"在近代，最为重要的事件就是民族国家的兴起与绝对君主观念的形成"[②]。

时代是思想之母，由此欧洲在近代产生了以社会契约论为核心的国家共同体思想，且其中包含着防范公共风险的基本思想。霍布斯最早在名著《利维坦》中提出了社会契约理论及国家共同体理论。在霍布斯看来，在"自然状态"下人们将处于丛林法则即"所

---

① 〔意〕奇波拉：《欧洲经济史（第2卷）》，贝昱、张菁译，商务印书馆1988年版，第1页。

② 同上书，第95页。

有人对所有人的战争"中①，在"危机、畏惧入侵、恐怕有人可能帮助入侵者等"②面前，"要建立这样一种能抵御外来侵略和制止相互侵害的共同权力"，就只有大家相互订立契约且对其授权，从而产生基于社会契约基础上的国家。由于这种授权，个人放弃自我管理的权利并绝对服从主权者，从而建立起代表绝对权力的国家共同体③。可见，从社会契约论的起源来看，国家本身也是公共风险的产物，是公共风险防范的共同体机制之一。

霍布斯的思想使得对国家统治权由"君权神授"转向"君权民授"起到了思想启蒙作用，但国家绝对权力又会相应产生新的公共风险。对此，洛克则继续发展了社会契约论，他同样认为人们相互立约组成国家共同体是理性互利的结果，并且个人要服从国家共同体基于少数服从多数规则所做出的决策④。但洛克认为，在大家相互订立契约且对共同体授权时，并非让渡出全部权利，生命、自由与财产权利在订立契约时不仅不能让渡，且是人们订立社会契约的根

---

① "在没有一个共同权力使大家慑服的时候，人们便处在所谓的战争状态之下。这种战争是每一个人对每个人的战争"。〔英〕霍布斯：《利维坦》，黎思复、黎廷弼译，商务印书馆1985年版，第134页。

② 〔英〕霍布斯：《利维坦》，黎思复、黎廷弼译，商务印书馆1985年版，第134页。

③ "把大家所有的权力和力量付托给某一个人或一个能通过多数的意见把大家的意志化为一个意志的多人组成的集体。……大家都把自己的意志服从于他的意志，把自己的判断服从于他的判断"。〔英〕霍布斯：《利维坦》，黎思复、黎廷弼译，商务印书馆1985年版，第144页。

④ "当某些人基于每个人的同意组成一个共同体时，他们就因此把这个共同体形成一个整体，具有作为一个整体而行动的权力，而这是只有经大多数人的同意和决定才能办到的"，"所以人人都应根据这一同意而受大多数人的约束"。〔英〕洛克：《政府论》（下篇），叶启芳、瞿菊农译，商务印书馆1964年版，第144页。

本目的①。此外洛克也提出分权制衡理论，认为行政（君主）和立法（议会）分立制衡。总体上看，洛克主张宪政民主和分权制衡的国家共同体，以此既发挥国家共同体强制力优势以防范公共风险，又防范国家共同体的绝对权力所可能产生的公共风险。

（二）公共风险视角下重商主义时期的财政思想

在近代，随着商业革命、贸易发展、文艺复兴、地理大发现和宗教改革，欧洲面貌发生了深刻变化。市场分工交易的社会化伴随着风险的公共化的进一步扩散，由此需要超出庄园共同体的国家共同体来承担公共风险防范职能。如同竞争市场上在规模经济效应下企业的兼并联合一样，各种小规模的政治势力最终合并成英国、法国、西班牙等民族国家②，由此国家财政取代了领主财政。但诺思和希克斯等经济史学家在考察时都注意到，由于战争规模的扩大，新兴民族国家在化解公共风险过程中面临着巨大的财政压力，而正是财政压力推动着制度变迁，国家为了应对财政压力对商品和商业资本等新财富征税，由此推动了税收制度的建立。新兴民族国家基于获取财政利益和缓解财政压力的目的而采取了重商主义政策，由此产生相应的财政思想及其公共风险思想。

---

① "这种不受绝对的、任意的权力约束的自由，对于一个人的自我保卫是如此必要和有密切联系，以致他不能丧失它，除非连他的自卫手段和生命都一起丧失"；"谁都不能以协定的方式把自己所没有的东西，即支配自己的生命的权力，交给另一个人"；而财产权利也"不必经过全体世人的明确协议"。〔英〕洛克：《政府论》（下篇），叶启芳、瞿菊芳译，商务印书馆1964年版，第16—18页。

② "地区性的采邑让位于兴起的民族国家，西欧的许多政治单位都经受了许多冲突、联合和吞并"。〔美〕诺思：《经济史中的结构与变迁》，陈郁、罗华平等译，上海三联书店1994年版，第157页。

重商主义主要思想和经济主张在于通过国家干预来积累金银货币，以满足商业资本积累和国家财政支出的需要。而在重商主义看来，金银是财富的唯一形态而其只能来自对外贸易，因此主张国家奖励出口、限制进口，以此积累国民财富。在这样的基本主张下，重商主义一些代表人物提出相应的隐含着公共风险思想的财政思想。

托马斯·曼是英国早期重商主义的典型代表，他在其名著《英国得自对外贸易的财富》中认为对外贸易顺差是国家财富的根本来源并由此引出国防财政论。在其看来，由于国防和战争支出常常是国家首要甚至主要支出，所以国家不得不在平时课征重税来积累现金和军火以备国防之用[1]。由此对外贸易顺差所积累的财富是国家安全和战争的命脉所在[2]。应该看到，在当时民族国家形成所面临的内外竞争中，托马斯·曼的财政赋税观从国防和公共安全角度较为鲜明地体现了公共风险财政的本质。同样，英国的霍布斯在提出社会契约论基础上也表达了其赋税观和公共风险财政观。霍布斯认为"人民为公共事业缴纳税款，无非是为换取和平而付出的代价""间接税与直接税，无非就是为不受外敌入侵，人们以自己的劳动向拿起武器监视敌人的人们提供的报酬，而不是别的"[3]。

---

[1] 〔英〕托马斯·孟：《英国得自对外贸易的财富》，袁南宇译，商务印书馆1978年版，第61页。

[2] "请仔细看看对外贸易的真正目的和价值吧，那就是……我们战争的命脉，我们敌人所怕的对象"。〔英〕托马斯·孟：《英国得自对外贸易的财富》，袁南宇译，商务印书馆1978年版，第88页。

[3] 〔英〕霍布斯：《利维坦》，黎思复、黎廷弼译，商务印书馆1985年版，第156页。

第二节 古典经济学中所隐含的
公共风险财政思想

从17世纪中叶开始，市场经济已经走过了早期重商主义的资本原始积累阶段，资本主义生产方式已基本建立起来并进入了自由竞争的市场经济阶段。市场分工交易的社会化进程，伴随着人的公共化过程——集体行动，由此产生了公共风险的生成、集聚和扩散，以及公共风险防范化解的制度安排，由此也相应产生隐含着公共风险思想的财政思想。

一、亚当·斯密的财政理论及其所隐含的公共风险思想

（一）亚当·斯密的财政理论要点

亚当·斯密作为古典经济学最主要代表人物，由于处于英国已摆脱重商主义束缚而进入自由竞争的时代背景下，其财政理论具有鲜明的崇尚自由市场而要求减少政府经济干预的政策主张。在《国富论》第五篇"论君主或国家的收入"中，他提出了系统的财政理论思想并被后人推崇为财政学的开端。总体上，依第五篇的结构即第一章"论君主或国家的费用"和第二章"论一般收入或公共收入的源泉"，斯密的财政思想可大致分为财政支出和财政收入两方面。

财政支出方面，由于斯密秉持"劳动价值论"及生产劳动与非生产劳动的区分，在他看来政府支出属于非生产性的。基于自由竞争时代背景，斯密主张"廉价政府"，由此应尽可能减少政府支出特别是经济性质的支出。由此他认为政府支出只应限制在三

个方面：国防费、司法费及少量的公共工程和公共机关费用。此外，基于英国特殊国情还有少量维持君主尊严的费用即王室财政支出。

财政收入方面，斯密指出除了能直接明确受益对象而收取的政务收入之外，"有两个来源：第一，特别属于君主或国家，而与人民收入无何等关系的资源；第二，人民的收入"[①]。前者即国有财产收入，后者即赋税收入和公债收入。这样，财政收入主要就包含了政务收入、国有财产收入、赋税收入和公债收入，上述这些类型收入在其《国富论》第五篇中都有相应的论述。政务收入即使用费收入，其和公债收入都只能是政府补充性、次要性收入。而对于国有财产收入，斯密也认为应在一定程度上放弃，从而转向以赋税为主的公共收入形式[②]。而在赋税上他提出了著名的税收四原则：平等、确实、便利和最少征收费用原则。

（二）亚当·斯密的概率思想和风险思维

随机现象自古就为人所认识，但作为认识风险和不确定性的核心概念——概率的正式定义一直到17世纪中叶以后才出现。伟大的经济学家亚当·斯密或许是第一个具有概率思想和风险思维的著

---

① 〔英〕亚当·斯密：《国民财富的性质和原因的研究》纪念版（下册），郭大力、王亚南译，商务印书馆2017年版，第385页。

② "文明国君主，由其领地获取的收入，看来似对人民个人无损，但其实，这所损于全社会的，比君主所享有的其他任何同等收入来得多。所以，为社会全体利益计，莫若拍卖王室领地，从而分配给人民，而君主一向由其领地享有的收入，则由人民提供其他同等收入来代替"。〔英〕亚当·斯密：《国民财富的性质和原因的研究》纪念版（下册），郭大力、王亚南译，商务印书馆2017年版，第392页。

名经济学家①。他在经济学和财政学开山之作《国富论》中就深刻表达了概率思想和风险思维。例如，他指出，"各个学习职业的人能否胜任所学的职业，此可能性的大小，因职业不同而大不相同。就大部分机械职业说，成功几乎都是有把握的，但就自由职业说，却是很没有把握的。例如，送子学做鞋匠，无疑他能学会制鞋的技术；但若送子学法律，那么精通法律并能靠法律吃饭的可能性至少是二十对一……这成功的一人，应享有不成功二十人应得而不能得的全部"②。在这里他明确表达了风险思维、概率思想和期望收入分析方法。

同时，斯密在分析彩票业、保险业、航海业和普通士兵等职业收入时，也处处体现出现代概率思想和风险思维，虽然并没有使用相应的现代术语。例如，对于保险业"把火灾保险或海上保险当作一种事业经营，所收的普通保险费必须足以补偿普通的损失……换言之，只给付他有充分的理由可指望的最低保险价格……由此可见，一般得利与损失相抵的结果"③。显然，斯密这一论述已经明确表达了现代保险的精算公平保费的含义；对于风险利润，斯密认为，"各种资本用途的普通利润率，或多或少地随收益的确定与不确定而不同……普通利润率，随危险程度增高而多少增高"④。显然，

---

① Richard Zeckhauser, 2014, "New Frontiers Beyond Risk and Uncertainty: Ignorance, Group Decision, and Unanticipated Themes" [A], Preface 2 xix in Machina, M. J. & Viscusi, W. K., 2014, "Handbook of the Economics of Risk and Uncertainty" [C], North-Holland Publishing Co.
② 〔英〕亚当·斯密：《国民财富的性质和原因的研究》纪念版（上册），郭大力、王亚南译，商务印书馆2017年版，第104页。
③ 同上书，第106页。
④ 同上书，第109页。

斯密在此已表明风险溢价的基本含义。

（三）亚当·斯密财政理论中所隐含的公共风险思想

应看到，在英国进入自由竞争资本主义时期，随着彩票业、保险业、航海业等风险行业的出现，以及自由竞争过程中大量的破产等经济现象，使得亚当·斯密具有相应的风险思维和风险分析并不奇怪。但同时，这种风险思维和风险显然也应该会对其财政思想产生相应的影响。如我们具体分析亚当·斯密的财政思想，可明显看出其理论中所包含的公共风险思想，甚至可以说其财政理论是以公共风险为基点的。

斯密指出，"按照自然自由的制度，君主只有三个应尽的义务……第一，保护社会，使不受其他独立社会的侵犯。第二，尽可能保护社会上各个人，使不受社会上任何其他人的侵害或压迫，这就是说，要设立严正的司法机关。第三，建设并维持某些公共事业及某些公共设施"，而这些义务如无法履行则将使社会陷入内叛外侵、分崩离析的风险中。"这些义务的适当履行，必须有一定的费用；而这一定的费用，又必须有一定的收入来支付"[①]。可以说，亚当·斯密一开始就是从公共风险角度来界定国家义务进而引出财政支出的。首先，对国防费，他就是从公共安全风险角度来阐述的[②]，并从常备军相对于民兵的优势来说明，"一是制造业进

[①] 〔英〕亚当·斯密：《国民财富的性质和原因的研究》纪念版（下册），郭大力、王亚南译，商务印书馆2017年版，第259页。

[②] "君主的义务，首在保护本国社会的安全，使之不受其他独立社会的暴行与侵略。而此种义务的完成，又只有借助于兵力"。〔英〕亚当·斯密：《国民财富的性质和原因的研究》纪念版（下册），郭大力、王亚南译，商务印书馆2017年版，第263页。

步,二是战争技术的改良"使得职业军人和国防支出的存在具有必要性和重要性,战争威胁的公共风险可以通过一个社会内的分工合作来更有效地防范和化解;其次,对于司法,斯密一开始也指出其目的是"保护人民不使社会中任何人受其他人的欺侮或压迫"①,这本身就是洛克等国家共同体思想的直接体现,就是用于防范生命财产所面临不确定的公共风险,这种公共风险也部分源于市场发展所带来的财产不平等②。当然,斯密也同样延续了洛克对司法权集中于政府所可能导致新公共风险的担忧,认为"各个人对于自己所抱的安全感,全赖有公平的司法行政……司法权不但有与行政权分离的必要,且有完全脱离行政权而独立的必要"③。最后,就公共工程和公共事业来看,斯密也表达他的公共风险财政思想。例如对于教育这一公共事业,斯密认为市场化分工所带来工人劳动技能的单一,其所隐含的公共风险是政府的教育支出存在的根本原因。他指出,"分工进步,……大多数人民的职业,就局限于少数极单纯的操作……他就没有机会来发挥他的智力或运用他的发明才能……使他看不惯兵士们的不规则、不确定和冒险的生活……政府如不费点力量加以防止,劳动贫民,即大多数人民,就必然会陷入这种状态"④。

---

① 〔英〕亚当·斯密:《国民财富的性质和原因的研究》纪念版(下册),郭大力、王亚南译,商务印书馆2017年版,第280页。
② "有大财产的存在,就是有大不平等的所在"。〔英〕亚当·斯密《国民财富的性质和原因的研究》纪念版(下册),郭大力、王亚南译,商务印书馆2017年版,第280页。
③ 〔英〕亚当·斯密:《国民财富的性质和原因的研究》纪念版(下册),郭大力、王亚南译,商务印书馆2017年版,第293页。
④ 同上书,第348页。

二、其他古典经济学家财政理论中所隐含的公共风险思想

（一）李嘉图财政理论中所隐含的公共风险思想

古典经济学家李嘉图有着丰富的财政思想并主要体现在他《政治经济学及赋税原理》中。与亚当·斯密一样，李嘉图的经济理论也是建立在"劳动价值论"的基础上所以财政支出总体上都是属于非生产性的，因此他也赞成小政府低税负，从而为私人资本积累提供条件[①]。他尤其还从税负转嫁和归宿的角度分析了各种类型税收对资本积累进而对经济增长的负面影响。

李嘉图财政理论中的公共风险思想最集中最典型地体现在其公债理论上。与众多古典经济学家一样，他也同样持有公债有害论的观点。按其观点，公债是抽走了私人的生产资本，而用于政府消费性用途，从而阻碍了经济增长。因此李嘉图对公债是持尖锐的批评态度的。

在《政治经济学及赋税原理》第17章中，李嘉图还提出被后人所尊崇的并称为"李嘉图等价定理"的理论假说，即最早表明了征税和举债在经济效应上相同的观点。他说："如果为了一年的战费支出而以发行公债的办法征集二千万镑，这就是从国家的生产资本中取去了二千万镑。每年为偿付这种公债利息而课征的一百万镑，只不过是由付这一百万镑的人手中转移到收这一百万镑的人手中，也就是由纳税人手中转移到公债债权人手中。实际的开支是那二千万镑，而不是为那两千万必须支付的利息。付不付利息都不会

---

① "如果没有赋税，资本这种增加还会更多得多。凡属赋税都有减少积累能力的趋势"。〔英〕李嘉图：《政治经济学及赋税原理》，郭大力、王亚南译，商务印书馆1962年版，第128页。

使国家增富或变穷。政府可以通过赋税的方式一次征收二千万镑；在这种情形下，就不必每年课征一百万镑。但这样做并不会改变这一问题的性质。"①

上述观点表明，在李嘉图看来，国家实际上是作为公共风险（如战争）的承担者，而通过公债来获得财政收入从而防范公共风险，但是财政在为不确定性注入确定性时，自身则会产生相应的财政风险。由于债务只是推迟的赋税并同样减少社会生产性资本，从而对经济增长产生负面影响并最终可能再次产生新的公共风险。

（二）穆勒财政理论中所隐含的公共风险思想

穆勒在其作为古典经济学标志性著作《政治经济学原理：及其在社会哲学上的应用》中，以专门的第五编"论政府的影响"系统地表达了自己的财政思想。建立在其经济理论基础上的穆勒财税思想涉及面广，尤其在政府职能、税收平等和最小牺牲理论、直接税与间接税、公债理论等方面都做出了自己的独特贡献。而在其财政思想中也隐含着若干公共风险思想，主要表现在两个方面。

第一个方面，穆勒在其公债理论上比较典型地体现出其与斯密、李嘉图等有所不同的公共风险思想。虽然穆勒也看到了公债的消费性支出可能挤占社会资本从而产生有害的一面，"政府为战争或其他非生产性开支而举债……，这种公债是从社会资本中抽取出来的，必定会使国家贫困"②。但随着英国自由市场经济发展，已经

---

① 〔英〕李嘉图：《政治经济学及赋税原理》，郭大力、王亚南译，商务印书馆1962年版，第208页。
② 〔英〕穆勒：《政治经济学原理》（上卷），胡正林、朱泱译，商务印书馆1991年版，第96页。

开始出现社会闲置资本的时代背景下，穆勒结合公债的资金来源和使用方向修正了前人对公债一定有害的理论观点。他认为，如果政府以公债形式筹措的资金，来自于外国，或虽来自本国资金，但该资本所有人原本并不拟用于储蓄，或虽拟用于储蓄但并不用于生产，或虽用于生产但投资于国外，在上述这些情况下，政府所借债务对本国资本及生产并无损害[①]。此外，穆勒还提议以市场利率的升降与否，来衡量公债的危害程度。他提出，"只要国债吸收的是这种剩余资本，国债就会阻止利率的下降趋势。如果国债提高了利率，那就确凿无疑地证明，政府正在同正常的生产性投资争夺资本"[②]。上述分析可见，穆勒并不简单认为公债有害或加大公共风险，他已开始赞同在存在过剩闲置资本的前提下发行公债，这既可以通过财政支出来应对战争等公共风险，也不会反过来加大财政风险和引发新的公共风险。同时，他对公债是否引起利率上升的观点，已经开始接近现代公债理论的观点。

第二个方面，穆勒在看待政府干预的其他方面也体现出相应的公共风险思维。例如：1.在税收公平原则上，他明确反对受益原则。在他看来，作为保护生命财产，防范公共风险的国家共同体，不仅公共风险是不确定且难以测度的，而且每个人从中受益程度也是不确定的，故政府不应在税收上采取受益原则。他提到，"给实质上不明确的事物规定明确的价值，并把这种价值当作得出实际结论的依据，这样做特别容易陷于谬误。不能说被保护的

---

① 〔英〕穆勒：《政治经济学原理》（下卷），胡正林、朱泱译，商务印书馆1991年版，第437页。
② 同上书，第458页。

财产是别人的10倍，所受的保护也是别人的10倍"①。由此，在税收公平上他倡导纳税能力原则并提出均等牺牲原则。19世纪中叶时，英国贫富差距矛盾已经比较激烈并隐含着新的公共风险，穆勒提出的税收原则使缩小贫富差距有了更合理和更可操作的原则；2.在一些政府干预合理原因上具有公共风险思维，包括自然垄断行业、殖民地开发、教育等。例如对于自然垄断行业，穆勒指出，"道路、运河和铁路的经营，实际上总是存在很大程度的垄断。一国政府如果完全让某一私人公司享有这种垄断权……"就会存在巨大公共风险，"国家对于这类公共事业应保留收回来的权力"②；3.注意到政府干预只是共同体克服公共风险的一种形式。穆勒指出，"政府的第一项一般职能，就是保护人身和财产的安全"，但"意大利、佛兰德和汉萨同盟的各自由城市……一些国家尽管处于四分五裂的无政府状态"，却能够"拥有足够的力量与大封建领主抗衡，并且甚至能保护自己欧洲各国君主的侵害，能做到所有这一切的原因是这些城市的居民能相互结合与合作，并享有某种原始的自由"③。由此穆勒实际表明了互助合作的其他社会共同体在治理公共风险上的作用。同时他认为有时社会共同体在治理公共风险上比国家共同体更为有效④。

---

① 〔英〕穆勒：《政治经济学原理》(下卷)，胡正林、朱泱译，商务印书馆1991年版，第377页。
② 同上书，第553页。
③ 同上书，第465—466页。
④ "政府的压迫要比自由制度下几乎任何程度的没有法律的混乱状态有害得多，因为政府的权力一般说来是任何个人所无力反抗的。"〔英〕穆勒：《政治经济学原理》(下卷)，胡正林、朱泱译，商务印书馆1991年版，第466页。

三、公共风险视角下欧洲大陆学派的财政思想

在英美财政学派之外,一直存在着以德国为主要代表的欧洲大陆财政学派。早在重商主义时期德国就产生了著名的官房学派①,有着很好的财政学研究的传统和基础,并产生了以尤斯蒂的《财政学》(1766年出版)为代表的较为系统的财政学专著。与英法不同,德国作为后起国,相对更强调国家干预,尤其19世纪上半叶法国入侵背景和英国的商品倾销使得德国加速从封建体制向资本主义体制转换。在这样的时代背景下,德国出现了将传统的官房学派和亚当·斯密等经济自由主义相融合的财政学,形成了被称为德国历史学派的财政理论②。早期的旧历史学派财政思想以李斯特、罗雪尔、迪策耳为代表,新历史学派则主要以斯坦因(Lorenz von Stein,也译为施泰因)、谢夫勒和瓦格纳为代表③。对此,我们拟从公共风险思维角度概述新旧历史学派中几位代表性人物的财政思想。

(一)德国旧历史学派财政思想中所隐含的公共风险思想

罗雪尔在其代表性著作《历史方法的国民经济学讲义大纲》中,专门用第三编《国家财政》来集中阐述他的财政思想。罗雪尔财政思想中的公共风险思想主要体现在这些方面:1.注意到作为

---

① 对于德国的官房学派,其与英国等重商主义相同之处在于均强调政府干预,但其最大的特点在于以研究如何管理包括国王财产在内的财政管理问题为主题,所以其研究最为周密的部分是财政思想。晏智杰:《西方市场经济理论史》,商务印书馆1999年版,第107页。
② 刘守刚:《西方财政思想史十六讲》,复旦大学出版社2019年版,第146—147页。
③ 同上书,第148页。

生产危机的公共风险的存在，也由此隐含着财政干预的政策主张。在历史考察的基础上，罗雪尔指出，"……经济高度发展阶段，生产危机出现得最为频繁和显著。人们可称之为发达的分工的阴暗面"①，他认为这是生产与消费间失衡导致的②，并源于财富分配的不平等，"在这种情况下，财产方面一发生急剧变化，就会带来生产危机"③，由此他分析了国家济贫制度及各项政策④；2.注意到国家在治理公共风险过程中可能存在的国家信用危机乃至国家破产的风险。罗雪尔指出，"国家完成各种任务的能力，不仅有赖于国民的财富，而且尤其依存于财政组织的好坏"，"国内借款如果用于非生产方面，就会引起破坏……国家的破产除引起严重的生产危机外，还必然要长期损害国家信用，从而损害国家政权的主要手段"⑤；3.提出有机体的国家观，从而为国家和公共风险的分析提供一个集体主义的方法论基础。他在第三编《国家财政》一开始就指出，"根据如何看待个人与全体的关系"，可以分为"私权的和社会整体的国家观"这两种截然不同的国家观，并且在其后明确表达了自己的社会整体的国家观，由此使得德国历史学派的财政理论在方法论

---

① 〔德〕罗雪尔：《历史方法的国民经济学讲义大纲》，朱绍文译，商务印书馆1981年版，第112页。

② "生产与消费的平衡的障碍——特殊的及一般的生产危机。分工越发展，它越频繁，越危险"。〔德〕罗雪尔：《历史方法的国民经济学讲义大纲》，朱绍文译，商务印书馆1981年版，第40页。

③ 罗雪尔同时指出，"即使全体生产者中的一半具有交换另一半人的产品的能力，但它还不是具有必然要去交换的意志"，这里似乎表达了之后凯恩斯有效需求不足的部分观点。〔德〕罗雪尔：《历史方法的国民经济学讲义大纲》，朱绍文译，商务印书馆1981年版，第40页。

④ 〔德〕罗雪尔：《历史方法的国民经济学讲义大纲》，朱绍文译，商务印书馆1981年版，第123—130页。

⑤ 同上书，第169—170页。

上与英美学派有了主要区别。

迪策耳则从国民经济的立场出发和宏观分析，在批判古典经济学家非生产性的公债观和财政观基础上，提出自己生产性的公债观和财政观。迪策耳批评古典学派将财政视为国家从国民经济中获取收入的手段，从而将财政看作是存在于生产性的国民经济之外的非生产性活动的观点，而认为财政通过提供公共物质资料维持国民经济运行，因此财政和公债也是生产性的[①]，这一理论被称为德国历史学派的国家经费生产论。应看到迪策耳在阐述其财政思想时也包含着深刻的公共风险思想：1.从物质生产和国民经济所面临的公共风险角度来论证财政支出的生产性。他提出，"生产性劳动，对于来自外部暴力影响的保护，实属必要"，"所以劳动的保护为生产的必要条件。这种暴力既有来自自然的暴力，也有来自人为的暴力……国家为完成这种保护任务而使用的物质资料"[②]，这里所说的自然暴力指风暴、洪水等自然灾害；而人为的暴力即骚乱、战争等[③]。可见在迪策耳看来，国家财政支出即主要用于防范和治理来自自然和社会的公共风险，同时他认为正是国家财政这种支出为劳动生产提供了确定性的保护，因此其本身也是生产性的支出；2.基于为社会生产注入了确定性角度来论证公债投资支出的生产性，迪策耳认为"将公债作为生产性的投资支出时，如公共交通设施、公路、运河和建设铁路都是生产性的，教育投资是为提高工人劳动力……由此

---

① 〔日〕坂入长太郎：《欧美财政思想史》，张淳译，中国财政经济出版社1987年版，第283页。

② 〔德〕迪策耳：《公债的经济理论》，日文版，第13—14页，转引自〔日〕坂入长太郎：《欧美财政思想史》，张淳译，中国财政经济出版社1987年版，第284页。

③ 〔日〕坂入长太郎：《欧美财政思想史》，张淳译，中国财政经济出版社1987年版，第284页。

可以提高生产的稳定状态"①；3.从消弭经济风险、实现公私资本均衡互补角度论证了公债的无害性。他认为"公债形成的储蓄可以成为国民经济的杠杆……公债将游资转移到公共经济，通过提供公共物资资料，满足共同欲望形成固定资本，所以其不是消灭资本而是积累资本实现扩大再生产"②。

（二）德国新历史学派财政思想中所隐含的公共风险思想

19世纪后半叶尤其在统一的德意志帝国出现后，德国进入新的历史时期③。在迅速工业化背景下要求财政对经济建设和国家建设提供更大的支持，贫富分化和阶级对立也要求财政政策的调节。德国财政学在吸收融合自身传统官房学派和外来的古典经济学后，在旧历史学派财政思想基础上结合新问题产生了新历史学派的财政思想④。在此我们简述其代表人物斯坦因和瓦格纳的财政思想及其所隐含的对公共风险思想的启示。

斯坦因开创了"国家学"的理论体系，并涵括了经济、社会、行政和财政四大有机联系的领域⑤，其中其财政思想内容丰富，虽然

---

① 〔德〕迪策耳：《公债的经济理论》，日文版，第17页，转引自〔日〕坂入长太郎：《欧美财政思想史》，张淳译，中国财政经济出版社1987年版，第285页。

② 〔日〕坂入长太郎：《欧美财政思想史》，中国财政经济出版社1987年版，第285页。

③ 如小林丑三郎所指出的，"十九世纪的德国，在历史上的顶重大事件，便是新德意志帝国的建立"。〔日〕小林丑三郎：《各国财政史》，神州国光社1930年版，第117页。

④ 新旧历史学派的区分主要是基于时间来划分的。但也有研究者认为旧历史主义经济学和新历史主义经济学的区分在于，前者"反对所谓的理论的绝对论"，而后者"将理论一起反对。经济学于是开始与经济史等同起来，一切理论化都被转交给不确定的未来"。〔美〕斯皮格尔《经济思想的成长》，中国社会科学出版社1999年版，第367—368页。

⑤ 〔德〕斯坦因：《国家学体系:社会理论》，台北联经出版事业股份有限公司2008年版。

他不直接针对公共风险来阐述财政思想，但包含着对公共风险财政思想的重要启发：1.始终从共同体角度看待财政问题，并从财政与经济、社会和行政有机联系的角度来看待财政问题。他认为"最初财政是从共同体统一的经济产生的"，"税收是现代共同体生存的首要条件"①。斯坦因的理论观点对公共风险财政思想的启示在于，要从社会共同体角度看待财政问题。国家也来自共同体并且是较高级别共同体形式之一，只有从共同体角度才能更好看待财政问题。对公共风险而言，其是社会共同体内部内生的各种不确定性的外在表现；2.坚持有机体国家观，并由此分析财政问题。斯坦因一直继承德国传统和历史学派方法论，并形成不同于英国古典学派个人主义方法论的集体主义方法论。他指出，"财政学并非从孤立的自身开始……财政学应为庞大的国家全体的一个组成部分，或者说把财政学理解成国家学的基础"②，并认为"个人要给共同体缴纳捐税，这种必要性……在于至关重要的人性的双重性：人既有社会性的一面，又有个性的一面"③。斯坦因的理论观点对公共风险财政思想的启示在于，要从方法论上集体主义来看待国家和财政问题。人既是个体的人，也是集体的人、社会的人，而财政要研究的集体本位的共同体问题，实际上财政要解决的是个体不能解决的公共风险问题。

瓦格纳（Adolph Wagner）作为新历史学派最重要的代表人物

---

① 〔美〕马斯格雷夫、皮考克：《财政理论史上的经典文献》，上海财经大学出版社2015年版，第55页。
② 《国家学序说》，第1页，日文版，转引自〔日〕坂入长太郎：《欧美财政思想史》，中国财政经济出版社1987年版，第290页。
③ 〔德〕斯坦因：《论税收》，载〔美〕马斯格雷夫、皮考克：《财政理论史上的经典文献》，上海财经大学出版社2015年版，第53页。

和集大成者①，具有丰富的财政思想，尤其是在1872年在吸收德国历史学派各先贤思想基础上出版了自己的《财政学》著作②，不仅坚持了历史分析传统、集体主义方法论等基础，而且对国家财政问题做了系统而具体的分析。如从公共风险角度看，其收入、支出和公债管理等具体论述中也包含着深刻的公共风险思想：1.提出税收正义原则和累进所得税主张。这时期的德国由于贫富分化、劳资对立所导致的社会矛盾严重，由此隐含着巨大的公共风险。基于社会政策改良和消弭公共风险，瓦格纳就此提出税收正义原则并包含着普遍性和平等性，他认为"税收平等性的含义是尽可能根据经济能力来征税，应对高收入者实行累进税率，而不该采取单一比例税；相对于勤劳所得来说，来自土地和投资的财产收入应该征更高的税"③；2.是公债和财政政策的早期倡导者。瓦格纳此时已经看到了生产过剩的经济风险，他指出，"资本浪费在投机事业时，能以公债来避免危机"④，由此他支持利用公债来动员闲置资本以增加就业，从而为不确定的经济增长注入确定性；3.提出公共支出规模增长理论。这是瓦格纳财政思想中最体现公共风险思想之处，后人命名其为"瓦格纳法则"。他基于对19世纪的许多国家工业化背景下财政支出增长情况做了考察后认为，随着经济的工业化，所带来的市场

---

① 阿部贤一评价道，"德国的发达哲学和经济，而在财政学上产生具有异彩的伟人，实则为瓦格纳（Adolph Wagner）"。〔日〕阿部贤一：《财政学史》，商务印书馆1936年版，第104页。

② A.Wagner, *Finanzwissenschaft*, 德文版, Leipzig: Winter, 1883. 或见童蒙正：《瓦格涅财政学提要》，世界书馆1931年版。

③ 〔德〕瓦格纳：《财政学三论》，载〔美〕马斯格雷夫、皮考克：《财政理论史上的经典文献》，上海财经大学出版社2015年版，第32页。

④ 〔德〕瓦格纳：《财政学》第1卷，德文版，第156页，转引自〔日〕坂入长太郎：《欧美财政思想史》，中国财政经济出版社1987年版，第310页。

化、城市化和现代化都新增了政府职能,从而带来财政支出规模的持续膨胀①。瓦格纳这一理论隐含着重要的公共风险思想。实际上公共化和社会化是人类发展的两个侧面:随着社会分工交易扩展的社会化过程在经济、社会、政治等各方面隐含和积累着相应的公共风险,由此也产生人在公共风险推动下公共化过程,并带来公共组织和制度的生成过程②。对此,瓦格纳也指出③,处于社会政策阶段的国家职能已由镇压主义转变为预防主义,即对破坏社会秩序暴行的风险做防患于未然的措施。

(三)财政社会学家所隐含的公共风险财政思想

财政社会学最初发源于欧洲17世纪现代民族国家形成时期,但作为一个学科被提出来则始于19世纪末和20世纪初④,并始于奥地利学者葛德雪(Rudolf Goldscheid)和熊彼特(Schumpeter)的努力。葛德雪1917年出版的《财政学与社会学》、1919年出版的《经济社会化和国家破产》、熊彼特1918年发表的《税务国家的危机》标志着财政社会学的诞生。应看到,他们的财政社会学理论都产生于第一次世界大战后期,是对赋税国家公共危机的深刻认识和反映,因此也包含着深刻的公共风险财政思想。

葛德雪和熊彼特都十分重视财政压力、财政危机对制度变迁、国家塑造和国家治理的重要作用,通过历史分析和制度分析,突出

---

① 童蒙正:《瓦格涅财政学提要》,世界书馆1931年版,第56页。
② 刘尚希:《公共风险论》,人民出版社2018年版,第56页。
③ 〔日〕坂入长太郎:《欧美财政思想史》,张淳译,中国财政经济出版社1987年版,第303页。
④ 刘志广:《新财政社会学研究:财政制度、分工与经济发展》,上海人民出版社2012年版,第35页。

显示了财政社会学的深刻洞见,尤其在国家面临巨大的财政压力和公共风险的历史转折点,这样的分析十分有效。对此,熊彼特指出"财政是探讨社会的结构,特别是探索政治结构的最佳着眼点。每当旧的财政危机处在转折点上确切地说是处在转折期上的时候,上述观点尤其有效",他同时认为"国家对经济进行的汲取及其使用的结果对国家的命运产生了极大影响……在大多数历史时期,他都提供了强大的解释力"[①]。葛德雪同样指出,"财政模式,任何时候都会决定性地影响民族与社会的演变。税收斗争,是最为古老的阶级斗争形式","国家的特征如此依赖于财政的发展……只有先抓住国家的军事及其财政性质,才能恰当地理解国家"[②]。

从葛德雪和熊彼特所描述的欧洲众多近代史实看,财政社会学逻辑脉络和历史脉络是公共风险(主要是战争压力)——财政压力——财政改革——国家制度变迁。因此,在财政社会学家看来,为化解公共风险或国家危机所导致的财政压力及其解决方案,是决定制度变迁甚至是国家前途命运的根源。近代欧洲由领地财政向国家财政、由领地国家向税收国家、由专制君主向立宪民主转型的历史进程,都是遵循这一基本逻辑而展开。由此可以看出,葛德雪和熊彼特所开创的财政社会学具有鲜明的公共风险财政思想。

此外,财政社会学对公共风险财政思想的贡献还在于其集体主义方法论、历史分析方法和社会学研究主题上。例如葛德雪坚持从

[①] Schumpeter, "The Crisis of the Tax State", Stolper, W. F., Musgrave, R. A., *International Economic Papers*(No.4), London and New York: Ralph Turvey, Elizabeth Henderson, 1954.

[②] 〔奥〕葛德雪:《财政问题的社会学研究路径》,载〔美〕马斯格雷夫、皮考克《财政理论史上的经典文献》,刘守刚、王晓丹译,上海财经大学出版社2015年版,第260页。

共同体角度分析财政问题并始终为财政学寻找其社会学基础,他指出,"作为人群的结合,国家或起源于防卫的目的……目前最严重的缺陷是,在社会科学领域中缺少财政社会学理论,因而让财政社会学的研究始终缺乏社会学的基础"①;在熊彼特《税务国家的危机》论文中,他转引葛德雪的论述谈道,"相对于其他任何学说,财政学在其发展历程中,更要处在政党政治影响之下……因此财政学就不能从满足于技术层面来研究,而应该认真地逐步地客观地把研究所得的对社会科学的总认识作为理论体系的基础之一"②。

四、经典作家的公共风险及隐含的公共风险财政思想

(一)马克思恩格斯经典作家著作中的风险及公共风险思想

马克思、恩格斯等经典作家在其作品中具有深刻的风险思维。总体上看,马克思的风险思想是由私人风险扩展到公共风险,由经济风险扩展到政治和社会风险,由公共风险扩展到制度危机分析的。

1. 马克思的私人风险及其防范思想

马克思在其巨著《资本论》中对资本主义生产关系的研究是以商品这一资本主义细胞为分析起点的。正是从商品这个资本主义社会最司空见惯的现象开始,马克思发现了资本主义基本矛盾及其所

---

① 〔奥〕葛德雪:《财政问题的社会学研究路径》,载〔美〕马斯格雷夫、皮考克:《财政理论史上的经典文献》,刘守刚、王晓丹译,上海财经大学出版社2015年版,第260页。

② Schumpeter, "The Crisis of the Tax State", Stolper, W. F., Musgrave, R. A., *International Economic Papers*(No.4), London and New York: Ralph Turvey, Elizabeth Henderson, 1954.

带来的公共风险。而对于商品现象的分析，马克思又是从分析商品价值实现及资本增值过程的实现这一私人风险入手的。

众所周知，马克思对资本主义秘密的分析是从剖析商品开始的，在《资本论》第一卷"资本的生产过程"中一开始，马克思就提出了商品的两个因素即商品的一对内在矛盾"价值与使用价值"①，"物的有用性使物成为使用价值"②；而价值则是凝结在商品中的一般人类劳动，"使用价值或财物具有价值，只是因为有抽象人类劳动体现或物化在里面"③。在"货币与商品流通"一章中，马克思以商品流通公式为中心表达了商品流通过程中价值实现的私人风险，即 W—G—W' 中，商品的价值实现直接取决于其生产者能不能顺利卖出其商品从而带来其价值实现。商品只有通过交换从生产者手中让渡到消费者手中，其耗费的社会劳动才能被社会所承认，其价值才能得以实现。因此，W—G 即由商品到货币被马克思称为"惊险的跳跃"。"这个跳跃如果不成功，摔坏的不是商品，便一定是商品所有者"④。

而资本主义生产过程也是剩余价值生产即价值增值过程，如马克思所认为的，"剩余价值既不在流通中产生，但又不能离开流通而产生"，因此商品流通过程即商品价值的实现还关系着资本的循环和再生产过程。在《资本论》第二卷"资本的流通过程"中分析了货币资本、生产资本和商品资本这三种在空间上并存且在时间上继起的相统一的资本循环过程。由此看，W—G 即商品资本转化为

---

① 《马克思恩格斯全集》第23卷，人民出版社1972年版，第47页。
② 同上书，第48页。
③ 同上书，第51页。
④ 同上书，第124页。

货币资本对资本循环十分重要，否则不仅价值增值不能实现，而且资本的再生产也会中断。

在上述商品流通的产业资本风险之外，马克思也研究了信用和金融的私人风险。在资本论第二卷"资本的流通过程"中分析货币资本循环时也指出，"货币回到它的起点，使 G … G′运动成了一个以自身作为终结的循环运动"①；"以实在货币为起点和终点的G—G′，最明白地表示出资本主义生产的动机就是赚钱，生产过程只是为了赚钱而不可或缺的中间环节"②。因此，这意味着作为逐利本性的资本是可以脱离产业资本循环而冒风险从事借贷或金融投机。对于这一风险，在《资本论》第三卷第二十五章"信用和虚拟资本"中③，马克思就已分析了商业信用和银行信用发展所造成的商业危机和金融危机。此外，马克思在《资本论》第三卷中继续分析"生息资本"时曾以银行抵押贷款为例说明了银行风险"商品跌价时风险太大"④；也在分析高利贷时说明了房贷者的相应风险"贷放资本要冒风险和作出牺牲"⑤；等等。

对于单个资本所面临的上述私人风险，马克思也研究了其风险防范和治理机制。按照马克思的见解，单个资本的私人风险还是通过市场方式来予以防范和化解：一方面，对于风险行业，马克思实际上阐述了现代风险溢价的思想，例如马克思在《资本论》第三卷第十二章中提到"那些要冒较大风险的投资，例如航运业的投资，

---

① 《马克思恩格斯全集》第23卷，人民出版社1972年版，第67页。
② 《马克思恩格斯全集》第24卷，人民出版社1972年版，第68页。
③ 《马克思恩格斯全集》第25卷（上），人民出版社1974年版，第450页。
④ 《马克思恩格斯全集》第25卷（下），人民出版社1974年版，第683页。
⑤ 同上书，第938页。

也会用加价的办法来得到补偿"①；另一方面，马克思也研究了商业保险方式对单个资本私人风险的防范。在《资本论》第三卷第十二章中他继续写道，"一旦资本主义生产和与之相连的保险事业发展起来，风险对一切生产部门来说实际上都一样了"②；进一步地他阐释了保险的基本原理"补偿风险的保险费，只是把资本家的损失平均分摊，或者说，更普遍地在整个资本家阶级中分摊"③，即资本实际上是通过市场联合的方式来抵御单个资本的私人风险。

2. 马克思恩格斯著作中的公共风险思想

纵观马克思恩格斯等经典作家的著作，他们是在研究资本主义生产关系过程中以形成经济风险为核心的公共风险思想，并遵循"经济基础决定上层建筑"的历史唯物主义观进而将经济领域的公共风险扩展到政治领域、社会领域乃至生态环境领域的公共风险研究上，概要看，他们的公共风险思想大致涵盖这几个领域：

（1）经济领域的公共风险

这一部分实际上马克思是由原来所分析的私人经济风险扩展到公共经济风险上，是由单个商品的价值实现及单个资本增值过程的实现扩展到对资本主义生产方式基本矛盾分析上。从W—G这个单个商品的价值实现及单个资本增值过程所隐含的私人风险看，就隐含着流通中断的私人风险。而信用的出现则使得这一风险进一步加大，如果债务人不能顺利实现商品销售而债权人不能按期收回债款，则使得资本增值的实现和循环中断的危机进一步增大。

按马克思的思想，商品最初所具有的使用价值和价值间的内在

---

① 《马克思恩格斯全集》第25卷（上），人民出版社1974年版，第233页。
② 同上。
③ 《马克思恩格斯全集》第26卷（下），人民出版社1974年版，第393页。

矛盾就是隐含着资本主义生产方式内在矛盾及其经济危机的胚芽。因为价值增值即剩余价值的获取是资本主义生产的唯一目的，而使用价值的生产只是实现这一目的的手段，这就会造成生产的无限扩大与劳动人民购买力相对缩小之间的矛盾。按马克思的分析，由于追逐剩余价值是资本的唯一目标，而单个资本家面临着竞争的压力，由此迫使单个资本家竞相采用新技术，追求资本"有机构成"的不断提高。在资本有机构成不断提高的条件下，对全体资本家而言，全部资本中不变资本所占的比重递增，可变资本所占的比重递减，从而资本对劳动力的需求也相对减少。由此，马克思在资本积累中分析了资本主义生产方式所产生的相对人口过剩问题。由生产的无限扩大与劳动人民购买力相对缩小之间的矛盾，导致了商品过剩和资本主义经济危机。在马克思看来，其背后的根源是社会化大生产和生产资料资本主义私人占有之间的矛盾，这一矛盾是资本主义自身无法克服的基本矛盾，只有通过生产关系的根本变革才能得以克服。

（2）政治领域的公共风险

马克思在《资本论》第三卷第二十七章中分析资本主义信用尤其是股份公司发展时，就指出由于资本主义信用的发展使得少数资本家可以支配社会资本并用于投机，"社会财产为少数人所占有，而信用使这少数人越来越具有纯粹冒险家的性质"[①]，由此通过资本集中即竞争向垄断转变而加剧了资本主义基本矛盾，"竞争已经为垄断所代替，并且已经最令人鼓舞地为将来由整个社会即全民族来实行剥夺做好了准备"[②]。

---

① 《马克思恩格斯全集》第25卷（下），人民出版社1974年版，第497页。
② 同上书，第495页。

马克思、恩格斯以历史唯物主义为指南,遵循"生产力决定生产关系、经济基础决定上层建筑"的社会发展规律,以阶级分析为方法,由资本主义基本矛盾出发将资本主义经济领域的公共风险扩展到资本主义政治制度危机的分析上。马克思在《政治经济学批判(1857—1858年草稿)》中所言"社会的生产发展同它的现存的生产关系之间日益增长的不相适应,通过尖锐的矛盾、危机、痉挛表现出来。用暴力消灭资本……"[1]。相应地,正如列宁所认为的"政治是经济的集中体现",经济上的风险和危机也会扩展到政治领域。如马克思和恩格斯在《共产党宣言》里所指出的,"而当生产力一开始突破这种障碍的时候,就使整个资产阶级社会陷入混乱状态,就使资产阶级的所有制的存在受到威胁"[2],"随着大工业的发展,资产阶级借以生产和占有产品的基础本身,也就从它的脚底下抽掉了。它首先生产的是它自身的掘墓人"[3]。当然,这种变革在短期中总是存在暂时的冲突、危机和革命,因而在短期内呈现为资本主义政治领域的风险。

(3) 社会领域的公共风险

马克思还从资本主义生产关系出发,分析了人的异化问题。由于这一分析是从人与社会关系的角度来考察,并主要是建立在人所处的现实生产关系及其社会分工关系考察的基础上,从而将公共风险的研究从经济领域进一步扩展延伸到社会领域中。而马克思对资本主义生产关系下的劳动异化及其人的异化的分析主要体现在其《1844年经济学哲学手稿》中。

---

[1] 《马克思恩格斯全集》第46卷(下),人民出版社1980年版,第269页。
[2] 《马克思恩格斯全集》第4卷,人民出版社1958年版,第472页。
[3] 同上书,第479页。

按照相关研究总结①，马克思分析了劳动异化的四个方面并由此隐含着相应的社会公共风险。一是，劳动者同他的劳动产品的异化。本来，劳动产品是劳动创造的，其本身是劳动的对象化。然而在资本主义社会中，劳动者仅是为了获取基本生活资料而不得不出卖劳动力，由此将自身外化于自己的产品中并成为劳动自身的对立物。马克思指出，"劳动的产品，作为一种异己的存在物，作为不依赖于生产者的力量，同劳动相对立"②；二是，劳动本身的异化。本来劳动是人有目的有意识的实践活动，由此在实践创造过程中会有满足感也使得人自身得到发展。但在资本主义生产关系造成"它不是满足劳动需要，而只是满足劳动需要以外的需要的一种手段"③，即劳动反而成为一种负担和痛苦。三是，劳动者同他的类本质之间的异化。马克思指出"人是类存在物"④，而劳动本来是人作为类存在物所特有并与动物相区别的特征。但是在资本主义生产关系下，由于劳动只是个人谋生的手段，由此"也就使类同人相异化；它使人把类生活变成维持个人生活的手段"；第四个方面，人与人的异化。本来资本财产等也都是劳动的产物，但由于劳动的异化也就产生了人与人之间关系的异化。即产生资本私人占有关系下资本家和工人间的剥削关系。如马克思所指出的，"异化的、外化的劳动……从而，私有财产是外化劳动……的产物、结果和必然后果"⑤。人的异化问题产生了社会关系的扭曲，形成资本与劳动的对

---

① 李媛媛：《马克思论人的异化》，西南政法大学，2017。
② 《马克思恩格斯全集》第42卷，人民出版社1979年版，第91页。
③ 同上书，第93—94页。
④ 同上书，第95页。
⑤ 同上书，第100页。

立，由此必然导致相应的社会风险。

（4）生态环境领域的公共风险

马克思不仅在《资本论》《政治经济学批判》等著作中留下了对资本主义经济公共风险的重要论述，同时还以资本主义生产关系及基本矛盾为中心将公共风险的分析扩展到生态环境领域，分析由于资本主义对剩余价值无止境的追求所可能造成的环境公共风险。例如，马克思在《政治经济学批判》中就指出，"资本主义生产使它汇集在各大中心的城市人口越来越占优势，这样一来，它一方面聚集着社会的历史动力，另一方面又破坏着人和土地之间的物质变换，也就是使人以衣食形式消费掉的土地的组成部分不能回到土地，从而破坏土地持久肥力的永恒的自然条件"[①]。资本主义生产方式在对剩余价值疯狂追逐过程中造成了对资源的掠夺性使用和环境的掠夺性破坏，加重了生态环境公共风险的严重性，对此恩格斯在《英国工人阶级状况》中有大量的描述[②]。虽然如马克思、恩格斯在《共产党宣言》中所指出的，"资产阶级争得自己的阶级统治地位还不到一百年，它所造成的生产力却比过去世世代代总共造成的生产力还要大，还要多。自然力的征服……"[③]，但是正如恩格斯在《自然辩证法》中十分著名的一个警句，"我们不要过分陶醉于我们对自然界的胜利。对于每一次这样的胜利，自然界都报复了我们"[④]。

按马克思的观点，生态环境上的公共风险与资本主义生产方式

---

① 《马克思恩格斯全集》第23卷，人民出版社1972年版，第552页。
② 《马克思恩格斯全集》第2卷，人民出版社1957年版，第269—587页。
③ 《马克思恩格斯全集》第4卷，人民出版社1958年版，第471页。
④ 《马克思恩格斯全集》第20卷，人民出版社1973年版，第519页。

和意识观念密不可分,"在私有财产和钱的统治下的形成的自然观,是对自然界的真正的蔑视和实际的贬低"①。因此,克服生态环境公共风险的根本出路是要对生产方式和观念意识进行变革,最终才能实现人与自然的和解。

(二)马克思恩格斯经典作家著作中所隐含的公共风险财政思想

作为伟大的思想家和经济学家,马克思在世时虽然没有来得及完成计划中系统的财政学著作,但是他在许多论著中都有一些与财政有关的理论论述。因此,后人仍然可以从马克思恩格斯论著中发掘相应的财政思想。概要看,这些思想主要来源于马克思恩格斯的国家学说、共同体思想、再生产理论、分配理论等,而这些理论中也隐含着相应的公共风险财政思想。

1.马克思恩格斯国家学说中所隐含的公共风险财政思想

众所周知,阶级分析方法是马克思主义基本分析方法之一,由此构成马克思国家学说的基础,进而由此决定了马克思主义对财政本质和财政职能的基本观点。而对于国家起源和阶级性质的思想,最集中地体现在恩格斯的《家庭、私有制和国家的起源》中。恩格斯剖析了随着剩余产品增加而产生私有制和阶级的过程。而国家则是在私有制和阶级的基础上产生的,是阶级矛盾不可调和的产物。对此,恩格斯鲜明地指出,"国家是社会在一定发展阶段上的产物;国家是表示:这个社会陷入了不可解决的自我矛盾,分裂为不可调和的对立面而又无力摆脱这些对立面。而为了使这些对立面,这些

---

① 《马克思恩格斯全集》第1卷,人民出版社1960年版,第448页。

经济利益互相冲突的阶级,不致在无谓的斗争中把自己和社会消灭,就需要有一种表面上驾于社会之上的力量,这种力量应当缓和冲突,把冲突保持在'秩序'的范围以内;这种从社会中产生但又自居于社会之上并且日益同社会脱离的力量,就是国家。"① 可以看出,上述恩格斯对国家起源和阶级性质的论断鲜明表现出国家作为防范阶级斗争所致的公共风险的本质和职能,并由此产生了公共秩序。

恩格斯进一步认为,国家出现以后就产生了和旧的氏族组织不同的公共权力,"为了维持这种公共权力,就需要公民缴纳费用——捐税""官吏既然掌握着公共权力和征税权,他们就作为社会机关而驾于社会之上……他们作为日益同社会脱离的权力的代表,一定要用特别的法律来取得尊敬"②。按马克思观点,"国家存在的经济体现就是捐税"③"赋税是喂养政府的娘奶"④。因此,从马克思和恩格斯对国家性质和捐税性质的论述中,我们就不难看出其包含着相应的公共风险财政思想。

2.马克思再生产理论中所隐含的公共风险财政思想

在批判地继承古典经济学家尤其是重农学派创始人魁奈的研究基础上⑤,马克思创立了自己的社会再生产理论,并在《政治经济学批判》《资本论》第二卷中得以体现和应用。从而对社会总产品实现和社会总资本再生产给予系统阐述。按马克思这一理论,社会再生产分为生产、分配、交换和消费这四个相互关联、相互制约的环

---

① 《马克思恩格斯全集》第21卷,人民出版社1965年版,第194页。
② 《马克思恩格斯全集》第21卷,人民出版社1965年版,第195页。
③ 《马克思恩格斯全集》第4卷,人民出版社1958年版,第342页。
④ 《马克思恩格斯全集》第7卷,人民出版社1959年版,第94页。
⑤ 马克思对魁奈"经济表"所展示的社会总资本再生产和流通给予高度评价,《马克思恩格斯全集》第26卷(上),人民出版社1972年版,第366页。

节①。实际上,四个环节间的矛盾和统一也就关系到资本主义生产方式下资本增值过程的顺利实现问题,也即资本主义基本矛盾缓解的公共风险问题。在计划经济时期,中国学者们从马克思再生产理论出发,论证了财政是处于社会再生产中的分配环节,并得出财政是以国家为主体的分配关系的财政本质观。由此可以看出,处于分配环节的财政而言对于沟通协调生产到消费、顺畅社会再生产实现,通过有效分配来克服商品过剩的公共经济风险具有重要作用。

马克思再生产理论不仅包含着对资本主义生产关系下社会总资本再生产的分析,还由此表达其对未来社会主义社会总产品实现的科学预见②,并由此也隐含着其公共风险财政思想。在《哥达纲领批判》中,马克思批判了德国工人党纲领草案中的拉萨尔派机会主义观点,从科学社会主义角度对未来社会做了原则性构想。其中,他在批判拉萨尔"劳动所得应当不折不扣和按照平等的权利属于社会一切成员"时,科学地指出为了保证社会主义共产主义社会再生产顺利实现生产方面的三大扣除,"第一,用来补偿消费掉的生产资料的部分。第二,用来扩大生产的追加部分。 第三,用来应付不幸事故、自然灾害等的后备基金或保险基金。从'不折不扣的劳动所得'里扣除这些部分,在经济上是必要的,至于扣除多少,应当根据现有的资料和力量来确定,部分地应当根据概率论来确定"③。显然,其中第三项"应付不幸事故、自然灾害等的后备基金或保险基金"是为了防止生产过程中断而进行的物质和价值储备,体现了马克思公共风险财政思想。

---

① 《马克思恩格斯全集》第46卷(上),人民出版社1979年版,第18—50页。
② 这成果也已吸收和应用到中国计划经济时期的社会主义财政学体系中。
③ 《马克思恩格斯全集》第19卷,人民出版社1963年版,第18页。

在进行生产方面三大扣除后,"剩下的总产品中的其他部分是用来作为消费资料的",但马克思则进一步指出,在将其对劳动者进行个人分配之前,仍然需要进行社会消费方面的三大扣除,"第一,和生产没有关系的一般管理费用","第二,用来满足共同需要的部分,如学校、保健设施等","第三,为丧失劳动能力的人等等设立的基金,总之,就是现在属于所谓官办济贫事业的部分"[①]。显然,其中第三项"为丧失劳动能力的人等等设立的基金"是属于社会救济和社会保险基金方面的财政支出,也体现了马克思公共风险财政思想。此外应看到,上述六大扣除理论曾吸收和应用到中国传统的社会主义财政学体系中[②],并在此基础上提出社会主义总产品上"补偿基金、积累基金、消费基金"这"三大基金论",也对计划经济时期正确处理积累和消费比例关系、建立后备基金和社会消费基金、国民经济三大综合平衡等理论和实践产生影响。

3. 马克思恩格斯分配理论中所隐含的公共风险财政思想

在社会再生产理论基础上,马克思也形成其分配理论,其中也隐含着相应的公共风险财政思想。应指出,与社会再生产分配环节仅指产品分配不同,马克思分配理论既包括了产品分配,也包括了生产要素的分配。这一点如他在《资本论》第二卷所指出的"在这里作为 G—W<APm 行为的基础的,是分配。所谓分配,不是通常意义上的消费资料的分配,而是生产要素本身的分配"[③],并进一步指出,生产要素的分配"包含在生产过程本身中并且决定生产的结

---

① 《马克思恩格斯全集》第19卷,人民出版社1963年版,第20页。
② 邓子基:《财政学原理》,经济科学出版社1989年版,第21页;许毅、陈宝森:《财政学》,中国财政经济出版社1984年版,第100页。
③ 《马克思恩格斯全集》第24卷,人民出版社1972年版,第40页。

构,产品的分配显然只是这种分配的结果"①。他在《哥达纲领批判》中也指出,"消费资料的任何一种分配,都不过是生产条件本身分配的结果。而生产条件的分配,则表现生产方式本身的性质"②。因此,按马克思的基本逻辑,资本主义社会中消费资料和收入两极分化都源于资本主义基本矛盾即生产资料私人占有。这是导致资本主义经济领域公共风险进而全局性公共风险的总根源。而这又是资本主义生产关系自身所无法解决的,资本主义生产方式在收入分配上的必然结果是贫富两极分化。要改变"一极是财富的积累,同时在另一极……是贫困……的积累"③,其最终的出路只能是通过否定生产资料资本主义的私人占有和劳动雇佣关系,进行生产资料的重新分配。

当然,在资本主义生产关系框架内,马克思和恩格斯也考虑了如何通过财税手段来缩小贫富差距,从而防范两极分化所可能导致的公共风险和改善工人阶级状况。具体来看,马克思恩格斯倾向于采用直接税,尤其是对资本所得征收高额累进税来缩小贫富差距。早在《共产党宣言》中,马克思就提出"征收高额累进税"④的主张。相对于间接税税负的可转嫁特征,马克思更倾向于采用直接税。例如马克思在批评英国降低所得税的财政方案时指出,"这样,……把负担转嫁到不富裕阶层身上……在税收方面,比较符合我们的观点的,是施行累进所得税,就是说,税率随着收入总额的

---

① 《马克思恩格斯全集》第46卷(上),人民出版社1979年版,第46页。
② 《马克思恩格斯全集》第19卷,人民出版社1963年版,第23页。
③ 《马克思恩格斯全集》第23卷,人民出版社1972年版,第708页。
④ 《马克思恩格斯全集》第4卷,人民出版社1958年版,第490页。

增加而增加"①；此外他在评价迪斯累里的预算案时也指出，"消灭间接税制度就愈来愈有必要了。直接税制度应该恢复。可是，直接税不容许进行任何欺骗"②。上述这些看法都表明马克思已经提出税负转嫁理论和现代税收公平原则。而恩格斯的主张则更为直接，早在1845年的《在爱北斐特的演说》中就明确指出，"为了改变到现在为止一切分担得不公平的赋税，在现在提出的改革计划中就应该建议采取普遍的资本累进税，其税率随资本额的增大而递增。这样，每一个人就按照自己的能力来负担社会的管理费用，这些费用的重担就不会像一切国家中以往的情形那样，主要落在那些最没有力量负担的人们的肩上"③。这些都鲜明表达了马克思恩格斯缩小贫富差距和防范公共风险的公共风险财政思想。

第三节　公共风险视角下的现当代财政思想

在西方经济学说史中，所谓现代经济学一般都是指1936年凯恩斯《就业、利息和货币通论》（简称《通论》）发表以后，标志着宏观经济学的诞生，经济学也进入现代经济学。在知识体系上则是此后萨缪尔森将马歇尔的微观经济学和凯恩斯的宏观经济学综合产生所谓新古典综合派，其基本知识体系沿用至今并居于主流地位。

---

① 《马克思恩格斯全集》第9卷，人民出版社1961年版，第72页。
② 《马克思恩格斯全集》第8卷，人民出版社1961年版，第543页。
③ 《马克思恩格斯全集》第2卷，人民出版社1957年版，第615页。

一、凯恩斯财政思想及其公共风险思想

进入20世纪后,随资本集中和市场垄断程度的加大,西方市场经济告别了自由竞争市场经济而进入了贫富差距悬殊和生产严重过剩的新阶段。尤其是1929—1932年的大萧条,打破了自由市场和廉价政府的传统信念,也迫使经济学家做了深刻的理论反思。在这样的时代背景下,1936年凯恩斯发表了《通论》,凯恩斯理论应运而生。

(一)凯恩斯财政理论要点

凯恩斯在《通论》中抛弃了古典学派自由市场的理念和廉价政府的信条,反对供给自动决定需求的"萨伊定律",提出通过政府干预来刺激总需求的财政政策理论,及其相应的政府增债扩支的政策主张。当然,这一功能财政理论建立于其有效需求不足的经济理论基础上。

面对大量失业存在的事实,凯恩斯认为,古典学派所设想的自由市场实现充分就业取决于三个严格的假设前提[①],但这些假设并不符合实际一般情形[②]。在凯恩斯看来,在自由放任的条件下,经济中经常会出现有效需求不足的情形,这才是失业产生的根本原因。而有效需求不足又取决于三大基本心理规律:边际消费倾向递减、资本边际效率递减和流动性偏好。由于边际消费倾向递减,因此消费

---

① "实际工资等于现行就业量的边际负效用、严格意义上的非自愿失业并不存在;供给创造自己的需求"。〔英〕凯恩斯:《就业、利息和货币通论》,高鸿业译,商务印书馆1999年版,第27页。

② "古典学派的假设只适用于特殊情况……恰恰不能代表我们实际生活中的经济社会所含有的属性"。〔英〕凯恩斯:《就业、利息和货币通论》,高鸿业译,商务印书馆1999年版,第7页。

需求增长幅度低于收入增长幅度，由此产生消费需求不足；由于资本边际效率递减将导致企业对投资预期收益信心不足，同时在流动性偏好和货币数量的变动引起利率提高的情况下，会导致投资需求不足。由此，有效需求不足成为常态，无法实现充分就业。为实现充分就业，就必须依靠政府干预尤其是通过财政政策来刺激总需求，这就是凯恩斯经济理论的要点并构成其财政政策理论的基础。

凯恩斯刺激总需求的政策主张虽然既包括货币政策也包括财政政策，但凯恩斯怀疑货币政策的有效性[1]而明显倚重于财政政策。其财政思想和政策主张主要包括：1.政府举债支出。"政府用举债方式来兴办的投资事业，以及其他用举债来维持的经常支出……不论举债目的是为兴办资本事业，或为弥补预算不足。前者增加投资，后者增加消费倾向"[2]。并认为"浪费式的举债支出在收支相抵之后还是可以增加社会的财富"[3]。举债支出的实质是赤字财政政策，因此凯恩斯的刺激有效需求的财政政策根本上是建立在赤字和公债基础上的；2.加大政府投资支出。由于对萧条时期货币政策效果的怀疑[4]，凯恩斯在刺激投资需求上主张主要依靠政府投资。他指出，"某种程度的全面的投资社会化将要成为大致取得充分就业的唯一手段"[5]。而且凯恩斯论证了投资的乘数效应原理[6]，因此其对政府投

---

[1] "就我自己而论，我现在有点怀疑，仅仅用货币政策操纵利率到底会有多大成就"。〔英〕凯恩斯：《就业、利息和货币通论》，高鸿业译，商务印书馆1999年版，第17页。

[2] 〔英〕凯恩斯：《就业、利息和货币通论》，高鸿业译，商务印书馆1999年版，第110页。

[3] 同上书，第133页。

[4] 他认为"单靠银行政策对利息率的影响似乎不大可能决定投资的最优数量"。〔英〕凯恩斯：《就业、利息和货币通论》，高鸿业译，商务印书馆1999年版，第391页。

[5] 〔英〕凯恩斯：《就业、利息和货币通论》，高鸿业译，商务印书馆1999年版，第391页。

[6] 〔英〕凯恩斯：《就业、利息和货币通论》，高鸿业译，第十章"边际消费倾向和乘数"，商务印书馆1999年版。

资支出在反危机和实现充分就业上抱有很大信心；3.通过税收等手段提高边际消费倾向。边际消费倾向不仅关系着消费需求，而且也关系着政府投资乘数大小，因此凯恩斯提出，"对于消费倾向，国家将要部分通过赋税制度，部分通过利息率，部分通过其他手段来施加引导"①。基于其边际消费倾向递减的理论，以及通过赋税引导的建议，他在此实际上主张用税收来进行收入再分配，从而在整体上增大社会边际消费倾向，"所得税如利润税、遗产税以及类似的税种都和利息率一样影响储蓄……如果财政政策有意地被作为平均收入分配的手段，那么它对增加消费倾向的影响还要更大"②。

（二）凯恩斯的概率思想和不确定性思维

毫无疑问，凯恩斯比起他之前的所有经济学家显然都更具有风险思想和风险思维③，或者说《通论》本身就建立在凯恩斯风险和不确定性的认识论和方法论的基础上。正如亚当·斯密在写《国富论》之前有一本《道德情操论》一样，凯恩斯在《通论》出版之前还曾经是《概率论》④（1921年出版）的作者。在这本书里他表达了丰富的概率与风险思想，并分析不确定性和不确定性条件下的决策。在本书一开篇，凯恩斯就指出，"我们一部分的知识是直接获得的，即直接知识；而另一部分的知识则是要靠论证而得，即间接知识。概率论则与由论证获得的知识有关。它处理的是所获得的结

---

① 〔英〕凯恩斯：《就业、利息和货币通论》，高鸿业译，商务印书馆1999年版，第391页。

② 同上书，第100页。

③ 这或许从凯恩斯作为史上投资股市最成功的经济学家也可见一斑。1928年—1945年，他投资股市的18年间年均回报为13.06%，同期英国市场回报率为-0.11%。

④ Keynes, J.M., 1921, *A Treatise on Probability*, London: Macmillan.

果是多大程度上确定性或不确定性的问题","在学术逻辑的大多数分支中,如三段论或理想空间的几何理论,所有的论证都旨在证明确定性。因而,要求是十分明确的。但是在其余很多学科领域里,并不要求这种确定性。不论在哲学里在科学里,或者在其他学科里,大部分的论证,人们旨在阐明某种合理的信念。因此,它们在量度上的大小是不确定的,由此它们需要概率理论"[1]。

在《概率论》中,凯恩斯给概率下的定义是"概率是指任何一对命题之间的一种逻辑关系"[2],即一个是前提命题,另一个是结论命题,两者之间存在一种被凯恩斯称为"概率关系"的逻辑关系。研究认为[3],与传统的客观概率和主观概率理论不同,凯恩斯在自己的新概率理论中,其所定义的概率本身是不可数量化的,这与主流理论将概率视为可用数值表示的从而是确定的观点不同。凯恩斯发展逻辑概率理论的目的,旨在为人们在不确定性条件下的决策行为提供一个新的理论基础,即建立一种不确定性条件下人类理性行为的新理论——信念理性理论(张雪奎,2010)。

(三)凯恩斯财政经济理论中所包含的公共风险思想

事实上,凯恩斯的概率思想、风险思维和不确定性分析构成其经济和财政思想的方法论基础,而他在《概率论》中所研究的不确定性下的决策始终构成其《通论》中的核心内容。

首先,从方法论上可以说,所谓"凯恩斯革命"根本上是一个

---

[1] Keynes, J. M., 1921, *A Treatise on Probability*, London: Macmillan, P.3.
[2] Keynes, J. M., 1921, *A Treatise on Probability*, London: Macmillan, P.6.
[3] 张雪魁:"信念理性与凯恩斯经济学革命新释——基于凯恩斯〈概率论〉的一种考察",《哲学分析》,2010年第1(04)期。

从古典经济学的确定性思维向现代经济学的不确定性思维的深刻变革。凯恩斯曾批评了古典和新古典经济学家（如马歇尔、埃奇沃兹等）的观点，"在既定的任何时间里，事实和预期都被假设成某种确定和可计算的形式；被确认的但未必予以充分注意的风险也都假设能被精确计算出来"，而他认为"依我之见，对'不确定信息'并非单纯将确定的东西与那些仅仅可能的东西相区别……不存在对其发生的概率进行任何计算之科学基础"①。

其次，具体到作为凯恩斯有效需求不足理论基础的"三大基本心理规律"来看，其根本也是建立在风险和不确定性分析基础上的。例如对于边际消费倾向，凯恩斯谈道，"利息率的改变对现行消费量的作用，是复杂而不确定的"②，此外一些非正常情况下"人们对将来以及将来会带来什么具有极端的不确定性"③，由此都会对消费倾向带来重要影响；对于资本边际效率，凯恩斯认为"它取决于资本的预期的收益，而不仅仅是取决于其现行的收益"④。由于人们的预期很不确定，资本的边际效率也就不稳定，尤其在经济危机中人们的预期更为悲观由此带来了投资需求的不足；由此他认为"除非投资市场的心理状态有彻底改变，否则要想避免就业量的剧烈波动是不可能的"⑤；对于流动性偏好，凯恩斯认为"存在着对将来的利息率的不确定性。即不能肯定将来的各种期限的市场利息率

---

① Keynes, J. M., "The General Theory of Employment", *Quarterly Journal of Economics*, Vol. 51, 1937, pp.209–223.
② 〔英〕凯恩斯：《就业、利息和货币通论》，商务印书馆1999年版，第99页。
③ 同上书，第100页。
④ 同上书，第145页。
⑤ 同上书，第332页。

的数值"①,因此,对于流动性偏好的原因即在于"对于利息率在将来变化的不确定性是唯一合理的解释"②。

最后,从凯恩斯通过财政政策来刺激总需求的财政思想而言,其从根本上体现了"往不确定性的经济中注入确定性"的公共风险财政思维。面对私人投资的不确定性、预期的不确定性所带来的悲观预期或外部冲击,凯恩斯所主张的以增债扩支的财政政策其实质是由此来降低经济中的不确定性。由此他一再表达了政府财政政策对诱导个体信心、民间投资和预期的重要作用。

二、现当代主流财政学教材中的公共风险思想

(一)风险与不确定性作为市场失灵形式纳入现当代主流财政学

现当代财政学或公共经济学主流教材③一般都把风险与不确定性(或信息不对称)作为市场失灵的一种形式而提出来,由市场失灵而构成财政学的逻辑起点,进而引出财政职能。风险与不确定性(或信息不对称)是从何时开始正式进入现代主流的财政学或公共经济学教材,笔者尚无法考证清楚④,但是可以肯定其必然

---

① 〔英〕凯恩斯:《就业、利息和货币通论》,高鸿业译,商务印书馆1999年版,第171—172页。
② 同上书,第207页。
③ 如哈维·罗森的《财政学》、大卫·海曼的《公共财政》、斯蒂格利茨的《公共部门经济学》、布朗和杰克逊的《公共部门经济学》等较为经典的财政学或公共经济学教材。
④ 最经典的早期现代教材如马斯格雷夫《美国财政理论与实践》(其在美国首次出版于1972年)中尚未出现。

是在风险与不确定性（或信息不对称）引入现代经济学分析之后的产物。如前所述，虽然经济学的风险分析和思维由来已久，但其正式成为现代经济学分析基石则从1921年奈特（Knight）[①]对风险和不确定性间的严格区分开始。其后起重要影响的则是斯蒂格勒（Stigler）1961年关于"信息经济学"的经典著作[②]以及1963年阿罗（Arrow）发表的著名论文《医疗保健的不确定性和福利经济学》[③]，由此也标志着不完全信息正式引入经济学分析。而1970年阿克洛夫对二手车市场的研究[④]，标志着不对称信息研究开始进入经济学分析，由不对称信息所导致的逆向选择和道德风险问题也成为风险和不确定性的新内容，并构成市场失灵的新形式之一。

虽然市场失灵作为一种思想或理念，早在古典经济学家那里就有，例如对外部性[⑤]、公共物品[⑥]等市场失灵具体表现的探讨由来已久，但市场失灵作为正式的经济学术语最早由巴托（Bator）于

---

① 按奈特的原意，不确定性指的是对各种可能结果的概率是不可知的，而风险指的是不仅知道会出现的各种可能的结果，而且知道各种结果产生的概率。Knight, F., *Risk, Uncertainty and Profit*, Houghton Mifflin Company, Boston, 1921.

② Stigler, G.J., "The Economics of Information", *Journal of Political Economy* 69, 1961, pp. 213–225.

③ Arrow, K. J., "Uncertainty and the Welfare Economics of Medical Care", *American Economic Review* 53, 1963, pp. 941–973.

④ Akerlof, G.A., "The Market for 'Lemons': Qualitative Uncertainty and the Market Mechanism", *Quarterly Journal of Economics* 84, 1970, pp. 488–500.

⑤ 马歇尔最早将外部性定义为企业与产业间经济之差异，见〔美〕丹尼尔·史普博:《经济学的著名寓言：市场失灵的神话》，余晖、朱彤、张余文译，上海人民出版社2004年版，第12页。但一般认为，庇古于1920年最早以社会成本与私人成本、社会收益与私人收益不一致而提出了外部性问题。

⑥ 公共物品论某些基本内容最初渊源于休谟1739年在其《人性论》中的某些论述，而最终形成于1880年"边际革命"之后。张馨:《公共财政论纲》，经济科学出版社1999年版，第576页。

1958年发表的"市场失效的解剖"①一文中正式提出，并赋予其以特定的含义即市场在资源配置功能上的缺陷。他一开始从能自动实现帕累托效率的完全竞争市场所具备的条件出发，进而分析不符合完全竞争市场的一些条件，其中就包括信息不完全、不确定性。但是，Bator在这篇论文里重点分析外部性的市场失灵，对不确定性、信息不完全等只是作为市场失灵的具体形式而提出的，此外并没有进行更多的具体分析。

应看到在早期对市场失灵形式的总结中②，都是基于传统微观经济学完全竞争市场三个条件出发，列举出垄断（包括自然垄断）、公共物品、外部性这三种无法实现帕累托效率的三种情形③；而后随着风险与不确定性引入经济学分析而增加了新的市场失灵形式，而不对称信息引入经济学分析后，更多改为信息不对称（或信息不完全与信息不对称）④。对此，斯蒂格利茨区分了原始的市场失灵和新的市场失灵，并指出"新的市场失效是以不完全信息、信息的有偿性以及不完备的市场为基础的；而原始的市场失效是与诸如公共物品，污染的外部性等因素相联系的。这两种市场失效之间主要存在两点差别：原始的市场失效在很大程度上是容易确定的，其范围也容易控制，它需要明确的政府干预。由于现实中所有的市场都是不

---

① Bator, 1958, "The Anatomy of Market Failure", *The Quarterly Journal of Economics*, Vol. 72: pp. 351–379.

② 尽管早期并未正式使用市场失灵这一术语。

③ 早期甚至将垄断视为例外，或视为不是财政能解决的问题，常常只列出公共物品和外部性两种。Cowen, T., 1988, *The Theory of Market Failure: A Critical Examination*, George Mason University Press.

④ 其中原因或许在于早期所列举的风险与不确定性，很多可以通过保险市场或其他私人市场来解决，而随着不对称信息引入经济学分析，实际上就指出了现实中信息不完全和不对称也是不完全竞争市场的一种形式，而这又无法由市场本身来解决。

完备的，信息总是不完全的，道德风险和逆向选择问题对于所有市场来说是各有特点的，因此经济中的市场失效问题是普遍存在的"[①]。应该说，即使加入风险与不确定性以后，与传统的垄断（包括自然垄断）、公共物品、外部性合在一起，这四种市场失灵形式也还只是局限在资源配置的效率维度上的狭义的市场失灵，后来又扩展到公平维度和稳定维度的市场失灵，从而构成现代财政学标准教科书中市场失灵的六种具体形式。

（二）从公共风险角度重新定义市场失灵的六种形式

如从现当代社会发展来看，随着分工交易秩序的扩展和细化带来人的社会化；而与此同时也带来了公共领域的扩大和公共风险的凸显。因此正如贝克所指出的，"在发达的现代性中，财富的社会生产系统伴随着风险的社会生产"[②]。在这样的时代背景下，风险与不确定性不仅仅作为市场失灵形式之一被纳入现当代主流财政学中，更是作为一种思维和理念在财政学中体现出来。因此，从这个角度看，风险与不确定性思维和理念甚至可以涵括所有六种市场失灵形式，由此使得现代财政学总体上呈现出公共风险财政的本质。

1. 从公共风险角度重新看待公共物品

在现代财政学中，公共物品是市场失灵的最主要形式和最核心概念。虽然作为共同消费性和市场失灵形式的公共物品思想渊源由来已久，但作为较为系统的经济学概念和理论则形成于19世纪80年代"边际革命"之后的产物。由于边际效用论引入财政学，使私

[①] 〔美〕斯蒂格利茨：《社会主义向何处去》，周立群等译，吉林人民出版社1999年版，第48—49页。

[②] 〔德〕乌尔里希·贝克：《风险社会》，何博闻译，译林出版社2004年版，第15页。

人效率准则运用到公共物品最佳供应上来，建立起微观经济分析方法和效率评价标准。在这个发展过程中，潘塔莱奥尼、马尔科、马佐拉、威克赛尔、林达尔、庇古、马斯格雷夫、萨缪尔森、布坎南等人先后对此做出重要贡献[①]。

现代主流财政学将公共物品定义为非排他性和非竞争性，且将其作为市场失灵的形式而提出。当然，现实中完全符合非排他性和非竞争性定义的公共物品几乎难以存在，作为市场失灵而提出也难以在历史和现实中为财政政策提供理论依据。公共物品也需要寻找更深层面的理论逻辑，实际上公共风险可视为公共物品的逻辑基础。例如国防，实际上就是为了消除外敌入侵的公共风险、基于从不确定性中构建确定性而产生的公共物品。刘尚希和李成威认为[②]，公共物品实质是在不确定性中追求确定性，其本身既是防范化解公共风险的工具又是防范化解风险的结果。人类在化解公共风险的历史过程中，形成了一系列的制度和法律，最早的是军队、监狱，后来产生了社会保障、公共教育、公共卫生以及公共设施。

现当代公共物品理论是建立在个人本位基础上的，但人既是个体的人又是集体中的人。刘尚希和李成威（2018）认为[③]，风险是人为的混合物，因为风险是人的行为导致的，这里的人包括作为个体的人和作为集体的人。个体行为的外部化会产生公共风险，集体行为的脆弱性导致公共风险，社会群体的高度关联性放大个体和集体

---

① 张馨：《公共财政论纲》，经济科学出版社1999年版，第591—618页。或见〔美〕奥尔巴克、费尔德斯坦：《公共经济学手册》（第1卷），郭庆旺、匡小平译，经济学科出版社2005年版，第2—12页。

② 刘尚希、李成威："基于公共风险重新定义公共产品"，《财政研究》2018年第08期。

③ 同上。

行为产生的公共风险。因此,公共物品的实质是化解公共风险的个体和集体行为规则,所谓的公共治理是通过提供公共物品来化解公共风险的。

2.从公共风险角度重新看待其他市场失灵形式

除了公共物品以外,公共风险与不确定性理念与逻辑同样可以涵盖和解释现有的其他市场失灵形式,如外部性、自然垄断、收入分配公平、宏观经济稳定。

首先,以外部性来看,最早庇古对外部性的定义就是"私人成本与社会成本不一致",即存在外部成本,从公共风险角度看政府或财政对外部性的矫正,实际上就是在消弭相应的外部成本或公共风险。事实上,外部性的一些典型例子如生态环境污染等,本身就是人类在工业化、现代化和社会化进程中产生的现代公共风险的类型之一[①]。

其次,从自然垄断来看,其行业的基本特征就是规模经济效应即平均成本递减,由此技术特征使得由一家企业垄断有成本和生产效率上的优势,如自来水、电力、铁路等行业。传统微观分析认为,此行业不加以政府管制或收归国有[②],垄断企业将通过垄断定价的方式而造成效率损失。而换一个角度来看,可以认为,自然垄断行业如不加以政府管制或收归国有,私人独家自由经营水电路等行业,将使得社会面临巨大的公共风险。这一点早在古典经济学家亚

---

① 〔德〕乌尔里希·贝克:《风险社会》,何博闻译,译林出版社2004年版,第22—25页。

② 由于效率定价是定在边际成本上,而自然垄断行业边际成本小于平均成本,所以效率定价使得企业亏损,由此传统微观分析认为自然垄断行业应由政府主办公共企业来经营。

当·斯密以及穆勒等人那里就有充分的认识①。

再次,从收入分配不公来看,其本身就是一个随着市场化和现代化而日益凸显的公共风险问题。收入两极分化和社会不平等一直是构成社会动荡不安的根源②。也正因此,贝克在名著《风险社会》中提出由财富分配逻辑向风险分配逻辑的转换③。由此,作为市场本身难以解决的收入分配公平的公共风险问题为各国政府介入提供了逻辑基础。而从风险管理角度看,政府对贫富差距的调节在很大程度上也具有风险思维。例如一种观点认为,由于风险变幻莫测,当个人富裕时多交税相当于缴纳保费;而当他遭遇不测时,这种保单就会给他补偿④。

最后,就宏观经济稳定来看,其本身也是随着经济进入现代市场经济后而出现的公共风险问题,并由此产生现代宏观经济学和凯恩斯革命。尤其在当代,宏观经济波动越来越呈现不确定性、无规律性和随机性,宏观经济和金融上的黑天鹅事件频发,不确定性和公共风险也愈益跨出国界而呈现全球化特征。各国政府宏观调控政策本质上如凯恩斯所认为的,是一个往不确定性中注入确定性的过程⑤。在公共风险全球化面前,世界本质上是不确定的,倡导人类命运共同体理念下的各国宏观政策协调是在不确定的世界中构建确定性。

---

① 〔英〕穆勒:《政治经济学原理》(下卷),胡正林、朱泱译,商务印书馆1991年版,第553页。

② International Labour Organization, 2011, World of Work Report 2011: Making markets work for jobs.

③ 〔德〕乌尔里希·贝克:《风险社会》,何博闻译,译林出版社2004年版。

④ 〔美〕罗森:《财政学》第十版,郭庆旺译,中国人民大学出版社2015年版。

⑤ 刘尚希:《公共风险论》,人民出版社2018年版,第369页。

三、现当代财政学研究中的公共风险：思想元素与分析应用

（一）现代财政学研究中的公共风险思想元素

1. 加尔布雷思的不确定性与公共风险财政思想元素

加尔布雷思是美国制度学派代表人物，由于身处经济快速现代化的时代背景下，对各类公共风险有很多的体会和研究。在其名著《富裕社会》①中，他分析了在经济发达的现代社会中因收入两极分化、私人品和公共品失衡、垄断和竞争并存等社会失衡所造成的公共风险；在著作《不确定的时代》②中，加尔布雷思在思想史回顾的基础上，分析了现代社会经济危机、货币风险、贫富分化、大企业垄断、核战争、环境污染等公共风险和人类社会面临的种种不确定性，并指出，"在这样一个不确定的时代，只有一项是确定的，我们必须面对这个'不确定'的事实"③。

而对付不确定和公共风险，加尔布雷思的财政思想主要体现在其应对宏观稳定和贫富差距这两个相关联方面的一些政策主张上：（1）财政政策上主张采用增加政府支出的方式来刺激总需求，但反对减税政策。作为凯恩斯的弟子，他认为"如果需求不足，通常合理的做法就是增加公共开支"④；而他之所以反对用减税来刺激总

---

① 〔美〕加尔布雷思：《富裕社会》，周定瑛、舒小昀译，江苏人民出版社2009年版，中译版也有译为《丰裕社会》，上海人民出版社1965年版。
② 〔美〕加尔布雷思：《不确定的时代》，刘颖、胡莹译，江苏人民出版社，2009年版。英文版 *The Age of Uncertainty: Points of Departure*，出版于1977年。
③ 〔美〕加尔布雷思：《不确定的时代》，刘颖、胡莹译，江苏人民出版社2009年版，第281页。
④ 〔美〕加尔布雷思：《经济学与公共目标》，于海生译，华夏出版社2010年版，第346页。

需求，主要原因是"会增加收入分配的不平衡现象"，减税会使得"收入会回到那些富有的纳税人手中，而其中很大一部分收入都会被用于储蓄"①，而增加公共支出则不会有储蓄增加的问题；（2）要通过增加公共服务支出来解决"新型贫困"和公共风险问题。他指出，"不管这个共同体有多么富庶，或那个时代有多么繁荣"②，都存在富裕中的贫困或称"新型贫困"。而其中重要的原因就是私人生产过剩所带来的私人品和公共品间的失衡，并隐含着巨大的公共风险。由此建议政府"可以为人们提供住房、卫生保健和地方运输……取暖供应、医疗救助、交通便利"等公共服务；（3）建议通过实行累进所得税来缩小收入差距，以实现公平和稳定的目标。他指出，"要通过温和的手段在计划系统中达到较大程度的均等，累进税制是必不可少的""个人收入所得税的累进性越强，在稳定和平衡方面的效果就越明显"③。由此，累进税既调节了收入公平分配，又通过平衡私人品富余和公共服务贫困间的社会失衡，降低了社会公共风险。

2. 布坎南的不确定性与公共风险财政思想元素

布坎南作为公共选择学派的代表人物，虽然其采取的是与主流经济学和财政学"选择范式"所不同的"交易范式"。如布坎南认为"即使是最理想的政治，也不过是一个复杂的交易过程"④。作为个人之间的交易，规则即制度就是最重要的。"在最一般的含义上，

---

① 〔美〕加尔布雷思：《经济学与公共目标》，于海生译，华夏出版社2010年版，第343页。
② 〔美〕加尔布雷思：《富裕社会》，周定瑛、舒小昀译，江苏人民出版社2009年版，第226页。
③ 〔美〕加尔布雷思：《经济学与公共目标》，于海生译，华夏出版社2010年版，第345页。
④ 〔美〕布坎南：《自由、市场与国家》，平新乔、莫扶民译，上海三联书店1989年版，第129页。

政治的一个功能就是建立'道路规则',使具有不同利益的人和团体能够追求极为不同的目标"①。

在交易范式和个人主义方法论的基础上,布坎南财政思想中也隐含着鲜明的不确定性与公共风险思想,尤其在他的立宪思想上体现出来。在公共选择或规则制定上,布坎南划分立宪层面的选择和功能层面的选择。功能层面的选择是规则之下的选择,按"少数服从多数"做出集体决策;"立宪"层面的选择是对规则本身的选择,按"一致同意"做出集体决策②。因此,布坎南认为,"只有从立宪层面看,'公共利益'才变得有意义"③,而国家治理的根本也就是立宪治理,他说"唯一的约束手段是立宪约束,只有它才能严格限定国家活动和国家职能的范围""要改善政府必然要改善或改革规则,政治竞争是在规则结构内进行的"④。

在立宪层面布坎南体现了其典型的不确定性思维分析。无疑,功能层面即规则之下的选择讲平等如"规则之下人人平等"并无实质意义,而立宪层面的选择即产生一个公平的规则才有实质意义。立宪约束之所以有效,自然在于其"一致同意"规则⑤。"一致同意"之所以在立宪阶段可望实现,在于每个人均处于罗尔斯的"无知之幕"(Veil of Ignorance)之下进行选择,无法预知这一规则实行后

---

① 〔美〕布坎南:《自由、市场与国家》,平新乔、莫扶民译,上海三联书店1989年版,第69页。
② 〔美〕布坎南:《民主过程中的财政》,唐寿宁译,上海三联书店1992年版,第243页。
③ 〔美〕布坎南、塔洛克:《同意的计算》,陈光金译,中国社会科学出版社2000年版,第312页。
④ 〔美〕布坎南:《自由、市场与国家》,平新乔、莫扶民译,上海三联书店1989年版,第130页、第134页。
⑤ "一致同意的规则是帕雷托最优的政治对应物"。〔美〕布坎南:《民主过程中的财政》,唐寿宁译,上海三联书店1992年版,第326页。

自己是否得益因而会理性地选择公平规则①。根本上正是因为"无知之幕"下不确定的存在，由此使个人模糊了特定位置上的特殊利益和成本收益分析，当人们对于自己今后较长一段时间内的状况难以辨认时就倾向于一套公正的规则②。

从布坎南立宪思想来看，立宪规则产生后，大家在相应确定性规则之下进行选择和决策，就产生了对相应公共风险的防范，由此布坎南在自己思想框架下，对早期从霍布斯到洛克等人的社会契约论和国家共同体思想进行了新的阐释，基本脉络就是无政府—利维坦—立宪选择—后立宪选择③。即先从无法律、无规则、无政府状态下的霍布斯丛林开始，由此每个人都面临着极端的不确定性和严重的公共安全风险；进而通过交易合作产生制度规则，即摆脱无政府状态，产生"保护性国家"；国家可能成为利维坦，既可能是提供保护，也可能产生威胁和掠夺；大家创"无知之幕"，平等交易签约对基本权利订立规则，产生"立宪国家"；后立宪阶段在规则约束下决策和选择，产生各类市场规则和公共物品。

3.斯蒂格利茨的不确定性与公共风险财政思想元素

不完全信息和不对称信息的经济学分析方面，斯蒂格利茨做出

---

① "他不能预测，在未来特定时间上发生的实际集体决策过程中，他将扮演什么角色。他决不可能确切预测到，在任何具体问题上，他究竟更有可能属于要赢的一方还是更要输的一方"。〔美〕布坎南、塔洛克：《同意的计算》，陈光金译，中国社会科学出版社2000年版，第82页。

② 他常举游戏（打牌）例子，未来不确定性决定了一套一致同意的公平游戏规则。〔美〕布坎南、塔洛克：《同意的计算》，陈光金译，中国社会科学出版社2000年版，第84页。而在现实层面上其认为，一个潜在小偷基于自身财产保护要求也会同意通过反盗窃法律，见第274页。而即使是财政再分配，个人在契约很长的有效期内也不能确定自己今后收入状况，出于保险动机也会同意这一法律。

③ 〔美〕布坎南：《自由的界限》，董子云译，杭州大学出版社2012年版。

了重要贡献,并将其作为风险与不确定性的市场失灵形式而引入现代财政学分析中。在分析市场失灵和政府失灵时,斯蒂格利茨将自己的理论称为"新市场失灵"。之所以称为"新的市场失灵",其认为新的市场失灵是以不完全信息、不对称信息、信息的有偿性及不完备市场为基础的,而旧的市场失灵则是与诸如公共品、污染的外部性等因素相联系的。新旧市场失灵之间的根本区别在于不完全信息和不完备市场问题的普遍性,并从这一视角讨论了政府的功能①。

不完全信息和不对称信息经济学的发展是很多人努力的结果,而斯蒂格利茨的独特贡献在于发现了不完全信息和不完备市场的外部性,该效应是其他人所无法预料到的②。具体看,不完备的风险市场、逆向选择和道德风险等都具有这种外部性,斯蒂格利茨严格证明了完全信息假设对福利经济学第一定理成立的重要性,以及不完全信息市场经济不能实现帕累托效率的原因,并被称为竞争性市场效率的"格林沃德-斯蒂格利茨定理"。在与其他人合作的一系列论文中,斯蒂格利茨对风险、非对称信息(包括逆向选择、道德风险和委托代理等)和不完全竞争市场特征等方面的研究,揭示了现实中的市场本身缺乏效率的可能。此外,斯蒂格利茨也在信贷市场、企业创新等方面对其理论进行了具体应用。

由于信息问题的存在所导致的"新市场失灵",斯蒂格利茨也提出政府干预和财政介入的必要性。包括政府财政弥补风险市场缺陷,如建立政府存款保险、自然灾害保险、农作物保险、社会保险等;财政提供担保以改善不完全信息资本市场的缺陷,如联邦住房

---

① 〔美〕斯蒂格利茨:《社会主义向何处去》,周立群等译,吉林人民出版社1999年版,第48—49页。

② 同上书,第33页。

抵押贷款、小企业贷款、助学贷款、创新贷款等；政府要求强制信息披露、提供信息公共物品等①。但斯蒂格利茨也同时认为，信息不完全问题在政府公共部门中也同样存在，此外政府公共部门还存在缺乏竞争、多目标、寻租等问题而导致的"政府失灵"②。

（二）不确定性经济分析在现代财政学研究中的应用③

风险与不确定性都是当今时代重要主题之一。但如前所述的，风险和不确定性正式进入现代经济学和主流财政学是相对较晚的事。正如泽克豪泽（Zeckhauser）所指出的，"不确定性不论在个人风险决策层面（如何投资或选择何种医疗）和社会风险决策层面（如何走出经济危机或打击恐怖主义）都扮演着重要角色。然而50年前，在经济学家对整个经济和社会、市场和个人行为的研究中，不确定性并没有受到太多关注"④。桑德默（Sandmo）也指出，"在20世纪60年代初，大多数关于微观经济理论的教科书都只在消费者理论的章节中对不确定性进行讨论。但通常仅限于对预期效用定理的阐述，对储蓄和投资等领域的实际经济决策没有任何应用"⑤。由于在英美的经济学体系中，财政学实际上就是研究财政收支的应

---

① 〔美〕斯蒂格利茨：《公共部门经济学》，中国人民大学出版社2005年版，第69—72页。

② 〔美〕斯蒂格利茨：《社会主义向何处去》，吉林人民出版社1999年版，第266—276页。

③ Sandmo, A., "Uncertainty in the Theory of Public Finance", *The Geneva Risk and Insurance Review*, No.35, 2010, pp.1–18.

④ Zeckhauser, R., "New Frontiers Beyond Risk and Uncertainty: Ignorance, Group Decision, and Unanticipated Themes", Preface 2 xix in Machina, M. J. & Viscusi, 6W. K, 2014, *Handbook of the Economics of Risk and Uncertainty*, North-Holland Publishing Co., 2014.

⑤ Sandmo, A., "Uncertainty in the Theory of Public Finance", *The Geneva Risk and Insurance Review*, No. 35, 2010, pp. 1–18.

用微观经济学主题。因此，该主题在现当代财政学中的研究主要是在风险和不确定性的条件下的微观个体决策，其中风险则既包括公共风险又包括私人风险，并主要包括这三个领域[①]：

1. 税收与风险承担

这方向的研究始于多马和马斯格雷夫1944年的开创性论文[②]。他们提出"对风险资本收入征税是否会导致对风险资产的投资增加或减少"这一问题。在合理的假设下，因为风险分担效应优于预期收益率的降低效应，因此，征税有很大可能会增加风险资产投资。此后，由马科维茨[③]开创的均值方差分析方法在托宾[④]的流动性偏好理论中得到进一步发展。但直到20世纪60年代，对税收和风险承担问题的现代分析才真正出现，即由莫辛[⑤]和斯蒂格利茨[⑥]的论文所最早阐释。他们这两篇文章以及桑德默1969年论文[⑦]都用现代分析方法在理论上改进了多马和马斯格雷夫最初的研究，但是并没有否定他们原有的结论。

资本所得税会倾向于鼓励风险投资，这一理论假设是否符合经

[①] Sandmo, A., "Uncertainty in the Theory of Public Finance", *The Geneva Risk and Insurance Review*, No. 35, 2010, pp.1–18.

[②] Domar, E. D. and Musgrave, R. A., "Proportional Income Taxation and Risk-Taking", *Quarterly Journal of Economics*, Vol. 58, No. 3, 1944, pp.388–422.

[③] Markowitz, H. M., "Portfolio selection," *Journal of Finance*, Vol.7, No.1, 1952, pp.77–91.

[④] Tobin, J., "Liquidity Preference as Behaviour towards Risk", *Review of Economic Studies*, Vol. 25, No. 2, 1957, pp. 65–86.

[⑤] Mossin, J., "Taxation and Risk-Taking: An Expected Utility Approach", *Economica*, Vol. 35, No.137, 1968, pp.74–82.

[⑥] Stiglitz, J. E., "The Effects of Income, Wealth and Capital Gains Taxation on Risk-Taking", *Quarterly Journal of Economics* Vol. 83, No. 2, 1969, pp. 262–283.

[⑦] Sandmo, A., "Capital Risk, Consumption and Portfolio Choice", *Econometrica*, Vol. 37, No.4, 1969, pp.586–599.

验事实？这方面的计量经济学检验遇到了一些困难。最主要的问题在于如何将资产合理准确地分为安全资产和风险资产两类，理论上虽然容易但实际区分却很难。风险承担有金融投资组合理论所代表的其他方面。在金融资本以外，人力资本也是一种风险投资，因为人力资本的生产率及回报率也是不确定的。伊顿（Eaton）和罗森（Rosen）[1]和坎布尔（Kanbur）[2]实证研究了税收对人力资本和职业选择的影响。而结论却是类似的，即所得税可能会增加对人力资本的投资，原因是所得税增强了投资组合模型中的风险承担能力，因为政府承担了部分原本必须由个人承担的风险。

2. 不确定性与公共支出

该主题还可以包括两个方面的内容，一是公共支出如何影响私人的风险决策；二是在成本或收益不确定的情况下，公共物品最优供应问题。

就第一个问题而言，"公共支出如何影响私人的风险决策"显然具有和"税收与风险承担"类似的理论分析基础，而且也具有相似的逻辑和结论。即增加公共支出一般会增加私人风险承担意愿，其条件是所提供的公共物品和私人物品是相近的替代品。桑德默[3]认为，政府通过提供教育、医疗、养老等公共物品来创造一个社会安全网，因此会相应增加个人承担风险的意愿，并且这对

---

[1] Eaton, J. and Rosen, H. S., "Taxation, Human Capital, and Uncertainty", *American Economic Review*, Vol. 70, No.4, 1980, pp.705–715.

[2] Kanbur, S.M., "Risk Taking and Taxation: An Alternative Perspective", *Journal of Public Economics*, Vol.15, No.2, 1981, pp.163–184.

[3] Sandmo, A., "Uncertainty in the Theory of Public Finance", *The Geneva Risk and Insurance Review*, No. 35, 2010, pp.1–18.

社会是好事。其原因在于两个方面：一个是私人保险市场的不完全性，由于逆向选择和道德风险等原因从而未能提供与人力资本相关的各种保险；另一个原因是现实税收制度和公共开支模式有些方面会抑制劳动力努力以及储蓄和投资的意愿，而提高私人风险承担能力的公共支出可能部分抵消这些不利激励。

就第二个问题而言，成本或收益不确定下的公共物品供应问题，政府在公共物品的供给决策中应如何纳入风险考量。政府公共部门是简单地采取期望净收益最大化，还是他们的决策应反映私人部门的风险规避？桑德默[1]认为，这问题在很大程度上取决于人们对经济结构的假设以及对政策工具选择的约束。阿罗和林德[2]的经典论文认为政府应该最大化预期净收益，而不考虑私人风险规避。但这是假设公共投资发生在没有私人投资的风险投资领域。而在桑德默[3]的论文中，得出的结论则完全不同，他认为公共部门决策应反映私人部门的风险规避，从而将风险溢价包括在内。但他的假设则是经济的各个部门都受到技术风险的影响，并且在每个部门中都有私营和公共企业，它们生产同样的商品，面临同样的技术风险。此外，近年来这一问题还扩展到全球公共风险决策如全球变暖问题。斯特恩指出[4]，全球变暖的程度及其后果存在巨大的不确定性，

---

[1] Sandmo, A., "Uncertainty in the Theory of Public Finance", *The Geneva Risk and Insurance Review*, No. 35, 2010, pp.1–18.

[2] Arrow, K. J. and Lind, R. C., "Uncertainty and the Evaluation of Public Investment", *American Economic Review*, Vol. 60, No. 3, 1970, pp. 364–378.

[3] Sandmo, A., "Discount Rates for Public Investment under Uncertainty", *International Economic Review*, Vol.13, No.2, 1972, pp.287–302.

[4] Stern, N., *The Economics of Climate Change: The Stern Review*, Cambridge: Cambridge University Press, 2007.

因此很难对温室气体减排的成本收益给予政策评估，而合理的思路则是要防范全球变暖最不利后果的出现。

3.逃税及其治理

逃税及其治理是现代财政学中较晚出现的一个研究领域。阿林厄姆（Allingham）和桑德默①最早提出可以使用不确定性经济学的方法来分析所得税的逃税行为。基本逻辑是：如纳税人如实申报将按法定税率纳税，这是一个确定的结果；如未如实申报，被发现则必须支付罚款，如不被发现则逃税成功。因此未如实申报将得到一个不确定的结果。因此这仍然是最初的安全资产和风险资产间配置的决策问题，其结果将取决于稽查率、处罚程度和税率等因素。

在标准模型之外，还有其他因素可能影响私人逃税。例如桑德默②在研究中加入了逃税者因逃税而产生的心理负效用；在考虑到地下经济和非正式劳动力市场后，鲍德里（Baldry）③、佩斯蒂奥（Pestieau）和波森（Possen）④及荣格（Jung）⑤从各方面对这问题做了拓展性研究。

---

① Allingham, M. G. and Sandmo, A., "Income Tax Evasion: A Theoretical Analysis", *Journal of Public Economics*, Vol.1, No.3/4, 1972, pp.323–338.

② Sandmo, A., "The Theory of Tax Evasion: A Retrospective View", *National Tax Journal*, Vol.58, No.4., 2005, pp.643–663.

③ Baldry, J. C., "Tax Evasion and Labor Supply", *Economics Letters*, Vol. 3, No.1, 1979, pp.53–56.

④ Pestieau, P. and Possen, U. M., "Tax Evasion and Occupational Choice", *Journal of Public Economics*, Vol. 45, No.1, 1991, pp.107–125.

⑤ Jung, Y. H., Snow, A. and Trandel, G. A., "Tax Evasion and the Size of the Underground Economy", *Journal of Public Economics*, Vol.54, No.3, 1994, pp.391–402.

第四节　公共风险视角下的中国财政思想史概览

作为一个具有五千年历史的且唯一文明始终没有中断的国家，中国自古就拥有相对丰富的风险思想和财政思想。近代中国虽经历了衰落和屈辱的历史，但通过"西学东渐"以及东西方文明思想的碰撞，在吸收外来基础上中华文化通过改造创新，使得现当代的中华文明又重新焕发出新的活力，其中也包含着公共风险视角下的财政思想和理念。

一、公共风险视角下的中国古代财政思想

在长达五千多年的历史中，古代中国不仅长期是世界第一大经济体，而且长期也是世界人口和疆域第一大国，因此有着丰富的经济、政治及其财政思想；而且可能作为一个农耕文明的国家常受自然灾害影响，古代中国也有着较强的风险思维。当然，古代中国上述思想大部分都不是形成独立、系统的思想体系，而更多的是和儒释道等各类哲学思想浑然一体。

（一）古代中国风险思想与公共风险思想

1. 古代中国风险思想

从哲学角度看，东西方哲学的一个重要分野就是对不确定性的认知[①]。与西方古代哲学探索客观规律和必然联系的确定性思维相

---

① 陈曦、刘尚希：" 经济学关于不确定性认知的变迁"，《财政研究》2020年第7期，第3—13页。

比，古代中国哲学思想一直以不确定性为基本逻辑。因此，古代中国虽然未产生风险概念①，但一直有着相对丰富的风险思维和思想。可能由于自然灾害特别是洪水的影响，中国上古先民早期就有着风险和忧患意识；而在进入农耕文明以后长期"靠天吃饭"的历史使得中国人有着更多的风险意识和对未来不确定性的担忧。这从中国人最早发明龟卦、占卜、抽签等以期望能"逢凶化吉""遇难成祥"而略窥一二，也可以从中国古代丰富哲学思想记载中可见一斑：

（1）中国古代哲学思想中包含着强烈的风险意识

据刘宝霞和彭宗超②考证，虽然"风险"概念源自西方且20世纪初日语翻译英语"risk"后才传入中国。但中国古代就有"风险"意识，并经历了"幾—危—灾"风险范畴的演化链。最初"幾"是指细微的事物，常用于不好结果的细微预兆。如《周易·系辞上传》："夫《易》，圣人之所以极深而研幾也"；而后延展到"危"主要表达"危险"的含义。如《周易·乾卦·象传》言"故乾乾因其时而惕，虽危无咎矣"；进而更大的风险则用灾来表示并常与"天"连用，常用于表示自然灾害。如《周礼·春官·大祝》言"国有大故、天灾，弥祀社稷，祷祠"。

（2）中国古代哲学思想中已明确认识到风险的本质特征

中国先民明确意识到风险的本质特征在于不确定性、随机性

---

① 据刘岩、孙长智考证，风险这一概念范畴是西欧从中世纪晚期向现代早期转换的过程中，由于海上贸易船只可能遭遇触礁或飓风等危险，人们想办法规避这些不确定发生的危险。由此"风险"概念才作为一个关键性概念范畴被创造出来，形成了一种认识上的理性自觉。见刘岩、孙长智："风险概念的历史考察与内涵解析"，《长春理工大学学报（社会科学版）》2007年第3期。

② 刘宝霞、彭宗超："风险、危机、灾害的语义溯源——兼论中国古代链式风险治理流程思路"，《清华大学学报（哲学社会科学版）》2016年第31（02）期。

和不可预测性。如古语所言"天有不测风云"①;再如《古今韵会举要》所言"险,深陷不可测也"②。这些都局部表达了风险的本质特征。而如从总体来看,陈曦、刘尚希③认为,中国古代哲学的核心都是在阐述世界的不确定性,如先秦哲学巨著《易经》的本意即"生生之谓易",表明不断变化即不确定性是世界基本属性;而宋明理学则更是如此,周敦颐《太极图说》言"万物生生,而变化无穷焉""动而无动,静而无静,神也",其认为宇宙是一个巨大的蕴藏无数的可能态,可能态的实现包含着无数不确定性,不可事先预测或计算"不可以情识计度据之为常"。其后继起的程朱理学、陆王心学,"变易"思维也皆贯穿始终。

（3）中国古代传统哲学思想很重视风险防范

古语言"未雨绸缪""有备无患"等④,也如《礼记·中庸》所言:"凡事预则立,不预则废",都表明古代中国人的风险防范意识。在此基础上,中国古代先民在历史上也初步形成了风险防范和治理的一些思想。据刘宝霞和彭宗超⑤考证,首先是见微知著、积极防患于未然。如《庄子·至乐》言"万物皆出于幾,皆入于幾",即认为万事万物都存在于风险之中。而《周易·系辞下传》言"君子见幾而作,不俟终日",则说明了对细微风险察觉和防范的必要

---

① 最初出处于宋朝吕蒙正的《破窑赋》。
② ［元］黄公绍:《古今韵会举要》卷十六。
③ 陈曦、刘尚希:"经济学关于不确定性认知的变迁",《财政研究》2020年第7期。
④ "未雨绸缪"出自《诗经·豳风》中"迨天之未阴雨,彻彼桑土,绸缪牖户";"有备无患"出《尚书·说命中》中"惟事事,乃其有备,有备无患"和《左传·襄公十一年》中"居安思危,思则有备,有备无患"。
⑤ 刘宝霞、彭宗超:"风险、危机、灾害的语义溯源——兼论中国古代链式风险治理流程思路",《清华大学学报（哲学社会科学版）》,2016年第31（02）期。

性；其次则是当风险演化到"危机"阶段则需要把握时机来积极救扶。如《周易·系辞上传》："待时而动，何不利之有？"而在转危为安之时应常怀居安思危之心。如《周易·系辞下传》言"安而不忘危；存而不忘亡"，也是防止风险演化为危机的重要手段。

2.古代中国公共风险及其治理思想

如马克思所认为的，"社会存在决定社会意识"，古代中国人在生产生活、经济政治实践中也面临着来自自然和社会的种种公共风险，也由此产生了古代中国的公共风险及其治理思想，并在哲学思想和国家治理理念中体现出来。尽管与现代思想相比，中国古代这些思想相对较为朴素，但其中不乏深刻的见解。

（1）古代中国公共风险及其来源

从有文字记载开始，中国基本就已经是农业社会和农耕文明，因此中国古代公共风险来源和特征也都与社会形态和社会实践有关。因此其公共风险主要来源大致有几个方面：

一是来自自然界的公共风险，如洪水、饥荒、地震、瘟疫等。这些都是人力难以预测和难以抗拒的，却又是影响到所有人生存、生产和生活的公共风险。由于自古中国地域广阔、自然环境，自然灾害频繁，因古代科技和生产力落后往往又将其归因于天意，如董仲舒《春秋繁露》所言"灾者，天之谴也，异者，天之威也"。而早期古代又只能以禳灾祭祀等方式应对来自自然灾害的公共风险，或灾害发生后予以救灾和救荒。

二是来自战争的公共风险。既包括农民起义等内乱，也包括异族入侵等。由于生产力水平落后，生产资料和生活资料的匮乏及其争夺是古代战争频发的根本原因。而战争是古代中国人面临的最经常也是损失最大的公共风险①。因此如老子《道德经》第三十章所言"师之所处,荆棘生焉;大军之后,必有凶年";也如《孙子兵法·始计篇》所言"兵者,国之大事,死生之地,存亡之道"。而做好防备,不战而胜则是最好的风险防范措施,因此如《孙子兵法·谋攻篇》所言"不战而屈人之兵,善之善者也"。

三是来自政治秩序混乱的风险。即使在中国古代,稳定和平的政治秩序也是关系着普通百姓生命财产的最重要保障,如古语所言"宁为太平犬,莫作离乱人"。但即使是在秦大一统后建立起相对稳定的中央集权制下,改朝换代、宫廷政变、藩王反叛、阶级冲突等所造成的政治社会失序还比比皆是,如《魏书》所言"神州芜秽,礼坏乐崩,人神歼殄",而真正秩序稳定时期并不多见②。而古代中国主要以礼教、法治等方式形成家国伦理秩序来防范政治失序的公共风险。

(2)古代中国公共风险治理思想

针对上述三种类型的公共风险,古代中国也形成并积累了相应的公共风险防范和治理思想,主要体现在:

一是对于自然灾害公共风险的治理思想。古代中国人早期限于能力,只能单纯将其看作天意而非人力可以避免、防范和挽救,常常以禳灾祭祀等方式,以"敬天"形式来求得消灾避险。如《尚书·皋陶谟》所言"天命有德""天讨有罪",君主也常通过发布

---

① 葛剑雄:《中国人口史》,据史书记载的户籍信息推断:秦汉之际的战乱时期,总人口损失一半至三分之二之间。三国至隋期间的战乱多次使人口数下降一半,金元之际北方人口减少80%,明清之际也达40%。

② 从公元前221年秦朝实现统一到1911年清王朝灭亡,中国历史上先后共存在过62个正式王朝,统治时间平均仅60年左右。王子今:"中国古代王朝盛衰兴亡的'周期率'",《理论学刊》2002年第1期。

"罪己诏"以求敬天保民。但随着实践的发展，古代中国人则在力所能及的范围内尽量识别、预测、控制、防范和救济自然灾害所造成的公共风险。首先，尽量识别和预测风险，例如用阴阳五行来做预测，虽然带着浓厚迷信色彩，但古人也从中发明出天文历法、廿四节气等，再如张衡发明了地动仪并用于预测地震，这些被实践证明是有效的；其次，在实践中总结经验，积极防范和化解自然灾害。如《易经》中"《象》曰：解，险以动，动而免乎险"，即表示积极行动以防范风险。以洪水为例，自古有大禹治水，而自先秦开始，我国各地就已形成"报汛"制度；再次，则是在灾害已经发生时积极控制以避免更大的危机。以瘟疫为例，如张仲景《伤寒杂病论》最初就是针对各类不明瘟疫而作，据《汉书·平帝纪》记载"民疾疫者，舍空邸第，为置医药"，当时为了控制瘟疫蔓延，朝廷提供药物且还安排隔离病人住的房子；最后，对灾后进行救济和补救。古代中国较早就形成了"开仓赈济"的救灾传统，其中先秦时期以《周礼·大司徒》中的"荒政十二条"为代表。

二是对于战争公共风险的治理思想。古代中国对待战争的态度和治理思想可以用"忘战必危，好战必亡"[1]来概括。战争作为巨大的人财物消耗，但又是关系国家存亡无法回避的风险，历代君王的治理之策就在于"慎战"和"备战"，既不随意动兵，也不放弃武备。一方面，中国古代各学派均表达出强烈的"慎战"思想。如道家老子认为"兵者不祥之器，非君子之器，不得已而用之，恬淡为上"[2]；儒家在《论语·述而篇》中有"子之所慎：斋、战、疾"；兵

---

[1] 语出自《司马法》中"仁本第一"篇，原句为"故国虽大，好战必亡；天下虽安，忘战必危"。
[2] 《道德经》第三十一章。

家在《孙子兵法·谋攻篇》中说的更直接,"故上兵伐谋,其次伐交,其次伐兵,其下攻城"。"慎战"思想也对古代中国历代统治者产生了重要影响,使得他们更加重视从民本角度来内修政礼,避免穷兵黩武;另一方面,面对战争风险古代中国也产生了积极"备战"的思想。武备是防范和化解国内外战争风险的根本保障,如管子所言"兵者外以除暴,内以禁邪"。而能消灭战争保障和平的唯一办法就是保持战争的威慑力。如《司马法·仁本篇》所言"以战止战,虽战可也"。因此从历史上看,古代中国在秦朝以后的历朝历代都保持着相当规模的常备军,并形成了"居安思危""富国强民""寓兵于农"等国防建设思想。

三是对于政治失序公共风险的治理思想。古代中国君主以政治秩序治理为核心在长期中形成了丰富的国家治理思想。首先,以敬天和民意形成执政秩序的合法性基础。如《尚书·皋陶谟》言"天秩有礼",以天命为名义形成上下秩序礼节、以天子为名义形成执政合法性基础;后来从现实执政角度考虑到"水可载舟,亦可覆舟"[①],将民意与天命相结合,如《尚书·周书·泰誓上》提出"民之所欲,天必从之",由此进而形成"民为贵,君为轻"[②]的执政理念;其次,重视"礼教"以形成伦理秩序关系,主要以儒家思想为基础形成"三纲五常"的伦理规范以及"家国同构"的意识形态,如《礼记·祭统》所言"忠臣以事其君,孝子以事其亲,其本一也",由此"欲治其国,先齐其家";再次,中国古代历朝在注重礼教的同时也施以法治,实现"德主刑辅""礼法合治"。在国家治理

---

① 最初语出《荀子》,原文为"水则载舟,水则覆舟",后为唐太宗李世民所引用。
② 出自《孟子·尽心下》,原文为"民为贵,社稷次之,君为轻"。

中也吸收了法家如韩非子、商鞅等人的法治刑治思想,在儒法融合基础上大致形成了荀子所主张的"礼法合治"的策略,"法者,治之端也,君子者,法之原也"①;最后,通过改革和调整来缓和社会矛盾,以求实现长治久安。历代统治者也积极重视政治风险的防范和化解,实现"为之于未有,治之于未乱"②。对于阶级矛盾也积极通过早期的"察举制"和隋以后的"科举制"来选拔人才和避免阶级固化。而一旦风险和矛盾转化为现实危机时,历朝也通过各种改革和变法来积极化解执政风险。

(二)公共风险视角下的古代中国财政思想

1. 中国古代防范化解自然灾害公共风险的财政思想

(1)中国古代治水中的财政思想

自古中国就是洪灾频繁且严重的国家③,治水一直是历朝历代最重要的治国大事之一④。其不仅是防范洪水风险的需要,而且水利关系农业生产这一最重要的经济基础。因此防洪和水利支出在古代财政支出中一直占有重要比重,但基本都采取劳役形式,例如早期的都江堰、郑国渠等都是如此。采取劳役形式来治水,其同时可以起到以工代赈和社会救济的作用,可一举两得,如东汉桓谭对王莽建议举工赈治黄河"可以上继禹功,下除民疾"⑤。

---

① 《荀子·君道篇第十二》。
② 《道德经》第六十四章。
③ 《淮南子·览冥训》言"水浟浟而不息"。
④ 由此,魏夫特还提出"治水社会"理论,来发现"东方专制主义"的源头。
⑤ 《后汉书·桓谭冯衍列传第十八上》。

（2）中国古代救灾中的财政思想

古代中国历朝均重视灾年荒年的救荒政策并先后提出丰富的救荒财政思想，在此仅以最为系统阐述财政思想的古代著作之一《周礼》为例予以说明。《周礼》在《廪人》和《仓人》篇中都建议积存谷物以作荒年凶年救济之用，"有馀，则藏之，以待凶而颁之"。在将官府的谷物救济放在救灾荒政策首位外，《周礼》在《大司徒》篇中还提出以"荒政十二条"为核心的系列救灾政策如"散利""薄征""弛力"等，主要包括开仓救济、减轻租税、减少政府其他支出等。

（3）中国古代国家粮食储备制度及其思想

限于古代生产力水平，面对自然灾害，政府所能做的较为有限，而其中最重要的就是国家粮食储备制度。早在夏朝时期，中国就已开始重视粮食的财政储备[1]，如《逸周书》引《夏箴》"天有四殃，水旱饥荒。至其无时，非务积聚，何以备之"；再如汉朝贾谊把谷物储备提高到关系国家安危的高度来认识，称"夫积储者，天下之大命也"[2]。

2.中国古代防范化解战争公共风险的财政思想

（1）重视军备支出，保证军事财政供给

"兵者，国之大事"，战争作为中国古代最大的公共风险，使得中国古代大部分朝代均十分重视军事财政支出。中国古代最著名的财政著作《管子》把财政军事支出视为决定战争胜利最重要因素，

---

[1] 胡寄窗、谈敏：《中国财政思想史》，中国财政经济出版社2016年版，第7页。
[2] 语出《汉书·食货志》，胡寄窗、谈敏：《中国财政思想史》，中国财政经济出版社2016年版，第173页。

提出"为兵之数,存乎聚财而财无敌"①;类似地,中国古代军事著作《孙子兵法·军事篇》指出,"是故军无辎重则亡,无粮食则亡,无委积则亡"。也因此,据史料统计,中国古代历朝历代军费都占据财政支出的六成以上②。

(2)注意军事支出和百姓负担间的平衡,做到取用有度

充足的军事支出是战争胜利的保障,但穷兵黩武也会加重百姓负担和造成国力衰退。因此中国古代军事思想也注重军费负担的合理限度。《孙子兵法·作战篇》指出,"善用兵者,役不再籍,粮不三载""国之贫于师者远输,远输则百姓贫"③。

(3)注重采用屯田戍边等方式来缓解财政压力

古代军费财政支出中军粮支出占大部分,所谓"兵马未动,粮草先行",因此自秦王朝时代始就已开边疆屯田之端倪,而大规模开始于汉朝。汉朝时晁错、桑弘羊和赵充国都提出戍边屯田策。尤其是赵充国的金城屯田论基于"益积蓄,省大费"的财政动因列举了十二条好处④,构成了屯田戍边的理论基础。汉以后历朝历代都重视屯田戍边政策,在寓兵于农、戍屯结合的基础上通过保障军粮供应、节省运输成本、巩固边疆安全,大大节约了军事财政支出压力。

(4)形成服务于战争需要的财税管理体制

由于历代军事支出都占财政支出的大部分,尤其是在战时更是如此,因此中国古代常常形成服务于战争需要的财税管理体制。以

---

① 语出《管子·七法》。
② 黄纯艳、宋佳俪:"宋代财政史研究的主要方法及其检讨——兼论如何构建中国古代财政史研究的学术体系",《厦门大学学报(哲学社会科学版)》2020年第6期。
③ 胡寄窗、谈敏:《中国财政思想史》,中国财政经济出版社2016年版,第33页。
④ 同上书,第203页。

唐朝为例，其一开始就建立了中央集权的军事财政体制（龚泽琪，1999）：为确保中央对军费的支付能力，唐中央特意划定了军队所需的税种；设立专门的军事财政机构，即在户部设度支、金部、仓部以履行军供职责；国家财政机构根据军事需要，编制军费预算，等等①。

3. 中国古代防范化解政局失控公共风险的财政思想

（1）提倡民本财政思想，以防范执政风险

在独尊儒术的同时，历代统治者也都吸收黄老之术，尤其在承平时期都提倡轻徭薄赋、与民休息，以防范执政风险。其中最著名的当属管仲所提倡的一系列民本财政思想，其在《管子·牧民》中提出"凡治国之道，必先富民"，并认为"故知予之为取者，政之宝也"。在强调民本的同时，中国古代自然就形成重视农业生产的传统，如《管子·牧民》所言"务五谷，则食足，养桑麻，育六畜，则民富"。

（2）注意税负公平，避免贫富悬殊

中国古代"富者田连阡陌，贫者无立锥之地"常常是导致王朝倾覆的重要原因。因此古代财政思想家也提倡调节贫富差距，并将其限制在一定范围内。如《管子·揆度》指出"富能夺，贫能予，乃可为天下"。由此在税收方面，管子提出"相地而衰征"的税负公平思想；而有些朝代（如唐朝）也通过限制土地兼并等方法来限制贫富差距。

---

① 龚泽琪："唐王朝军事财政体制的变迁与国家的兴衰"，《军事经济研究》1999年第4期。

（3）实行中央集权财政体制，限制地方势力

如何防止地方叛乱，是中国古代防范政局失控风险的重要内容。对此，汉代时贾谊曾提出"欲天下之治安，莫若众建诸侯而少其力"①。事实上，自秦朝开始通过实行郡县制，古代中国就进入了长期中央集权时期。在中央和地方财政关系上都是采取统收统支或者中央高比例分成的体制。同时郡县地方官都由中央政府任命，其俸禄也由国家财政开支，因此限制了地方势力，有利于国家统一稳定。

（4）通过财政变法改革来兴利除弊，缓解执政危机

从中国古代历史看，统治者也常常根据政治经济情况的变化对财政进行改革，以化解矛盾、防范风险和巩固政权。《周易·系辞下》言"穷则变，变则通，通则久"，历史上每个朝代几乎都有或大或小，或成功或失败的财政变法，著名的如商鞅变法、桑弘羊改革、王莽变法、唐代两税法、宋朝王安石变法、明朝一条鞭法、清朝摊丁入地，等等。应看到，历次财政变法也都在整个社会改革中居于核心地位，并直接决定着王朝的兴衰成败。

二、公共风险视角下的中国近代财政思想

按中国史学界的划分，中国近代史是指1848年鸦片战争到1949年中华人民共和国成立这一百多年的历史。这百年是中国无数仁人志士在内外交困中寻求救亡图存道路的历程，民族危亡是这百年历程中国所面临的最大公共风险；同样，这百年也是东西方文化碰撞融合、各种政治经济思想主张激烈碰撞的历史。而作为富国

---

① 《汉书·贾谊传》中"治国策"。

强兵、救国救民的基础和支柱的财政更是备受重视，因此近代中国在时代风云激荡下也产生了很多基于救亡图存的公共风险财政思想。

　　一般认为，从1840年第一次鸦片战争开始，中国就由原来的一个独立自主的封建国家一步步逐步沦为半殖民地半封建国家，到1900年八国联军侵华战争和1901年辛丑条约签订标志着中国半殖民地半封建社会正式形成。从1840年鸦片战争到1949年中华人民共和国成立，整个中国近代史社会主要矛盾就如毛泽东同志所指出的"帝国主义和中华民族的矛盾、封建主义和人民大众的矛盾，这些就是近代中国社会的主要的矛盾……帝国主义和中华民族的矛盾，乃是各种矛盾中的最主要的矛盾"①。从近代中国社会经济政治格局来看，帝国主义一步步控制了中国政治、经济、军事和文化等各个方面，而中国的封建势力则与帝国主义互相勾结，对外投降对内镇压，出卖国家主权和民族利益，事实上成为帝国主义统治中国的代理人。因此，民族危亡是当时中国社会所面临的最主要的公共风险。

　　面对民族危亡甚至亡国灭种的公共风险，在中国与西方、传统与现代、保守与图强、改良与革命各种思想碰撞下，近代中国曾先后产生了种种思潮与派别。如地主阶级改良派、农民阶级革命派、封建主义洋务派、资产阶级维新派、资产阶级革命派、新民主主义革命派等②，根本上各派别的差别是中国由谁领导、走何种道路才能实现救亡图存的政治主张的区别。最终只有中国共产党所领导的新

---

　　① 毛泽东：《毛泽东选集》（第二卷），人民出版社1991年版，第631页。
　　② 中国共产党所代表的新民主主义革命派的公共风险财政思想将专门在后文中介绍，在此仅先介绍其他五个派别的代表性观点。

民主主义革命通过将马克思主义和中国革命实际相结合，取得了彻底的反帝反封建的民主革命胜利，实现了救亡图存的根本任务。在此，我们拟简要梳理近代中国上述各流派的公共风险财政思想[①]：

（一）近代地主阶级改革派的公共风险财政思想

在鸦片战争后，在外国入侵和霸凌的严峻形势面前，首先出现的是以林则徐、魏源等为代表的地主阶级改革派，他们是最早睁眼看世界并希望学习西方进行改革，以图富国强兵、抵御外侮和救亡图存的思想家。

首先，他们都主张"富民""裕民"以涵养财源，体现了向西方资本主义国家学习的强烈意识。如林则徐主张鼓励私人开采矿产并由国家征税，并认为此举"裕国足民利用厚生"[②]；魏源也力主私人生产经营，包括采矿、造船、盐业和机械制造等，其提出"民开而官税之，则有利无弊"，更鲜明提出"专注于便民者，民便而国亦利"的利国必先利民主张[③]。他既主张工农业产品是财富，也承认货币财富。由此可见，他们都已吸收西方新思想因素，并一定程度上反映新商人阶级的利益，以图改革旧制度而实现富国强兵。

其次，他们都主张变革财政制度以防止公共风险甚至挽救危局。魏源认为，国家财政制度和政策应因时而变，而不应墨守成

---

① 本部分内容主要以胡寄窗、谈敏（2016）和孙文学（2008）对中国财政史整理为指引，对他们所整理的思想史料进行重新再梳理。胡寄窗、谈敏：《中国财政思想史》，中国财政经济出版社2016年版；孙文学：《中国财政思想史》（下），上海交通大学出版社2008年版。

② 孙文学：《中国财政思想史》（下），上海交通大学出版社2008年版，第491页。

③ 胡寄窗、谈敏：《中国财政思想史》，中国财政经济出版社2016年版，第572—576页。

规,"法无久不变,运无往不复""履不必同,期于适足;治不必同,期于利民"①。以此为指导,魏源在漕运和盐税等方面提出多项改革建议,并认为"有以除弊为兴利者"。同样,为减少漕运财政支出,革新制度弊端,林则徐也提出兴修水利、广开水田以解决漕运问题的十二条措施。

最后,因循形势变化提出带有"重商主义"观点的财政政策,以防范财政风险和危机。如林则徐认识到"商农皆本"的合理性,根据形势变化提出保护商民利益的政策建议。同时他主张对外贸易鼓励货物出口,他讲道"利之所在,谁不争驱?""广东利在通商……若前此以关税十分之一,制造炮船,则制夷已可裕如"②。同时,他严厉打击鸦片走私以防止白银外流。由此显示了林则徐的重商主义观点。魏源也主张利用商业资本和关税来为封建财政服务,他说"海运之事,其利有三:国计也,民生也,海商也"③,从而将商业利益尤其是对外贸易提到很高的高度来认识。

应看到,林则徐和魏源等为代表的地主阶级改革派主张学习西方,探寻救亡图存的道路,充满了强烈的爱国精神和民族自信心。他们的财政思想立足于挽救民族变革生存的时局,充满着爱国主义情怀。他们通过"师夷"以"制夷",指出了近代中国学习西方的合理性和必要性,也同样对财政改革和防范公共风险具有重要启示。但是作为地主阶级改革派,他们思想也有着很大的局限性,根本出发点还是维护清王朝的封建统治,他们对西方资本主义的认识也还相当有限。这些都决定了其公共风险财政思想虽然有可取之

---

① 孙文学:《中国财政思想史》(下),上海交通大学出版社2008年版,第493页。
② 同上书,第491页。
③ 胡寄窗、谈敏:《中国财政思想史》,中国财政经济出版社2016年版,第577页。

处，但注定难以成功。

（二）近代农民阶级革命派的公共风险财政思想

作为帝国主义和封建主义双重压迫下，灾难最为深重的农民阶级，他们虽然有自己的利益诉求，但一直难有系统的财政思想。直至太平天国这一农民政权的出现，并留下了《天朝田亩制度》和《资政新篇》，才为了解近代农民阶级革命派的公共风险财政思想提供了可能。

《天朝田亩制度》是以解决农民土地问题为核心的反映太平天国施政政策的总纲领。也许在农民阶级来看，国家危亡的主要原因是贫富悬殊而广大农民衣食无着，农民平均地权才是消除公共风险的核心要义，由此实现"有田同耕、有饭同吃"简单的平均主义理想。因此，《天朝田亩制度》规定"凡田分九等""凡分田、照人口，不论男女"等。

在土地这一最基本生产资料实行平均主义的纲领下，太平天国财政制度也是以平均主义为基本原则。首先，在财政管理上实现"圣库"的公有制，因此不论缴获、农作物收成和其他财政收入和物资均缴入国库公有，以此保证财力物力的集中统筹和平均分配；其次，在财政支出上以战争为中心实行供给制，既保证战争需要又以平等为原则尽可能公平合理分配；最后，在财政收入上《天朝田亩制度》最初表明了无税思想，但后来实际执行轻税政策，同时采取"富户纳重税、贫户纳轻税"的区别对待政策。

而《资政新篇》则超越了农民阶级的眼界局限性，提出了效仿西方自由资本主义经济制度的经济纲领，在积极学习西方技术发展资本主义工商业的基础上，形成具有资本主义性质的财政思想，作者洪仁玕将其视为挽救太平天国危亡乃至挽救国家民族危亡的施政纲领。《资政新篇》具有经济决定财政、财政反作用于经济的思想，其政策要点有：采取税收手段，鼓励民间开矿兴办产业；完善税务管理机构；建立私人银行制度；建立国营邮政、新闻系统；建立分级国库制度；建立社会保障制度；设置通关通商，并收取关税，等等①。

应看到，以《天朝田亩制度》和《资政新篇》为代表的太平天国思想以及太平天国革命实践，确实是反映了反帝反封建的根本要求。其所包含的救亡图存的公共风险财政思想也值得称道，尤其是《资政新篇》是近代中国第一个比较完整的资本主义建设方案，其财政思想也符合社会发展的客观规律要求，但是并没能在实践中实施和取得效果。而《天朝田亩制度》也只有少部分内容得以短暂实施，其平等平均的思想固然反映了广大农民阶级的利益诉求和强烈愿望，但是也反映出农民小生产者绝对平均主义的空想性和局限性，并不符合社会发展的客观规律。实践也表明，太平天国为代表的农民阶级革命派不可能实现挽救民族危亡的反帝反封建任务。

（三）近代封建主义洋务派的公共风险财政思想

19世纪60年代，清政府内部一批带有买办性质的封建官僚积极引进西方先进机器设备和技术，兴办洋务企业，以图实现"自强""御辱"的目标，其根本目的是挽救封建统治的危机。以李鸿章、张之洞等为代表，洋务派在兴办各类洋务企业实业的同时，也形成了与之相适应的公共风险财政思想。

---

① 孙文学：《中国财政思想史》（下），上海交通大学出版社2008年版，第516—517页。

首先，洋务派力主财政改革，以筹集洋务经费。如李鸿章认为，面临千年未有之大变局，唯通过引进西方机器设备和先进技术，方可实现自立自强，"能自强者尽可自立，若不强，则事不可知"，而自强之本则是"取外人之长技以成中国之长技"①。为此，他建议集中财力，包括用关税、借外债、征新税等方式购入新式军舰以巩固海防。张之洞也指出"窃以今日自强之端，首在开辟利源"，即兴办各类机器工业，"必须自行设厂，购置机器，进行生产"②。对办洋务之财政经费，张之洞认为可以通过向列强举借外债的方式来筹措，"果从此有自强之机，自不患无还债之法"③。

其次，洋务派虽认同民族资本对培植财源的作用，但采取了官督商办的控制模式。如李鸿章提出"欲自强必先裕饷，欲浚饷源，莫如振兴商务"，因此发展民间资本和民间产业既可以分洋货之利，又可以为国家培植税源。但洋务派客观上在为民间资本提供发展机会的同时，又出于封建统治者的利益对民族资本采取限制性控制性的官督商办和官商合办形式，名义上如李鸿章所称"官为扶持，以助商力之不足"，实际上则是在"收民间之财为己用"的同时将商人资本置于控制之下。

最后，洋务派重视财政在国家治理中的作用，并争取国家主权。张之洞在反对由洋员主持的"司泉司"财政机构时说，"财政一事，乃全国命脉所关，环球各国无论强弱，但为独立自主治国，

---

① 胡寄窗、谈敏：《中国财政思想史》，中国财政经济出版社2016年版，第641页。
② 朱有献：《中国近代学制史料：第一辑（下册）》，华东师范大学出版社1996年版，第258页。
③ 胡寄窗、谈敏：《中国财政思想史》，中国财政经济出版社2016年版，第644页。

其财政未有令他国人主持者,更未有令各国人均能预计者"①。而李鸿章在借外债兴建铁路时,也提出防止由此侵害国家主权的三条借款原则,包括防止因外债而失去对铁路的控制权、管理权以及危害国家财政收入尤其是海关收入。

应看到,封建主义洋务派在引进西方先进设备和技术的基础上,也产生了以自强和救亡为目标的公共风险财政思想,对中国最初的工业和民族资本发展起到了促进作用。但从根本上看,由于其目标还是为了维护和延续封建统治,所以对民族资本还是采取了利用和控制的政策,他们在引进西方设备技术时也存在买办性和依赖性。因此,其主张具有封建性、垄断性和对外依赖性,其本身就是近代中国半殖民地半封建制度的产物。实践也证明了,洋务派不可能最终实现富国强兵、救亡图存的历史使命。

(四)近代资产阶级维新派的公共风险财政思想

从19世纪70年代开始,随着中国民族资本诞生和初期发展,西方财政思想在近代中国的传播进入活跃期,王韬、薛福成、马建忠、严复等人都是西方资产阶级财政理论的传播者,这些都对戊戌维新派产生了重要影响。在吸收西方政治经济理论实践和早期地主阶级改革派观点,并诉诸中国政治实践过程中,产生了以康有为、梁启超、谭嗣同等为代表的资产阶级维新派。他们的基本主张是进行变法图强,通过发展民族资本主义和实行君主立宪制度,以挽救民族危亡。他们政治思想中自然也包含着救亡图存的公共风险财政思想。

---

① 胡寄窗、谈敏:《中国财政思想史》,中国财政经济出版社2016年版,第644页。

首先，康有为、梁启超等维新派都认识到只有进行包括财政制度在内的政治经济制度上的根本变法才能挽救民族危亡。因此，虽然和地主阶级一样都主张向西方学习进行改革，但其根本点并不简单地立足于维护和延续原有的封建统治。如康有为所言"窃以为今之为治，当以开创之势治天下，不当以守成之势治天下"，而谭嗣同等更激进的改革派则提出"尽变西法"的主张，称"详考数十年之事变，而切究其事理……画此尽变西法之策"①。

其次，维新派都赞成以轻税来促进民族工商业发展，以此实现富国养民。如梁启超提出生利和分利观，认为税收是凭政治权力参与社会财富分配的，政府官吏分利越多税负越重，就侵占资本越多，其结果必然影响社会生产，"国之兴衰，视其总资本总劳动力有所复无所复而已"，因此主张轻税以促进工商业发展②；康有为则提出以新税代替封建厘金，"内地害商之政，莫甚于厘金一事"。从西方国家轻税促进商业贸易繁荣的实践经验出发，康有为力主通过低税促进商业发展，并认为这是富国养民的首要之举。由此反映了维新派对西方古典自由主义学派思想的吸纳。

最后，受重商主义影响，维新派财政思想和政策主张中都有通过鼓励出口、限制进口以实现国家财富积累和富国强兵的建议。如康有为提出"吾商出口之税，重于外商入口之税，此与各国保商之道相反，商务安得不困"③，由此建议对出口商品征轻税。而梁启超在后期也放弃了自由贸易观点转而建议关税保护，主张对进口货物

---

① 蔡尚思：《谭嗣同全集（增订本）》（上册北京），中华书局1981年版，第226—227页。
② 孙文学：《中国财政思想史》（下），上海交通大学出版社2008年版，第575页。
③ 同上书，第548页。

征收重税对出口货物征收低税①。

应看到，近代资产阶级维新派挽救民族危亡的公共风险财政思想符合当时历史潮流，因此有着重要的现实意义。但客观看，当时中国民族资本还处于刚刚起步阶段，而封建主义和帝国主义势力还十分强大，维新派变法改良的政治主张缺乏实践基础，因此也不可能实现挽救民族危亡的反帝反封建任务。

（五）近代资产阶级革命派的公共风险财政思想

在进入20世纪后，中国民族资本有了较大发展，为中国资产阶级革命派的产生提供了经济基础，清政府在《辛丑条约》签订后则不仅是封建势力的代表，而且彻底成为帝国主义统治中国的奴仆。在这样的背景下，产生了以孙中山为代表的资产阶级革命派，他们积极学习救国救民的理论，也积极从事革命实践，提出并实践以"三民主义"②为核心的一系列政治经济主张，其中也包含着挽救民族危亡的公共风险财政思想，其财政思想大部分涉及民生。

首先，用土地税来实现平均地权的目标。土地问题是两千多年中国封建制度的根本问题，因此平均地权是孙中山反封建斗争的重要纲领。但在他看来，平均地权的目标可以通过征税来实现。他具体设想是先从核定地价入手，让个人自己评估和申报地价；而后政府照价每年征1%地价税；国家需要时可以随时按申报价格向私人

---

① 孙文学：《中国财政思想史》（下），上海交通大学出版社2008年版，第575页。
② 孙中山的三民主义思想形成于20世纪初，内容为"民族、民权与民生"，1924年国民党一大正式确立"联俄、联共和扶助农工"的三大政策从而赋予三民主义新的内涵，也被称为"新三民主义"。

收购收买,使私人不敢随意低报地价;对于地价增值实行涨价归公政策,"地价之增益……皆为地方政府之所有,而用以经营地方人民之事业……及各种公共之需要"①。上述是针对城市土地的政策,1924年他也提出类似的解决农民"耕者有其田"的财政方法。

其次,通过财政手段实现节制资本的目标。孙中山先生主张借鉴西方的累进所得税率,向资本家征收累进所得税和遗产税,由此实现税收公平并增加国家民生财政支出,以此避免贫富分化;同时,限制私人资本经营范围,对涉及国计民生的垄断性行业如银行、铁路、航道、矿山等均不能由私人资本经营,只能由国家经营;此外,努力发展政府投资,壮大国家资本。他在《建国方略》的《实业计划》中提出了政府对港口、铁路、电力等基础设施建设的宏大计划。

最后,在对外财政关系上坚持国家主权和平等互利原则。孙中山认识到关税事关国家主权,因此主张关税要自主,取消外国人管理关税之权利和废除与此相关的不同等条约;此外,由于国家财力有限,他积极主张利用外资和外债,但须在确保国家主权的前提下,"可利用其资本,而主权不可授之于外人"②,此外外资和外债需要用于资本积累和生产性用途上,并讲求投资效益。

应看到,以孙中山为代表的资产阶级革命派十分重视财政在救亡图存和国家建设中的作用,他的思想和观点在当时具有较大的正确性和合理性,甚至一些观点至今仍有借鉴意义。但问题却是缺乏实践基础,由于中国民族资产阶级的软弱性和妥协性,大部分设想

---

① 赵靖、易梦虹:《中国近代经济思想资料选集》(下册),中华书局1982年版,第81页。

② 孙文学:《中国财政思想史》,上海交通大学出版社2008年版,第558页。

并没有得以实施,尤其是在辛亥革命胜利果实被篡夺后,资产阶级革命派的反帝反封建任务基本归于失败。实践表明,资产阶级革命派的政治经济主张及其公共风险财政思想也无法实现挽救危亡的目的。时代和实践呼唤着新的阶级及其政党来完成反帝反封建的使命和任务。

1919年的五四运动标志着中国新民主主义革命的开端,而1921年中国共产党的成立更是使得中国革命的面貌焕然一新。通过将马克思主义基本原理和中国革命实际相结合,中国共产党所领导的新民主主义革命最终取得了彻底的反帝反封建的民主革命胜利,实现了救亡图存的根本任务。从公共风险视角来看,中国共产党在领导革命战争中也积累了丰富的财政思想,我们将在本节第四部分《基于公共风险视角的中国共产党财政观》中给予阐述。

三、公共风险视角下的中国学界现当代财政思想

1949年中华人民共和国成立,中国历史进入了现代史,在经历了早期的国民经济恢复时期(1949年10月—1952年年底)后,从1953年实施第一个五年计划开始,中国基本上就确立了计划经济体制;而1978年以十一届三中全会为标志,中国进入了以市场化为取向的改革开放新时期,并于1992年党的十四大正式确立社会主义市场经济体制。因此,从经济体制的角度,本部分为社会主义计划经济体制、社会主义市场经济体制两个阶段来概述中国财政学界的公共风险财政思想[①]。

[①] 在此仅概述中国财政学界的公共风险财政思想,中国共产党的公共风险财政思想将在第五节"马克思及中国共产党的公共风险与财政思想"中介绍。

（一）公共风险视角下计划经济时期的中国财政思想

一般认为，自1953年中国实施第一个五年计划开始，中国就开始进入计划经济时期，这一时期持续到1978年改革开放为止。应看到，计划经济作为资源由中央政府高度集中配置的经济体制，由于个人附属于企业（或公社）、企业附属于国家，个人吃企业的大锅饭，企业吃国家的大锅饭。因此就个人而言普遍缺乏私人风险意识。如厂长不用为企业的盈亏而担心，企业的职工不必担心自己失业，大学生也不必担心找不到工作。即使农民要面临靠天吃饭所带来的收成风险，但在统购统销以及人民公社体制下，其风险也十分有限。但毋庸置疑，此时国家是作为最后的风险承担者而面临着公共风险的，尤其是计划经济时期财政作为国民收入分配的总枢纽更是面临着相应的公共风险。

1. 计划经济下公共风险主要表现及其财政思想

在新中国成立以后，我国社会主要矛盾已经转变为"人民对于建立先进的工业国的要求同落后的农业国的现实之间的矛盾"，因此实现工业化特别是重工业优先发展才能真正实现立国强国目标，由此成为计划经济时期的国家战略。林毅夫等（1999）认为，重工业优先发展是我国当时面临外部威胁和封锁情况下的国家战略选择，但在一穷二白的农业国基础上，很难靠市场自发实现重工业优先发展所需的资金积累。由此，国家选择采取计划经济模式通过资源集中配置的方式来实现。基于此背景，计划经济下传统财政理论也形成对当时公共风险的财政理论认识，主要分为经济风险和政治风险两个方面。我们以《社会主义财政学》一书为例来予以说明。

首先是国家经济风险防范的财政思想。由于计划经济国家主要通过集中资源实现工业化，因此计划经济下财政职能主要是为国家工业化尤其是重工业优先发展筹集和供应建设资金[①]，以保证工业化经济计划目标的实现。能不能促进国民经济高速度发展，能不能实现工业化尤其是重工业优先发展，从而为社会主义制度奠定物质基础，这是计划经济时期最重要的公共风险之一。因此，《社会主义财政学》认为社会主义财政的作用在于"运用国家的政治权力和作为社会主义全民所有制财产所有者的支配权力……为高速度发展社会主义经济而筹集与供应资金，促进生产力的高速度发展和四个现代化的迅速实现，并且在生产发展的基础上提高人民的物质文化生活水平"[②]。应看到，计划经济作为国家强制高储蓄高积累来筹集工业化资金的模式，在实现这一目标过程中，关键在于要正确处理好积累和消费间的比例关系，在投资上也要正确处理好农轻重间的比例关系，在宏观上也要实现财政、信贷和物质的综合平衡，才能保证国民经济有计划按比例协调发展，避免国民经济重大比例失衡和大起大落的经济风险。

其次是国家政治风险防范的财政思想。因财政不仅仅是经济问题，而同时也是事关政权建设的政治问题，所以在计划经济时期财政理论一直强调财政的政治属性，也强调财政的监督职能以防范政治风险。因此，《社会主义财政学》在社会主义财政本质中提出，"社会主义财政本质是实现无产阶级专政职能的工具""财政通过收支和管理活动……保证国家实现其职能的资金需要……从而促进了

---

① 《社会主义财政学》编写组：《社会主义财政学》，中国财政经济出版社1980年版，第31页。

② 同上书，第34页。

无产阶级专政的不断巩固和社会主义生产关系的不断完善"①。

由此,计划经济时期传统财政理论在提出通过财政收入筹集建设资金和通过财政支出供应建设资金这两个财政职能以外,另外提出财政监督职能,并且将其提高到政治高度来予以认识,认为"只有监督职能发挥得好,才能保障筹集建设资金和供应建设资金职能的发挥""才能有效为无产阶级专政服务"②。

2. 公共风险视角下传统计划经济体制时期的财政思想

(1) 积累和消费比例关系理论

实现国家工业化和重工业优先发展,是计划经济时期我国的国家战略。为实现此目标,财政职能主要定位于筹集和供应建设资金。计划经济具有的强制高储蓄和高积累的特征,以及财政在国民收入分配中处于总枢纽的地位,使得财政在处理社会积累和消费比例关系上有着重要的地位和影响,并由此决定着国家经济公共风险的程度。

计划经济传统财政理论认为③,要实现社会扩大再生产、要实现社会主义工业化、要实现国民经济高速度发展、要为社会主义经济奠定物质基础,保持较高的积累率是必须的。然而,社会主义生产的根本目的是满足人民的需要,由此使积累和消费构成一对矛盾关系,前者是为了实现人民的长远利益而后者是为了实现人民的当前利益。此外,更重要的是积累和消费基金的构成应当基本上和两大部类产品的构成相适应,否则积累和消费基金的价值就不能完全实

---

① 《社会主义财政学》编写组:《社会主义财政学》,中国财政经济出版社1980年版,第15—16页。
② 同上书,第32页。
③ 许毅、陈宝森:《财政学》,中国财政经济出版社1984年版,第129—136页。

现，社会再生产也不能顺利进行。因此需着力协调好积累和消费的比例关系，而其中财政起着总阀门的作用。

从计划经济时期的实践来看，一些年度由于积累率过高而过度挤压了消费，影响了人民生活，反过来造成消费对积累的制约作用和影响了经济增长速度。尤其是"大跃进"期间，由于积累率过高，违反了基本经济规律和国民经济有计划按比例协调发展而造成了巨大损失[①]。因此，以财政协调好社会积累和消费比例关系是计划经济时期防范公共风险的重要财政思想。

（2）建立后备基金的思想

计划经济时期我国财政理论从马克思再生产理论出发，认为后备基金是社会产品的必要扣除，是保证社会再生产顺利进行的必要条件，因此提出建立后备基金的思想[②]。许毅、陈宝森认为，"建立后备为社会主义计划经济所必需。国民经济计划是主观的产物，当它不完全符合国民经济有计划发展规律时，就表现为国民经济比例失调。由此，就需要保留一部分后备物资，任各部门发展不协调时进行灵活的调度"，而"建立后备也为防止天灾、人祸所必需。我国农业生产现在还不能完全摆脱自然灾害的威胁，有时农业歉收影响工业的发展和人民生活，需要有粮食、棉花、布匹等储备，以便进行调节"。"国家后备由国家支配，属于长期战略后备。在当年储备不能满足生产需要的特殊情况下，也可以临时动用。除了国家的长期后备外，国家还应当在年度计划上掌握一部分物资和资金，这在财政预算上表现为预备费，物资上表现为留有余地，以满足当年

[①] 许毅、陈宝森：《财政学》，中国财政经济出版社1984年版，第141—145页。
[②] 同上书，第166页。

的追加需要"①。可见,建立后备基金的观点鲜明表现出我国计划经济时期防范公共风险的财政思想。

(3)财政信贷物质综合平衡理论

在传统计划经济体制下,既要实现工业化的资金积累和重工业优先发展,又要保证国民经济有计划按比例协调发展,需要做好财政信贷物质综合平衡,才能避免经济大幅波动所带来的公共风险。因此,我国计划经济财政学形成"财政信贷物质综合平衡理论",而财政平衡则在其中处于基础性地位。其大致观点有②:①在计划经济体制下,财政、信贷、物资的综合平衡是国民经济综合平衡的一个重要内容,是实现国民经济有计划按比例发展、克服重大比例失调的重要保证;②由于财政在国民收入分配中居于总枢纽地位,因此在财政信贷物质综合平衡中,财政平衡是最基础的内容。而作为国家的基本财政计划,国家预算收支平衡则在国家财政收支平衡中居于主导地位;③在计划经济体制下,财政和信贷是国家有计划地动员和分配货币资金的两种形式。两者有分工但又具有密切关系。由此,财政资金与信贷资金必须进行统一平衡;财政与信贷统一平衡的中心问题是正确处理基本建设投资与增拨流动资金的关系;④财政、信贷和物资间的综合平衡是社会主义再生产过程中资金与物资矛盾统一运动的客观要求,是由有计划按比例发展的规律的客观要求所决定的。三者间存在着相互依存相互制约的关系,物资平衡是财政平衡和信贷平衡的基础,财政平衡是物资平衡和信贷平衡的关键,信贷平衡是财政平衡和物资平衡的综合反映;⑤财政、信贷

---

① 许毅、陈宝森:《财政学》,中国财政经济出版社1984年版,第167—169页。
② 《社会主义财政学》编写组:《社会主义财政学》,中国财政经济出版社1980年版,第148—160页。

资金和物资之间的平衡既要实现总额上的平衡，又要实现在构成上的平衡和地区内的平衡。而其实质上是保证社会再生产过程中资金运动与物资运动在总量上和结构上相适应的问题。

3.对计划经济公共风险及其财政思想的反思

应看到，在计划经济传统理论中虽然也有上述对公共风险及其财政思想的认识，但当时对计划经济体制所存在的公共风险认识得不充分的。在计划经济时期传统财政理论中，对计划经济体制及其财政制度都比较多地强调其优越性之处，而较少谈及其所可能存在的弊端。例如认为其"作为计划财政，可以国民计划为依据，有计划按比例促进国民经济协调发展"，而资本主义市场经济则"使经济处于生产无政府状态，因而经常破坏各部门的发展比例，发生周期性的经济危机，也随之出现财政危机"[1]；再如，认为其"是稳定的财政。因为可以按照客观规律对国民经济实行计划管理，使财政具有稳定可靠的巨大可能性"，而资本主义市场经济下"由于生产的无政府状态，就决定了其财政经常处于动荡、混乱与危机的局面。资本主义国家财政危机总是伴随着经济危机而不断发生，又与经济危机交织并发，从而加深了危机"[2]。

但在计划经济体制末期和改革开放初期，对计划经济体制所蕴含的公共风险开始有所反思，经济学术界对社会主义计划经济下是否也会存在经济危机进行了广泛的讨论。虽然并没有取得一致意见，但分歧只是在于如何定义经济危机的问题，大家都不否认在我国计划经济时期也曾经出现过较为严重的经济困难和面临较大的经

---

[1] 《社会主义财政学》编写组：《社会主义财政学》，中国财政经济出版社1980年版，第41—42页。

[2] 同上书，第42—43页。

济风险。较有代表性的观点认为[①]，社会主义计划经济体制下可能不存在资本主义的"生产过剩的经济危机"，但也会出现社会再生产的停顿和缩减，这种"经济停滞"的风险和危机也是可能发生并事实上曾经发生过。而其原因是源于违反社会主义客观经济规律，特别是过高积累率破坏了积累和消费的合理比例关系，导致国民经济比例严重失调，生产和需求之间严重脱节，等等。

对计划经济时期隐含的公共风险所引致的财政问题，学界在改革开放以后也有相应的思考。例如何帆认为"凡是重大的改革，都有财政压力的背景"，由此他在继承财政社会学派所提出的"财政压力导致制度变迁"命题的基础上[②]，对计划经济体制所导致的财政压力做出很有洞悉力的分析。如从计划经济时期中国财政收支直观地看，当时财政赤字年份并不多，财政大致在总体上是平衡的。但财政平衡并不等于没有财政压力，计划经济体制后期的公共风险问题就隐含着巨大的财政压力，主要表现在三个方面[③]：（1）从农业中提取剩余的强制积累模式难以持续。由于农民缺乏生产积极性和农业生产率的低下，因此面临着传统体制无效率以及由此产生的公共风险和财政压力；（2）计划经济体制后期，产生体制僵化和由此而来的经济增长放缓甚至停滞，财政压力凸显和难以持续；（3）传统计划体制中就业的隐性契约随着人口增长产生了就业压力

[①] 张忠民："社会主义社会也可能发生经济危机"，《南昌大学学报（人文社会科学版）》1979年第4期；苏敏："社会主义国家会出现另一种形态的经济危机"，《社会科学战线》1979年第3期。

[②] 何帆将之称为"熊彼特－希克斯－诺斯"命题。何帆：《为市场经济立宪——当代中国的财政问题》，今日中国出版社1998年版，第35—39页。

[③] 何帆：《为市场经济立宪——当代中国的财政问题》，今日中国出版社1998年版，第53页。

和对社会福利的要求,产生越来越大的财政压力。

(二)社会主义市场经济建设时期的中国学界隐含的公共风险财政思想

以十一届三中全会召开为标志,中国进入改革开放新时期。改革一开始是从农村起步的,而后扩展到城市中的国有企业,应看到,虽然改革开放初期并没有明确提出社会主义市场经济的改革目标因而具有"摸着石头过河"的自发探索性质,但其基本取向是商品化和市场化。这一阶段随着改革实践和学术思想的引进,风险思想和风险思维开始出现在中国学术界的研究中;接着在1992年以后,党的十四大正式明确了社会主义市场经济改革目标,由此进入目标明确的自主改革阶段,这一阶段的实践使得中国学术界产生了公共风险思想;而自2012年年底十八大召开以后中国特色社会主义进入了新时代,尤其2013年党的十八届三中全会提出"财政是国家治理的基础和重要支柱",中国学术界也正式提出公共风险财政思想。由此,本部分拟分为改革开放初期(1978年—1991年)、社会主义市场经济建设时期(1992年—2012年)、新时代中国特色社会主义时期(2013年至今)来概述。

1. 改革开放初期中国学术界的风险思想概述

严格地看,由于计划经济实践时私人风险的缺乏,而当时公共风险虽然存在但却是隐性的,使得计划经济时期中国学术界几乎没有涉及风险研究[①]。计划经济时期公共风险的隐性化也没有出现研究

---

① 在中国知网上,1953—1978年间都检索不到以风险为题的论文,而期间只有一篇译文介绍美国贫困家庭风险问题。奥纳蒂,定扬:"富裕与贫困的风险",《现代外国哲学社会科学文摘》1965年第5期。

中国公共风险的文章,而只出现过对资本主义经济危机以及社会主义是不是也可能产生经济危机的讨论。

1978年开始的改革开放,启动了商品化和市场化改革取向,随着农村包产到户和联产承包制的推行、国营企业利改税和破三铁的改革、价格机制作用范围的不断扩大,个人和企业吃大锅饭的局面被打破,私人决策风险逐步增强。在这样实践和时代背景下,我国学术界对风险的研究逐渐增多,但在1992年以前主要是围绕私人风险而不是公共风险而展开。其研究主要集中在以下几个方面:

(1)金融风险研究。金融风险的研究主要集中在外汇汇率风险、金融信贷风险、风险资本等领域。首先,随着我国国际经济交往的增多,外汇风险问题成为一个亟须研究的热门问题。如羊子林最早分析了外汇风险并介绍了国外企业避免风险的方法[1];刘舒年介绍了外汇风险的概念、种类和构成要素[2],并进而研究了我国企业防止外汇风险的主要途径及作用[3]。其次,随专业银行企业化经营的推进,银行已经改变了计划经济下作为财政出纳的角色,由此带来了对信贷风险问题的关注。淦文卿立足于经济体制改革,从经济角度分析了专业银行减少和防范信贷风险的方法[4]。宋士卿从试行的《企业破产法》出发,分析了银行如何运用法律手段管理和规避信贷风险[5]。张鉴指出信贷风险存在的客观性和合理性,因此提出需要重新评估信贷风险以使得对风险管理有个正确的态

---

[1] 羊子林:"外汇风险和国外企业避免风险的方法",《国际金融研究》1986年第2期。
[2] 刘舒年:"外汇风险的概念、种类和构成要素",《国际贸易问题》1986年第6期。
[3] 刘舒年:"防止外汇风险的方法",《国际贸易问题》1987年第1期。
[4] 淦文卿:"如何减少和避免信贷资金风险",《金融与经济》1987年第10期。
[5] 宋士卿:"运用法律手段管理信贷风险",《金融研究》1987年第6期。

度①。最后，随着对外开放的深入，我国学者注意到西方风险资本在新技术革命及其产业化中的重要作用，因此开始介绍风险资本并对我国发展风险投资进行了设想。范雄白系统介绍了风险资本在西方发达国家的形成、发展及其构成和运作机制②。张克明在介绍国外风险资本运作基础上提出我国吸引国外风险资本的设想和建议③。

（2）对风险的统计学分析。在这一阶段，风险的度量和分析成为中国统计学研究的一个重要领域，也使得统计分析方法应用在风险分析和决策中。其中主要涉及这些方面：首先，基于概率分布的模拟仿真研究，如施亚琛用计算机模拟和应用统计分析方法进行了投资项目风险测定和应用④。陈进等建立了风险分析的经济模型，以全国89个糖厂的主要参数，提出了工业建设项目风险分析计算机仿真的方法⑤；其次，将统计方法应用于风险型决策中，如安玉英和李绍文讨论了风险型决策的效用值决策模型⑥。田玉楚和徐功仁针对传统风险决策方法的缺陷，把信息熵准则引入风险决策，提出了最小熵决策方法⑦；最后，将风险统计学分析方法应用于具体经济风险分析中，如李存斌分析了西方常用的蒙特卡洛模拟方法的缺陷，以

---

① 张鉴："重新全面评估信贷风险"，《经济管理》1988年第8期。
② 范雄白："略论风险资本的形成和发展"，《世界经济》1987年第5期。
③ 张克明："利用国外风险资本是吸引外资的又一条途径"，《中国工业经济研究》1991年第8期。
④ 施亚琛："计算机模拟及统计分析在投资项目风险测定中的应用"，《数理统计与管理》1989年第5期。
⑤ 陈进、谢行皓、张健："风险分析的计算机仿真"，《西安建筑科技大学学报（自然科学版）》1991年第1期。
⑥ 安玉英、李绍文："效用函数与风险型损益值决策"，《统计研究》1986年第4期。
⑦ 田玉楚、徐功仁："最小熵风险决策"，《华东化工学院学报》1988年第1期。

函数偏导法应用于建设项目经济效果风险分析[1]，马学东以标准差方法来衡量测定银行信贷风险[2]，等等。

（3）改革实践中的风险问题研究。随着农村改革、国企改革、价格改革等改革实践的推进，也产生了改革实践层面的风险问题研究。如郭立焕和张保田（1988）[3]研究了企业承包中的各类风险问题；中国体改所课题组（1988）[4]运用案例分析了当时已成为国企改革主要形式的承包制的风险；陈伯平和韩国昌（1991）[5]研究了农村联产承包责任制中存在的五个变异问题，并分析了其隐含的风险。此外，这段时期经济学界还对转轨过程中的经济风险进行分析和讨论[6]，并广泛涉及投资风险、决策风险、承包风险和技术创新风险等各种类型，风险承担主体也包括工商企业、金融机构、劳动力和政府等，但大部分研究还是以私人风险为主。

当然除了上述对私人风险的研究以外，在经济体制改革过程中，这时期也有少部分研究涉及隐含的公共风险问题。如洪银兴以比价复归和通货膨胀为主要对象研究了价格改革中的公共风险问题[7]；薄慧茹和马国利分析了改革和社会稳定间的辩证关系，着重说

---

[1] 李存斌："建设项目经济效果风险分析的函数偏导法"，《技术经济》1989年21期。
[2] 马学东："试论科学测定信贷风险的方法"，《学术交流》1991年02期。
[3] 郭立焕、张保田："企业承包中的风险问题研究"，《山西财经学院学报》1988年第5期。
[4] 中国体改所课题组："承包经营者的收入与风险责任"，《改革》1988年第3期。
[5] 陈伯平、韩国昌："农村联产承包责任制的几个变异性"，《农业经济问题》1990年第11期。
[6] 吴鸣："社会主义经济风险理论初探"，《经济研究》1985年第12期；陆丁、李宁："健全社会主义经济的风险机制"，《经济研究》1986年第9期；甘民重："论经济风险"，《中国经济问题》1988年第5期；何玉长："应当重视社会主义经济风险问题的研究"，《南昌大学学报（人文社会科学版）》1989年第1期。
[7] 洪银兴："价格改革的风险和出路"，《经济研究》1989年第9期。

明了改革所带来的社会风险和不稳定因素[①]。

2. 社会主义市场经济建设时期中国学术界公共风险思想研究

改革开放初期（1978—1991），中国学术界虽有不少风险思想研究，但很少有对于公共风险的研究，更没有提出正式的公共风险概念和思想理论。但随1992年中国明确建立社会主义市场经济改革目标以后，学界对公共风险思想的研究就逐渐发展起来。

童星从社会学角度提出发展市场经济可能面临的社会风险问题[②]；宋林飞构建了一个社会风险指标体系，包括了社会风险指标选择方法的界定、社会风险预警综合指数等[③]；王培暄研究了我国贫富差距扩大的社会风险状况，并设计了包括四个指数体系的"贫富差距社会风险早期警报系统"[④]。但应该看到，上述这些社会学界对社会风险的研究还不是全面的公共风险的研究。社会风险只是公共风险的一个组成部分，因此社会学界对社会风险的早期研究只是在市场经济背景下从侧面涉及公共风险的部分内容。

最早提出公共风险理论思想的是刘尚希，他基于时代背景和社会特征提出人类社会的演进已经进入新风险社会形态，并首次从公共风险的定义、产生和形成、构成范围及原因等方面系统地论述了公共风险理论，并分析了与公共风险相伴随的制度变迁问题[⑤]；接着，刘尚希提出公共风险具有关联性、不可分割性和隐蔽性三个特征，并归纳了判别公共风险与私人风险的两种方法——风险归宿分

---

① 薄慧茹、马国利："社会改革与社会稳定刍议"，《学术交流》1991年第2期。
② 童星："发展市场经济的社会风险"，《社会科学研究》1994年第3期。
③ 宋林飞："社会风险指标体系与社会波动机制"，《社会学研究》1995年第6期。
④ "贫富差距社会风险的承受力、预警及对策"，《南京大学学报（哲社版）》1999年第4期。
⑤ 刘尚希："论公共风险"，《财政研究》1999年第9期。

析法和反向假设分析法。由此他认为,私人风险可以由市场机制来防范和化解,由公共风险出发对公共支出进行重新界定[1];进而,刘尚希从公共主体身份和公共风险逻辑出发,构建了一个财政风险的理论分析框架[2]。这是一篇运用公共风险理论来分析财政问题的重要文献,体现了公共风险理论的应用性。进一步,刘尚希还提出,公共化和社会化是人类发展的两个侧面,并互为条件、互为因果、彼此渗透。在公共风险的推动下,公共化过程也是公共权力、法律、制度和各种公共组织形成、演进的过程;而在个体自利动机推动下的社会化过程,则是分工、交换、产权的演进过程,同时也是人的社会化过程。这两个过程是内在统一的,在交互影响的过程中推动人类文明螺旋式上升[3]。在市场经济改革发展过程中,刘尚希还将公共风险理论应用于改革发展稳定的具体问题研究中。如将公共风险的化解和防范用于评价改革,是公共风险理论应用的扩展和深化[4];将公共风险理论应用于财政风险分析中,首次提出"国家财政是公共风险最终承担者"的重要观点[5];政府债务风险状况的分析[6],以及资源改革[7]等方面。

此外,同期还有其他一些对公共风险进行研究的文献,如刘谊和刘星[8]分析了公共风险的产生及发展原因,将其分为自然性风险

---

[1] 刘尚希:"公共支出范围:分析与界定",《经济研究》2002年第6期。
[2] 刘尚希:"财政风险:一个分析框架",《经济研究》2003年第5期。
[3] 刘尚希:"公共化与社会化的逻辑",《学习与探索》2008年第5期。
[4] 刘尚希:"以公共风险为导向的改革",《中国改革》2005年第8期。
[5] 刘尚希:"隆武华,赵全厚.论财政风险",《财经问题研究》1997年第12期。
[6] 刘尚希、赵全厚:"政府债务:风险状况的初步分析",《管理世界》2002年第5期。
[7] 刘尚希:"资源税改革应定位在控制公共风险",《中国发展观察》2010年第7期。
[8] 刘谊、刘星:"公共风险的经济学意义及防范",《财经科学》2003年第6期。

和社会性风险，进而剖析了我国公共风险的表现形式、产生原因，提出了防范公共风险的概念模型、逻辑框架和具体建议；吴俊英[①]认为防范公共风险的需要推动着各种制度的变迁，而财政承担的制度成本与制度结构有着紧密的联系，由此她从制度结构的角度探讨了公共风险的防范机制；陈伟[②]划分了现代风险管理的三个发展阶段，认为"风险后果的公共性"日益成为风险的一个重要特征，并提出构建公共风险管理的理论体系。在公共风险应用领域，汪永成[③]分析了公用事业市场化的潜在公共风险，并提出防范和控制的对策建议；柳学信[④]研究了基础设施产业市场化改革可能带来的公共风险，并提出完善改革的配套经济政策和加强公共监督机制；邓大松等[⑤]从公共风险理论出发，论证了税收在社会管理中的地位和作用，并提出形成完善社会管理体系的税收制度改革建议。

3.新时代以来中国学术界公共风险财政理论研究

在1991—2012年期间，中国学术界以刘尚希为代表在公共风险上产生了很多理论成果，其中也将其应用到财政问题分析上，特别是在2003年刘尚希就已提出"财政是公共风险的最终承担者，发挥兜底作用"[⑥]。但当时未把公共风险上升到财政本质层面并正式提出公共风险财政论。

[①] 吴俊英："公共风险支出与制度成本负担"，《经济问题》2005年第9期。
[②] 陈伟："论公共风险管理理论体系的构建"，《国际经贸探索》2005年第4期。
[③] 汪永成："公用事业市场化政策潜在的公共风险及其控制"，《江海学刊》2005年第1期。
[④] 柳学信："基础设施产业市场化改革的公共风险及其控制"，《改革》2008年第4期。
[⑤] 邓大松、柳光强、祁毓："公共风险、社会管理与税收制度设计"，《税务研究》2012年第5期。
[⑥] 刘尚希："财政风险：一个分析框架"，《经济研究》2003年第5期。

2013年，党的十八届三中全会提出"财政是国家治理的基础和重要支柱"的重要论述和"建立现代财政制度"的总体要求。2016年5月，习近平总书记在哲学社会科学工作座谈会上的讲话中又提出"加快构建中国特色哲学社会科学体系"的总号召。在这一新的时代背景下中国财政学界又恢复了对财政基础理论研究的重视，从而为公共风险财政论的正式提出创造了条件。

2018年2月，中国财政学会在廊坊主办的"新时代中国特色社会主义财政基础理论研讨会"上，刘尚希以"财政学的旧逻辑与新逻辑"为主题展开讨论，认为以"市场失灵"作为逻辑起点的财政学旧逻辑存在五个方面的缺陷，并提出公共风险财政论的新逻辑：建立在集体主义基础之上的整体财政观；风险社会背景下以公共风险为财政学的逻辑起点；基于行为主义分析公共风险的产生和治理机制[①]。由此标志着公共风险财政理论的正式提出。同时，刘尚希还立足于财政学的基本概念和基本原理，从时代特征和实践命题尤其是"财政是国家治理的基础和重要支柱"这一命题入手，对公共风险财政的基础理论进行探索和拓展。如刘尚希等[②]从风险社会的逻辑视角出发，以不确定性世界观为基础，对财政与国家治理的关系进行分析。国家治理的本质是公共风险的治理，财政的作用是通过注入确定性化解国家发展中的不确定性和公共风险，同时财政还发挥着公共风险"蓄水池"、国家治理变革的"发动机"、协调各方关

[①] 刘尚希："纪念改革开放四十周年系列活动之一　廊坊会议：新时代　新起点财政基础理论研究再启航"，《财政研究》2018年第6期，第2—31页；或者中国财政学会：《新时代财政理论创新探索："廊坊会议"纪实》，中国财政经济出版社2019年版。

[②] 刘尚希、李成威、杨德威："财政与国家治理：基于不确定性与风险社会的逻辑"，《财政研究》2018年第1期。

系的总中枢等作用，因而成为国家治理的基础与重要支柱；再如刘尚希和李成威对作为传统财政理论核心的公共产品理论及其逻辑基础所存在的缺陷进行了剖析，并基于整体观和集体主义方法论基础提出应以公共风险作为公共产品的逻辑内涵。公共产品的实质是防范化解公共风险的个体和集体行为规则与制度安排。①

经过上述努力，公共风险财政论已具备较为系统的理论体系和逻辑基础。刘尚希所带领的公共风险研究团队致力在两个方向上进一步扩展和巩固其理论成果。

一个方向是从财政学作为交叉学科基础出发，立足于从综合性学科角度进一步夯实公共风险财政理论的多学科逻辑基础。例如，程瑜②从行为主义的视角来研究公共风险财政理论，并认为财政的本质是防范和化解公共风险的集体行为规则，并且与国家治理的基本内核高度一致。陈龙③从财政政治学的基本问题出发，从公共风险视角重新思考财政政治学的基本范畴、研究方法和基本问题。李成威④从传统的财政经济学中所隐含的大量不确定性元素，提出要以风险社会为背景，以公共风险作为逻辑起点来重新构建新财政经济学科认知。程瑜⑤述评财政社会学的产生、发展、理论内核、研

---

① 刘尚希、李成威："基于公共风险重新定义公共产品"，《财政研究》2018年第8期。

② 程瑜："公共风险的财政行为分析——一个行为主义视角的分析框架"，《财政研究》2020年第11期。

③ 陈龙："财政政治学:研究主线、基本问题及趋向公共风险的发展"，《财政研究》2021年第2期。

④ 李成威："从公共风险视角看财政经济学——传统财政经济学观点述评"，《财政研究》2021年第2期。

⑤ 程瑜："从公共风险视角看财政社会学——财政社会学观点述评及理论反思"，《财政研究》2021年第2期。

究范式及其缺陷，并从公共风险视角对其进行重新审视，以重新定位财政及财政社会学。武靖州[①]从公共风险的视角重新审视现代财政法所遵循的一些基本原则，由此提出财政法学体系构建应融入公共风险逻辑，满足新时代国家治理的需要。

另一个方向则是将公共风险财政理论应用于新时代财政具体现象和具体问题的解释和运用中。例如，刘尚希等[②]遵循问题导向，以公共风险最小化为目标和以各级政府在风险管理上的"激励相容"为原则，研究了破解新时期的财政事权与支出责任划分问题；傅志华等[③]基于防范和化解公共风险的基本逻辑，考察疫情冲击下的地方财政形势，以及地方财政运行中存在的主要问题与风险，并提出相应政策建议。武靖州[④]基于风险社会逻辑，提出将"防范风险"作为新时代财政政策的目标定位，建议以风险管理为主线、以公共风险最小化为价值取向；陈龙[⑤]从公共风险视角，基于国家治理的"3+1"架构，提出了政府治理、市场治理和社会治理中的财政能力集，从而将公共风险财政理论运用于财政能力分析上；等等。

---

① 武靖州："公共风险视角下财政法学基本逻辑解析"，《财政研究》2021年第2期。
② 刘尚希等："公共风险视角下的财政事权与支出责任划分"，《财政科学》2018年第3期。
③ 傅志华等："疫情冲击下的地方财政形势：现状、风险与应对"，《地方财政研究》2020年第7期。
④ 武靖州："公共风险视角下财政政策目标重构与转型研究"，《财政研究》2020年第11期。
⑤ 陈龙："国家治理"3+1"架构下的财政能力集——基于公共风险视角的分析"，《财政研究》2020年第11期。

四、基于公共风险视角的中国共产党财政观

（一）新民主主义革命时期中国共产党的公共风险观及其财政观

1. 新民主主义革命时期公共风险与党的公共风险观

前已论及，从1840年鸦片战争起整个中国近代史社会主要矛盾就如毛泽东同志所指出的"帝国主义和中华民族的矛盾、封建主义和人民大众的矛盾，这些就是近代中国社会的主要的矛盾……帝国主义和中华民族的矛盾，乃是各种矛盾中的最主要的矛盾"①。民族危亡是当时中国社会所面临的最主要的公共风险。而近代以来，地主阶级改良派、农民阶级革命派、封建主义洋务派、资产阶级维新派、资产阶级革命派等各种政治势力均缺乏正确的理论指导，均未能客观把握中国现实国情和客观规律，从而都不能实现救亡图存的历史重任，都没有化解民族危亡的公共风险。俄国十月革命胜利给中国送来了马克思主义，给中国人民尤其是先进知识分子带来了救国救民的科学真理，带来了无产阶级领导民主革命的新途径。1919年五四运动和1921年中国共产党的成立，使得中国革命面貌焕然一新，开启了挽救民族危亡、化解国家民族公共风险的新民主主义革命道路。尤其是在1927年大革命失败后，中国共产党在认真分析国内外形势的基础上，将马克思主义普遍原理与中国革命实际相结合，确立了"农村包围城市，武装夺取政权"的中国革命新道路，并先后经历了土地革命、抗日战争和解放战争等不同的阶段。

---

① 毛泽东：《毛泽东选集》（第二卷），人民出版社1991年版，第631页。

应看到，中国革命任务艰巨困难、道路艰辛曲折，面临着长期的挑战和巨大的风险。风险主要来自两个方面：一是国内外敌人的强大。毛泽东同志在《中国革命与中国共产党》（1939年）中指出，"中国革命的敌人是异常强大的。中国革命的敌人不但有强大的帝国主义，而且有强大的封建势力，而且在一定时期内还有勾结帝国主义和封建势力以及与人民为敌的资产阶级的反动派"①；二是时刻要和党内的错误思想和错误倾向做斗争，同各种消极腐败现象做斗争，各种右倾或左倾错误思想都可能在政治上军事上造成更大的风险甚至失败。为此，毛泽东专门写了《关于纠正党内的错误思想》（1929年）、《反对自由主义》（1937年）、《新民主主义论》等重要思想论著。

2. 新民主主义革命时期中国共产党化解公共风险的财政观

财政思想理论离不开时代和实践所提出的问题，而每一个时代的问题又是由那个时代的社会主要矛盾所决定的。因此，在新民主主义革命时期中国共产党化解公共风险的财政观来源于反帝反封建这一社会主要矛盾和党的中心工作。也因此，在新民主主义革命时期的不同阶段，尽管党所领导的财政工作具有各自不同的特点，但是从总体上看相似性是主要的而差异性则是次要的。如何有效组织和动员根据地（解放区）的财力物力来保障战争供给，从而赢取战争胜利、消弭民族危亡的公共风险，这始终是革命战争时期党领导下的财政工作的首要任务。在这样的时代背景和实践基础上，中国共产党形成了相应的"供给型财政"理论。对这一理论最概要的总结就是毛泽东同志所提出的"发展经济，保障供给，是我们的经济

---

① 毛泽东：《毛泽东选集》（第二卷），人民出版社1991年版，第634页。

工作和财政工作的总方针"①。作为贯穿党领导的革命战争时期全过程的供给型财政理论,在统筹考虑和辩证看待军事、经济和财政关系的基础上形成如下主要的财政观:

(1)保障战争供给的财政职能观

革命战争时期的供给型财政理论将党领导下的财政职能明确定位在保障战争供给上。这一财政职能在革命战争早期党的纲领性报告中就得以明确②,根本上看这是由新民主主义革命时期党的反帝反封建的革命纲领和以武装斗争为主要形式的革命任务所决定的,也是由当时中国民族危亡这一最大公共风险和中国广大人民的最根本利益所决定的。

(2)经济决定财政的财政供给观

财政职能是保障战争供给,而要实现战争保障却有赖于经济发展,由此产生了"经济决定财政"的财政供给观。从土地革命战争时期党中央所提出的"从发展经济来增加我们的财政收入,是我们财政政策的基本方针"③,到解放战争时期"发展生产,保障供给……仍是解决财经问题的适当方针"④,均鲜明体现出"经济决定财政"的财政供给观。

(3)协调人民短期利益和长远利益的财政分配观

战争作为人财物的巨大消耗战,供给型财政不可避免地在短期内加重人民负担,也会面临相应的财政风险。但党作为中国最

---

① 毛泽东:《毛泽东选集》(第三卷),人民出版社1991年版,第891页。
② 例如毛泽东在《全国苏维埃第二次代表大会上的报告》中就指出,"苏维埃财政的目的,在于保证革命战争的给养与供给,保证苏维埃一切革命费用的支出"。
③ 毛泽东:《毛泽东选集》(第一卷),人民出版社1991年版,第134页。
④ 毛泽东:《毛泽东选集》(第四卷),人民出版社1991年版,第1176页。

广大人民利益的代表,需要运用财政这一调节分配关系的手段来统筹人民短期利益和长远利益。一方面,党深刻认识到短期内"人民负担虽然一时有些重,但是……打败了敌人,人民就有好日子过,这个才是革命政府的大仁政";另一方面,"仍要注意赋税的限度,使负担虽重而民不伤"[1],即在发展经济和合理负担的基础上通过取用有度来兼顾人民的短期利益和财政的可持续性,降低财政和经济风险。

(4)加强监督反对浪费的财政监督观

为有效保障战争,降低党内消极腐败现象的风险和影响,以毛泽东为核心的党中央高度重视财政监督。早在土地革命时期,毛泽东就指出"财政的支出,应该根据节省的方针。应该使一切政府工作人员明白,贪污和浪费是极大的犯罪"[2];抗日战争时期,他针对财政经济领域的消极现象也指出,"从事经济和财政业务的工作人员,还必须克服存在着的有些还是很严重的官僚主义,例如贪污现象……"[3]。

(二)计划经济时期中国共产党的公共风险观及其财政观

1949年中华人民共和国成立,中国共产党就开始全面执政的历程,这过程也就相应伴随着来自外部的内部的各种公共风险和挑战。在1949年—1952年年底史称"国民经济恢复时期"中,党一方面在军事领域通过大规模剿匪作战和抗美援朝战争,对内取得解放战争的全国胜利,对外消除了帝国主义的军事威胁;另一方面党

---

[1] 毛泽东:《毛泽东选集》(第三卷),人民出版社1991年版,第895页。
[2] 毛泽东:《毛泽东选集》(第一卷),人民出版社1991年版,第134页。
[3] 毛泽东:《毛泽东选集》(第三卷),人民出版社1991年版,第896页。

和国家也通过发展生产、统一财政来稳定物价、恢复经济，由此消弭了内外部公共风险而巩固了新生政权。而自1953年中国实施第一个五年计划开始，一般认为中国开始了计划经济时期，这一时期持续到1978年改革开放为止。

1. 计划经济时期党的公共风险观

从1953年开始中国实施第一个五年计划开始，尤其是随着1956年年底"三大改造"的基本完成，我国经济基础和社会制度发生了深刻变化，取得了社会主义革命和建设的初步胜利，但我国所面临的内外形势依然复杂，所面对的公共风险和挑战依然严峻。这时期的公共风险既涉及经济领域、政治领域，也涉及军事领域、文化领域、社会领域；既来自外部，也来自内部。从外部看，新中国一直面临着帝国主义的外部封锁乃至军事威胁，特别是严重的核威胁。毛泽东曾指出，"帝国主义势力还是在包围着我们，我们必须准备应付可能的突然事变"[1]，"我们的国防要获得巩固，不允许任何帝国主义者再来侵略我们的国土"[2]；从内部看，固然也还面临着政治领域、文化领域、意识形态、政策失误和拒腐防变等领域的公共风险，但更为重要的还在于经济领域的公共风险，这是由当时社会主要矛盾所决定的，时代和实践所提出的新问题是，如何在一个落后的农业国基础上尽快实现工业化。1956年，党在八大决议中提出，"我们国内的主要矛盾，已经是人民对于建立先进的工业国的要求同落后的农业国的现实之间的矛盾"，同时在1953年一五计划提出"优先发展重工业"的基础上，继续提出"必须继续坚持优先

---

[1] 毛泽东：《毛泽东文集》（第6卷），人民出版社1999年版，第392页。
[2] 毛泽东：《毛泽东选集》（第五卷），人民出版社1977年版，第6页。

发展重工业的方针"①。

新中国第一代领导人深刻认识到，对外部公共风险即国防安全而言其根本的防范化解途径也在于实现我国经济工业化特别是重工业（包含国防工业）的优先发展。早在抗日战争时，他就意识到"日本帝国主义为什么敢于这样地欺负中国，就是因为中国没有强大的工业"②。因此，1956年他明确地指出，"我们一定要加强国防，因此一定要首先加强经济建设"③。因此，实现工业化特别是重工业和国防工业的优先发展，是计划经济时期我国立足于世界民族之林，防范化解来自国内外公共风险和挑战的基本点。

2. 计划经济时期公共风险视角下中国共产党的财政观

重工业优先发展是我国当时面临外部威胁和封锁情况下的国家战略选择，但在一穷二白的农业国基础上，很难靠市场自发实现重工业优先发展所需的资金积累（林毅夫，1999）。由此，国家选择采取计划经济模式通过资源集中配置的方式来实现。而财政最重要的职能则转变为通过国家对国民收入的分配，为工业化筹集和供应建设资金。在这样的实践基础上，党在领导财政工作过程中形成了"建设型"财政思想理论。这一思想理论的核心在于正确处理积累和消费间的比例关系，如李先念于1957年所指出的，"财政是对国民收入进行分配和再分配的工具……关系到国家积累和人民消费间的比例关系"④。由于财政也关系着人民生活，工业化资金积累率

---

① 《中国共产党第八次全国代表大会关于政治报告的决议》，1956年9月27日。
② 毛泽东：《毛泽东文集》（第3卷），人民出版社1999年版，第146页。
③ 毛泽东：《毛泽东选集》（第五卷），人民出版社1977年版，第272页。
④ 李先念：《李先念论财政金融贸易（1950—1991）》上卷，中国财政经济出版社1992年版，第272页。

如果过高在短期内会挤占民生，也容易使得高积累难以持续。毛泽东曾指出，"既能保证重点建设，又能照顾人民生活需要"[①]。同时在重工业优先发展基础上也需处理好农业、轻工业和重工业间比例关系，以保证国民经济有计划按比例发展。

概要看，在计划经济工业化实践基础上，从防范化解内外部公共风险视角出发，中国共产党"建设型财政"主要包含以下这些观点：

（1）国家分配的财政本质观

李先念认为，"财政问题是一个分配问题"[②]，即认为财政本质上是以国家为主体的分配关系。由此，国家通过财政分配来调节和影响全社会积累和消费比例关系、农业轻工业和重工业比例关系、重点建设和一般项目间比例关系。

（2）筹集和供应建设资金的财政职能观

计划经济体制下的财政一方面发挥财政收入"为高速度发展国民经济而筹集资金"的筹集资金职能，另一方面通过财政支出"在积累和消费、各部门和各项目间分配和供应资金"的供应资金职能[③]，保证工业化经济计划目标的实现。

（3）积累与消费比例关系论

财政作为以国家为主体的分配关系，首先需要安排好积累和消费间的比例关系。要实现工业化特别是重工业优先发展的战略目标，必须保持较高的积累率和基本建设支出。但如果积累率过高则

---

① 毛泽东：《毛泽东文集》（第7卷），人民出版社，1999年版，第160页。
② 李先念：《李先念论财政金融贸易（1950—1991）》上卷，中国财政经济出版社1992年版，第390页。
③ 《社会主义财政学》编写组：《社会主义财政学》，中国财政经济出版社1980年版，第31页。

不仅相应挤占消费支出影响人民生活水平,也会影响国民经济综合平衡特别是容易造成农轻重间比例失衡。

(4)综合平衡观

李先念同志提出,"财政上有个原则,收支平衡、略有结余"[①]"财政、信贷、物资三者必须平衡"[②]。在计划经济体制下,既要实现工业化的资金积累和重工业优先发展,又要保证国民经济有计划按比例发展,需要做好综合平衡,尤其是首先要财政收支平衡、不列赤字。

(5)统一领导、分级管理的财政体制观

毛泽东在《论十大关系》中指出,"必须有中央强有力的统一领导……同时,又必须充分发挥地方的积极性",但是正如毛泽东同志所指出的,"各地都要有适合当地情况的特殊。这种特殊……是为了整体利益,是为了加强全国统一所必要的特殊"[③]。因此,计划经济遵循"统一领导、分级管理"[④]的财政体制安排。虽然在不同时期也对地方采取一些放权政策,但总体上还是形成高度集中、统收统支的财政体制,这是与计划经济体制和国家工业化初期"集中力量办大事"相适应的。

---

① 李先念:《李先念论财政金融贸易(1950—1991)》上卷,中国财政经济出版社1992年版,第299页。
② 同上书,第240页。
③ 毛泽东:《毛泽东文集》(第7卷),人民出版社1999年版,第32页。
④ 李先念:《李先念论财政金融贸易(1950—1991)》上卷,中国财政经济出版社1992年版,第54页。

（三）改革开放和社会主义市场经济时期中国共产党的公共风险观及其财政观

计划经济时期，建设型财政虽然对我国工业化尤其是重工业优先发展起了重要作用，但通过财政进行强制高积累的模式和统收统支的体制，也相应抑制了居民消费增长和企业、地方积极性的发挥。同时，建设型财政所赖以存在的计划经济体制，在进入20世纪70年代末后愈发显得僵化，并由此使得我国面临新的公共风险。1978年年底，以党的十一届三中全会为标志，我国进入了改革开放的新的历史时期。

1.改革开放和社会主义市场经济建设时期党的公共风险观

20世纪70年代末，中国社会主义建设面临着巨大的公共风险和挑战，这公共风险主要来自体制僵化和经济停滞的风险。尤其是在"文革"后，国民经济面临着严峻的形势，计划经济体制高积累低消费模式造成民生困难。1981年党的十一届六中全会就提出，"我国所需要解决的主要矛盾，是人民日益增长的物质文化需要同落后的社会生产之间的矛盾"，从而开启了对我国社会主要矛盾和主要公共风险源的重新认识。早在改革开放之初，邓小平就强调"不改革开放，总有一天会被开除球籍"[①]。在1992年南方谈话时，他更鲜明指出，"不坚持社会主义，不改革开放，不发展经济，不改善人民生活，只能是死路一条"[②]。因此，早在1978年党的十一届三中全会时就提出，"据新的历史条件和实践经验……对经济管理

---

① 余玮：“邓小平和特区的故事”，《党史纵横》2008年第4期。
② 邓小平：《邓小平文选》第三卷，人民出版社1993年版，第370页。

体制和经营管理方法着手认真的改革"①。

因此，在新的历史时期只有通过对传统计划经济进行体制改革才能有效解决新时期的社会主要矛盾，才能有效消除传统体制积弊所隐含的公共风险。由此，在改革开放新实践的基础上，党对计划和市场的关系经历了一个认识逐渐深化的过程，并进而开启了财政工作的新实践和新理论。1982年党的十二大在总结近几年经济体制改革实践的基础上提出，"贯彻计划经济为主、市场调节为辅"；1984年党的十二届三中全会上进一步确立了"在公有制基础上的有计划的商品经济"②的改革目标；1987年党的十三大在原有表述基础上提出"国家调节市场，市场引导企业"③的新经济运行机制；1992年1月，邓小平同志在视察南方发表重要讲话时提出"市场经济不等于资本主义，社会主义也有市场"④；1992年10月，党的十四大正式宣布了建立社会主义市场经济体制的改革目标。

新时期不改革有被开除球籍的风险，但改革过程也同样面临着种种风险与不确定性。由此，邓小平早就提出"改革是中国的第二次革命"，就突出反映了改革的困难与风险。而在改革过程中，邓小平同志处处表达出其公共风险思维。例如对于物价改革，他就指出"物价改革非搞不可，要迎着风险、迎着困难上"⑤；他认为"我们的改革有很大的风险，但很有希望成功"⑥；"我们要把工作的基点放在出现较大的风险上，准备好对策。这样，即使出现了大的风

---

① 《中国共产党第十一届中央委员会第三次全体会议公报》，1978年12月22日。
② 《中共中央关于经济体制改革的决定》，1984年10月20日。
③ 十三大报告《沿着有中国特色的社会主义道路前进》，1987年10月25日。
④ 邓小平：《邓小平文选》(第三卷)，人民出版社1993年版，第373页。
⑤ 同上书，第263页。
⑥ 同上书，第268页。

险，天也不会塌下来"①。因此，对改革中的公共风险同样需要做好相应的政策安排才能予以防范化解，以有效地统筹改革发展和稳定间的关系。

2. 改革开放和社会主义市场经济建设时期公共风险视角下党的财政观

如前所述，在改革开放新的历史时期，一方面需要通过深化市场经济体制改革来消弭体制僵化的公共风险，由此产生了公共财政思想理论；另一方面则通过财政来承担改革成本，化解改革过程中的风险，由此要求建立强大巩固和平衡的国家财政。

早在1982年，针对计划经济时期建设型财政所导致的积累率过高问题，陈云就指出，"从全局看，第一是吃饭，第二要建设"②；同年，邓小平也提出，"不要把基本建设摊子铺的太大……战略重点，一是农业，二是能源和交通，三是教育和科学"③。由此意味着党领导的财政工作开始将支出重点转向基础性、公共性领域。1998年年底，全国财政工作会议正式提出"构建中国的公共财政基本框架"；2003年，党的十六届三中全会则进而提出"健全公共财政体制"④；2007年，党的十七大报告又提出了"完善公共财政体系"。正如李岚清同志所指出的，"社会主义市场经济条件下的财政，与计划经济条件下的生产建设经营财政相比，最大的不同点就是公共

---

① 邓小平：《邓小平文选》（第三卷），人民出版社1993年版，第267页。
② 陈云：《陈云文选》（第三卷），人民出版社1995年版，第309页。
③ 邓小平：《邓小平文选》（第三卷），人民出版社1993年版，第143页。
④ 《中共中央关于完善社会主义市场经济体制若干问题的决定》，2003年10月14日。

财政"①。由此,党在领导财政工作过程中逐步形成了公共财政基本理论,其主要观点如下:

(1)市场失灵的财政职能观

如十四大报告最初对中国社会主义市场经济所做的概括"市场在社会主义国家宏观调控下对资源配置起基础性作用"。即要发挥市场在资源配置中基础性作用,政府主要通过宏观调控为市场竞争构建一个良好的外部环境。由此政府财政资源配置职能则限于"市场失灵"领域,即市场能做的让市场去做,市场做不好又需要做的才由财政来做。

(2)一视同仁的公共服务观

市场经济作为公平竞争的经济,政府要对所有市场主体一视同仁地公平对待。由此,应该一视同仁地公平征税,一视同仁地提供公共服务。正如李岚清所指出的,"公共财政就是满足社会公共需要而进行的政府收支活动"②。

(3)非营利性的财政观

市场经济下政府应充当裁判员而不是运动员,因此财政支出应以满足公共需要而不以营利为目的。正如李岚清所指出的"如果财政直接参与市场竞争,与民争利,就会使正常的市场秩序受到

---

① 李岚清:"以'三个代表'重要思想为指导逐步建立公共财政框架",载项怀诚主编:《以"三个代表"重要思想为指导逐步建立公共财政框架》,经济科学出版社2000年版,第7页。

② 李岚清:"以'三个代表'重要思想为指导逐步建立公共财政框架",载项怀诚主编:《以"三个代表"重要思想为指导逐步建立公共财政框架》,经济科学出版社2000年版,第2页。

损害"①。

(4) 合理分权的财政体制观

与计划经济国家集中配置资源不同,市场经济中公共财政作为满足公共需要的财政模式,需要在中央统一领导下合理划分中央和地方的财权和事权。由中央提供全国性公共服务,地方提供地方性公共服务。由此,1993年十四届三中全会就提出,"合理划分中央与地方事权……建立中央税收和地方税收体系"②。

以公共财政理论思想为指导,党领导的财政工作适应了经济市场化对财政公共化的要求,通过为市场提供公共服务服务于改革开放和社会主义市场经济体制建设,从而最大程度上消除了传统体制弊端及其隐含的公共风险,对生产力发展和政权稳定起了基础和支柱作用。此外,为顺利推进体制转轨,尽可能减少转轨过程中的公共风险,财政充分发挥为体制转轨充当润滑剂的角色。从最初的农村和国企改革中的放权让利,到价格改革和利改税,再到财政宏观调控、社会保障体系改革等,财政都发挥着为改革风险承担成本的兜底责任。因此,1997年时江泽民同志就提出,"集中财力,振兴国家财政,是保证经济社会各项事业发展的重要条件",并要求"建立巩固、平衡的国家财政"③;2000年他又提出"建立稳固、平衡、强大的财政",以增强防范风险和服务改革发展的能力,他认为,"财力的强弱,对国家的强盛和安全会产生重大影响,雄厚的

---

① 李岚清:"以'三个代表'重要思想为指导逐步建立公共财政框架",载项怀诚主编:《以"三个代表"重要思想为指导逐步建立公共财政框架》,经济科学出版社2000年版,第81页。
② 《中共中央关于建立社会主义市场经济体制若干问题的决定》,1993年11月14日。
③ 江泽民:《江泽民文选》(第二卷),人民出版社2006年版,第23页。

财政实力是一个国家强大、稳定、安全的重要体现，也是推动经济发展和社会进步的重要保证"①。

（四）进入新时代以来中国共产党的公共风险观及其财政观

自2012年年底党的十八大以来，我国改革开放和中国特色社会主义建设进入了新时代。这一新时代与改革开放以来三十多年的发展既一脉相承，又有很大不同，随着社会主要矛盾发生了新变化而呈现出新时代的新特征。尤其是内外部环境和改革发展阶段的变化，不确定性因素增加，而呈现出风险社会的新特征。

1. 进入新时代以来党的公共风险观

十八大以来，我国经济社会发展站在了一个新的历史起点上，虽然我国作为世界上最大发展中国家的基本国情没有变，虽然我国仍处于社会主义初级阶段的基本国情也没有变，但经过长期努力，我国已经改变了原来贫穷落后的面貌。同时，我国发展阶段、改革进程、社会环境、外部条件也都发生了很大变化。由此，2017年党的十九大正式提出"中国特色社会主义进入新时代"的新的历史定位。与此相对应，党的十九大提出"我国社会主要矛盾已经转化为人民日益增长的美好生活需要和不平衡不充分的发展之间的矛盾"②。社会主要矛盾的变化意味着在新时代党的中心工作虽然仍是经济建设，但要更注重实现全面协调可持续的现代化发展。同时也要与全面深化改革的总目标相衔接，实现国家治理现代化。其中，面对世界百年未有之大变局和中华民族伟大复兴之战略全局，中国

---

① 江泽民：《江泽民文选》（第二卷），人民出版社2006年版，第509页。
② 十九大报告《决胜全面建成小康社会，夺取新时代中国特色社会主义伟大胜利》，2017年10月18日。

对公共风险的防范和化解是实现全面协调可持续发展和实现国家治理现代化的重点内容之一，并得到了以习近平同志为核心的党中央的高度重视。

首先，党中央充分意识到新时代公共风险的复杂性和严峻性。2013年，习近平总书记就指出，"我们的事业越前进、越发展，新情况新问题就会越多，面临的风险和挑战就会越多，面对的不可预料的事情就会越多。我们必须增强忧患意识，做到居安思危"[①]；2015年，习近平总书记在党的十八届五中全会第二次全体会议上也指出，"今后5年，可能是我国发展面临的各方面风险不断积累甚至集中显露的时期。如果发生重大风险又扛不住，国家安全就可能面临重大威胁，全面建成小康社会进程就可能被迫中断"[②]。

其次，党中央也分析了公共风险的来源与类型，以更加明确风险源。从分析来看，既有来自国际环境的外源性风险，也有来自国内改革发展稳定的内源性风险。"我们面临的重大风险，既包括国内的经济、政治、意识形态、社会风险以及来自自然界的风险，也包括国际经济、政治、军事风险等"[③]。从外源性风险来看，党的十九大报告指出，"世界面临的不稳定性不确定性突出，世界经济增长动能不足，贫富分化日益严重，地区热点问题此起彼伏，恐怖主义、网络安全、重大传染性疾病、气候变化等非传统安全威胁持续蔓延，人类面临许多共同挑战"[④]；从内源性风险来看，广泛涉及

[①] 习近平：《习近平谈治国理政》（第一卷），外文出版社2014年版，第23页。
[②] 习近平：《习近平谈治国理政》（第二卷），外文出版社2017年版，第81页。
[③] 同上书，第81页。
[④] 十九大报告《决胜全面建成小康社会，夺取新时代中国特色社会主义伟大胜利》，2017年10月18日。

国内经济、政治、意识形态、社会以及生态环境等诸多方面。但如从社会主要矛盾看则主要来自人民美好生活需要方面的内容，由此党的十九大报告指出，"发展不平衡不充分的一些突出问题尚未解决……民生领域还有不少短板……群众在就业、教育、医疗、居住、养老等方面面临不少难题"①。

最后，党中央把公共风险防范放在突出位置，确立底线思维并统筹发展与安全。党的十九大报告指出，"要坚决打好防范化解重大风险、精准脱贫、污染防治的攻坚战"②，由此防范化解重大风险成为三大攻坚战之一。习近平总书记提出，"我们必须把防风险摆在突出位置，'图之于未萌，虑之于未有'，力争不出现重大风险或在出现重大风险时扛得住、过得去"③；他指出，"坚持底线思维，增强忧患意识，提高防控能力，着力防范化解重大风险"④。2020年10月习近平总书记向党的十九届五中全会作说明时指出，"我们必须坚持统筹发展和安全，增强机遇意识和风险意识，树立底线思维，把困难估计得更充分一些，把风险思考得更深入一些，注重堵漏洞、强弱项，下好先手棋、打好主动仗，有效防范化解各类风险挑战"。

2.公共风险视角下新时代中国共产党的财政观

在世界百年未有之大变局和中华民族伟大复兴之战略全局这"两个大局"背景下，基于新时代主题和新实践要求，党的十八届

---

① 十九大报告《决胜全面建成小康社会，夺取新时代中国特色社会主义伟大胜利》，2017年10月18日。
② 同上。
③ 习近平：《习近平谈治国理政》（第二卷），外文出版社2017年版，第81页。
④ 习近平：《习近平谈治国理政》（第三卷），外文出版社2020年版，第219页。

三中全会首次提出"建立现代财政制度",由此"现代财政"成为新时代党领导财政工作的理论概括和思想指导。如果说公共财政是与市场经济相适应的财政制度,那么当社会主义市场经济进入新时代即现代市场经济以后,与之相适应的则是现代财政制度。可见,现代财政制度是与现代市场经济和现代国家治理相适应的财政制度,由此体现了其与公共财政制度间的历史继承性和时代创新性。从公共风险防范和治理视角看,新时代的现代财政思想理论具有以下主要观点:

(1)民生福祉财政观

"人民是党执政的最大底气,也是党执政的最大根基",防范风险最基点就是坚持人民立场。十八大伊始,以习近平同志为核心的党中央就明确提出"人民对美好生活的向往就是我们的奋斗目标"①。而从社会主要矛盾来看,新时代"人民日益增长的美好生活需要"主要是教育、医疗、社保、养老等公共服务内容,这些民生领域公共服务的短板则与财政资源投入不平衡不充分有关。习近平同志在黑龙江调研时就指出,"财政等公共资金配置使用要向民生领域倾斜"②。可见,建立以民生福祉为中心的财政制度是现代财政的本质内涵,也同样是公共风险防范的基础。

(2)国家治理财政观

十八届三中全会在提出"建立现代财政制度"目标时,也同时对财政工作做了划时代的定位"财政是国家治理的基础和重要支柱"。而"国家治理体系和治理能力现代化"又是作为全面深化改

---

① 习近平:《习近平谈治国理政》(第一卷),外文出版社2014年版,第4页。
② 习近平:《习近平谈治国理政》(第二卷),外文出版社2017年版,第363页。

革的总目标之一而提出来的。因此,新时代赋予了财政职能更高的定位。即不仅仅是从经济体制改革角度来定位,而必须从国家治理即包括经济、政治、社会、文化和生态文明的"五位一体"总体布局来定位,从全面深化改革的整体性、系统性和协同性来考虑财政职能。国家治理在本质上是治理公共风险,因此在国家治理财政观下,防范和化解公共风险是现代财政的重要职能。

(3)全面法治财政观

全面依法治国是防范内源性公共风险的根本保障。十九大报告提出"坚持依法治国、依法执政、依法行政共同推进"[①]。在国家治理体系现代化中,全面依法治国是一个核心点,而政府法又是关键。要全面实现政府法治,将政府权力关进制度的笼子里,首先则需要从财政法治做起,毕竟政府的行为和权力的运用都离不开财力的支持。因此,新时代对现代财政制度提出了全面法治化的要求,具体则要从税收法治和预算法治入手来实现。

(4)新发展理念财政观

防范经济领域公共风险是重大风险防范的基础,在着力破解新时代社会主要矛盾的过程中,党的十八届五中全会首次提出"要坚持创新、协调、绿色、开放、共享"的五大新发展理念。由此对新时代财政改革实践提出了新的要求,也赋予了现代财政理论以新发展内涵,主要包括增强财税政策对创新驱动发展的激励作用;通过财政转移支付和公共服务均等化来促进区域协调发展;通过财税改革实现环境友好和可持续发展;建设大国财政以参与全球治理和国际公共产品供给;通过脱贫攻坚和收入再分配实现

---

① 习近平:《习近平谈治国理政》(第三卷),外文出版社2020年版,第18页。

共享发展。

（5）现代财税金融体制观

习近平总书记指出，"金融安全是国家安全的重要组成部分"[①]，而"财政是国家治理的基础和重要支柱"，财政金融两者共同在新时代公共风险防控中具有重要地位。中央提出，"要把主动防范化解系统性金融风险放在更加重要的位置……着力防范化解重点领域风险，着力完善金融安全防线和风险应急处置机制"[②]。从中国实际来看，财政风险与金融风险具有内在关联性，因此党在十九届五中全会公报中提出"建立现代财税金融体制"[③]，由此意味着需要密切关注财政风险和金融风险的统筹协调防控，将防范系统性金融风险作为新时代财政重要职能之一。

第五节 公共风险财政思想史小结

一、公共风险及其财政思想早已有之，并构成财政思想史的重要视角和发展脉络

从本章1—4节古今中外风险财政思想的概述可以发现，虽然如贝克所认为的风险社会是一个现代性的概念，但风险和公共风险思想却古已有之且中外概莫能外。同样地，公共风险作为一个正式的概念进入财政思想更是在现代经济学产生之后的事情，但公共风险思维和元素却是财政思想史一开始就具备的思维和元素，并实际

---

① 习近平：《习近平谈治国理政》（第二卷），外文出版社2017年版，第278页。
② 同上书，第280页。
③ 《中国共产党第十九届中央委员会第五次全体会议公报》，2020年10月29日。

上构成了我们观察财政思想发展脉络的一个重要视角。

从根本上看,这源于世界本质上是不确定的,而人是社会性的人。人类的社会属性也使其一开始就有了共同体意识和实践。共同体内部内生的各种不确定性就会表现为公共风险,如果不能得到及时的防范和化解,就会威胁共同体的存在①。由此在第一节中我们可以看到,西方公共风险思想最初就源于共同体思想,并在实践中先后经历了城邦共同体、庄园共同体和国家共同体三个阶段,而公共风险财政思想最初也源于共同体的公共防卫职能及其支出。而在第四节中我们看到,古代中国作为一个农耕文明的大一统的国家常受自然灾害影响,因此也有着很强的风险思维和公共风险财政思想,突出体现在国家治水、救灾和粮食储备等方面。因此,与西方国家相比,古代中国在国家安全公共风险之外,有着更多的防范自然灾害和化解政局失控的公共风险财政思想。

虽然公共风险及其财政思想古已有之,但却随着时代的发展和实践的变化而逐步深入,并构成观察财政思想史的重要视角和发展脉络。根本上,这是因为公共化和社会化是人类发展的两个侧面②,社会分工交易深化的社会化过程也就伴随着公共风险生成和扩大的过程。因此从农业经济社会到工业经济社会再到现代数字经济社会,社会越发展到高级阶段,人与人之间的联系更加紧密、社会分工更加复杂细化,不同层次之间产生的各种矛盾都会导致不确定性的产生,从而形成公共风险逐步凸显和扩大的过程。时代是思想之母,实践是理论之源。与时代和实践发展相适应的,公共风险及其

---

① 刘尚希:《公共风险论》,人民出版社 2018 年版,第21—35页。
② 同上书,第56页。

财政思想也由最初共同体公共安全及其财政职能扩展到广泛包括经济领域、政治领域、社会领域和生态环境领域的公共风险及其财政职能。

二、财政思想史中有丰富的公共风险元素，并随着时代和实践的发展而深化

财政思想史源远流长并主要以著名财政学家的经典著作呈现出来，遍览经典著作可以发现，各历史阶段都蕴含着风险财政思想元素，并且随着时代和实践的深入而使其更为丰富、更加系统化和更趋理论化。本章对于公共风险财政思想史的梳理也是一个类似于采矿、选矿和冶炼的过程，力求将财政思想史中的公共风险思想元素挖掘、采集和提炼出来，并以此为视角和脉络来呈现古今中外财政思想史中公共风险思想的丰富内涵。在此我们仅以亚当·斯密、凯恩斯和马克思等少数几位具有划时代意义的经济学家来予以总结。

从第一节概述可以看到，亚当·斯密之前的早期经济学家对公共风险财政思想仅限于共同体公共安全风险及其财政支出，即使到重商主义时期国际贸易快速兴盛的时代，以托马斯·曼为代表的重商主义经济学家之所以鼓励对外贸易顺差也仅仅是立足于从国防和公共安全角度来阐释公共风险财政。而第一个具有概率思想、风险思维乃至富有公共风险财政思想的经济学家则是亚当·斯密，他不仅在《国富论》中处处深刻表达了概率和风险思维，更重要的是从《国富论》文本来看，他所提出的"最小政府"所必需的国防、行政、司法和少量公共工程支出都是从公共风险角度来阐析的。进而在其后古典经济学家穆勒那儿，更是继承了这一公共风险视角，并在自然垄断的公共工程上做了更进一步的阐释。从重商主义到以亚

当·斯密为代表的古典经济学家，公共风险财政思想之所以产生很大进展，根本原因还在于时代和实践的变化。因这时期，资本主义生产方式已基本建立起来并进入了自由竞争的市场经济阶段。市场分工交易的社会化进程，伴随着人的公共化过程，由此产生了公共风险的生成、集聚和扩散，由此也相应大大丰富了公共风险及其财政思想。

而当古典经济学向现代经济学转变时，公共风险财政思想更得以深化，这在现代经济学开创者凯恩斯身上体现得更为明显。在本章第三节我们看到，凯恩斯比起他之前的所有经济学家显然都更具有风险思想和风险思维。这不仅仅体现在凯恩斯在写《通论》之前就著有《概率论》；也不仅体现在《通论》本身及其有效需求不足理论的三大定律建立在风险和不确定性方法论基础上；更突出地表现在凯恩斯刺激总需求的财政思想本质上就是"往不确定性的经济中注入确定性"的公共风险财政思维。显然，财政思想史上这一深刻变化源于西方市场经济由自由竞争市场经济到垄断和生产过剩的现代市场经济阶段。

如本章第四节第一部分所分析的，马克思作为资本主义社会病理学家，更是从微观到宏观，将对资本主义社会公共风险的全面认识提高到一个全新的高度。其《资本论》巨著更是以商品这一资本主义细胞为分析起点，将风险分析由私人风险扩展到公共风险，由经济风险扩展到政治和社会风险，由公共风险扩展到资本主义制度危机。虽然马克思并没有来得及完成计划中的财政学著作，但是其隐含的公共思想在马克思恩格斯的国家学说、共同体思想、再生产理论、分配理论等都得到体现。显然，马克思的公共风险及其财政观既有其天才的思维，更离不开当时时代背景和工人运动的实践基础。在资本主义生产力获得极大发展的同时，社会生产力同资本主义生产关系间的矛盾激化和凸显。生产过剩和贫富差距加剧了阶级矛盾和斗争。由此使得马克思形成了丰富的公共风险思想。

三、公共风险是一个具有高度包容性的概念，并有多样化的表现形式

作为理论概念，其概念的包容性决定着理论的适用范围和解释能力。因此，产生具有较大包容性的理论概念具有重要意义。而公共风险本身就是一个具有高度包容性的概念，由此就决定了公共风险财政思想的普适性和解释力，而这根本上又源于实践中公共风险的广泛性。世界的本质是不确定的，按照风险的影响范围和化解防范方式可划分为私人风险和公共风险两类。私人风险的影响范围较小，基本只对私人产生影响，从化解方式来看可由个体来承担或通过市场化方式来化解。而公共风险波及范围较广，全体社会成员都会被危。作为一种独立的风险形态，公共风险不是凭空产生的，而是私人风险异化的结果，是由私人风险转换而来的。公共风险起源于个体行为和集体行为。个体行为的外部化都可能会引发或转化为公共风险。其次，集体行为的脆弱性也会导致公共风险[1]。由此，我们可以理解公共风险具有多样化的表现形式。从古代社会中共同体所面临的公共安全防卫的公共风险到现在社会中的经济危机、贫富差距、社会稳定和生态环境等都可以纳入其中。

正因此，通过本文对公共风险财政思想史的梳理，我们可以看

---

[1] 刘尚希、李成威：“基于公共风险重新定义公共产品”，《财政研究》2018年第8期。

到公共风险概念的高度包容性和涵盖性。尽管古今中外公共风险的范围和表现形式有很大差异，但是从不同时期的经典著作中都可以挖掘出公共风险财政思想元素并构成财政思想演变的一个重要线索。由此，也为建构专门的公共风险财政学提供了巨大空间。在本章第三节的"现当代主流财政学教材中的公共风险思想"中我们可以看到，尽管现当代财政学或公共经济学体系中都只把风险与不确定性作为市场失灵的一种形式而提出来，但如我们分析所显示的，风险与不确定性的思维和理念甚至可以涵括所有六种市场失灵形式（其他包括公共物品、外部性、自然垄断、收入分配公平、宏观经济稳定），由此使得现代财政学总体上呈现出公共风险财政的本质。

公共风险财政之所以有这么广的解释面，从根本上看，可能源于国家本身也是公共风险的产物，是从最初共同体作为公共风险防范机制中产生的[1]。国家及其各种制度作为公共风险的产物，在社会化程度越来越高的过程中，社会分工越来越复杂、人与人之间的联系越来越紧密，不同个体、不同层次之间的各种矛盾的增加都会导致不确定性的产生，从而形成越来越多面向和多样化的公共风险，并进而使得国家职能趋于增长。当然，尽管在不同时期，公共风险内容广泛、形式很多，但是最关键最核心的公共风险则决定了当时主要的财政职能，也构成了那个时期财政思想理论最核心的内涵，也正基于这种思路，本章在第四节的第二部分和第四部分中分别系统梳理了公共风险视角下的中国近代财政思想和中国共产党的财政思想。

---

[1] 刘尚希：《公共风险论》，人民出版社2018年版，第12页。

四、从公共风险视角研究财政思想史的方法论分析与启示

从根本上看,风险和公共风险不仅是一个概念,更重要的是一种思维和逻辑。如本章第4节所考证的,风险这一概念范畴是西欧向现代早期转换的过程中才产生的一个较晚的概念。但如本章一开始所说的,不确定的现象和事件却是自古就有;同样,人的公共风险意识也古已有之。因此,要构建公共风险财政学,很大程度上是思维逻辑、世界观与方法论的转变。但应该看到,囿于主流财政思想史和主流财政学本身的逻辑框架和理论体系,本章从公共风险视角来梳理财政思想史时只是从主流财政思想史演变中挖掘其公共风险元素,并未进行公共风险财政论方法论上的探讨。但传统财政理论总体上仍是确定性思维,现代主流财政学的市场失灵和公共物品为基本概念和逻辑框架更鲜明表明了这一点,本章我们也只是在其中挖掘公共风险因素而已。

真正的变化在近年才开始,尤其是2018年2月,中国财政学会在廊坊主办的"新时代中国特色社会主义财政基础理论研讨会"上,刘尚希研究员以"财政学的旧逻辑与新逻辑"为主题展开讨论,认为以"市场失灵"作为逻辑起点的财政学旧逻辑存在五个方面的缺陷,并提出公共风险财政论的新逻辑:建立在方法论集体主义基础之上的整体财政观;以公共风险为财政学的逻辑起点;基于行为主义分析公共风险的产生和治理机制等[1],才标志着对财政学公共风险逻辑和方法论基础的重新探讨。其后,刘尚希研究员带领的

---

[1] 刘尚希:"纪念改革开放四十周年系列活动之一 廊坊会议:新时代 新起点 财政基础理论研究再启航",《财政研究》2018年第6期;或者中国财政学会:"新时代财政理论创新探索:'廊坊会议'纪实",中国财政经济出版社2019年版。

公共风险财政研究团队在讨论基础上大致形成了对公共风险财政学研究方法论和思维逻辑的一些主要观点，包括从确定性转向不确定性的逻辑转变、从个人主义转向集体主义的方法论转变、从实体理性转向虚拟理性的思维转变，等等。

应看到，上述公共风险财政学新方法论和新思维虽然在英美体系的主流财政学中尚不存在，但由于欧洲大陆财政思想史有着不同于英美财政学的传统，因此上述部分公共风险方法论和逻辑在本章第二节中所介绍的欧洲大陆学派的财政思想中有所体现。例如德国旧历史学派代表人物罗雪尔所秉持的有机体国家观、集体主义方法论；新历史学派代表人物斯坦因从共同体角度看待财政问题，并将其置于与经济、社会和行政有机联系之中；以葛德雪和熊彼特所代表的财政社会学将公共风险财政思想置于集体主义方法论、历史分析方法和社会学研究主题中，等等。欧洲大陆这些早期财政思想为公共风险财政学的构建提供了可进一步挖掘的方法论启示和思想渊源。

五、公共风险视角下财政思想史的当代价值与现实意义

时代是思想之母，实践是理论之源。尽管公共风险财政思想源远流长，但只有随着现代社会的到来，人类才真正进入风险社会中。经典著作《风险社会》的作者贝克认为，风险是现代社会的特征，"风险的概念直接与反思性现代化的概念相关"[①]。"在发达的现代性中，财富的社会生产系统地伴随着风险的社会生产""已经从

---

① 〔德〕乌尔里希·贝克：《风险社会》，译林出版社2004年版，第19页。

短缺社会的财富分配逻辑向晚期现代性的风险分配逻辑转变"①。

当今,随着人类社会进入风险社会,工业经济在带来生产力巨大发展,也重构了全球规则和秩序。但秩序和规则构建的过程也是风险集聚的过程,方兴未艾的数字经济革命又将人类社会带入一个全新的"风险世界",解构确定性的速度远远超过构建确定性的速度。在疫情冲击、贸易摩擦、俄乌冲突等冲击和影响下,全球政治经济社会运行的不确定性显著提高,正面临"百年未有之大变局"。面对世界百年未有之大变局和中华民族伟大复兴之战略全局,以习近平同志为核心的党中央高度重视统筹发展与安全,把公共风险防范放在突出位置并将其列为三大攻坚战之一。财政是国家治理的基础和重要支柱,在统筹发展与安全中起着基础性和支柱性作用,而国家治理的本质则是公共风险治理。因此,立足于新时代背景,迫切要求我们从财政思想史中汲取公共风险元素,结合新的时代背景和实践要求,来重构我们财政学的基础理论。

因此,本章对于古今中外公共风险思想史进行梳理的目的和意义并不在于就史论史,而在于古为今用、洋为中用。2016年5月17日,习近平总书记在主持召开哲学社会科学工作座谈会时指出,我国哲学社会科学研究要"不忘本来、吸收外来、面向未来","要按照立足中国、借鉴国外,挖掘历史、把握当代,关怀人类、面向未来的思路,着力构建中国特色哲学社会科学"。因此,我们对公共风险财政思想史的梳理,其现实意义就在于通过充分挖掘和整理财政思想史中的公共风险元素、把握其脉络、洞悉其发展,进而在立足于我国现实国情和制度环境的基础上,揭示财政运行中的新特

---

① 〔德〕乌尔里希·贝克:《风险社会》,译林出版社2004年版,第15页。

点、新规律，将财政实践经验进一步上升为系统化的财政理论，实现公共风险财政思想史的历史逻辑与现代社会的中国实践逻辑及公共风险财政论的理论逻辑间的统一。

主要参考文献

Akerlof, G. A., "The Market for 'Lemons': Qualitative Uncertainty and the Market Mechanism", *Quarterly Journal of Economics*, Vol.84, 1970.

Arrow, K.J., "Uncertainty and the Welfare Economics of Medical Care", *American Economic Review*, Vol.53, 1963.

Bator, "The Anatomy of Market Failure", *The Quarterly Journal of Economics*, Vol. 72, 1958.

Cowen, T., *The Theory of Market Failure: A Critical Examination*, George Mason University Press, 1988.

Keynes, J.M., *A Treatise on Probability*, London: Macmillan, 1921.

Keynes, J. M., "The General Theory of Employment", *Quarterly Journal of Economics*, Vol. 51, 1937.

Knight, F., *Risk, Uncertainty and Profit*, Houghton Mifflin Company, Boston, 1921.

Machina, M. J. & Viscusi, W. K., "Handbook of the Economics of Risk and Uncertainty", North-Holland Publishing Co., 2014.

Stigler, G. J., "The Economics of Information", *Journal of Political Economy*, Vol. 69. 1961.

Stolper, W. F., Musgrave, R. A., *International Economic Papers*（No.4）, London and New York: Ralph Turvey, Elizabeth Henderson, 1954.

《社会主义财政学》编写组：《社会主义财政学》，中国财政经济出版社1980年版。

〔日〕阿部贤一：《财政学史》，邹敬芳译，商务印书馆1936年版。

〔美〕奥尔巴克、费尔德斯坦：《公共经济学手册》（第1卷），郭庆旺、匡小平译，经济学科出版社2005年版。

〔日〕坂入长太郎：《欧美财政思想史》，张淳译，中国财政经济出版社1987年版。

〔美〕布坎南，塔洛克：《同意的计算》，陈光金译，中国社会科学出版社2000年版。

〔美〕布坎南：《民主过程中的财政》，唐寿宁译，上海三联书店1992年版。

〔美〕布坎南：《自由、市场与国家》，平新乔、莫扶民译，上海三联书店1989年版。

〔美〕布坎南：《自由的界限》，董子云译，杭州大学出版社2012年版。

陈曦、刘尚希："经济学关于不确定性认知的变迁"，《财政研究》2020年第7期。

陈云：《陈云文选》（第三卷），人民出版社1995年版。

〔美〕丹尼尔·史普博：《经济学的著名寓言：市场失灵的神话》，余晖、朱彤、张余文译，上海人民出版社2004年版。

邓小平：《邓小平文选》（第三卷），人民出版社1993年版。

邓子基：《财政学原理》，经济科学出版社1989年版。

付国庆：《西欧中世纪村庄共同体初探》，天津师范大学硕士学位论文，2015。

何帆：《为市场经济立宪当代中国的财政问题》，今日中国出版社1998年版。

胡寄窗、谈敏：《中国财政思想史》，中国财政经济出版社2016年版。

〔英〕霍布斯：《利维坦》，黎思复、黎廷弼译，商务印书馆1985年版。

〔美〕加尔布雷思：《不确定的时代》，刘颖、胡莹译，江苏人民出版社2009年版。

〔美〕加尔布雷思：《富裕社会》，周定瑛、舒小昀译，江苏人民出版社2009年版。

〔美〕加尔布雷思：《经济学与公共目标》，于海生译，华夏出版社2010年版。

江泽民：《江泽民文选》（第二卷），人民出版社2006年版。

〔英〕凯恩斯：《就业、利息和货币通论》，高鸿业译，商务印书馆1999年版。

李存斌："建设项目经济效果风险分析的函数偏导法"，《技术经济》1989年21期。

〔英〕李嘉图：《政治经济学及赋税原理》，郭大力、王亚南译，商务印书馆1962年版。

李先念：《李先念论财政金融贸易（1950—1991）》，中国财政经济出版社1992年版。

林毅夫：《中国的奇迹：发展战略与经济改革》，上海三联书店1999年版。

刘宝霞、彭宗超："风险、危机、灾害的语义溯源兼论中国古代链式风险治理流程思路"，《清华大学学报》（哲学社会科学版）2016年第31（02）期。

刘尚希、李成威："基于公共风险重新定义公共产品"，《财政研究》2018年第8期。

刘尚希：《公共风险论》，人民出版社2018年版。

刘岩、孙长智："风险概念的历史考察与内涵解析"，《长春理工大学学报》（社会科学版）2007年第3期。

刘志广：《新财政社会学研究：财政制度、分工与经济发展》，上海人民出版社2012年版。

〔德〕罗雪尔：《历史方法的国民经济学讲义大纲》，朱绍文译，商务印书馆1981年版。

〔英〕洛克：《政府论》（上下篇），叶启芳、瞿菊农译，商务印书馆1964年版。

〔德〕马克思、恩格斯：《马克思恩格斯全集》第1—50卷，人民出版社1956—1985年版。

马克垚：《西欧封建经济形态研究》，人民出版社2001年版。

马克垚：《中西封建社会比较研究》，学林出版社1997年版。

〔美〕马斯格雷夫、皮考克：《财政理论史上的经典文献》，刘守刚、王晓丹译，上海财经大学出版社2015年版。

〔美〕马斯格雷夫：《美国财政理论与实践》，邓子基、邓力平编译，中国财政经济出版社1987年版。

马学东："试论科学测定信贷风险的方法"，《学术交流》1991年02期。

毛泽东：《毛泽东文集》（第1—8卷），人民出版社1999年版。

毛泽东：《毛泽东选集》（第五卷），人民出版社1977年版。

毛泽东：《毛泽东选集》（第一——四卷），人民出版社1991年版。

〔英〕穆勒：《政治经济学原理》（上下卷），胡正林、朱泱译，商务印书馆1991年版。

〔美〕诺思、托马斯：《西方世界的兴起》，厉以宁、蔡磊译，华夏出版社1999年版。

〔美〕诺思：《经济史中的结构与变迁》，陈郁、罗华平等译，上海三联书店1994年版。

〔美〕诺思：《制度、制度变迁与经济绩效》，杭行译，上海三联书店1994年版。

〔比〕皮朗：《中世纪欧洲经济社会史》，乐文译，上海世纪出版集团2001年版。

〔意〕奇波拉：《欧洲经济史（第2卷）》，贝星、张菁译，商务印书馆1988年版。

〔意〕奇波拉：《欧洲经济史（第3卷）》，贝星、张菁译，商务印书馆1989年版。

〔古希腊〕色诺芬：《经济论：雅典的收入》，张伯健、陆大年译，商务印书馆1961年版。

〔德〕史坦恩:《国家学体系:社会理论》,张道义译,台北联经出版事业股份有限公司,2008年版。

〔美〕斯蒂格利茨:《公共部门经济学》,郭庆旺等译,中国人民大学出版社2005年版。

〔美〕斯蒂格利茨:《社会主义向何处去》,周立群等译,吉林人民出版社1999年版。

〔美〕斯皮格尔《经济思想的成长》,晏智杰译,中国社会科学出版社1999年版。

孙文学:《中国财政思想史》,上海交通大学出版社2008年版。

童蒙正:《瓦格涅财政学提要》,世界书馆1931年版。

〔英〕托马斯·孟:《英国得自对外贸易的财富》,袁南宇译,商务印书馆1978年版。

〔德〕乌尔里希·贝克:《风险社会》,何博文译,译林出版社2004年版。

〔英〕希克斯:《经济史理论》,厉以宁译,商务印书馆1987年版。

习近平:《习近平谈治国理政》(第二卷),外文出版社2017年版。

习近平:《习近平谈治国理政》(第三卷),外文出版社2020年版。

习近平:《习近平谈治国理政》(第一卷),外文出版社2014年版。

项怀诚:《以"三个代表"重要思想为指导逐步建立公共财政框架》,经济科学出版社2000年版。

〔日〕小林丑三郎:《各国财政史》,邹敬芳译,神州国光社1930年版。

许毅、陈宝森:《财政学》,中国财政经济出版社1984年版。

〔英〕亚当·斯密:《国民财富的性质和原因的研究》(纪念版)(上下册),郭大力、王亚南译,商务印书馆2017年版。

〔古希腊〕亚里士多德:《政治学》,高书文译,中国社会科学文献出版社2009年版。

晏智杰主编:《西方市场经济理论史》,商务印书馆1999年版。

张馨:《公共财政论纲》,经济科学出版社1999年版。

中国财政学会:《新时代财政理论创新探索:"廊坊会议"纪实》,中国财政经济出版社2019年版。

中国财政学会:《新时代财政理论创新探索:"泰安会议"纪实》,中国财政经济出版社2019年版。

第二章 风险财政观之财政基础理论流变

第一节 财政基础理论演变概论

"财政基础理论"研究在中国财政学界长期占有一席之地,甚至在很长一个时期里,还曾经是财政学研究的核心内容。然而,令人略感尴尬的是,当前"财政基础理论"研究在国内学术界显得自成一体且相对独立,与财政学其他研究领域关联度不高;而从国际来看,作为一个显性研究领域的"财政基础理论"并不存在,至少我们找不到对应的英文关键词。与中文"基础"相对应的英文词汇有很多,例如:elementary,primary,fundamental,principle 等等,但是一旦与"财政学"或"公共经济学(public finance 或 public economics)理论"组合起来,其含义又与中国财政学界所关心的"财政基础理论"差之千里,既不能容纳中国学术语境下财政学之"基础"理论的含义,更无法反映中国学者讨论这一话题时的潜在问题意识。因此,在财政学西化严重的今天,财政基础理论常被视为一个过时的本土研究领域,不但"小众",也难登国际大雅之堂。这种误解使得财政基础理论研究的重要性被削弱,其理论性和世界意义也无从彰显。

笔者认为，相关研究者对财政基础理论的概念长期缺乏共识，是导致这一状况的重要原因。由此提出了一个问题，"财政基础理论"作为一个研究领域，其存在的学术正当性何在？其自身的学术重要性在哪里？为此，本章围绕什么是财政基础理论，探求这一本土话题的理论价值和全球意义。本章主体分三部分：首先阐明中国语境下"财政基础理论"的含义，说明它与财政一般理论及财政应用研究有何分别。其次，基于上述含义对财政基础理论进行国际比较，尝试在国际学术版图中为中国财政基础理论研究找到位置。最后是简短的小结。

一、中国语境下的财政基础理论

尽管大家已经习惯于讨论和研究"财政基础理论"，但关于什么是财政基础理论，财政基础理论研究什么问题，并未形成共识。下文拟先对这一研究对象做出界定，说明它与当前财政学其他领域的研究有何分别。

（一）现状与争议

迄今为止，"财政基础理论"在中国仍然是一个人言人殊的概念，不仅所采用的学术术语尚不统一，即使是同一术语，其含义亦众说纷纭。

1. 术语使用尚不统一

其一，就这一术语的修饰词而言，"财政学"基础理论与"财政"基础理论两种提法都很常见，但并没有人就其区别做过说明。

早期的陈共①、刘邦驰②、寇铁军和钟永圣③等学者都强调"财政学"的而非"财政"的基础理论。笔者一直以来也持这一看法,旨在突出这一基础理论是针对财政学研究的,而不仅仅是针对财政实践本身的。

其二,就该术语的主体部分而言,除了"基础理论"这一主流表述之外,还有学者(如陈共④、张馨等⑤)采用过"基本理论""理论基础"(如陈宝森⑥、刘明远⑦)等表述方式。1982年12月在厦门大学召开"全国财政基本理论讨论会",可见那时通行的叫法是"基本理论"。但在最近10余年以来,认同度较大的提法还是"财政基础理论",陈共先生在2014年接受中国社科院学者采访时,已经按当时约定俗成以"财政基础理论"称之。为避免增加话题的复杂性,本文统一采用"财政基础理论"这一主流表述方式。笔者尊重其他学者的表达习惯,对于现有文献中出现的各种术语,作为可以互换使用来对待。

需要加以说明的是,作为关键术语之一,财政"基础理论"与财政"理论基础"并存。在多数学者那里,虽然字面表述不同,但究其所指,基本含义并无根本不同,只是选用的一种表达方式

---

① 陈共:"关于财政学基本理论的几点意见",《财政研究》1999年第4期。

② 刘邦驰:"论中国财政基础理论之根基",《经济学家》2001年第5期。

③ 寇铁军、钟永圣:"经济学理性主义与财政学基础理论的发展",《财政研究》2008年第7期。

④ 陈共:"关于财政学基本理论的几点意见",《财政研究》1999年第4期。

⑤ 张馨、杨志勇、郝联峰、袁东:《当代财政与当代财政学主流》,东北财经大学出版社2000年版。

⑥ 陈宝森:"财政基础理论应该以马克思主义为指导",《马克思主义研究》2007年第8期。

⑦ 刘明远:"现代财政学理论体系的思考",《财经问题研究》1998年第12期。

而已。但是，也有学者（如许毅①、刘邦驰②、姜维壮③、寇铁军和赵颖④）就"基础理论"与"理论基础"进行了严格区分，其中多数人认为"基础理论"是对财政问题的理论研究，而"理论基础"比"基础理论"更根本，上升到了方法论层面，因此产生了"财政基础理论的理论基础"这样的说法。关于这一点，下文还将详述。

2.理论内涵共识不足

除了术语使用上的分歧，更重要的问题是对"财政基础理论"的内涵尚未达成共识。综合而言，关于"财政基础理论"所指为何，大致有如下几种观点：

观点一：财政基础理论即"财政本质观"

长期以来，人们一提到财政基础理论，就很自然地联想到1964年中国财政理论界第一次全国大会（史称"大连会议"）。这次会议研讨的主题之一，即"财政本质"问题，成为了此后对财政基础理论最传统、最主流的概括和认知。例如，陈共教授在接受采访时，就曾直陈"财政基础理论研讨的对象是所谓财政的本质"⑤。邓子基教授在回应批评时曾说道，"财政本质观"构成"国家分配论"的理论内核，对这一内核的丰富和深化则构成了一个相对完整的财政学体系框架⑥。邓子基的这一逻辑应用于传统财政基础理论的其他几

---

① 许毅："财政基础理论的理论基础"，《财政研究》2000年第2期。
② 刘邦驰："论中国财政基础理论之根基"，《经济学家》2001年第5期。
③ 姜维壮："关于确立我国财政学理论基础与财政基础理论的几点想法"，《财政研究》2010年第2期。
④ 寇铁军，赵颖："关于几个财政基本问题的看法"，《财政监督》2013年第9期。
⑤ 陈共：《具有中国特色的财政基础理论的形成和发展》，2014年接受中国社科院学者采访时的谈话，打印稿。
⑥ 邓子基："尊重历史事实树立良好学风——致财政部科研所博士生读书组"，《财政研究》2003年第3期。

个流派也应当是成立的,因此,很多人认为,作为各个流派的理论内核,其各自的"财政本质观"成为支撑中国传统财政学各流派的"基础理论"。

我们知道,"大连会议"主要讨论三大学术问题:"社会主义财政的本质和范围"问题、"全民所有制经济中税收的作用"问题,以及"预算平衡、信贷平衡和物资平衡的相互关系"问题。其中后两个问题是与财政制度运行相关的实践问题,而第一个问题,即"财政的本质和范围"问题,属于理论层面的问题。基于对财政本质和范围的不同看法,又形成了四种主要观点,分别是"国家分配论""价值分配论""国家资金运动论"和"剩余产品价值运动论"。如果用今天的语言来表述的话,这四大流派所探讨的问题可归结为以下几方面,即:(1)财政与国家的关系;(2)国家在经济社会生活中的作用;(3)财政的范围及职能;以及(4)国家与其他社会经济主体的关系[①]。由此观之,若以"财政本质观"来定义财政基础理论,则它的内涵至少应包含以上四个方面。

改革开放以后,第一次全国性的财政基础理论讨论会于1982年12月在厦门大学召开,在这次会议上,所讨论的仍然是财政本质问题以及财政在国家经济社会生活中的作用。由此也说明,新中国成立之后50年里财政基础理论的核心问题,就是对财政本质及其相关问题的探讨。直到当前,还有少数学者(如傅志华,陈

---

① 马珺:"20世纪50—60年代的中国财政学:一个传统的移入与退出",《财贸经济》2020年第4期。

龙；段龙龙，叶子荣等）①依然以财政本质问题为核心来研究财政基础理论。

观点二：财政基础理论即国家理论或（和）财政研究方法论

老一辈财政学家陈宝森②、刘明远③、许毅④等人在谈到财政基础理论时，虽然没有给出明确的定义，但由其上下文可见，他们多从国家理论或（和）财政研究方法论的角度来认识财政基础理论。

陈宝森明确指出，财政基础理论"是马克思主义，是从方法论意义上来强调的"。刘明远倾向于使用财政学的"理论基础"这一术语来指代大家通常所说的"财政基础理论"，联系上下文看，他的"财政基础理论"实际上是指以国家理论为核心的一系列理论组合。陈共特别强调了国家观的重要性，他说："遵循马克思主义基本原理研究财政问题，主要是来自两种基础理论，即马克思主义的再生产理论和马克思主义的国家观。"⑤

有学者更进一步强调了财政学的"基础理论"与"理论基础"之间的区分，他们将"基础理论"看作是通常的财政学理论，与财政政策相对应；而将"理论基础"等同于马克思主义国家学说，或者等同于它的经济学基础。例如，许毅在《财政基础理论的理论基础》一文中指出，研究财政学"必须以马列主义的辩证唯物

---

① 傅志华、陈龙："财政本质的'多重性'与集中体现——兼论财政学的学科属性"，《财政研究》2018年第8期。
段龙龙、叶子荣："财政本质'新国家分配论'与国家治理体系下的财政功能转型"，《管理学刊》2016年第29（03）期。
② 陈宝森："财政基础理论应该以马克思主义为指导"，《马克思主义研究》2007年第8期。
③ 刘明远："现代财政学理论体系的思考"，《财经问题研究》1998年第12期。
④ 许毅："财政基础理论的理论基础"，《财政研究》2000年第2期。
⑤ 同上。

主义和历史唯物主义为指针，以毛泽东思想、邓小平理论和党的十五大精神为理论基础，以马列主义的国家学说和再生产原理为理论基础，用这个理论基础来构建我们的社会主义财政学体系"。刘邦驰在《论中国财政基础理论之根基》一文中表明，财政基础理论的理论基础就是它所依据的经济学基础。他认为，到目前为止，中国财政基础理论赖以建立的理论基础有两种，一种是马克思主义经济学，一种是西方经济学。社会主义市场经济条件下，中国财政基础理论之根基，只能是马克思主义和邓小平关于建设有中国特色社会主义理论，特别是同财政学直接相联系的"马克思主义国家学说、社会再生产理论、劳动价值论和邓小平特色理论的基本原理"，"不容置疑地作为构建中国财政学理论体系基础的基础，核心的核心"。他批评中国的财政理论探索虽然进步不少，但这些研究多局限于财政基础理论范围，而忽略了对财政学理论的理论基础的研究，后者是财政学理论体系中一个更深层次，并带有根本性的问题。

观点三：财政基础理论即财政理论中的核心概念

吴俊培教授认为，财政基础理论指的是"财政理论体系中的核心概念"，"它制约其他财政概念，因而成为整个财政理论体系的基石"[①]。他还指出，"国家分配论"以"国家需要"这个概念为基础是不合理的，提出以"公共物品"作为替代选项。孙复兴、周雁部分认同吴俊培的观点，他们也将财政理论中的核心概念等同于财政基础理论，不同的是，他们认为这个核心概念应该是"生产力"，而

---

① 吴俊培："必须重视财政基础理论的研究"，《财政研究》1991年第11期。

不是"公共物品"或"国家需要"①。另有一些学者虽然未将财政学的核心概念等同于财政基础理论的代名词，但也都将其作为财政基础理论的重要组成部分来看待。

观点四：财政基础理论是应用研究和对策研究的对应物

王延杰将"财政基础理论"与"财政应用研究"和"财政决策研究"进行了区分，这一区分比较符合现代观念。他认为，传统财政理论体系可划分为三部分，分别是"财政基础理论研究""财政应用理论研究"和"财政决策理论研究"，并批评传统的财政理论研究过于局限在基础理论方面，与现实脱节②。傅志华、陈龙也区分了"财政基础理论"与"财政应用理论"③。

上述分析表明，虽然"财政基础理论"这一术语被众多学者分享并广泛使用，但迄今为止，无论在国内还是在国际上，尚不存在一个正式的定义，当然，公认的定义就更不存在了。作为一个研究领域，术语分歧及其内涵的模糊性，导致财政基础理论的内涵与外延之间往往缺乏严格界限，相应地，财政基础理论的内容包含哪些方面，也是言人人殊。

这一缺陷延续到了近期的相关讨论，多篇文献对各自的研究对象——"财政基础理论"——缺乏一致理解。例如，高培勇提出，财政基础理论包含"财政概念、财政职能、财政活动主体、财政

---

① 孙复兴、周雁："财政基础理论新探"，《河南大学学报（社会科学版）》1992年第6期。

② 王延杰："我国传统财政学理论体系的解构与重建"，《中央财政金融学院学报》1994年第1期。

③ 傅志华、陈龙："财政本质的'多重性'与集中体现——兼论财政学的学科属性"，《财政研究》2018年第8期。

学科属性、财政学理论体系"五个方面①。樊丽明、王澍将"财政职能、性质和起源、市场失灵相关问题和财政思想史等"列入财政基础理论②。杨志勇则直接将各种"财政本质论"与20世纪90年代以来的"公共财政论""现代财政论"并称财政基础理论③。齐守印虽然没有列举财政基础理论的具体内容，但他认为"财政学研究对象、学科属性和逻辑起点"是财政基础理论必不可少的组成部分④。确有不少学者，包括陈共⑤、安体富⑥、吕冰洋⑦、刘晔⑧等在探讨财政基础理论时，都曾聚焦于他所提到的这些方面。朱军理解的财政基础理论，内容更为丰富，涵盖学科体系、课程设置、研究方法、学生培养、政府职能重塑、学术评价标准等诸多方面⑨。

（二）财政基础理论：个人观点

关于"财政基础理论"概念的分歧，已经给学术讨论造成了极大不便和困扰。由于所指各不相同，影响了学者之间展开有效

---

① 高培勇："论中国财政基础理论的创新——由'基础和支柱说'说起"，《管理世界》2015年第12期。

② 樊丽明、王澍："中国财政学研究态势——基于2006—2015年六刊发文的统计分析"，《财贸经济》2016年第12期。

③ 杨志勇："新中国财政学70年发展的基本脉络"，《财政研究》2019年第6期。

④ 齐守印："中国特色财政学部分基础理论问题辨析"，《财政研究》2018年第8期。

⑤ 陈共："财政学对象的重新思考"，《财政研究》2015年第4期。

⑥ 安体富："关于财政学的学科属性与定位问题"，《财贸经济》2016年第12期。

⑦ 吕冰洋："国家治理财政论：从公共物品到公共秩序"，《财贸经济》2018年第6期。

⑧ 刘晔："由物到人：财政学逻辑起点转变与范式重构——论时代中国特色社会主义财政理论创新"，《财政研究》2018年第8期。

⑨ 朱军："中国财政学基础理论创新：亟待多维视角的完美融合——科学方法、现实问题、经典文献、开放模式四要素不可或缺"，《财政监督》2020年第4期。

率和有实际意义的对话，也容易让外界对财政基础理论研究的学术意义和理论价值产生不解与质疑。特别值得指出的是，2013年以来探讨财政基础理论的文章再一次涌现，然而浏览一下相关文献可以发现，由于大家对财政基础的内涵共识不足，致使一些讨论缺乏交叉，甚至在某种程度上各言其是，这种状况显然不利于理论的推进。笔者认为，当下十分必要的任务之一，是要尽快建立财政基础理论研究领域的共识性话语系统，就财政基础理论的研究对象达成一致。

1. 对前人研究的几点回应

"财政基础理论"是一个中国语境下的专门术语，它能否成为一个在国际学术界有普遍意义的研究课题，很大程度上取决于以下两个条件：其一，能否与现有的非基础理论研究建立起联系；其二，能否与中国本土以外的相关研究找到共鸣。为此，我们首先要清楚这一概念的内涵和外延究竟是什么。为了更好地体现前人的研究成果，在这里，针对上文提到的事实与相关分析，笔者先做出如下几点回应。

针对观点一：在笔者看来，以财政本质观来定义财政基础理论，很难与当今主流财政理论进行对话。"财政本质"这个概念有很强的时代色彩，今天的学生已很难理解它，大多数财政学者也对它不感兴趣。因此，笔者认为当前的财政基础理论研究，应放弃"财政本质"这个时代性过强的概念形式，保留其合理的理论内核即可。实际上，各种财政本质观中，最为根本的还是其所主张的国家观。不同的国家观，喻示着对国家作用、财政职能与范围、财政与国家关系、国家与其他经济主体之间关系等问题的不同看法。

针对观点二：可以理解，相关学者对"基础理论"与"理论基础"的区分，是基于对财政学研究方法论的强调而产生的。同时，我们也意识到，那些并未专门强调"基础理论"和"理论基础"之分的学者，并非不重视财政学研究方法论，而是他们往往认为，关于方法论的研究应是财政学"基础理论"研究的一部分，在通常情况下不必特别强调。

基于此，笔者的观点是，对方法论的关注虽然很重要，但由于现有的财政基础理论研究都已经包含了财政研究的方法论这一侧面，再强调"基础理论研究的理论基础"，并以这种方式将"基础理论"和"理论基础"进行区分，是不必要的。为避免引发更多歧义，最好是删繁就简，在厘清术语实际意义的基础上，对上述各种概念进行整合并统一术语的使用。因此，像"基础理论的理论基础"这种令人迷惑的提法还是避免为好，在现代话语中它所表达的含义就是"方法论"。

针对观点三：笔者认为，核心概念是任何一门学科的精髓，财政学的核心概念也是如此。尽管如此，将核心概念与基础理论相提并论，还是缺乏足够的说服力。一是这样可能导致财政基础理论涵盖的范围被人为缩小，因此对观点三的社会认同度并不高。例如，刘晓路和郭庆旺就强调，财政基础理论除了界定财政学基础概念和范畴，还必须回答"财政与国家之间的关系"这一问题[①]。事实上，还要回答的问题远远不止于财政与国家的关系这一项。二是核心概念仍属于具体财政理论层面的内容，不足以替代

---

① 刘晓路、郭庆旺："国家视角下的新中国财政基础理论变迁"，《财政研究》2017年第4期。

对作为国家观和方法论的基础理论的研究。但鉴于二者的紧密相关性,核心概念的展开就是运用基础理论的过程,因此,将核心概念作为财政基础理论研究的内容之一则是完全应该的。不仅如此,财政学的研究对象、逻辑起点、学科定位等问题,也都可以囊括进来,作为财政基础理论的外围内容,这些内容会使财政基础理论更加丰满。当然,后者和核心概念一样,也都不足以替代财政基础理论的内核部分。

针对观点四:笔者赞同观点四将理论研究与应用研究相区分的做法。笔者认为,财政基础理论属于理论研究,它对应着财政学应用研究(含政策研究)。其研究对象比一般的理论研究更抽象,聚焦于一般财政理论背后的国家观及方法论基础。在位序上(如图1所示),基础理论居于国家观和方法论层面,高于一般财政理论及其应用研究,直接影响一般财政理论及其应用研究的价值取向和研究视角。

西方经济学中有理论经济学(theoretical economics)和应用经济学(applied economics)之分。20世纪50—60年代是西方理论经济学的黄金时代,其主要特征就是经济学的自然科学化、公理化和数学化。与此同时,也有意见认为理论经济学与社会现实过分疏离,致其自70年代早期以来受到越来越多的批评,经济学应用研究由此崛起,且在20世纪80年代以后更为盛行。自21世纪起,应用研究在西方经济学中的优势地位已经十分显著[①]。整体上看,西方主流财政学本身就是一般经济理论(或纯经济理论)在财政

---

① Backhouse, R. E., Cherrier, B., "The Age of the Applied Economist: The Transformation of Economics since the 1970s", *History of Political Economy*, Vol. 49(Supplement), 2017, pp.1–33.

领域的应用，由此形成主流财政学。然而，在主流财政学这个研究领域里，仍然存在一般理论研究与应用研究之分。这里的一般理论研究仍然是经济学一般理论研究的一部分，只是话题的性质与财政问题相关，萨缪尔森（Samuelson）"政府支出的纯理论"便是一例[①]。

```
         财政应用研究
       财政一般理论研究
    财政基础理论研究：
      国家观+方法论
```

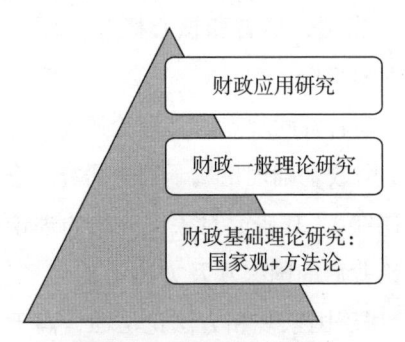

图2-1　财政研究的类别

正如图1所示那样，财政学中大部分应用研究是建立在一般理论研究之上的。当前最主流的研究方式是，从经济理论出发，构造计量模型并实证检验变量间的因果机制，服务于公共政策目标。切蒂（Chetty）和芬克尔斯理（Finkelstein）[②]认为，探求税收政策或支出方案对经济主体行为影响的因果机制，是推动20世纪90年代和21世纪初财政应用研究激增的主要动力。20世纪80年代以前的财政应用研究，主要是利用各类数据对现有经济理论进行检验，推动经济理论的发展。最近以来，随着大数据的产生和利用，一些应

[①] Samuelson, P. A., "The Pure Theory of Public Expenditure", *The Review of Economics and Statistics*, Vol. 36, No.4, pp:387–389.

[②] Chetty, R., Finkelstein, A., "The Changing Focus of Public Economics Research, 1980–2010", *NBER Reporter*, Vol.1, 2012, pp:1–6.

用研究对一般理论的依赖有所下降，这是由于直接从大数据出发，可以发现新的事实，改变人们以往对经济（包括财政）现象的理解，有可能带来新的理论创新机会。

就中国情况而言，由于我们一直强调理论与实践的辩证统一，理论研究与应用研究的界限更为模糊。所以相比西方来说，我们财政一般理论的纯粹性、抽象性都较弱，这也侧面说明我们为什么在财政一般理论之外，还要特别强调财政基础理论，恰恰是由于一些与财政实践距离太远的深层理论探索，需要这样一个专门术语来表达。而当我们把中国语境下的这种用法代入到西方财政学语境时，发现其实它也是适用的。而且我们还发现，财政基础理论的分野导致西方财政学在一般理论和应用研究领域的不同路径。

（三）一个尝试性的界定

结合上文分析，笔者认为，财政基础理论所要探讨的最为重要的两大问题，一是财政一般理论背后的国家观，二是财政一般理论和应用研究的方法论。

众多学者都强调了国家观在财政研究中的基础性地位，无论中国老一辈财政学者、新一代财政学者[①]，还是西方学者，都是如此。畅销全球的初级财政学教科书，开篇就是财政学的关于国家观的论述（哈维·S.罗森、特德·盖亚，2015）[②]。正如后文所述，苏联财

[①] 参见刘晓路、郭庆旺："国家视角下的新中国财政基础理论变迁"，《财政研究》2017年第4期。王玉玲、赵晓明："马克思主义国家观视角下的中国财政学体系构建"，《教学与研究》2018年第5期。

[②] 〔美〕哈维·S.罗森，特德·盖亚：《财政学》（第十版），郭庆旺译，中国人民大学出版社2015年版，第3—12页。

政学和中国传统财政学分享着类似的国家观,即阶级国家观。改革开放以来,特别是"和谐社会"理念提出之后,阶级国家观逐渐淡出;随着西方财政学的引入,其所依托的契约论国家观渐渐受到更多认同。当然,现实中的国家观要复杂得多,很难说人们是哪一种绝对国家观的奉行者,混合国家观更为流行,这与国家观问题本身的复杂性是相关的。

笔者之所以强调国家观,是因为现实财政运行过程中,一个最显明的实体存在就是国家或政府。当然,财政活动中其他主体也是不可缺的,但是考虑到人们如何看待国家传达出了他(她)们对个体和社会的看法,可以说,走到国家观的背后,就可以看到相应的个体观和社会观。因此,国家观只是一个笼统提法,在这一概念之下还可延伸出若干更为具体的侧面。通常来说,国家观下涉及的问题包括:如何看待国家(国家的起源、国家在社会经济生活中的作用、国家的性质及其目标、国家如何实现目标、国家的能动性、国家与个人和社会的关系、国家与财政的关系)、政府与市场关系、政府职能等。

方法论是指人们看待世界的视角和立足点。就财政理论而言,方法论包含两大方面。其一,透过怎样的视角(个体的还是集体的)看世界,即分析视角是方法论个体主义还是方法论集体主义。苏联和中国传统财政学都属于方法论集体主义,西方财政学总体上是方法论个体主义的。其二,站在何处理解财政过程,即处于财政过程之外还是财政过程之中看待这一过程。观察者只能身处其外而观察的财政过程,有可能是一个主客二分的"刺激-反射"过程,也可能是一个父爱主义的"命令-执行"过程;而观察者能够身处其中并参与的财政过程,将是主体间"交易-合作"过程。不同的立足点,也决定了财政学家在财政过程中能够发挥何种作用。

从不同的国家观和方法论出发,我们可以看到不同的财政学理论体系,由此衍生出不同的财政学。从财政学的分析起点、分析框架、政府与市场关系等方面,都展现出财政学基础理论的不同。进一步地,这些差异也延伸到整个学科图景的差异上,具体体现为财政学与经济学的关系①、财政学的学科属性、研究对象、专业设置等话题。

如此一来,我们可以将财政基础理论不那么严格地划分为内核和外围两个部分,内核是财政研究的基座性知识,是财政一般理论和应用研究不必言明却又依赖着的基础;外围部分则是由这些内核生发而来或与之密切相关的那些基础理论问题。

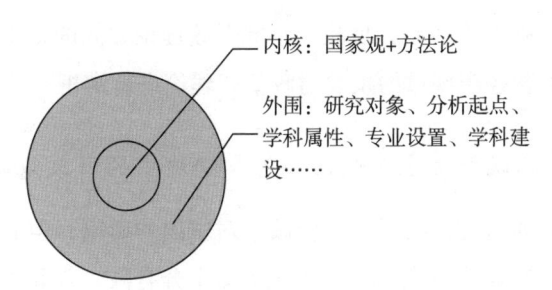

图2-2 财政基础理论的内核与外围

总之,通过梳理前人关于财政基础理论的相关探讨,笔者认为,国家观和方法论构成财政基础理论的两个主要方面(或内核)。

---

① 就改革开放以前的中国和苏联而言,财政学的分析框架来自于马克思主义政治经济学(包括它的各种变体,比如苏联社会主义政治经济学)为基础,它们都秉承方法论集体主义。而西方财政学的分析框架则来源于西方经济学各个流派。

若从这个角度来定义财政基础理论，不仅国内学者在未来的讨论中可以避免各说各话，也找到了在这一话题上进行国际对话的可行渠道。就当代西方而言，其财政基础理论问题并不像中国语境下那么显明，而是隐藏在它们关于财政思想史和财政研究方法论的相关文献之中。就苏联而言，其财政基础理论则直接体现在其阶级国家观、社会主义政治经济学等一系列文本之中。至于不同财政基础理论的具体表现及其相互比较，将在下文中进行讨论。

二、财政基础理论的国际比较

中华人民共和国成立以来，各时期的财政理论大多源于对当时国际上主要财政资源的借鉴与吸纳。对中国财政理论发展影响最大的两大理论资源，分别来自苏联和西方世界，即苏联财政学和西方财政学。基础理论的差异反映出不同财政理论之间的根本区别，下文就国际上曾经出现过的主要财政基础理论进行辨析。

（一）苏联社会主义政治经济学视域中的财政基础理论

相当多的研究探讨了西方财政学对中国的影响，但有关苏联财政学对中国影响的研究，至今为止仍然十分有限。苏联财政学正式形成于20世纪50年代，而这时也是西方主流财政学（即英美财政学传统）的成型期[①]。因此，将20世纪50年代的苏联财政学与英美财政学做一对比，更容易看出二者之间存在哪些根本性的差异，从而也易于观察苏联财政基础理论的突出特征（参见表2-1）。

[①] 关于苏联财政理论的形成及其影响，参见马珺：" 20世纪50—60年代的中国财政学：一个传统的移入与退出"，《财贸经济》2020年第4期。

表2-1 苏联与英美财政基础理论比较

		英美财政学	苏联财政学
国家观		国家是有目标的组织,是全知全能全善的社会福利最大化者	苏维埃国家是有目标的组织,是全知全能全善的全民福利代表
	国家的目标	通过稀缺资源的有效配置实现社会福利最大化	用在高度技术基础上使社会主义生产不断增长和不断完善的办法,来保证最大限度地满足整个社会经常增长的物质和文化的需要
	实现目标的方法	通过财政干预使个人行为改变,实现政策目标	国家直接"有计划按比例"地配置资源
	国家的能动性	较小,只能在生产力约束下做出选择	很大,可以超越生产力的发展水平、通过生产关系的变革,推动生产力的发展以满足社会需要
方法论		方法论个体主义	方法论集体主义(尤其是阶级分析)
财政学体系	财政过程	主客二分的"刺激-反射"过程	父爱主义的"命令-执行"过程
	财政学家的角色	作为社会工程师,在科学研究基础上提出可行的政策建议	作为政策阐释者,在允许的政治限度内阐释财政政策,同时是社会主义意识形态的宣传者
	分析起点	市场失灵理论	苏联社会主义制度的优越性
	分析框架	西方新古典经济学	苏联社会主义政治经济学
	政府-市场关系	政府与市场二分,国家(政府)外在于市场	政府与市场一体,国家(政府)覆盖市场
	学科走向	走向科学化,成为公共部门的经济学	走向意识形态化,因理论体系的僵化而被抛弃

在人们的常规思维中，苏联财政学与西方主流财政学是截然不同，甚至是相互对立的。但是，从基础理论来看，二者并非毫无相似之处，其中最为重要的是国家观。二者都主张有机主义国家观，都把国家看作是目标明确的"组织"，英美财政学中的国家是全知全能全善的社会福利最大化者，苏联财政学中的国家具有阶级性，其中苏维埃国家是全知全能全善的全社会共同需要的代表。两种理论中国家的目标有相似之处。前者旨在通过稀缺资源的有效配置实现社会福利最大化；后者则是"用在高度技术基础上使社会主义生产不断增长和不断完善的办法，来保证最大限度地满足整个社会经常增长的物质和文化的需要"①。不同之处在于二者实现目标的方法或手段各异。在英美财政学中，国家的财政政策通过影响个体行为而达成社会目标；而在苏联财政学中，苏维埃国家直接通过有计划按比例地运用社会资源，来满足全社会的物质和文化需要。

实现国家目标的方法上的差异，既体现了两种财政学的方法论差异，也体现了对国家能动性的不同看法。就方法论来说，前者是方法论个体主义的，社会福利的计算以加权的个人效用为基础，体现了"人"作为目的的伦理考虑，尽管这种方法论个体主义并不彻底；后者是方法论集体主义的，由于以"阶级"为分析单位，在满足其"社会需求"的过程中，并不在乎真实个体的偏好表达；相反，"社会"的需求是由（苏维埃）国家发现，并由国家通过计划经济的手段予以实现的。

就国家的能动性来说，苏联财政学中预设的国家能动性远远高

---

① 〔苏〕斯大林：《苏联社会主义经济问题》，中共中央马克思恩格斯列宁斯大林著作编译局译，人民出版社1958年版，第30页。原文发表于1952年。

于英美财政学。英美财政学中，国家或政府只能在生产力约束下做出政策选择，其财政过程如同一个主客二分的"刺激－反射"过程，个体在外部财政政策冲击下做出机械的反射性回应，集合成最终的政策结果；而在苏联财政学中，苏维埃国家可以超越生产力的发展水平，通过变革生产关系来推动生产力的发展，以满足社会需要，其财政过程如同一个父爱主义的"命令－执行"过程，个人对政策的回应无关紧要，政策结果已在国家的掌握之中。基于此，两种理论中财政学家的作用亦有所不同。在英美财政学中，财政学家扮演社会工程师的角色，依据科学研究提出可行的政策建议。而在苏联财政学里，财政学家更主要地扮演政策阐释者，在允许的政治限度内负责阐释苏维埃国家财政及其财政政策的优越性。

不同的财政基础理论，造就了不同的财政学体系。从分析起点来看，英美财政学以市场失灵理论为起点，引申出现代市场经济体制下政府存在的必要性及其作用；而苏联财政理论以论证苏联社会主义制度优越性为起点，为了维护和发展这一制度，才有必要利用财政工具（税收、预算等）为社会主义经济建设筹集和分配货币资金。从分析框架来看，英美财政学是当时西方主流经济学（即新古典经济学）的组成部分，是新古典经济学的价格理论在公共部门的应用；而苏联财政学是苏联社会主义政治经济学的组成部分，是建立在辩证唯物主义和历史唯物主义之上的政治经济学逻辑向财政领域的理论延伸。从国家（或政府）与市场的关系来看，英美财政学是与市场经济体制相适应的财政理论，它假定国家（或政府）外在于市场，市场主体在法律框架内按经济规则自主运作；而苏联财政学建立在国家统领市场与社会的统制经济基础之上，因此，国家覆盖市场与社会。由于国家主导社会资源的配置，市场和社会的运行都受政治规则的主导，市场和社会的存在只是形式上的，并不存在真正的市场自愿交易与社会自发合作机制。

上述诸方面的差异，预示着两种财政理论截然不同的生命力。英美财政学由于适应了经济市场化的趋势，逐步走上科学化和应用化的道路，演化为现代公共部门的经济学，显示出旺盛的学术生命力。尽管后来也遭遇批评，但由于其自生机制，始终能够在自我更新中实现发展。而苏联财政理论，固守于其所选择的计划经济体制，并将计划经济与苏联社会主义体制捆绑，由于设定后者为不可逾越的政治红线，必然限制了财政制度和财政理论的创新空间，导致苏联财政理论的意识形态化，与科学化趋势反向而行，最终因失去对现实的解释力而失去退出知识市场。

（二）西方经济学视域中的财政基础理论

20世纪80年代以来，随着苏联财政学的逐步退出，西方财政理论在中国重新赢得声誉。40年后的今天，尽管批评的声音从未断绝，但并未影响西方财政理论占据学术高地。纵览当今中国财政学者内部的不同声音，绝大多数都是西方财政学说史上各种争论在中国大地的回响。

在西方财政学内部，我们仍然可以观察到两种截然不同的国家观。22年前（1998年），两位20世纪最著名的财政学家里查德·A.马斯格雷夫和詹姆斯·M.布坎南，在德国慕尼黑大学以"两种不同的国家观"为核心展开过一场引人入胜的世纪辩论[①]。基于各自

---

① 参见〔美〕詹姆斯·M.布坎南，里查德·A.马斯格雷夫：《公共财政与公共选择——两种截然对立的国家观》，类承曜译，中国财政经济出版社2000年版。

的国家观,二人分别奠定了新古典主流财政学和公共选择视角财政学的基础,并于1959和1960年相继出版了各自的财政学教科书(Musgrave[①];布坎南、弗劳尔斯)[②]。在方法论意义上,公共选择视角财政学是对新古典主流财政学的批判性发展,它将方法论个人主义和理性选择分析引入政治领域,从而放弃了主流财政理论的仁慈政府假设。不同的是,布坎南基于公共选择视角的财政学远远没有获得应有的声誉。

在很长时间里,财政学界将它们视为两种对立的财政理论。然而从一开始,主流财政理论就未打算使后者成为真正的竞争者。相反,它通过技术性地吸纳后者,使之成为优化和发展主流财政理论的工具,导致公共选择视角财政学很快地被分化,大部分最初的异端观点都被同化,成为后来新政治经济学的一部分,将新古典经济学的精髓在公共领域和政治议题分析中发扬光大。今天,公共选择已成为一种研究纲领和方法论,这差不多使人遗忘了一个基本事实,它最早是作为主流财政理论的对立面而提出的一种财政理论。公共选择产生之初,布坎南思想中尚未得到仔细分梳和发展,并在财政学中得以应用的那些理论,比如方法论主观主义、他对于经济学性质及其研究对象的理解、对公共部门和财政运行方式的独特看法等方面,都逐渐被主流财政学"选择性遗忘",不予吸收采纳。而他本人,由于志在更基本的财政立宪问题,也渐渐放弃了在财政

---

① Musgrave, R. A., *The Theory of Public Finance: A Study in Public Economy*, New York: McGraw-Hill, 1959.

② 布坎南的教材从第4版起与Marilyn R. Flowers合作。被译为中文的是最后一版,即1960年出版的第6版,参见〔美〕詹姆斯·M.布坎南,M.R. 弗劳尔斯:《公共财政》,赵锡军等译,中国财政经济出版社1991年版。

学科建设上的发言权，这造成了后来公共选择视角财政学相对于主流财政学的从属地位。

但他的后继者们不甘于此。布坎南的学生里查德·E.瓦格纳（Richard E. Wagner）联袂德国财政社会学家巴克豪斯（Backhaus）[①]，将这两种不同国家观的陈述系统化，并将之上溯至西方财政学研究历史上两大传统的分野，即英美财政学传统（或盎格鲁-撒克逊传统）和欧洲大陆财政学传统，由这两大源头出发，形成了现代西方两种不同的财政学理论，分别称之为配置范式财政学和交易范式财政学。如果说，战后公共选择视角财政学的兴起源于欧洲大陆财政传统复兴，那么，其后公共选择视角财政学的主流化，意味着这一复兴进程的放缓。慕尼黑世纪辩论的10年之后，在《财政社会学和财政理论：探索性研究》一书中，出于重新接续欧洲大陆财政学传统的初衷，瓦格纳[②]提出了建立社会取向财政理论的设想，可以看作是对交易范式财政学的推进和扩展。虽然两种范式都以西方经济学作为基本分配框架，但由于对经济学性质及研究对象等问题的看法产生了分歧，也导致相应财政基础理论的重大差异（参见表2-2）。

就国家观而言，在前者（配置范式）看来，国家是最大化社会福利的主体，是一个有自身目标的组织；而在后者（交易范式）眼

[①] Backhaus, J. G., "Wagner R. E. From Continental Public Finance to Public Choice: Mapping Continuity", *History of Political Economy*, Vol. 37, Annual Supplement, 2005a, pp: 314–332.

Backhaus, J. G., "Wagner R.E. Continental Public Finance: Mapping and Recovering a Tradition", *Journal of Public Finance and Public Choice*, Vol.23, 2005b, pp: 43–67.

[②] Wagner, R. E., *Fiscal Sociology and the Theory of Public Finance: An Exploratory Essay*, Edward Elgar Publishing, 2007.

中，国家只是社会成员寻求自我利益最大化的舞台或一系列制度架构，是特定组织和个人运行于其中的秩序结构，而不是组织本身，它不再具有独立的主体身份，因此也就无所谓能动性，无所谓组织目标。

表2-2 两种不同的西方财政基础理论

		配置范式	交易范式
国家观		国家是有目标的组织，是全知全能全善的社会福利最大化者，外在于经济社会	国家是一系列制度架构，内生于经济社会之中，不具有独立主体身份
	国家的目标	通过稀缺资源的有效配置实现社会福利最大化	国家不是组织和实体，无所谓国家目标
	实现目标的方法	个人或企业对财政变量的变化产生反射性反应；外部财政干预通过经济主体的行为改变，达到政策目标	社会成员及其组织在公共部门或财政架构内相互作用，财政结果内生于财政过程中社会成员的互动，而不是源于外部的力量，财政过程中的个人或企业对财政变量的变化产生创新性反应
	国家的能动性	较小，只能在生产力约束下做出选择	国家不是组织和实体，无所谓能动性
方法论		不彻底的个人主义	彻底的个人主义、主观主义
	财政过程	主客二分的"刺激-反射"过程	主体间"交易-合作"过程
	结果	确定、唯一	不确定、多种可能
	对公共部门的看法	作为社会工程师的改造对象	作为社会成员交易互动的政治过程
	财政学家的作用	作为社会工程师，在科学研究基础上，提出可行的政策建议	不求唯一均衡解，只对实际的交易做出解释

续表

		配置范式	交易范式
财政学体系	分析起点	市场失灵理论	社会中的不确定性
	分析框架	配置范式经济学（西方新古典经济学）	交易范式经济学
	政府-市场关系	政府与市场二分，国家外在于市场	政府与市场交融
	学科走向	走向科学化，成为公共部门的经济学	探求合理的社会秩序，成为社会取向的财政理论

　　对财政活动中国家性质的不同解读，进一步决定了国家在社会经济秩序中的不同定位。配置范式财政学中，国家是社会经济生活的外在干预者，国家干预的合法性源于市场失灵，故市场失灵成为其分析起点。国家通过影响个人行为而改变经济社会系统的运行结果，实现社会福利的增进。而在交易范式财政学中，国家内在于社会经济生活，既是人们从事公共行动的场域，又是人们行动规则的一部分。国家行动来源于不确定性条件下个体改善自身状况的努力。风险厌恶的个体，基于安全需求和保险需要，同意让渡一部分个人权力以组成国家，通过公共活动平滑风险，故社会中的不确定性成为其分析起点。

　　研究范式的分歧除了表现为不同的国家观，还反映出两种财政学的方法论差异。尽管两大范式都坚持方法论个人主义，但交易范式财政学的方法论个人主义立场更为彻底，因为它同时还坚持方法论上的主观主义，不认为公共物品和服务的成本是客观的和可观测的，也不认为外部观测者可以计算出这些成本并做出最优决策，因此，没有人能够代替他人做出对全体社会成员来说最优的选择。

从财政过程的作用机制来看，在配置范式中起作用的是主客二分的"刺激－反射"机制，而在交易范式中，转化为主体间的"交易－合作"机制，每个人依据自己的判断，对他人或外部刺激做出创造性、其他人不可预测的主观反应。与配置范式下不同，交易范式下社会交易互动的结果是不确定、不唯一的，它取决于每一个具有自主性的社会成员随时可变的个人选择。正是由于公共部门的结果由每个个体观念和行动所合成，国家或政府与个人不再相互分离，它不再被看作一个有独立目标的组织或实体存在。

从分析框架看，正如上文所说，配置范式承袭英美财政学传统，依托于新古典主流经济学，将新古典一般均衡分析方法应用到财政决策过程（作用机制）及其结果的分析。这一研究范式将财政学作为约束条件下的最优化问题来研究，财政学家的使命就是提出各种最优方案，供决策者选择。而交易范式财政学承袭欧陆财政学传统，将交易经济学方法应用于对公共部门中个人交易行为的分析，财政被看作社会中的各行动主体讨价还价的过程，各方在社会互动与交易中找到都能接受的方案，最终形成人们在社会生活中观察到的那些财政结果。在配置范式财政学家看来，这些结果是可观察、可预测的；结果是唯一的。但交易范式财政学认为，关于这些财政结果，人们能够预测和提出建议之处非常有限，财政学的主要任务不是预测和提出政策方案，而是对现实中的财政现象做出解释。也就是说，坚持配置范式的财政学家负有改造世界的使命，而坚持交易范式的财政学家只是负责解释世界。

就学科发展而言，与配置范式财政学清晰的科学化取向不同的是，交易范式旨在探求合理的社会秩序是怎样的，其分析的重心是社会交易互动的发展过程本身，而不是其中某一均衡状态。在这个过程中，财政交易和市场、社会交易相互交织，财政活动只是其中的一部分，因此，比局部均衡结果更重要的是社会互动过程的公正和有序。交易范式财政学可以容纳配置范式，它的分析范围显然已经超出了后者。当然，与配置范式财政学的成熟形态和社会接受度相比，交易范式财政学并未定型，也需要更长的时间去自我完善和争取更大认同。

三、简短的小结

财政基础理论对财政学科的确立和发展走向有着根本性的影响。然而，作为一个研究对象，至今为止财政基础理论的内涵尚未得到清晰界定，学界的共识更无从谈起。由于缺乏必要的研究边界，多年来相关讨论非常发散，总有各说各话的感觉，难以形成合力，更无法与国际学术传统对接，在国际学术版图上找不到相应位置。不得不说，这一现状在客观上淡化了中国学者多年努力的学术价值和意义。

本文在前人研究的基础上，基于对国内外相关研究的纵向梳理和横向比对，将财政基础理论的核心要素定位在国家观和方法论两个方面，尝试为财政基础理论研究划定边界。文中的分析表明，财政基础理论研究既是中国本土话题，也具有世界意义。中国现有财政理论，是苏联、西方两大学术来源和中国特色理论的混合体，只不过两大来源的重要性随着时代发展有所变化。对中国学者来说，认清财政基础理论的国际发展脉络及自身在国际学术版图中的位置，有利于其结合中国的财政实践，发现和提出自己的问题，寻求自己的解决方案。

以上概述虽然有利于我们从总体上把握国际财政基础理论发展

的大体脉络，但是我们也发现，在上述西方和苏联的话语体系中，中国财政学的发展及其贡献没有位置，而事实上，在中华人民共和国成立以来的70余年中，中国财政学者从未放弃过构建有中国特色财政学的努力。下文中，笔者将重点针对国内财政基础理论研究的重要力量——"风险财政学"展开分析。笔者认为，尽管其目前的工作才刚起步，也存在不足，但相信这些都是发展中的不足，它同时预示着实现进步的空间和可能性。

第二节　风险财政学：发生、发展及主要观点

20世纪五六十年代、改革开放之后的20世纪80年代和向社会主义市场经济转轨之后的20世纪90年代，分别见证了中国财政学者在不同阶段试图建立区别于苏联和英美财政学理论体系的努力。然而，进入21世纪，由于英美财政学开始被大规模、全方位引入，虽然传统财政学者在公共政策界依然风头强劲，但传统财政学本身却开始走入低谷。

2013年，中国传统财政学迎来了新的发展契机。当年，中共十八届三中全会以《决定》的形式，赋予财政以"国家治理的基础和重要支柱"的定位，传统财政学者对财政的定位与之相当吻合，从而前所未有地激发了传统财政学者创新财政理论的热情。2016年5月国家领导人号召加快构建中国特色哲学社会科学体系[①]，对于强

[①] 习近平："在哲学社会科学工作座谈会上的讲话"，http://politics.people.com.cn/n1/2016/0518/c1024-28361421-2.html。

调财政学国家特色的传统财政学者，又是一针强心剂。党的十九大提出"新时代中国特色社会主义思想"，在经济学界催生了一大批依托新时代、构建有中国特色社会主义政治经济学的研究中心。传统财政学界长期以来追求学科独立和学术自主的自发努力，因此也自然而然地汇入了这股时代潮流。

一、背景：新全球化时代寻求学术和意识形态话语权

（一）社会实践发展造就新的理论空间

"时代是思想之母，实践是理论之源"。中国和世界丰富而不断变化的实践，是当代中国财政基础理论创新背后的重要推动力。由于我们所处的时代、所面临问题与实践发生了变化，那些为解释现实而产生的理论，也会发生相应的变化。

首先是人类世界面临的不确定性更加凸显。20世纪中叶以来，人类科学技术的进步取得了突飞猛进的发展，继第三次工业革命之后，短短几十年的时间里，第四次工业革命又已经扑面而来。与自然经济时代相比，工业化以来人类社会发展速度越来越快，整个社会的不确定性以几何级数增长。随着工业化、城市化、数字化进程加快并相互交织，社会分工和人际交往越来越复杂，世界的不确定性更加凸显。

其次，自然科学的发展为人们认识世界打开了新的窗口，提供了新的世界观和方法论，这也导致社会科学认知世界方式方法的转变。应对复杂社会中广泛存在的不确定性，人类必须转变传统的确定性世界观，从不确定性世界观出发，寻求解决不确定性世界中难题的方法。

处于这样一个转型时代的财政学，也面临着如何吸纳新的世界观和方法论，并对新的财政现象做出科学解释的问题。从全球来看，基于寻求确定性的天性，人们创造出了各种应对不确定性的公共治理方式，涵盖了不同规模共同体的相关公共事务，但传统财政理论仅仅把政府作为对既有市场秩序的干预者，无法对此做出具有说服力的解释。就中国情形而言，新中国走出了一条与西方和苏联都不相同的中国特色社会主义现代化道路，建立了有中国特色的财政制度，从中国财政实践中探索出了一种与众不同的政府与市场关系理论，这在既有的财政思想资源中是找不到先例的。不仅如此，中国财政实践提出了超越单一经济学视野的理论建构需求，也为当今基于经济学的主流财政理论所忽视。一种理论如果缺乏对中国这样一个大国实践的解释力，不能不说是一种缺陷。

世界和中国的发展都已经到了一个新阶段，使传统财政理论与财政现实之间的鸿沟越来越大，对于这些新兴财政现象和新兴大国财政实践的忽视，使传统财政理论不再完整，迫切呼唤新的理论对此做出补充和回应。

（二）官方推动哲学社会科学创新

"财政基础理论创新"话题此时在中国掀起新热潮还有一个特殊背景，它产生于中国融入新一轮全球化的进程之中。之所以强调全球化之"新"，是因为中国在这一波全球化进程中扮演了不同于以往的角色。如果说，16世纪—20世纪早期以来，欧洲（主要是英国）主导的全球化过程中，中国并不在其中，或者说只是无意识地被"卷入"而受其影响；而在20世纪中叶之后，美国从英国手中接棒主导了新一波全球化，中国不仅积极融入和参与其中

（20世纪50—70年代的那段曲折历史除外），其融入与参与的程度也越来越深。

透过历史进程我们发现，全球学术制高点的转换，与全球经济领导国身份的转换保持一致。[①]随着中国融入全球化进程的加深，其要求全球治理规则制定权的努力也越来越明显，并进一步要求意识形态和学术话语权。在这一背景下，官方提出并推动构建具有中国特色的哲学社会科学三大体系，可以看作中国寻求更大的学术和意识形态话语权所做努力的重要组成部分，也是这一努力的必然结果之一。

早在2016年5月召开的哲学社会科学工作座谈会上的讲话中，习近平总书记就向广大哲学社会科学工作者提出了以马克思主义为指导、开拓创新，加快构建中国特色哲学社会科学体系的历史任务。他还强调，在坚持马克思主义指导地位的同时，中国哲学社会科学研究"要有主体性和原创性"。他指出，对于哲学社会科学我们的正确态度应当是，"批判地接受我们自己的历史遗产和外国的思想"，"既反对盲目接受任何思想，也反对盲目抵制任何思想"，强调"我们中国人必须用我们自己的头脑进行思考，并决定什么东西能在我们自己的土壤里生长起来"。以上背景提出了如何将马克思主义与中国实践相结合，建设有中国特色学科体系、学术体系和话语体系的重大理论问题。2019年10月底召开的中国共产党十九届四中全会进一步强调，要在思想理论建设、哲学社会科学研究、教育教学各方面，全面落实马克思主义的指导地位。2022年4月25

[①] 〔美〕约瑟夫·熊彼特［1954］:《经济分析史（第一卷）》，朱泱等译，商务印书馆1991年版。原书出版于1954年。

日，习总书记考察中国人民大学的时候提到，加快构建中国特色哲学社会科学体系，归根结底是要构建中国自主的知识体系，给学界创新哲学社会科学提出了更高要求。党的二十大报告再次指出，要"建设具有强大凝聚力和引领力的社会主义意识形态"，"深入实施马克思主义理论研究和建设工程，加快构建中国特色哲学社会科学学科体系、学术体系、话语体系，培育壮大哲学社会科学人才队伍"。

可以看出，与历史上其他三次财政基础理论创新尝试略有不同的是，上述背景导致这一次学术热潮在议题设定上，受官方推动的特色十分明显，并且马克思主义方向再一次被提起和着重强调，所强调的力度是改革开放以来前所未有的。

（三）学界的回应

1. 经济学界

"实践没有止境，理论创新也没有止境"。① 关于建立有中国特色社会主义经济学及其与现代西方经济学的关系问题，已然引发了激烈的争论，吸引国内主流经济学家纷纷加入。很多曾经为引进西方主流经济理论不遗余力的海外归国学者，也给予正面、积极回应。

例如，厦门大学洪永淼教授在2016年的两次公开发言中，都提出"从经济学说史和经济史的角度，结合当今中国与世界政治经

---

① 2022年10月16日习近平同志在中国共产党第二十次全国代表大会上的报告。参见习近平："高举中国特色社会主义伟大旗帜 为全面建设社会主义现代化国家而团结奋斗——在中国共产党第二十次全国代表大会上的报告"，http://www.qstheory.cn/yaowen/2022-10/25/c_1129079926.htm。

济发展趋势，阐述建设中国特色政治经济学的必要性与重要性，及其时代意义与国际意义，并通过厘清中国经济学、马克思主义政治经济学与西方经济学（特别是现代西方经济学）的内涵及其相互关系，探索如何构建中国特色政治经济学……创立中国学派"。

清华大学李稻葵教授在《北京日报》(2018年3月2日)撰文，倡导"把我们伟大的经济实践和思想，转化为国际上有广泛说服力的、具有中国特色的、与西方自由经济学理论分庭抗礼的经济学理论，为中国经济的重大决策，做出应有的贡献"。

上海财经大学田国强教授在清华政治经济学高端论坛上所做的主旨报告中（2017年12月19日）讲道，"中国特色社会主义政治经济学的提出是一个契机，可以将马克思主义政治经济学跟现代西方经济学，这两大原本同源的理论学说体系重新熔于一炉，并从基准理论和相对实用理论两个方面齐头并进，从而实现经济学在中国新的更大的发展和创新"。

2. 财政学界

在上述背景之下，财政学界也提出了众多理论设想，"风险财政学"就是这次财政基础理论创新实验中表现突出的一支力量。其他理论设想还包括：中国社会科学院高培勇教授提出"国家治理现代化框架下的财政基础理论建设"[①]，并发文倡导"建立起体现中国特色、中国风格、中国气派的中国财政学体系"[②]；李俊生和马海涛

---

① 参见高培勇："论国家治理现代化框架下的财政基础理论建设"，《中国社会科学》2014年第12期。
② 参见高培勇：《论中国财政基础理论的创新——由"基础和支柱说"说起》，《管理世界》2015年第12期；高培勇："论中国财政基础理论的创新——由'基础和支柱说'说起"，《管理世界》2015年第12期。

共同倡导建立财政学的中国学派，并提出"新市场财政学"概念[①]；吕冰洋提出的国家治理财政论[②]；刘晓路、郭庆旺、崔潮等提出国家治理财政学[③]等。

我们注意到，2020年新冠疫情以来，对财政基础理论的讨论已经不再局限于传统财政学者圈，而是外溢到一般经济学领域。一些"海归"学者也积极加入进来。比如林毅夫多年来倡导有效市场和有为政府相结合[④]，李稻葵倡议构建新的政府与市场经济学，他主张从受监管的市场经济转向政府赋能的市场经济。杨春学提出政府创造市场、引领市场发展的模式[⑤]。我们还注意到，经济学大家约瑟夫·斯蒂格里茨[⑥]也在反思政府与市场的关系，他还撰文探讨市场经济中政府合适的角色到底是什么。所以说，不仅在中国，在全球来讲，财政学基础理论问题都被提到了财政学者的面前。下文聚焦于其中的公共风险财政学。

[①] 参见李俊生："新市场财政学：旨在增强财政学解释力的新范式"，《中央财经大学学报》2017年第5期；马海涛，陈珊珊："新市场财政学：批判、继承与开拓"，《经济与管理评论》，2017年第33（3）期。

[②] 吕冰洋在《国家治理财政论：从公共物品到公共秩序》一文中阐述了财政与国家治理的关系，并提出，沿着"财政制度—增进公共秩序—国家能力支柱—实现国家治理目标"的逻辑，建立起"国家治理财政论"基本框架的设想。参见吕冰洋："国家治理财政论：从公共物品到公共秩序"，《财贸经济》2018年第6期。

[③] 刘晓路、郭庆旺认为在十八届三中全会之后，"我国财政学才有必要建设一种具有中国特色的财政理论"，并以"国家治理财政学"为之命名。河南财政金融学院崔潮教授也撰文倡导此论。参见刘晓路、郭庆旺："国家视角下的新中国财政基础理论变迁"，《财政研究》2017年第4期；崔潮："财政学三大流派与国家治理财政学建构"，《地方财政研究》2018年第3期。

[④] 林毅夫："新结构经济学——重构发展经济学的框架"，《经济学（季刊）》2010年第10卷第1期；王勇："新结构经济学中的有为政府"，《经济资料译丛》2016年第2期。

[⑤] 杨春学："政府与市场关系的中国视野"，《经济纵横》2018年第1期。

[⑥] Stiglitz, J. E., "The Proper Role of Government in the Market Economy: The Case of the Post-COVID Recovery", *Journal of Government and Economics*, No.1, 2021, pp.1–7.

二、风险财政学的缘起与前期发展

(一) 缘起

风险财政学的思想发展经历了一个较长的过程。早在20世纪80年代,刘尚希就开始关注财政风险问题。起初,他关注较多的是债务风险[①],由于1997年亚洲金融危机爆发,中国政府自1998年起实施了积极财政政策以提振经济,导致财政赤字和债务率上升,财政风险的问题引发关注。[②]

然而,当时人们在认识上存在误区,认为国家财政是没有风险的。从私人投资者的角度,这有一定的道理,然而从国家整体和决策的角度,这种认识并不准确,甚至是有害的。在1997年发表的"论财政风险"这篇文章中,刘尚希对可能的财政风险进行了初步分析,以澄清当时的一些模糊和错误认识。

在他看来,所谓"财政风险",是指"财政不能提供足够的财力致使国家机器的正常运转遭受严重损害的可能性"。财权分割、财力分散是当时财政风险加剧的突出表现;"准国债"筹资无统一规划、规模失控使财政风险大大增加;国有企业无活力,尤其是国有单位投资的失控、失误和低效使财政风险成倍放大;利用外资失控有可能使财政风险演变为国家主权风险;国有银行问题有可能成为国家财政风险总爆发的直接导火索。

---

① 刘尚希、隆武华、赵全厚:"论财政风险",《财政问题研究》1997年第12期。
② 刘尚希、史兴旺:"风险倍增:积极财政政策长期化的必然结果",《湖北财税》2002年第8期;刘尚希、赵全厚:"政府债务:风险状况的初步分析",《管理世界》2002年第5期。

由于"国家财政是全社会风险的最终承担者",因此财政风险并不是财政部门的风险,而是整个国家及政府的风险。与私人风险相比,财政风险有一定的隐蔽性,容易为人们所忽略。这种隐蔽性致使财政风险不断累积,一旦达到某个临界点,有突发为财政危机并演化为经济、政治全面危机并引起社会动荡的可能性。因此,应大力加强全社会的财政风险意识,重建财政,以规避财政风险。

(二)对公共风险及其与财政关系的首次系统表述

如果说"论财政风险"一文只是对当时存在的财政风险的一种现象描摹和初步分析,发表于两年后的"论公共风险"[①]一文,则是刘尚希形成系统风险财政学的开端。在这篇文章中,他主要论述了以下问题:

1.风险、私人风险和公共风险的含义与相互关系

风险财政学认为,"风险"是指遭受损失(损害)的一种可能性。个人和政府都有可能遭受风险,分别称之为"私人风险"和"公共风险"。对政府来说,风险是指对全体人民公共福利造成损害的可能性,或者说是对整个社会经济发展造成损害的可能性。财政则为政府防范、化解风险提供财力支撑。

私人风险的分散、转移及化解和防范是通过分散的市场机制来实现的。如保险市场为家庭提供财产、医疗、意外伤害等方面的保险。在市场制度下,风险与收益对称。要想获得收益,则必须承担风险,这是市场经济的铁律。但有些风险是无法通过市场机制来化解和防范的,就表现为公共风险,只能由政府出面来集中解决。因

---

① 刘尚希:"论公共风险",《财政研究》1999年第9期。

此，公共风险是由私人风险转化而来的。

公共风险具有三大性质:(1)关联性,即公共风险可以在个人和企业之间相互"传染",危害社会;(2)不可分割性,即公共风险只要发生,每个社会成员都不可避免地要遭受损失,尽管其损失的大小可能不一样;(3)隐蔽性,即公共风险很难正面识别,往往累积到了快要爆发的程度才被发现。

2. 公共风险的来源:复杂和分工社会中的不确定性

现代社会是一个到处充满风险的社会。风险来自两个方面的不确定性:(1)自然环境的不确定性;(2)社会发展过程内部的不确定性。其中,对人类真正构成威胁的是后者及由其导致的各种危机。首先,各种自然差异和社会分工的存在,使社会运转存在极大的沟通和协调困难;其次,社会成员的相互依赖性增强,每一个结点或环节的不确定性,都可能导致无法预测的后果,从而给整个社会带来极大的不确定性。然而,面对风险社会的来临,我们缺乏足够的理论准备和相应的制度安排。

3. 规避风险引致制度变迁

现实中,人们为了规避风险,会逐渐形成一套较为稳定的行为规范,起初该行为规范可能是一种隐性制度,后来,会慢慢发展为显性制度,因此,规避风险的过程就是制度创造和制度变迁的过程。这既可以表现在宏观层次,比如,货币制度就是在宏观层面上来规避公共风险,最终体现为政府的行为;也可反映在微观层次,比如,企业制度就是在微观层面上来规避公共风险。它不仅减少了市场交易费用,更重要的是减少交易中的不确定性,从而减少了风险。

4. 财政的本质:公共风险的最终承担者

各种制度从不同的侧面来防范公共风险,起着保护市场稳定和发展的作用。财政本身是一种正式制度,与其他制度一样,对防范公共风险起着不可或缺的作用。不过,作为防范公共风险的一种手段,财政与其他制度发挥的作用又有所不同。其一,财政承担其他制度的运行成本;其二,财政承担其他制度无法承担的风险,是防范公共风险的最后一道防线,发挥兜底作用,是公共风险的最终承担者。

既然财政作为公共风险的最终承担者,那么就提出一个问题,财政可以在多大程度上为公共风险兜底?假如财政制度不足以为当时的公共风险兜底,则有可能使该财政制度面临风险。在他看来,财政应对公共风险的能力取决于财政制度结构,他写道:

"在一定的社会经济发展阶段,公共风险的规模和范围是相对固定的,假如制度结构合理,风险责任明确,使公共风险都能在相应的层次化解掉,那么,'剩余'的风险就相对减少,财政的压力就可相对减轻。反之,在制度结构落后于经济发展阶段的情况下,风险不能明晰,那么,财政最终承担的公共风险就会相对增大……因此,要减少财政最终承担的风险,根本途径在于完善制度结构,实现风险责任明晰化。"

回过头来看,以上观点构成了风险财政学的最初形态[①],其主体思想和基本观点在作者此后的论述中得到了一以贯之的体现,因此,可以看作是刘尚希对风险财政学的首次系统表述。由于财政是

[①] 围绕这些论点,刘尚希同期进行了相关辅助性论证。参见:刘尚希:"公共风险与财政抉择",《财贸经济》1999年第10期;刘尚希:"中国国债市场发展中的公共风险",《当代财经》2001年第3期;刘尚希:"一个崭新的课题:公共风险向我们走来",《中国财经报》2002年4月5日第4版;刘尚希:"以公共风险为导向调整公共支出配置",《经济参考报》2002年4月3日第7版。

公共风险最终承担者，研究者不能回避财政风险问题。故而在此后一段时间里，刘尚希没有在公共风险理论上继续推进，而是将研究的重心暂时转向构建财政风险的分析框架。

（三）财政风险的分析框架

当私人风险转化为公共风险，且现行财政制度兜底的能力有限时，公共风险将会引发财政风险。在发表于2003年的"财政风险：一个分析框架"[①]一文中，刘尚希将其对财政风险问题的前期思考系统化和理论化，提出了一个财政风险问题的分析框架，为财政风险的评估和防范提供了分析思路和政策建议。

该文可以看作是将前文探讨的公共风险思想向财政风险这个话题的延伸和扩展。其主要观点是通过提出和回答如下问题而得以展现的：

• 财政风险源于什么？——源于政府以公共主体身份承担公共风险；

• 如何评估财政风险？——要看有什么公共资源，要看公共支出的责任义务是什么样的，不能只看支出债务；

• 如何治理公共风险？——提出通过制度创新来治理公共风险和财政"兜底"这个概念。

1. 财政风险源于政府以公共主体身份承担公共风险

财政风险，是指"政府拥有的公共资源不足以履行其应承担的支出责任和义务，以至于经济、社会的稳定与发展受到损害的一种可能性"，它是私人风险转化为公共风险时的产物。在社会经济生

---

① 刘尚希："财政风险：一个分析框架"，《经济研究》2003年第5期。

活中，政府扮演双重角色，既作为普通的经济主体和法律主体参与经济活动，也是公共权力的拥有者和执行者。政府的经济主体身份，是从公共主体身份中派生出来的。这里讨论的财政风险问题，是从政府的公共主体身份出发的，不涉及以经济主体身份所承担的财政风险。当政府以公共主体的身份去承担社会其他经济主体所无法承担的（私人）风险，私人风险就转化为公共风险，政府通过为社会"兜底"，从而实现经济、社会的稳定和发展。

政府为履行其公共主体职能而承担公共风险需要耗费资源，若资源不足则可能导致财政风险。该文认为，风险来自不确定性，下述三种情况中任意一种情况的出现都意味着财政风险：（1）公共资源确定，而支出责任与义务不确定；（2）支出责任与义务确定，而公共资源不确定；（3）两者均不确定。而公共资源、公共支出责任与义务的不确定性大小与工业化、市场化程度以及社会结构、社会心理密切相关。进一步说，与特定历史条件下的政府与市场关系有着内在的关联性。就我们目前所处的历史阶段来说，财政风险的决定因素意味着现阶段的财政风险有进一步扩大的环境和条件。

2. 如何评估财政风险

在评估财政风险时，"就债务论债务"没有意义，债务只是结果，它本身不能完全说明问题。而应从财政收入和支出两个方面入手：一看政府拥有的公共资源，二看政府应承担的公共支出责任和义务。由于政府的公共支出责任和义务最终都反映为政府的各类债务，故可用公共意义上的债务来表示。这样，作者提出财政风险的状况可通过以下三个层次的分析来评估。

第一个层次，公共债务与公共资源存量的对比分析。通过这一层次的分析，可发现财政风险是扩散，还是收敛。如果具有扩散的特征，则进入第二层次的分析。

第二个层次，公共债务与公共资源流量的对比分析。通过这一层次的分析，可发现财政风险扩散的程度。如果扩散的程度很大，即超出了现有的财政能力，则进入第三个层次的分析。

第三个层次，公共债务与经济总规模的对比分析。通过这一层次的分析，可发现财政风险是否处于可控的范围之内。

3.我国财政风险的制度特征与治理

我国的财政风险处于发散的状态，呈不断扩大的趋势，原因在于制度缺陷导致的"风险大锅饭"，破坏了收益与风险对称的基本规则，从而形成了一种风险累积和集中的机制。

财政的"兜底"性质决定了财政风险既不能被转移，也不能被分散。因此，防范财政风险不能采取类似企业风险管理的办法，而只能从制度变迁来寻找根本出路。

由于历史已经无法改变，因此防范财政风险的重点，不在于已有公共债务规模大小，而是如何对未来的各种不确定性做出一个科学的制度安排，以制度变革化解风险。重心在于建立不同层面的风险约束机制，打破"风险大锅饭"，使社会每一个成员、每一个机构、每一级政府、每一个部门和单位都有明晰的风险责任，形成一种具有法律效力的风险分担机制，通过减少风险的积聚和集中，从而达到控制财政风险的目的。

刘尚希在这篇文章中提出的"针对未来的不确定性做出科学制度安排"的思路，后来进一步转化为他反复提及的"通过注入确定性来化解不确定性，以应对公共风险"的观点。

（四）风险财政学的正式提出

1999年，刘尚希提出"人类社会的演进已经进入一个新的风险社会"，面对风险社会的来临，需要有"足够的理论准备和相应的制度安排"。①在此后长达10余年的时间里，他始终关注如何通过财政制度创新，运用财政政策注入"确定性"来对冲经济系统中的"不确定性"，以防范和化解经济社会运行中的公共风险，避免公共危机。

这一分析思路证明，2008年全球金融危机以来中国政府采取的相关财政政策为服务改革、发展和稳定发挥了应有的巨大作用。②特别是经历了2003年"非典"危机之后，他认为，"市场化改革只有'工具价值'，不是我们追求的目的，防范公共风险，以避免公共危机，才是我们集体行动所追求的终极价值之所在"。他提出，市场经济体制改革的最终目的是"防范和化解公共风险（潜在公共危机），实现中华民族的伟大复兴"。③

风险之所以无处不在，是由于从本质讲我们生活在其中的世界具有"不确定性"，而人类所做的一切努力都是要"在不确定性之中寻求确定性"，因此，改革思维所需要的不是确定性的工程思维，而是不确定性的社会思维。④以社会思维为基础，他又陆续提出以整体观、系统观和行为主义视角来认识、应对公共风险，推动财政

---

① 刘尚希：《论公共风险》，《财政研究》1999年第9期。
② 刘尚希："2009年财政：对冲'不确定性'"，《中国财经报》2010年1月11日第4版。
③ 刘尚希："以公共风险为导向的改革"，《中国改革》2005年第8期。
④ 刘尚希："论改革和发展的不确定性"，载刘尚希：《公共风险论》，人民出版社2018年版。

制度和社会制度变革。目前，主张"风险财政学"的学者已经形成了一个研究团队，包括傅志华、李成威、陈龙、程瑜、武靖洲等在内的众多学者，通过出版系列论文、专著、译著、会议论文集等多种形式阐发并宣传其思想和理论诉求。最近几年，依托中国财政学会这一平台，该研究团队每年都组织召开全国性的财政基础理论讨论会，在国内财政学界形成较大影响。

2018年2月3—4日，作为中国财政学会副会长兼秘书长、中国财政科学研究院院长，刘尚希在中国财政学会召开的"廊坊会议"上[1]，提出"新时代中国特色社会主义财政基础理论"这一研讨主题，并结合其《公共风险论》一书初稿，报告了基于"公共风险"这一核心概念建构新财政学理论的设想[2]。

这次会议上，刘尚希研究员提出了财政学"旧逻辑"与"新逻辑"的区分[3]。他认为，以"市场失灵"为分析起点的传统财政学的旧逻辑存在缺陷，这些缺陷分别是：

（1）将政府与市场二元对立。政府并不是外在于市场的对立存在，相反，政府与市场是一种分工与合作的依存关系，现实中彼此须臾不可分离，即"和而不同"，而非相互对立。

（2）在假设"市场万能"的基础上推导出"市场失灵"，存在逻辑错误。市场本来就不是万能的，以市场失灵为起点来论证政府

---

[1] 此次会议因在河北省廊坊市召开，被与会者称作"廊坊会议"，会议观点综述参见刘尚希："廊坊会议：新时代　新起点　财政基础理论研究再启航"，《财政研究》2018年第6期。

[2] 刘尚希：《公共风险论》，人民出版社2018年版；刘尚希、李成威、杨德威："财政与国家治理:基于不确定性与风险社会的逻辑"，《财政研究》2018年第1期。

[3] 刘尚希："廊坊会议：新时代　新起点　财政基础理论研究再启航"，《财政研究》2018年第6期。

干预的合理性，逻辑上不能自洽。

（3）片面地认为政府与市场构成整个社会。社会并不是只由政府和市场组成，财政学的逻辑要有社会整体观，必须从社会共同体出发。共同体社会除了政府活动和市场活动以外，还有社会活动（例如社保、教育和就业等）。

（4）从福利角度定义的公共产品在逻辑上不存在。

（5）从机械唯物论来理解社会共同体。机械唯物论认为一切都要还原到个体才有价值，集体没有独立存在的价值，集体仅仅是为个体服务的。风险财政学认为个体与集体的价值是并存的。如果财政理论的哲学基础只是从个体权利本位出发，那么无法由个体偏好集结成集体的偏好时，集体就无法决策，社会和政府都不可能存在，因此不能从机械唯物论的角度理解社会共同体。

由此，"风险财政学"提出了财政学的新逻辑[1]，并且认为，现代财政学具有三大逻辑基石，分别是整体观、公共风险论和行为主义。

第一，从哲学角度看，现代财政学逻辑应体现整体观。现代财政学的哲学起点，必须从个体与集体的关系、围绕集体与个体这两个中心来认识社会。既不能以个体否定集体，也不能以集体否定个体；既不能以个体的权利否定集体的权利，也不能以集体的权利否定个体的权利。

第二，新财政学应以风险社会为背景，以公共风险作为逻辑起点。它认为，人类已进入风险社会，风险社会的特征是不确定性，

---

[1] 此次会议因在河北省廊坊市召开，被与会者称作"廊坊会议"，会议观点综述参见刘尚希：《廊坊会议：新时代　新起点　财政基础理论研究再启航》，《财政研究》2018年第6期。

以公共风险作为财政学的逻辑前提，财政的基本职能是防范化解公共风险，实现公共风险最小化就是人民福利最大化。

第三，新财政学应基于行为主义分析公共风险的产生和治理机制。它主张，现代财政学的分析范式应从制度主义转向行为主义。制度主义只注重外在约束，实际上是机械唯物主义的观点，即一切靠制度去规范和约束。行为主义与制度主义的差别在于任何行为都是外与内的综合，正视内在因素（如价值观）对社会主体行为的影响。中国的传统文化恰恰是讲天人合一、内外综合，所以行为主义视角也与中国传统文化更为契合。

从行为主义视角分析，公共风险是社会内生的。因分工和信息的不对称导致的个体行为、经济行为、社会行为的复杂互动，将私人风险扩大并外化为公共风险。防范化解公共风险需要集体行为应对，所有的政府行为，包括财政的行为，实际上都是为了防止公共风险的积聚扩散。公共治理实际上就是通过风险分配来防范化解公共风险。政府通过设置一定的规则分配和调节这些风险，或将风险化解于萌芽状态，或避免风险的积聚而形成公共风险。由于个人行为总在不断创新，导致旧的制度可能不适应新的行为方式了，特别是当个体行为之间的相互叠加而形成一种新的行为方式时，就得有新的制度来进行调整，因而需要新的公共产品供给。在这个意义上，公共风险是公共产品存在的基础。

大约从2013年前后，刘尚希逐渐吸引一些青年学者加入其研究团队，他不再是以一己之力而是通过一个团队来推动理论发展。2017年，其所任职的中国财政科学研究院成立以他作为组长的"重构财政学理论体系研究"课题组，对财政学理论体系进行了深入研究，并形成了一系列研究成果。在2018年召开的财政基础理论讨论会上,刘尚希的主题发言以"财政理论的新逻辑和旧逻辑"为题,可以看作正式向社会推出风险财政学的雏形。当时,该理论的各个构成要素及总体框架还不成熟,在团队成员的共同努力下,此后该理论又有了一系列的新发展。研究团队在原始框架基础之上,对该理论的每一个细节部分都做了深入的论证和拓展。

三、风险财政学的理论进展

"风险财政学"正式面世之后,研究团队主要通过对理论前提和理论内核的提炼、方法论的刻画和财政学传统主题的重新阐释,推进理论进展。

(一)世界的本质——"不确定性"及其论证

1.作为"风险财政学"之世界观的"不确定性":初步论证

尽管刘尚希很早就以世界的不确定性作为理解财政现象的前提条件,然而,直到2010年他才在"论追求'确定性'——2008年全球金融危机的启示"一文中,对这一理论前提进行系统论证[①]。该文名义上是对2008年全球金融危机的反思,但行文中对这次危机鲜有提及,全篇主要是对作为世界本质的"不确定性"这一概念的逻辑演绎。从某种意义上看,这篇文章为"风险财政学"所秉持的世界观奠定了基础。

文章提出,世界的本质是不确定性,确定性不过是特定时空条件下的一种例外,面对不确定的世界,人类有一种追求确定性的本

---

① 刘尚希:"论追求'确定性'——2008年全球金融危机的启示",《学习与探索》2010年第4期。

能。人类从两个交互影响的基本面——自然与社会——来追求确定性。在应对来自大自然的各种不确定性中产生了科学与技术，而应对来自社会内部的不确定性过程中产生了制度及其带来的秩序。人类在进化过程中应对各种不确定性的经验积累，逐步形成"风险理性"。风险理性使行动者在不确定性逻辑的引导下，形成一种新的思维产物：忧患意识和风险理念，进而形成应对各种不确定性的行动能力。作者认为，从公共风险的角度来观察，所有制度都为历史上某一个时段的公共风险理性所预设，旨在预防公共风险。

然而，人类在追求确定性的过程中，也同时引致新的不确定性。无论是科技还是制度，本身都在"制造"新的不确定性，带来更大的公共风险，公共危机发生的频率在加快。作者认为，事情走到反面的原因是值得深思的，问题出在了指导社会科学研究的世界观上。也就是说，旧的确定性世界观已经无法很好地应对不确定性持续增强的世界，这也是2008年全球金融危机对我们的启示。

在这篇文章中，作者首次从对风险现象的探讨，转向支撑理论研究的世界观和方法论。他认为，引领近代科学发展的，是一种确定性的世界观，它与因果论、决定论、可计算性、可预测性、规律性、必然性等紧密联系在一起。文章以物理学中量子力学对牛顿力学和相对论的超越为例，证明在确定性世界观指导下形成的确定性知识系统现在已经无法适应原本就是不确定的世界。特别是对人类社会自身的认识，世界观的转换更为迫切［参见标题三（二）之下的相关论述］。

2.不确定性、虚拟理性与财政制度变迁

2017年以来，风险财政学研究团队致力于"重构财政学理论体系研究"，除了刘尚希本人之外，更多的团队成员投入该项研究中，其中，李成威、陈曦和刘尚希等在自然科学、经济学、科学哲学等背景下，进一步充实了对"不确定性"这一世界观和理论前提的研究，这些努力旨在为风险财政学寻求理论背景。

在"不确定性、虚拟理性与风险分配——公共风险视角的财政哲学"[①]一文中，作者就风险财政学中的不确定性、理性和风险的认识，特别是针对什么是"理性"，给出系统阐述。

（1）在不确定性中建构确定性

一方面，风险财政学认为世界的本质是不确定的，这种"不确定性"是"真的不确定性"，也就是在人类理性能力之外的不确定性。但在这篇文章中，作者没有详细阐述"真的不确定性"何以不同于通常所说的"不确定性"，更详细的讨论参见陈曦、刘尚希"经济学关于不确定性认知的变迁"[②]一文。另一方面，风险财政学给出一个公理性假设，即，追求确定性是人的天性，人类一切行为的目标在于构建确定性。这就提出了如何在不确定性的世界中构建确定性的问题。

（2）从实体理性走向虚拟理性

风险财政学认为，传统经济学和财政学中的"不确定性"是基于"绝对理性"和"相对理性"的，前者是指人类有准确认识世界及其风险的能力；后者是指人类能够以某种概率来认知世界的不确定性，并对其做出反应。以上均可称之为"实体理性"，因为归根结底，它们都来源于人类对实体利益的理性计算。文章写道：

---

① 李成威："不确定性、虚拟理性与风险分配——公共风险视角的财政哲学"，《财政研究》2020年第11期。
② 陈曦、刘尚希："经济学关于不确定性认知的变迁"，《财政研究》2020年第7期。

传统理性以利益为基础，利益是一种摸得着、数得清的实体，因此传统理性是实体理性。实体理性中有两个代表性的阶段。其中之一是绝对理性，绝对理性是基于过去经验和对未来精确计算的理性。新古典经济学的"经济人"假设是绝对理性的典型代表。其二是有限理性。它的提出完善了主流经济学的基本假设，使得理性的概念进了一步。虽然有限理性从不确定性的角度对绝对理性进行了否定，但它依然是一种实体理性，依然是利益视角的理性。[①]

与"实体理性"相对应，风险财政学研究团队提出"虚拟理性"的概念。这是一个争议很大的概念，众多人感到不解。根据作者的解释，有限理性虽然也认为未来是不确定性的，但是这种不确定性能以概率来计算出来，因而并非真正的不确定性。虚拟理性认为未来处于动态变化中，无法依据过去精确计算得到。虚拟理性面对的不确定性是"真正的不确定性"，面对这种不确定性，只有通过提高"风险理性"，才能使未来风险最小化。

因此，在风险财政学看来，真正正确地认识世界的不确定性的方式，是站在未来审视现在，而不是当前主流经济学及财政理论所通行的基于过去和现在认识未来。所以他们说，"实体理性否认'时间之矢'，即承认时间可逆性，过去和未来无差别"，认为这种看法是错误的，正是在这一背景下提出了"虚拟理性"的概念。

---

① 李成威："不确定性、虚拟理性与风险分配——公共风险视角的财政哲学"，《财政研究》2020年第11期。

（3）从制度主义到行为主义

作者认为，"在不确定性世界观中，主体的行为方式与在确定性世界观中的行为方式是大不同的。在确定性世界观中，未来有规律可循，事情的发展沿着既定的定律，结果是可以预见的，只要遵守既定的规则、规律和定律，就能确保达到既定目标。所以在确定性世界观中，行为方式遵循的是制度主义的路径，只要制定严格的制度，按照制度办事。但是在不确定性的世界中，制度主义就不管用了。因为未来是不确定的，也没有永恒的规律可循。行为人必须从构建确定性入手，采取学习、适应和改变结构的方式，遵循行为主义的路径，即干中学、学中改、改中构建确定性"（参见图2-3所示）。①

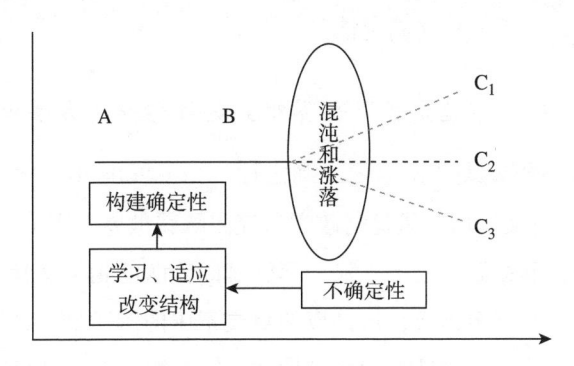

图2-3　未来如何决定现在

资料来源：李成威（2020）。

那么，虚拟理性能够在多大程度上引致应对公共风险的行动呢？作者认为，这取决于行动主体的虚拟理性水平。"虚拟理性水

---

① 李成威："不确定性、虚拟理性与风险分配——公共风险视角的财政哲学"，《财政研究》2020年第11期。

平表现为不确定性条件下集体的认知能力、行动能力、创新能力和风险意识。当虚拟理性强的时候，确定性得到有效构建，公共风险就会得到防范或化解。当虚拟理性缺失或者水平低的时候，构建确定性的能力低，公共风险就会产生或放大，并有可能造成公共危机"。

作者认为，"未来是不确定的，没有人可以生活在未来，也就没有人能够了解得更多。在这种情况下，并没有固定的路径可遵循，唯有按照行为主义的逻辑行事，才是构建确定性可行的选择。僵化的制度难以应对随时改变的不确定性。想要寻求风险最小化，要在整体上降低风险所带来的危害，这需要前瞻思维，需要个体和群体增强虚拟理性水平，提升应对风险的能力，通过学习、适应和改变结构，不断地构建确定性"。

（二）从"不确定性"世界观到经济学研究方法论

继2010年发表"论追求'确定性'——2008年全球金融危机的启示"[①]一文之后，风险财政学研究团队就世界本质（不确定性）及其论证，继续做了很多工作。尽管其间团队的相关文献，基本上每篇文章对此都会提及，但是以两篇文章中的阐述最为系统。除了上文介绍的"不确定性、虚拟理性与风险分配——公共风险视角的财政哲学"之外，还有"经济学关于不确定性认知的变迁"[②]一文。在后一篇文章中，风险财政学研究团队基于两种不同世界观的对比，提出了与之对应的不同的财政学研究方法论。透过这些文章，

---

① 刘尚希："论追求'确定性'——2008年全球金融危机的启示"，《学习与探索》2010年第4期。
② 陈曦，刘尚希："经济学关于不确定性认知的变迁"，《财政研究》2020年第7期。

我们可以清楚地看到风险财政学从过去到现在的延续。

1. 两种不同的世界观

在这里，研究团队有意识地收缩了"不确定性"适用范围，将分析重点聚焦于经济学中的"不确定性"。文章认为，关于不确定性，经济学领域存在两种截然不同的研究方向：一是"原教旨主义"不确定性，它延续了斯密和门格尔彻底纯粹的不确定性思想；二是"概率主义"不确定性，它通过使用概率，将不确定性纳入数学模型进行研究。前者承认不确定性是经济的基础和本质问题，是经济演变的主要动力，也是经济学不可量化的根源，从根本上动摇了经济学的"科学性"（基于牛顿力学的科学）；后者将不确定性解释为一种可计算的风险形式，虽然发展了一种基于主观概率的允许预测的不确定性理论，却也忽略了不确定性对于经济学的根本意义。

"二战"以后，"概率主义"不确定性成为处理"科学经济学"中不确定性的指导思想和基本范式。行为经济学和神经经济学试图为经济学的理性建立更可信的微观基础，但是总体来讲，并未从根本上否定关于不确定性的主流分析思路。作者认为，对不确定性的理解将重新定义我们要追求什么样的经济理论和经济范式，以至于应该用什么样的社会科学研究方法来加深人类对于社会现象的洞察力以更好地应对未来。至此，经济学研究方法论的问题浮出水面。

2. 不同世界观基础上的方法论差异

在确定性世界观下，世界本质上是确定性的，确定性是客观存在的，认识只是对现实世界的一种反映。不确定性等同于偶然性，表现为一种概率，是可以预测的。确定性世界观对世界的认识路径是"过去—现在—未来"，是基于过去从现在看未来。在确定性世界中，风险是偶然性事件，是用实体思维（脑思维）、以碎片化的方式来解释实体的现实世界。基于确定性世界观和实体思维（脑思维），世界是物质的、理性的，主观和客观、理性和非理性是对立的，并将人的情感、意志和欲望划入非理性范畴。

而在不确定性世界观下，世界本质是不确定的，不确定性是包含有概率和没有概率的所有可能性。确定性则是在一定条件下才存在，是人类构建出来的，规律、定律、定理本身就是人类意识的构建物，并非无条件的存在。确定性不再是对客观世界的反映，而是一种构建。

不确定性世界观对世界的认识路径是"未来—现在—过去"，是立足未来回看现在和过去。这是因为，在不确定性世界中充满风险，立足于未来才能认识到风险，并有能力防范化解风险。不确定性需要虚拟理性才能认识，虚拟理性是一种虚拟思维（心思维）以整体性的方式认识现实。以虚拟理性认知的虚拟现实是一种不确定性存在，不可证伪，却是实体现实的本体。基于不确定性世界观和虚拟思维（心思维），物质和意识、客观和主观是一体的，不是二元对立的。

表2-3 两种世界观的差异

世界观	确定性	不确定性
代表性的哲学	西方哲学	东方哲学
世界本质	确定性	不确定性
对确定性的基本知识	本体存在	人类构建
对不确定性的基本知识	概率	所有可能性
对风险的基本认识	可预测	不可预测
认识逻辑	从认识到反映	从认识到构建
认识路径	过去-现在-未来	未来-现在-过去

续表

世界观	确定性		不确定性	
认识特征	二元论		一元论	
认识方式	碎片化		整体性	
认识目标	解释现实		构建现实	
认识对象	单一性		叠加态	
理性类型	实体理性		虚拟理性	
思维方式	实体思维（脑思维）		虚拟思维（心思维）	
认识维度	一维	狩猎采集社会	四维	信息社会
	二维	农业社会	五维	智能社会
	三维	工业社会	六维	……

资料来源：陈曦、刘尚希（2020）。

（三）公共风险视角下的财政政策、财政制度与国家治理：风险财政学的建构及应用

在前述世界观、方法论和理论逻辑准备的基础上，风险财政学团队成员致力于用新的"风险思维"解释传统的和新产生的财政现象与财政学问题，包括：国家治理、财政改革的历史逻辑、财政政策、财政能力、央地事权划分，甚至慈善捐赠等等，这既是风险财政学基本逻辑在传统财政问题上的应用，也是风险财政学不断自我建构和自我完善的过程。

1.风险财政学中的国家治理

在"财政与国家治理：基于不确定性与风险社会的逻辑"一文中，作者从风险社会的逻辑视角出发，以不确定性世界观为基础，对财政与国家治理的关系进行分析。该文可以看作对前期观点

的总结升华。作者认为：

（1）不确定性是风险社会的本质所在

德国社会学家乌尔里希·贝克提出了风险社会的概念。英国著名学者安东尼·吉登斯从反思现代性的角度进一步发展了贝克的风险社会理论，他将风险区分为"外部风险"和"被制造出来的风险"等。风险财政学指出，世界是不确定的，这一特征在风险社会表现得更为突出。风险社会的不确定性表现在：风险不再全部是受影响的、外源的，社会系统内生的不确定性占据主导；局部风险可能迅速蔓延为整体风险。

（2）风险社会的风险源于治理结构的脆弱性，即社会治理结构与不确定性不匹配

在风险财政学看来，风险是"经济、社会的稳定与发展受到损害的一种可能性"，它与危机发生的可能性相关，是不确定的事件。风险社会治理结构的脆弱性使得风险不可避免，甚至孕育更为复杂和更加严重的制度性风险。

由于社会治理结构与不确定性不匹配，风险社会的治理结构具有脆弱性。这种脆弱性主要表现为：一是社会系统的管理与制度不足，无法提供足够的力量来应对本应可以解决的风险；二是社会机构因被迫吸收和承担不断增加的风险，变得臃肿低效，产生新的风险；三是复杂的社会制度削弱了集体行为应对风险的努力。因此，如何治理风险成了社会永恒的话题。

（3）风险社会下国家治理的本质是公共风险的治理

在风险社会，任何一个社会领域都有引发公共风险的可能，各种风险相互交织、联系，涉及的层面与影响程度大大超过传统意义上的灾难。而这一风险往往是个人无法应对的，人与人相互关联，

无人能置身事外。因此，运用集体的力量，在国家的层面统筹治理，通过优化和完善国家治理结构，不断注入确定性，防范和化解公共风险，实现国家进步和长治久安以及人民和谐幸福，这是国家治理的本质所在。

（4）国家治理的路径和目标，是通过认知不确定性和注入确定性，来化解国家发展中的不确定性和公共风险，从而实现国家进步、人民和谐

风险是社会系统因突发行为而产生的变动。它的形成、酝酿、爆发同时由社会的不确定性程度所决定。社会是非线性、非因果决定论的，这决定了我们不可能预料到社会所有的突发因素。社会应对风险确实要面对诸多突发因素的挑战，也要正确及时地处理各种风险，这仅仅是"治标"。但唯有强化治理结构，不断注入确定性，才能有效避免突发因素形成风险，在一定范围保持稳定。

风险财政学指出了国家治理的路径，即：认知不确定性—注入确定性—再次认知不确定性。也就是说，国家治理的起点应是认知不确定性。认知不确定性不可能消除不确定性，但可以增进不确定性的认知，可能减小不确定性，重点在于解释而非预测。

国家治理的核心是通过注入确定性以实现社会制度体制改善。这个过程中，有四个关键的阶段：

  认知改变——政策制定者在微观和宏观层面的变化观念，通过认知不确定性来达到，创造了一个有利于改变的环境；

  政策结合——对不确定性认知与社会状态的理性化表达，分析不同领域的不确定性，并准备向实际政策措施推进；

  制度变迁——实施政策措施改善社会制度，改善不确定性；

社会变化——制度变革逐渐从程序变革阶段转向实质性变革阶段,带来实质性的社会变化。通过以上四个阶段实现了从观察、探索到实践的结合,由社会机制体制的改变推动社会变化,从而达到注入确定性的效果。

国家治理注入确定性的关键是再次认知不确定性,认知不确定性—注入确定性不是一个线性过程,而是一个循环过程,不断受到主观和客观的反馈和适应。这些因素作用于社会形态的主观与客观因素,使社会走向新的状态,也为社会带来了新的不确定性,这意味着新风险的可能。新的不确定性需要再一次进行研究,通过认知不确定性步入新一轮的循环。

(5)认知和注入确定性的前提,是提高公共理性水平

人类在应对和防御不确定性的过程中,其风险理性水平也在不断提高,表现为知识的进步、技术提升、公共制度的改进以及公共创新能力和公共风险意识的提高,这些都是注入确定性的过程。只有善于学习,不断创新公共制度,才能提高应对不确定性的公共风险理性水平。

从历史的角度来观察,我们只能从"可见"的公共制度"化石"(政治架构、文化传承、价值观念等)来了解当时曾经发生了什么样的公共风险[1]。然而,在新的不确定性情形下,如果还沿用过去的老思路、老制度应对,不但不能防范公共风险,反而可能会加剧公共风险。这个时候就要顺势而为,进行公共制度创新,以提高公共风险理性水平。

---

① 高尚希:《论追求"确定性"——2008年全球金融危机的启示》,《学习与探索》2010年第4期。

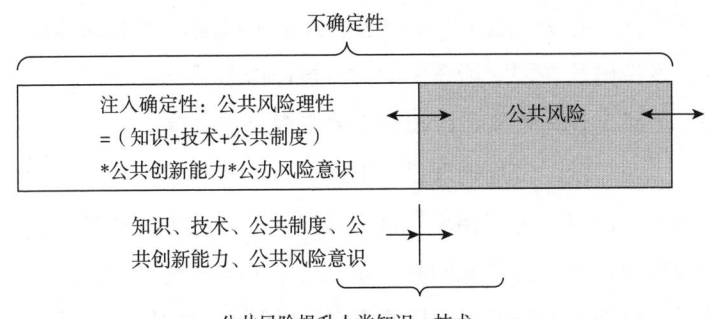

第二章 风险财政观之财政基础理论流变

```
                        不确定性
        ┌─────────────────────────────────────┐
        │ 注入确定性：公共风险理性              │
        │ =（知识+技术+公共制度）    ←→ 公共风险 ←→
        │ *公共创新能力*公办风险意识            │
        └─────────────────────────────────────┘
                 ↑
        知识、技术、公共制度、公
        共创新能力、公共风险意识
                └──┬──┘
        公共风险提升人类知识、技术、
        公共制度、公共创新能力和公共风险意识
```

图2-4 提高公共风险理性可以注入确定性

资料来源：刘尚希、李成威、杨德威："财政与国家治理：基于不确定性与风险社会的逻辑",《财政研究》2018年第1期。

（6）财政是提高公共理性水平的基础，同时财政还发挥着公共风险"蓄水池"、国家治理变革的"发动机"、协调各方关系的总中枢等作用，因而成为国家治理的基础与重要支柱。

基于上述分析，发挥财政在国家治理中的作用，应从不确定性和风险社会的逻辑出发，制定财政政策需要首先充分认知政策环境不确定性，关注社会环境变化，不断认知社会不确定性变化情况，做到财政政策与社会变化的互动以及反馈（参见图2-5）。

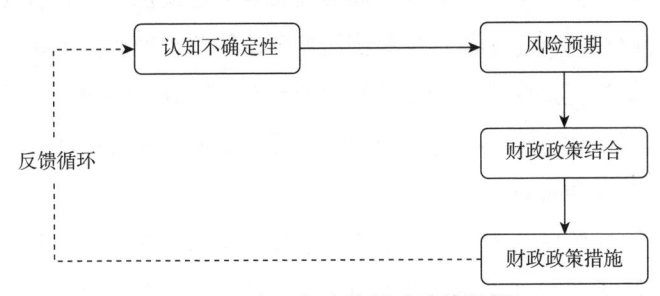

```
    ┌──→ 认知不确定性 ──────→ 风险预期
    │                              │
反馈循环                            ↓
    │                         财政政策结合
    │                              │
    │                              ↓
    └──────────────────────── 财政政策措施
```

图2-5 治理角度的财政政策逻辑

资料来源：刘尚希、李成威、杨德威（2018）。

基于此，作者指出："我们必须善于用风险治理思维考虑财政问题，发挥财政在国家治理中的定海神针作用。"

2.不确定性与宏观风险视角下的宏观经济政策

（1）对传统经济周期理论的批评

第一，西方经济周期理论具有局限性。它"力图通过各种长度不同的确定性周期组合来解释和说明经济波动，是以过去确定性的经济运行周期来推演不确定性的未来"，因此，测不准是其常态。

第二，其在中国的不完全适用。现实经济运行内在的不确定性远远超出了经济周期理论的视野和逻辑，经济波动是不确定的，很难用所谓的规律来总结。在经济运行中的各种不确定性强化、各类风险叠加的情况下，宏观经济政策不宜以确定性的思维模式来理解经济数据从而做出决策，故传统经济周期理论作为宏观经济政策的依据失去一定效力。

第三，上述两方面理由意味着宏观经济政策的制定不能完全依据经济周期理论的分析。"宏观经济政策目标应把防范风险放在首位，以识别、预警和化解公共风险为政策内容"。

（2）不确定性与宏观风险视角下的宏观经济政策

西方经济周期理论的自身局限性及其非普适性，意味着我国宏观经济政策的制定不能依据经济周期理论的分析做出。现阶段我国的经济体量更加庞大、经济结构更加复杂、与外部的经济联系更加紧密。经济运行中不确定性的增加，要求我们的宏观经济政策更加灵活、精准和有效。

风险财政学认为，在不确定性条件下做出抉择，意味着存在风险，风险无时无处不在，且不断演化。因此，对于风险的计算很难得出最优解。运用不确定性的思维方式与分析方法，分析不确定条件下市场主体的行为,应是未来经济学科发展的基本方向。

同时,它还提出,分析我国宏观经济形势应重点关注三个方面:一是公共风险的演化。公共风险包括经济、社会、政治、生态等风险。经济风险是与经济波动密切相关的,与经济波动相伴的是经济风险的演化。二是经济结构的变迁。近年来,我国总需求结构、总供给结构、产业结构等有所改善,为防范化解公共风险打下一定基础,但经济结构变迁的内生动力不足。这显然是一种深层的公共风险。三是深化改革的进展。坚定不移地全面深化改革,防范化解公共风险,促进发展新动能的形成,是我国实质性跨越中等收入陷阱,实现第二个百年奋斗目标的关键。这意味着宏观经济政策也需要转型,转向以公共风险防范化解为中心目标,并以公共风险状态来检验宏观经济政策的成效。

(3)公共风险视角下财政政策目标重构与转型

风险财政学的一个基本观点是,现代财政制度以人为本,在风险社会下,财政政策目标应当转型,财政政策体系应当重构。原因在于,过去对财政政策的理解主要基于需求管理的分析框架。从这一角度来说,财政政策的作用就是熨平经济波动,也叫反周期或者逆周期调节。然而,中国现阶段发展面临诸多的不确定性,不仅有需求的问题,也有供给的问题。如果财政政策还是按照传统老一套仅仅调节需求,是远远不够的。这要求财政政策从需求管理、供给管理,转向风险管理。对公共风险加以管理,这才是现代财政的基本职能。

从需求管理转向风险管理,这是财政政策的重大转型。这里的风险不是市场领域的风险,而是公共风险,涵盖了经济不稳定的风险、经济动能不足的风险、社会贫富差距大带来的社会不稳定的风险，等等。只有降低了公共风险，发展的确定性才能构建起来，否则发展就可能在各种不确定性和风险中落入某种陷阱。

随后，风险财政学研究团队就此进行了多层次拓展、论证。

武靖州分析了"公共风险视角下财政政策目标重构与转型研究"。他认为，"人类已进入后工业社会，公共风险正在加速迭代变化，财政政策应凸显'防范风险'的目标定位，从聚焦总量调节转向更加关注结构调节与利益调节。基于我国社会主要矛盾发生重大变化的现实，应推动财政政策转型，一方面以风险管理为主线、以公共风险最小化为价值取向；另一方面，强化财政政策的综合平衡功能，重视对市场主体和社会个体行为与利益的调节"。刘尚希、武靖州进一步分析了"风险社会背景下的财政政策转型方向"，认为"在风险社会背景下，财政政策应转向行为调节和引导预期，突出对市场机制和社会发育的促进，使市场主体和社会主体形成自我防范化解风险的机制，从而避免大量私人风险转化为公共风险"。

刘尚希、孙喜宁基于公共风险分析框架，论述了"财政政策的有效性"。他们指出，"基于传统分析框架评估财政政策的有效性，会导致许多风险以及风险关联被屏蔽，造成财政政策的有效性评估落入'风险盲区'。财政政策只有有效对冲经济、社会等各领域相互关联的公共风险，才能真正为经济增长注入持久的确定性"。因此，"财政政策应跳出片面的经济系统分析，基于社会大系统中的公共风险与财政风险的权衡来制定和调整，着眼于中长期力求全社会的公共风险最小化，而不只针对经济波动，财政政策与其他公共政策的相互协调也应以此为旨归"。

在上述分析的基础上，刘尚希提出"以公共风险的结构和强度重塑财政政策体系"的核心论点。即，财政政策体系目标和运行逻辑也需要超越建立在确定性思维基础上的凯恩斯主义分析框架，根据风险权衡原理，视公共风险的结构和强度进行相机调整。在保证财政自身风险可控的前提下，通过灵活多样的政策工具为经济社会注入确定性、降低风险、引导预期，使经济社会系统整体的公共风险最小化。

3.公共风险视角下如何完善现代财税体制

风险财政学强调，"新时代的财税体制改革需要整体观、风险观和协同观"，"从国家治理的视角审视财税体制改革，应突破经济理性假设与确定性思维的束缚，以公共理性重塑改革的逻辑框架"。

（1）重塑央地财政关系的原则

党的十九大报告中明确要求"加快建立现代财政制度，建立权责清晰、财力协调、区域均衡的中央和地方财政关系"。风险财政学认为，基于"效率"的原则（即考虑外部性、信息复杂性、激励相容等因素处理央地财政关系的传统思路）固然很重要，但难以满足国家治理的需要，诸如区域公平、主体行为的不确定性、风险的无界传递、社会数字化等治理问题，仅仅依靠效率原则难以解决。随着风险社会的到来，按照风险原则来重塑央地财政关系更具有包容性和适用性。

从风险观来看，国家治理就是风险治理，重塑央地财政关系需要做好以下几个方面：第一，明晰政府间风险责任主体。风险并不可怕，关键在于能够及时识别、预警与处置。相反，在风险责任主体不清的情况下，即使有识别、预警与处置机制，也会导致风险扩散。第二，以风险为导向划分央地间事权。第三，形成有助于公共风险收敛与出清的体制机制。

（2）事权与支出责任划分

中央与地方财政事权与支出责任划分是我国财税体制改革的关键环节，2016年8月国务院印发《关于推进中央与地方财政事权和支出责任划分改革的指导意见》，这是国务院第一次比较系统地提出从事权和支出责任划分即政府公共权力纵向配置角度推进财税体制改革的重要文件。风险财政学研究团队在调查研究的基础上，着重考察了被调研省份事权与支出责任划分方面存在的共性与个性问题，剖析原因，并据此提出政策建议。

当前央地事权与支出责任划分存在的问题

在现代社会，由于不确定性呈几何级数增长，人类已经进入"风险社会"阶段，为应对各种可能的不确定性和化解突发的风险，会不断出台一些临时性的政策措施，这些政策措施一旦出台，必然要求对相关事权和支出责任进行清晰的划分。但是，调研中发现，现行体制对临时性支出责任的划分比较模糊。在事权和支出责任划分方案中，如果不对这些临时性的政策措施导致的事权和支出责任划分原则进行明确，上级政府在相当程度上会将这些事权和支出责任交给基层政府。相对于上级政府，基层政府往往没有讨价还价的余地，但基层财政又很难以承受，最终的结果是基层财政恶化或者政策无法实施。

作者认为，央地事权与支出责任划分是1994年"分税制"改革所确立的，已经不能适应当前经济社会发展的现实，其内生及派生的风险越来越多，主要表现为：事权与支出责任不匹配使得地方财政风险积聚；风险责任主体不明确带来了一定的金融风险；地方财政收支缺口弱化了地方应对社会风险的能力，财政管理体制不完善带来了执行中的政策风险；过度强化民生支出存在"福利陷阱"风险。

对当前央地事权和支出责任划分的具体建议

（1）事权划分

遵循风险决策、风险分担、风险匹配的要求，基于风险原则进行事权划分。第一，风险决策原则是指哪级政府决策更有利于实现公共风险最小化的目标，公共事务的决策权限就应归于哪一级政府；第二，风险分担原则是指合理界定风险责任主体、风险类型以及分担方式，按照主体性质和风险属性来界定风险责任主体，针对不同类型的公共风险确定不同层级的责任主体，并确定相应的支出责任；第三，风险匹配原则指根据各层级政府风险识别、风险防范及风险处置能力的不同，对于不同风险进行有效匹配。

具体包括以下五个方面：第一，识别基本公共服务提供中的风险；第二，根据风险决策原则，适度强化中央财政事权；第三，根据风险分担原则，适当减少并规范中央与地方共同财政事权；第四，根据风险匹配原则，赋予地方政府充分的自主权；第五，根据公共风险的变化，构建事权划分的动态调整机制。

（2）财权划分

财权是指一级政府为满足一定的支出需要而筹集财政收入的权力以形成自筹的财力，包括税权、产权、举债权等。风险财政学认为，与私有制国家不同的是公有制国家有大量的资产资源，因此，只分税是不充分不完整的，还需要分"产"，即确权。公共产权涵盖国家和集体所有的自然资源、经营性资产、非经营性资产等。明晰产权，是在所有权的各项权能上进行划分或设置共享模式，明确每一项权能的权利与义务。作为以公有制为主体的国家，央地财政关系中亟待确权，明确产权归属及其收益关系。举债权包括公债的发行权和公债的使用权。按照两级治理的模式，目前中国政府举债权划分为两级，省以下没有举债权。

（3）转移支付制度

从长期来看，转移支付制度的目标是促进公共服务均等化，加快经济欠发达地区的人力资本积累，从根本上增强自我发展能力。有效的转移支付制度除了应当融合公平与效率之外，还应该加入风险原则，坚持"以人为本"的理念，提高转移支付对冲风险的功能，避免一些地区陷入"资源诅咒"陷阱之中，从而对转移支付产生依赖。有必要调整转移支付瞄准农村、中西部等特定地域的静态倾斜，转向基于人口流动的动态倾斜，让转移支付"跟人走"，避免与人脱节[①]。

（4）省以下财政体制

风险财政学认为，在中央统一领导下，让地方有充分的自主权和责任约束，这是调动地方积极性、让国家充满活力的前提，也是保障国家稳定统一、"活而不乱"的条件[②]。因此，国家财政体制改革，即中央与地方之间的财政关系仍要坚持分税制，有利于调动地方的积极性。地方财政体制不一定要照搬国家分税制，在中央和地方分税制的原则框架内，遵循完善政府间财政关系的基本原则，可因地制宜。

具体地，完善省以下财政体制，需要强化省级的辖区财政责任，适度增强省级的调控能力，坚持省负总责、各负其责，尊重地方的自主性和首创精神，鼓励各地区因地制宜采取差异化措施，激

---

① 刘尚希"风险社会与财政转型"，《财政科学》2021年第9期。
② 刘尚希、武靖州："国家治理视角进一步推进财税体制改革"，《国家治理》2019年第40期。

励与约束并重，充分调动省以下各级政府积极性；同时，优化转移支付结构，围绕"兜底线、促均衡、保重点"目标，优化横向、纵向财力格局，建立健全权责配置更为合理、收入划分更加规范、财力分布相对均衡、基层保障更加有力的省以下财政体制，促进加快建设全国统一大市场，推进基本公共服务均等化，推动高质量发展，为全面建设社会主义现代化国家提供坚实保障。

（5）以风险为导向的预算管理编制审查理念

由于预算是针对未来的支出计划，而未来充满着不确定性及其引发的风险，因此，预算的编制和审查应以风险为导向。从风险的分析框架来看，编制、审查预算应围绕三个概念，即公共风险、财政风险和债务风险。

在风险社会中，政府一部分个人风险和市场风险负有责任，当风险来临且政府为其兜底时，个人风险和市场风险就转化为公共风险。政府是通过财政支出的方式承担公共风险的，这一行为造成了潜在财政风险的根源。随着政府公共责任的扩张，而财政收入是有限的，收不抵支的规模和持续时间超过一定限制，就增大了发生财政风险的概率。因此，预算在公共资源配置中应发挥决定性作用，除了限制政府支出的范围和数据，更重要的是，要把握风险发生的来源和可能性，将风险思维融入预算编制审查全过程。

（6）制度主义公共债务管理模式的失灵及应对

到目前为止，各国主要通过法律规制、行政控制与市场约束等模式管理公共债务，也就是说，强调用制度约束政府的举债行为，通过用一系列指标来控制公共债务的规模、结构与水平。考虑到政府作为公共主体有着应对公共风险的责任，举债是政府应对公共风险的主要工具。由于公共风险是不确定的，意味着政府的举债行为也具有不确定性,公共债务的规模、结构与水平难以准确测度。因此,基于确定性思维的公共债务管理模式与公共风险的不确定性无法有效匹配,导致政府举债行为屡屡越过制度规则,公共债务的水平突破指标控制,这就意味着制度主义公共管理模式的失灵。

风险财政学主张,应从公共风险的视角去解决公共债务过度增长的问题。它提出公共债务的"冰山模型"。冰山上层的债务是确定的,包括直接显性债务和或有显性债务,其规模、水平与结构能够相对准确地测度。这部分债务主要是由政府提供一般性公共产品与服务所举借或积累的债务。冰山下层的债务是不确定的,它包括直接隐性债务和或有隐性债务,主要是由政府应对公共风险所举借或积累的债务。就成因而言,它是由公众利益和利益集团诉求的政府责任而形成的,由于利益诉求的多元性和多变性,难以确定相应的政府举债行为,也难以比较准确地测度其规模与结构。这部分债务只有通过政府治理体系的优化,更加明确地界定风险责任,更加有效地识别和预警公共风险,更多地利用市场和社会的力量协同治理公共风险,通过分散风险、共担风险、转移与转化风险,适当减少政府应对公共风险的责任,才是减少公共债务的治本之道。

4.公共风险视角下新的时代课题

把财政定位为国家治理的基础和重要支柱,已经成为社会各界的新共识。相对于只是作为社会再生产分配环节的传统财政理论,这本身是重大理论创新。风险财政学认为,要沿着这个新共识继续深化财政理论创新,需要从中国的实际出发,并借鉴世界财政研究成果,将财政理论创新置于数字文明、生态文明新时代的历史方位之中。特别是,要以时代问题为导向,超越传统学科定位,推动财政理论顺应时代创新性发展。

（1）构建适应数字文明时代的新财政理论

理论创新不是简单地否定传统理论，而是要实现超越，在扬弃传统理论的基础上重构适应数字文明时代的新的思维认知。站在人类文明发展的高度来看问题，视野才能变得更为开阔。

数字文明时代的基本问题是不确定性及风险的公共化。风险的公共化是人类进入风险社会的一个基本标志。这意味着传统财政理论中的"公共性"内涵发生了根本性变化，以市场失灵为参照系的公共领域、公共产品等概念已经无法成为解释现实的逻辑起点。超越经济学的学科定位，从广义社会来观察财政问题就成为财政理论创新的第一步。以广义社会为观察视角，并非简单回归到欧洲传统的财政社会学，而是要基于当下的以数字文明为基础的风险社会来考量。风险社会中的财政公共性不由自主地就导入了风险公共化的结果——"公共风险"这个核心，并成为风险社会财政理论的逻辑新起点，并以此来观照中国当下的现实。

强调财政理论创新，特别是讲基础理论的创新，应当要强调学科体系的重构。在一些局部的、边边角角的问题上进行创新并非不可以，但是基础理论的创新应当有一个更宏大的视野，即基于中国所处的时代和历史方位。中国的发展实践中还面临着许多重大的难题，比如二元结构的问题，社会转型慢于经济转型的问题等。市场化、社会化、城镇化和农民市民化等问题和现代社会的数字化、金融化趋势的复合，构成了中国独特的问题。解决这些问题恰恰要发挥在国家治理中居于基础性地位的财政作用。局限于传统的经济学视角的财政学科定位，会限制财政理论创新。只有把这些基本问题纳入到我们的研究视野，才能跳出基于经济学的财政学科定位。应该首先从回答时代问题入手，然后再考虑财政学是一个什么样的学科。财政理论创新与学科建设都需要超越,超越传统理论、超越传统学科定位,真正基于问题导向,基于时代之问。

(2) 加强数字财政建设,为财政治理现代化赋能

传统经济学、财政学理论均诞生于工业化时代,统计方法也是基于工业化时代产生的,在数字化时代下已经不合时宜。因此,需要一场与之相适应的数字财政变革,通过数字化为财政治理现代化赋能。

当前,数字财政建设面临如下四项任务:一是夯实财政的统计基础,形成更强大的大数据整合能力;二是完善财政的会计基础;三是完善财政的法律基础;四是要着力打造财政大数据的应用场景。

(3) 人的现代化与共同富裕

中国式现代化的底层逻辑是"以人为本"。以人为本的现代化是所有人的现代化,从传统人变为现代人。现代人的核心就是彰显人的"三性",即人的主体性、创造性、文明性。

共同富裕既是实现人的现代化的目的,也是实现人的现代化的手段。从我国的实际情况来看,农民的现代化是中国式现代化的关键。应当把农民问题从"三农"问题中剥离出来,将其置于人的现代化进程加以谋划。农民现代化的方向是市民化,作为职业的农民未来应是极少数,而农业的现代化是工业化、数字化,只需要占人口极少数的现代职业农民。

农民现代化进程中的挑战是多方面的,主要有:二元市场经济体制、二元社会身份体制和二元公有制。因此,要促进农民现代化与走向共同富裕,必须要在理论上、体制上破除三个"二元",加快结构性改革,缩小城乡差距才有希望。

(4) 财政对维护金融稳定具有重要作用

与将财政风险、金融风险独立考察的主流观点不同,风险财政

学认为，对于金融风险、财政风险要有一个整体性的认识框架，不能把金融风险、财政风险当成两个独立的事情，后者最终会导致财政风险金融化，或者金融风险财政化。

财政是国家治理的基础，金融是现代经济的基础，二者是互补关系，但是处于不同的层次。金融作为现代经济的核心，对经济的稳定发挥着基础性、牵引性作用。经济危机往往是金融危机触发的。财政政策涉及整个社会，调节经济，也事关民生，比如政府提供公共服务就属于民生范畴，为老百姓遮风挡雨。从互补关系来考量，财政和金融相互支撑，共同为整个经济社会的发展发挥稳定作用。风险财政学强调，财政在维护金融稳定上发挥着基础性作用。第一，财政通过定价基准来稳定资本市场。第二，通过买卖国债来调节货币供应。第三，财政在金融救援方面发挥着兜底作用。

我国财政要在支持金融稳定方面发挥作用，第一，金融稳定立法非常重要，可以明确风险责任主体，将金融风险责任主体在政府与市场之间进行界定，从源头上防范化解金融风险。第二，要对政府部门之间以及各部门的职责做出明确规定。第三，要从法律上界定中央与地方之间的主体责任，并确认消费者也是金融风险的责任主体。第四，要理顺地方财政与金融之间的关系。

第三节　风险财政学的学术贡献

本节主要从基础理论方面，阐述风险财政学的学术贡献。

笔者认为，"不确定性"和"风险"这两个概念对风险财政学至关重要。风险财政学研究团队曾发表过一篇文献综述，主要介绍这两大概念在经济学中的运用。此前，在专业的财政学文献里面，针对财政学里的风险主题，也曾有一篇类似的综述性文献。但后者所论及的"风险"，主要还是概率上可计算的不确定性，与"根本的不确定性"或"真的不确定性"无关。

那么，此前的财政学中，是否探讨过"真的不确定性"？是有的，但相关内容主要存在于不太主流的财政学（或相关的经济学）里面，比如弗兰克·奈特、沙特尔、奥地利经济学，包括现在仍然活跃的美国经济学者里查德·瓦格纳，都对此有过论述，目前瓦格纳还试图在这方面有所发展和推进，从而创立一门新的财政社会学。这些内容部分地与风险财政学的思想有契合之处。

因此，要讲清楚风险财政学的工作，需要在前人贡献的基础上，看看它从哪些方面对传统财政思想提出挑战，做出或想要做出哪些理论创新。下文按第一节中对财政基础理论的概念界定，尝试主要从三个方面——财政学学科体系、国家理论、财政学研究方法论——就风险财政学的学术贡献进行整理。旨在就风险财政学当前所处的学术位置、未来学术发展空间及预期学术贡献做一提炼。

一、当前经济学和财政学里的"不确定性"与"风险"

（一）经济学

鉴于"不确定性"和"风险"（特别是"公共风险"）是风险财政学的两个核心概念。陈曦、刘尚希（2020）系统回顾了人类现有知识体系中对"不确定性"的看法，内容涵盖哲学、物理学、数学、社会学、经济学等学科。

文章指出，20世纪六七十年代之前的西方哲学，以确定性为逻辑主线，确定性世界观统领人类各个认知领域。近代对于不确定性的研究，发端于17—18世纪的数学领域，19世纪末被引入社会科学，其进入经济学则是在20世纪20年代初，奈特的《风险、不确定性和利润》以及凯恩斯的《概率论》是其代表，这些研究引发了哈耶克、沙克尔等人以不确定性思维探求经济理论的新思路。然而，至今为止，支撑着经济学大厦的，仍然是建立在确定性世界观基础上的"科学经济学"，不确定性在经济学领域仍未得到应有的重视。

文章区分了经济学领域对不确定性的两种认知，一是延续斯密和门格尔思想的"原教旨主义"不确定性，支持者包括米塞斯、哈耶克、沙克尔、奈特、凯恩斯以及晚年的希克斯等。作为其最重要的代表人物，奈特曾于1921年最早尝试对风险和不确定性进行区分，将风险视为"可测量的不确定性"，在他看来，"不可测量的不确定性"才是"真正不确定性"。二是"概率主义"不确定性，它将"不确定性等同于可测量的风险"，强调风险是可以基于主观概率进行测量的不确定性。"二战"以后，"概率主义不确定性"成为经济学中处理不确定问题的主流。由此，"真正的不确定性"也被挤出了主流经济学的视野。

主流经济学忽视了不确定性的重要性，这一偏见被行为经济学的发展所打破，也不乏后来者尝试以"根本不确定性"为核心重构经济哲学，文章认为，虽然这些理论还不够成熟，但"不确定性"的重要性毋庸置疑，它"将重新定义我们要追求什么样的经济理论和经济范式，以至于应该用什么样的社会科学研究方法来加深人类对于社会现象的洞察力以更好地应对未来"。

（二）财政学

1. 主流财政学

桑德莫发表于2010年的文章，是目前财政学领域探讨不确定性最为集中的一篇文章。在该文中，作者讨论了不确定性经济学在财政理论中的应用。从不确定性经济学所立基的20世纪50、60年代的"选择-理论"基础开始，至后来的期望效用最大化理论和风险厌恶理论等，都对不确定性经济学在部分财政理论领域的发展做出了决定性的贡献。文章选择了其中三个领域来加以说明：一是以投资组合选择为中心的税收和风险承担理论；二是不确定性在公共支出分析中的作用（强调公共物品提供对私人承担风险的影响）；三是逃税和税收遵从理论。

当然，作者也指出，不确定性经济学在财政学中的应用远远不止上述三个领域，诸如信息经济学、博弈论都是重要的方法论，很大程度上都属于广义不确定性经济学范畴；再比如，一些重要的公共政策，像社会保障、社会保险和养老金、环境政策和收入再分配等，均属不确定性经济学得以应用的重要领域。

但可以看出，主流财政学涉及的不确定性，主要都聚焦于奈特意义上的"风险"，即可以在概率上计算的不确定性，尤其是可以以客观概率进行计量的那些不确定性，而非真正的不确定性。在这个意义上，主流财政理论实际上是将"风险"等同于"不确定性"。

2. 非主流财政学

非主流财政学者对不确定性的重要意义给予充分认可，最典型的是詹姆斯·布坎南。在其多部作品中，他都假设了人类存在之初面临的生存环境：一是普遍存在的不确定性，二是普遍存在的资源稀缺性。因而，每个人一出生就面对着不确定性条件下的生存竞争。由于个人不清楚自己在将来的政治交易中将会处于哪一方，因此，风险回避的个人将倾向于选择在事后看来比较公正的规则，并接受该规则之下的可能结果，这使得每个人的行为看上去都像是为他人考虑一般。按这一逻辑，就可以解释为什么人们会选择扭曲较大的消费税，以及具有再分配性的累进税。它们都可以看作风险回避的社会成员在不确定条件下的自我"保险"行为，为理解人类如何通过制度建设应对自然和社会的不确定性提供了一种分析逻辑。

（三）不确定性的积极意义

可以看出，无论主流文献还是非主流文献，对不确定性的看法都相当消极，意欲采取各种方法加以消除。最近的研究提出了不同看法。在《极端不确定性：面向不可知未来的决策》这本书中，两位作者就不确定性进行了更细致的分类。他们中的一位是牛津大学圣约翰学院的研究员凯里（Kay, J. A.），另一位金（King, M. A.），2003年至2013年期间曾任英格兰银行行长，现为纽约大学、伦敦经济学院经济学、法学教授。

这一分类表明，有的不确定性是人类能够认知和应对的，而有的则超出人类的认知和应对能力，后者被作者归入"极端不确定性"。即便是人类可知并有可能把握的不确定性，也并非完全可为人类所掌握。其中一些可通过其客观概率加以计算和把握，目前我们主流经济学，包括金融学里面资产组合、投资决策，税收学里的逃避税等，基本上针对的是这部分不确定性。我们发现，即使是理论上可知的不确定性，人类也未必有能力认识和应对，这种可知但却未知的不确定性，与极端不确定性类似。至于极端不确定性，就是以人类目前的能力，怎么样都不可能了解、把握和应对的。这种不确定性因其不可处理，为主流经济理论所回避。然而，并不能因为人类把握不了它，便否认极端不确定性对人类的意义。

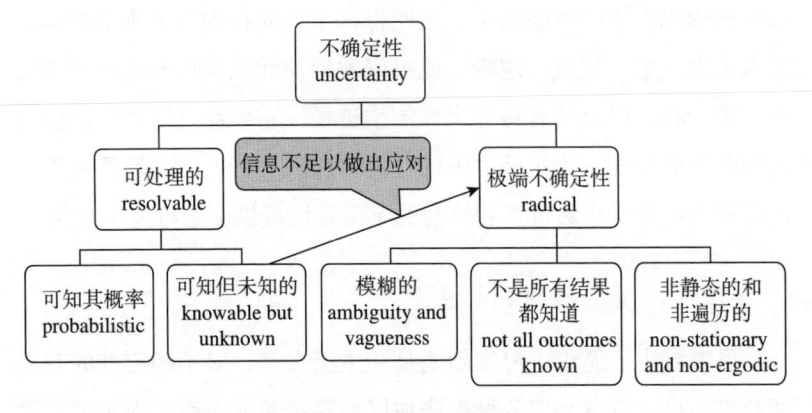

```
                        不确定性
                       uncertainty
                    ┌──────┴──────┐
                可处理的          极端不确定性
               resolvable          radical
         ┌────────┴──┐      ┌──────┼────────┐
      可知其概率  可知但未知的  模糊的   不是所有结果  非静态的和
    probabilistic knowable but ambiguity  都知道    非遍历的
                    unknown  and vagueness not all  non-stationary
                                         outcomes  and non-ergodic
                                          known
```

（信息不足以做出应对）

图 2-6　不确定性分类

这两位作者认为，极端不确定性既是无法回避的，也有可能对我们的生活带来有利的一面。不确定性产生了创业和创造的机会，为市场经济提供了动力。如果我们只看到那些可计量的不确定性（风险），甚至把不确定性等同于风险看待，其实抑制了我们对不确定性的接纳及其带来的创新创造机会。这两位作者实际上将对不确定性的理解重新定位在奈特和凯恩斯的视角之上，承认其对人类社会的积极意义。

二、风险财政学的贡献与尚待解决的问题

在前人研究的基础上，风险财政学团队就风险、不确定性概念做了很多前期的文献梳理工作，扩展了不确定性在传统财政学中的有用性。但对他们来讲，最关键的是要以此为基础构建自己主张的

财政学体系，这可能是最困难的，风险财政学以及国内其他提出基础理论创新的财政学派，目前还未完成这一任务。

（一）分析前提（世界观）：不确定性

图2-7反映出风险财政学研究团队对不确定性与风险的观点，可以与图2-6做个对比。右面阴影部分的"风险"，相当于图2-6中的"极端不确定性"。按风险财政学的思路，我们要去应对和解决这部分风险，要通过"注入确定性"来使不确定性变得可控。这表明，研究团队总体上对"不确定性"持有负面的看法。正因为不确定性可能带来负面影响，才要控制不确定性的影响、解决它所带来的问题。与上述两位作者相比，研究团队似乎对不确定性的积极含义肯定不足。

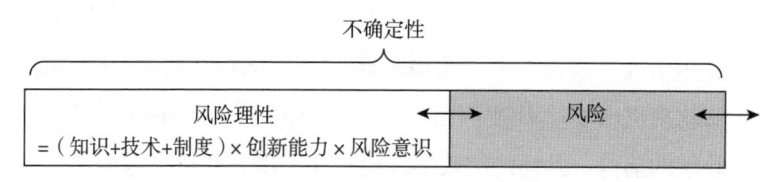

图2-7 风险的理论定义

资料来源：刘尚希、李成威（2019）。[①]

图2-7体现出研究团队在概念上尚有待厘清的一个矛盾。一方面，研究团队引用社会学者的研究成果，提出风险的内生性，即：首先自然界就是有风险的，再者，现代社会中人类应对的活动具有自反性，人类自己创造了风险。在这种情况下，风险与不确定性的边界在哪里，人类通过注入确定性进行应对的行动，是否应当施以

[①] 刘尚希、李成威：《现代财政论纲》，经济科学出版社2019年版。

边界？所有的不确定性都可以理解、应对和被解决吗？这些问题也是风险财政学需要回答的。

在财政学界，风险财政学是极少数将"不确定性"作为一个重要问题提出来的一个流派。此前，布坎南这样做过，但他只是把不确定性作为一个分析的前提，指出了不确定性是人类生存的基本环境这一事实，即，人类是生活在不确定性之中的、不确定性无时无刻不在。布坎南对不确定性的认识是倾向于中性的，并未将他完全作为负面事物来接受。正是因为有了不确定性，人类对自身的情况不了解，对他人也不了解，对现在、过去和未来都不是十分清楚，所以人们才倾向于建立一个比较公正的社会秩序框架，也就是他眼中的宪法框架。通过这样一种社会成员共同认可的秩序来治理来改善人类生活，实现效率与公平目标的统一。

在他的体系中，"不确定性"是作为一个哲学基础提出来的。借鉴罗尔斯《正义论》里"无知之幕"（the veil of ignorance）的概念，布坎南提出了"不确定性之幕"（the veil of uncertainty）作为构建财政学的前提。具体的财政学理论构建，以公共选择框架来实施，它与主流财政学最大的差异，就在于国家观念和方法论上的不同。

（二）分析起点与核心概念：公共风险

1.风险与公共风险

无论主流经济学与财政学，还是非主流的经济学与财政学，都把风险作为中性词来对待，即：风险是不确定性的一个子集，它是可认知、概率上可预测的一类不确定性。

而在经济学之外的其他学科里，以及在我们的日常用语中，风险常常包括"危险"之类的负面含义，是人们需要采取行动加以回避、减轻甚至加以消除的对象,《汉语大词典》中对风险的解释就代表了后一种看法。

在1999年的一篇文章中,刘尚希曾经给风险做出过定义,在2020年的文章里面,指出了这个定义来源于《中国汉语大辞典》。他将风险理解为"可能发生的危险",即损害结果发生的不确定性。"公共风险"则是指群体性风险,即产生"群体(或社会)影响",个人和企业无法规避的风险,也就是只能通过集体行动来防范化解的风险。[①] 可见,作者对风险的理解采用了日常话语中带有负面评价的色彩。与此同时,研究团队在方法论部分也强调风险是一种真正的不确定性,不能事先计算出来,有风险才会有应对、有判断、有创新,没有风险就没有创新。这意味着"风险"这一关键概念在公共风险论中存在矛盾之处,因此,将理论中对风险的字面定义与实际想要表达的含义统一起来,也是风险财政学的理论逻辑需要解决的一个问题。

2. 作为逻辑起点与核心概念的公共风险

(1)以公共风险替代市场失灵:作为财政学的逻辑起点

众所周知,"市场失灵"是西方正统财政学的逻辑起点。刘尚希研究员指出,出现"市场失灵"而政府未能有效干预,导致形成公共风险,因此,不是市场失灵而是公共风险使财政支出有了终极合法性。如果说,以市场失灵作为政府支出存在的依据是一种"正面"阐述,那么,也可以反过来,从"公共风险"的角度来界定政府支出范围[②]。他认为,后一种分析比前一种分析更直接,更具有说

---

① 刘尚希:"论公共风险",《财政研究》1999年第9期。

② 刘尚希:"以公共风险为导向调整公共支出配置",《经济参考报》2002年4月3日第7版。

服力①。一方面，公共支出是公共风险要求的一种结果，另一方面，公共支出又是化解公共风险的手段或工具。

2019年召开的第二次财政基础理论讨论会上②，刘尚希提出"以公共风险作为财政学的逻辑起点"的论点③。他认为，财政学理论创新的背景，来源于人类生存状态的两项共识：第一，人类生存于一个不确定性的世界，其发展趋势是风险社会；第二，人类的基本生存方式有两种，一是个体方式，二是群体或集体方式。在分工的市场经济条件下，人的个性越来越明显，越来越呈现个性化的特征，但另一方面，群体化或者集体化的特征也越来越强，两者在理论上应是同时的，而在现实中，公共化滞后于市场化，二者间的失调导致个人风险外化为公共风险。而"财政解决公共性问题，归根结底就是一个东西，即威胁共同体命运的公共风险"。

基于此，作者提出他从观察出发得出来的结论，即"财政学的逻辑起点应该在公共风险上"。他认为，公共风险是社会科学里一个最基本的共性问题。从公共风险这个逻辑起点出发，财政学可能超出学科的限制，借鉴经济学、政治学、社会学、管理学等不同的学科不同的话语体系、不同的逻辑、不同的方法，超越现有学科形成的鸿沟。

（2）以公共风险替代公共物品：作为财政学的核心概念

西方财政学的核心概念是公共物品。围绕公共物品这一概

---

① 刘尚希："以'公共风险'为导向调整公共支出的配置范围"，《中国财政》2002年第10期。
② 由于此次会议在山东泰安召开，因此被与会者称为"泰安会议"。
③ 刘尚希："财政理论创新的几点思考"，载中国财政学会：《新时代财政理论创新探索——"泰安会议"纪实》，中国财政经济出版社2019年版。

念，整个财政学体系得以展开。从公共物品理论的需求一方（the demand-side theory of public goods），不仅衍生出税收理论、使用者收费理论、债务理论，还包括需求显示理论、投票理论等，从公共物品理论的供给一方（the supply-side theory of public goods），则涉及公共支出理论、官僚理论、寻租理论等；若从公共物品供给的政府间分工来看，则又可将俱乐部物品理论、财政联邦主义理论等纳入进来。从公共资源配置的宏观方面来考虑的话，则又包括财政政策等问题。可以说，公共财政理论中的各个基本问题，均可从对公共物品这一核心概念的解读中生发出来。不仅如此，公共物品的概念昭示着得自社会合作的共同收益，同时这一收益的实现又面临着各种难题[①]。这一认识将公共财政理论与社会科学基本问题建立起关联，也启发着财政学者与其他社会科学分支学科——例如政治哲学、社会学、伦理学、政治学等——之间的对话，有利于修正当前对财政学的片面认识，扩展其学科内涵：财政学不只是一门关于政府收支的学问，更涉及社会秩序与社会正义等重大问题。

风险财政学则提出以"公共风险"作为财政学的核心概念。同样地，围绕这一概念，展开财政学这门学科。

第一，基于公共风险重新定义了公共物品。[②]研究团队重点批判了公共物品理论的政府-市场二分法、方法论个体主义及哲学上整体观的缺失，提出从公共风险的角度重新审视公共物品这一概

[①] Eecke, W. V., "In Defense of the Concept of Public Good", https://ssrn.com/abstract=350220, 2002.

[②] 刘尚希、李成威："基于公共风险重新定义公共产品"，《财政研究》2018年第8期。

念。研究团队认为,"基于公共风险的公共产品,不是从私人产品来观照的非竞争性和非排他性,而是从不确定性来观照的确定性和过程性"。"现代社会的公共产品属于风险产品,而不是福利产品。这意味着现代财政的使命不是追求社会福利最大化,而是公共风险最小化;财政基本职能不是配置资源,而是管理风险,包括分配风险、平衡风险、转移风险、化解风险和预防风险,为治理奠基,为发展开道"。

第二,以公共风险视角,重新解释了财政事权与支出责任划分、中央与地方财政事权划分①;所得税税制改革②;预算管理理念③与公债管理④、国有自然资源收益分配⑤;财政政策目标、体系以及其他政策的配合⑥;甚至以公共风险视角,阐释财政改革的动力与逻

---

① 刘尚希、石英华、武靖州:"公共风险视角下中央与地方财政事权划分研究",《改革》2018年第8期;中国财政科学研究院2017年"地方财政经济运行"西部调研组:"公共风险视角下的财政事权与支出责任划分——基于贵州、陕西的调研报告",《财政科学》2018年第3期。

② 王军:"公共风险视角下的所得税税制改革研究",《经济研究参考》2017年第44期。

③ 刘尚希:"树立以风险为导向的预算理念",《财政科学》2021年第1期。

④ 刘尚希:"地方政府性债务的风险控制要有系统思维",《中国社会科学报》2011年8月2日第8版;刘尚希:"地方政府性债务风险不是来自债务本身",《中国党政干部论坛》2014年第2期,第68页;刘尚希、石英华、武靖州:"制度主义公共债务管理模式的失灵——基于公共风险视角的反思",《管理世界》2017年第1期。

⑤ 罗弘毅:"公共风险视角下的国有自然资源收益分配研究",《财政科学》2019年第3期。

⑥ 刘尚希、孙喜宁:"论财政政策的有效性——基于公共风险分析框架",《财政研究》2021年第1期;刘尚希、武靖州:"宏观经济政策目标应转向不确定性与风险——基于经济周期视角的思考",《管理世界》2018年第4期;刘尚希:"财政金融协同的目标应转向公共风险管理",《开发性金融管理》2019年第4期;刘尚希:"管理公共风险,财政政策的新思路",《环球时报》2019年12月20日第15版;武靖州:"公共风险视角下财政政策目标重构与转型研究",《财政研究》,2020年第12期;刘尚希、武靖州:"风险社会背景下的财政政策转型方向研究",《经济学动态》2021年第3期;刘尚希:"以公共风险的结构和强度重塑财政政策体系",《财政科学》2021年第3期。

辑①、阐释对现代财政制度②和大国财政的理解③。

第三，在对传统财政学重新解释并试图建构新的理论体系之后，风险财政学还对传统财政学的新发展——财政行为学④、财政社会学⑤、财政政治学⑥、财政法学⑦等学科——进行评述，从公共风险视角出发，对这些新发展做出回应，在与后者的区分中进一步表明了自身特色与理论立场⑧。

（三）国家观

1.集体主义国家观vs个体主义国家观

在2019年的财政基础理论讨论会上，刘尚希阐述了他对财政

---

① 刘尚希：“公共风险是财政改革的原动力”，《北京日报》2018年11月26日第14版；刘尚希：“公共风险变化：财政改革四十年的逻辑”，《审计观察》2018年第6期；刘尚希、武靖州："财政改革四十年的基本动力与多维观察——基于公共风险的逻辑"，《经济纵横》2018年第11期。

② 刘尚希、李成威、杨德威：“财政与国家治理：基于不确定性与风险社会的逻辑”，《财政研究》2018年第1期；刘尚希：“公共风险变化：财政改革四十年的逻辑”，《审计观察》2018年第6期；李成威：“理解现代财政：公共风险的视角”，《财政科学》2021年第1期；刘尚希、李成威：《现代财政论纲》，经济科学出版社2019年版。

③ 姚婧妹："基于全球公共风险治理视角的中国'大国财政'体系化研究"，《经济体制改革》2021年第1期，第136—142页。

④ 程瑜："公共风险的财政行为分析——一个行为主义视角的分析框架"，《财政研究》2020年第11期。

⑤ 程瑜："从公共风险视角看财政社会学——财政社会学观点述评及理论反思"，《财政研究》2021年第2期。

⑥ 陈龙："财政政治学：研究主线、基本问题及趋向公共风险的发展"，《财政研究》2021年第2期。

⑦ 武靖州："公共风险视角下财政法学基本逻辑解析"，《财政研究》2021年第2期。

⑧ 李成威："从公共风险视角看财政经济学——传统财政经济学观点述评"，《财政研究》2021第2期。

学中国家观的看法①。他认为，研究公共问题不能脱离个体，脱离个体谈集体是空洞的，但是个体的重要性并不否定集体价值。他批评了财政学中流行的国家观念——个体主义国家观，这种国家观认为国家是为保护个体而存在的，国家本身没有意义，其意义来源于个体价值。他以一个极端案例反驳了这种"个人主义哲学的思维"。"比如外国侵略者打进来了，为了保护个体，完全没有必要打，投降就是了。抗日战争时期产生那么多汉奸，他们的理由就是这样，避免战争生灵涂炭，归谁统治不是统治呢？"在他看来，与个体人权相对应，也存在着集体人权，后者同样需要得到尊重，不能因为强调个体权利就漠视集体权利。在这个意义上，风险财政学试图抹去个体主义国家观与集体主义国家观之间的界限。

2.有机论国家观vs机械论国家观

风险财政学所持的国家观，与苏联财政理论和西方配置范式财政学中的国家观有共通之处，在一定程度上，都把国家当作有目标的、人格化的组织。

一方面，风险财政学创造出"虚拟理性"这一概念，用来表达"集体的认知能力、行动能力、创新能力和风险意识"。在其看来，"当虚拟理性强的时候，确定性得到有效构建，公共风险就会得到防范或化解。当虚拟理性缺失或者水平低的时候，构建确定性的能力低，公共风险就会产生或放大，并有可能造成公共危机"。②

---

① 刘尚希："财政理论创新的几点思考"，载中国财政学会：《新时代财政理论创新探索——"泰安会议"纪实》，中国财政经济出版社2019年版。

② 李成威："不确定性、虚拟理性与风险分配——公共风险视角的财政哲学"，《财政研究》2020年第11期；陈曦、刘尚希："经济学关于不确定性认知的变迁"，《财政研究》2020年第7期。

另一方面，风险财政学将国家视作一个有机体，将财政喻为这个有机体的血液系统。它批评机械论国家观将财政视作与社会其他部分相互割裂的零部件，导致国家机器功能弱化，社会出现严重危机。①

3. 共生论国家观 vs 外在论国家观

然而，风险财政学并未像西方配置范式财政学那样，将国家简化为外在于经济社会、全知全能全善的社会福利最大化者，也未像苏联财政学那样，将国家简化为全知全能全善的全民福利代表，而是部分吸收了西方交易范式财政学中国家理论的特征，提出共生论国家观。

西方配置范式财政学对个体行为有一个隐含假定，即认为个人或企业对财政政策的刺激产生反射性反应；外部财政干预通过改变经济主体的行为，达到政策目标。风险财政学对此是明确反对的，在这个问题上，它的看法更倾向于西方交易范式财政学，即认为财政结果内生于财政过程中社会成员的互动，而不是源于外部的力量，财政过程中的个人或企业对财政变量的变化产生创新性反应，正因为如此，任何财政政策的结果都不是可预期且唯一的。

在风险财政学看来，由于财政是"国家及整个社会运转须臾不可离的'血液'，它分布于社会运行的全过程及各个领域、各个社会细胞"。因此，财政的存在"不仅仅是经济上配置资源，也不只是体现在财政这个政府部门，而应该是全方位的、整体性的，从这个角度来说，财政天生就是综合性的、共生性的"。只有从这

---

① 刘尚希："以'整体观、共生观、演化观'理念推进财政理论创新"，《财政科学》2017年第11期。

个角度来看待问题,才有理由将财政定位为国家治理的基础和重要支柱。①

总而言之,风险财政学下融合了不同财政学传统对国家的理解,吸收了对其理论构造有价值的部分,最终风险财政学中国家的能动性,界于苏联式国家和西方交易范式财政学的国家之间。

(四)方法论
1.超越方法论个人主义

第一,风险财政学反对单一的方法论个人主义。方法论个人主义是当前西方社会科学的主流思路。它强调,最恰当或最有效的社会科学认识来自对个体现象或过程的研究②,即人们只能通过对个人及其行为的理解来理解社会。做出选择和实施行动的主体必定是个人,而不是政党、省份、国家等组织,社会是个人在给定环境中理性选择的结果③。方法论个人主义的运用,意味着不必引入一个外部的观察者,来为政治行动的最优结果做出判断。

风险财政学试图超越纯粹的方法论个人主义,在它看来,集体不仅应当和个人一样拥有权利,它也和个人一样拥有"大脑"。它所提出的"虚拟理性"概念,就是集体思维能力和作为社会智力中枢的体现。

---

① 刘尚希:"以'整体观、共生观、演化观'理念推进财政理论创新",《财政科学》2017年第11期,第14—17页。

② 沃伦·萨缪尔斯:《经济学中的意识形态》,载〔美〕西德尼·温特劳布主编:《当代经济思想:若干专论》,陈玮、张廷玉译,商务印书馆1989年版。

③ Buchanan, J. M., "The Constitution of Economic Policy", *American Economic Review*, Vol. 77, No.3, 1987, pp.243–250.

2. 鲜明的人本主义立场

西方财政学的方法论个人主义毕竟只是方法论上的，它不同于规范的或价值信仰上的个人主义，也不代表研究者的伦理立场必定是个人主义的。

与之相区别，风险财政学从不隐晦其伦理立场。一方面，它申明伦理上的集体主义值得遵循，这一立场使它与苏联财政理论发生交集，但显然，并不能因此而简单地将它们归于同一阵营。另一方面，它主张个人权利与集体权利的平衡，从未像苏联财政学那样，声称集体权利凌驾于个人权利之上。

相反，风险财政学吸收中国传统的人本思想和马克思主义反异化的观念，倡导"人本财政"，它指出，"从目的论意义上看，财政应当是人本财政，而不是物本财政。财政最根本的目的是以人为本，最终是要发展人、解放人"，反对为了增长而导致"人的异化"。并且指出，"为避免这种异化的风险，需要财政发挥作用，这就需要财政理论创新。现有的财政理论不但没有防止防范异化，反而在助长这种异化，从而带来公共风险"。①

3. 以"整体观、共生观、演化观"理念推进财政理论创新

风险财政学之所以主张个体主义与集体主义相统一，并将方法论上的个体主义与伦理个体主义相调和，将方法论上的集体主义与伦理集体主义相调和，这一举动既来源于中外文化传统的共同影响，也来源于该研究团队对上述传统进行创造性转化的努力。刘尚希主张以"整体观、共生观、演化观"理念推进财政理论创新，在

---

① 刘尚希："以'整体观、共生观、演化观'理念推进财政理论创新"，《财政科学》2017年第11期。

他看来，旧有的思维方式多多少少都偏离了"三观"。他认为，"整体观、共生观、演化观"，是将中国传统哲学思想发扬光大，也是马克思主义中国化的成果，对我们意义重大，影响深远。[①]

风险财政学吸收了中国传统哲学文化中特别强调的"共生"思想和"演化"思想，而"共生"和"演化"也是西方交易范式所认同的社会理论。风险财政学借鉴了自然科学的发展成就，引用了混沌理论、复杂理论等相关观点，提出"确定性观念的终结"。第一，世界从来就是不确定性的。第二，社会是极为复杂的系统，包含着潜在的巨大数目分支。第三，未来是不确定性的，意味着未来有无数种可能。第四，社会成员通过学习、适应和改变结构的方式，能够建构确定性，这一过程是遵循行为主义的路径，在干中学、学中改和改中完成的。[②]这一方法论中体现出的个体交易互动、最优结果的非唯一性等，都与西方交易范式财政学有一定共鸣，事实上，后者也同样受到演化理论、复杂理论的影响。

（五）结语

相对于其他经济学科，财政学在国内的发展是相对滞后的，不仅滞后于国际学术发展的步伐，也同样滞后于财政改革实践的步伐。改革开放以来，中国财政学虽然有了跨越式发展，但是跟随和模仿国外的研究较多，基于中国独特经验的创新性研究较少。研究工具方面取得的进步较快，而思想、思维创新的进步较慢。官方将

[①] 刘尚希："以'整体观、共生观、演化观'理念推进财政理论创新"，《财政科学》2017年第11期。

[②] 李成威："不确定性、虚拟理性与风险分配——公共风险视角的财政哲学"，《财政研究》2020年第11期。

财政定位于国家治理的基础和重要支柱，财政学界抓住这一契机，努力推动新时代财政基础理论的创新。在这一背景下，作为建设有中国特色哲学社会科学理论体系努力的一部分，风险财政学研究团队吸取前人研究的精华，并立足于中国的财政改革与国家治理现实，创新性地回应时代提出的重大命题，试图补充和扩展现有财政学的理论边界。

长期以来，面对学术批评和异议，风险财政学团队不畏艰难、持之以恒，敢于发表与主流不同的见解，执着探索之精神可圈可点。

风险财政学对不确定性世界观的初步论证，让我们得以将其与20世纪西方著名的财政学家詹姆斯·布坎南的论点进行对比。

布坎南与风险财政学研究团队是迄今为止为数不多的、以不确定性作为财政学理论建构前提的学者。布坎南认为，不确定性是人类与生俱来所要面对的生存环境，在这种情况下，为了克服稀缺性，使种群得以生存与延续，人类通过掠夺他人（包括战争）、自行生产和市场交易等多种方式获取资源。布坎南承接了斯密公理——即"交易是人类的天性"，认为作为社会成员的个人是理性而厌恶风险的，他们最终将采取交易的形式完成合作，共同应对环境不确定性。财政学就是研究公共领域的人们，如何采取行动来最小化社会组织的互动成本并推进个人和社会福利的学科。[1]

与之相似但又有所不同的是，透过不确定性，风险财政学看到的是风险，依据"寻求确定性是人的天性"这一公理性假设，风险财政学认为，社会成员将为了最小化公共风险而采取行动。财政学

---

[1] Buchanan, J. M., *The Limits of Liberty: Between Anarchy and Leviathan*, University of Chicago Press, 1975.

研究人类为了最小化公共风险而以财政工具向公共领域注入确定性的那些行为与制度，即公共治理。

布坎南之后，全球仍坚持基于对人类生存环境不确定性的共同认知，而实实在在地做着努力以推进财政学发展的，只有两支研究团队。其一是美国的理查德·瓦格纳，其二就是风险财政学团队。瓦格纳虽然起步更早，如今仍然壮心不已，但终归是烈士暮年，且缺乏核心团队相助，限于研究力量有限，未来研究的延续性堪忧。风险财政学团队虽然起步晚，但正当盛年，若假以时日，其雄心壮志未必不可以实现。

然而，也应客观地看到，就现状而言，风险财政学自身的理论建设仍然任重道远；要想得到国内认同，尤其是取得国际同行承认，依然道阻且长。

如果说风险财政学研究团队未来以创新财政学研究范式为己任，那么，按照科学哲学家托马斯·库恩对"范式"的定义，相对于现有财政学范式，风险财政学的解释框架，既要能够包容现有范式所不能解释的"反常"现象，更要在此基础上拓展出新的研究方向，也就是说，其所倡导的理论与方法必须对现有范式产生"革命性"推进的效果。

现在，风险财政学试图通过将不确定性世界观引入财政学，来点燃财政学范式革命的火种。为了更新财政学的面貌，风险财政学几乎在所有的传统财政学议题上，都提出了异于主流学说的论点。然而，其理论逻辑在这些财政学议题上的具体应用，目前还只限于对主流概念、方法与逻辑的批判，同时推出自己的话语体系与理论逻辑，距离发展出与现有财政学不同、又能够容纳现有财政学并得到广泛认可的研究范式尚有距离。很显然，作为一种新近提出的财政学研究范式，风险财政学的发展才刚开始，如同一个新生的婴儿，为了生成一副健康的脑神经、骨骼、肌肉和血液系统，它需要正面并成功应对一系列的挑战。

第一，它要和自己的竞争者、同道者都保持更紧密对话。

在笔者看来，当今仍在坚持挑战主流财政理论，并系统提出重建财政学理论设想的财政学家中，最值得重视的，是美国的理查德·瓦格纳。在其2007年所著的《财政社会学与财政理论》①一书序言部分，他非常明确地阐明了其所倡导的"社会取向财政学"的基本观点：

> 在我所主张的替代性视角下，财政学呈现为一种社会理论（a form of social theorizing）。如果说，市场理论旨在对一群借由私人产权而彼此关联的社会成员，如何形成大体有序的行为模式做出解释，那么，财政理论的目标不过是要对同一群社会成员，在那些构成国家的、特定的集体产权之下如何形成有序的行为模式进行解释。因此，全面的社会理论必然应当是市场理论与财政理论的结合，公民协作理论也包含在其中。
>
> 在这一替代视角下，政府被看作是社会成员在其中进行互动的若干相互关联的领域之一。纯粹市场理论主张产权的绝对性，但在这里提出的替代性视角中，它并非绝对（non-absolute）。产权，不仅有赖于他人的准许，而且在社会过程中因时而变，这一社会过程构成本书分析对象的一部分。经

---

① Wagner, R. E., *Fiscal Sociology and the Theory of Public Finance: An Exploratory Essay*, Edward Elgar Publishing, 2007.

济和政治活动均由同一社会过程生成，其中冲突与合作并存。社会上存在着多个互动领域，政府只是其中之一。因此，财政活动归属于交易或互动的领域，而非干预性选择的领域。诚然，交易（catallaxy）一词通常被认为是指称交换（exchange）。克努特·维克塞尔（Knut Wicksell）笔下的一致同意就是此种交易的体现。不过，我所说的交易是指交往互动（interaction），其中既包含同意，也有强制的一面，威克塞尔出于现实考虑而对一致同意原则做出妥协时，他也认识到了这一点。

传统财政理论中，经济与政治是贯序关系（sequential）：先是市场达到某一均衡状态，政府随后进行干预，以使社会实现另一种均衡。当然，由于这一过程必然伴随着体制设计，对于现行体制而言，它意味着新的替代性体制的产生。与之相反，如果把财政作为社会理论（social theorizing）的一个方面来对待，则社会交易秩序（societal catallaxy）中政治与经济必定（must be）呈现出共生关系。而且分析的重心将被放在发展过程（emergent process of development）而非均衡状态上。此外，由于人们及其各自的计划之间存在着冲突，发展过程大多是动态的。

可以看出，风险财政学与之有相当多的共同点，但至今为止，由于风险财政学还未在国际传播，也未引起来自国内外学术界的真正批评和讨论，所以，它还没有机会在与国内外理论分歧的对垒中，更清晰地标识出自身的独特贡献。而面目清晰，是一种学说展示自己、获得认可和支持的先决条件。

第二，它需要有更明确的问题意识，并对现有理论应对能力的有限性做出说明。

每一种范式创新都是由当时的现实问题和理论缺失引发的。西方财政学说史上最著名的范式创新，当属交易范式与配置范式的交锋。交易范式最初是以公共选择的形式表达出来的，它的产生正是基于旧财政理论对新问题未能给出解释，或未能给出令人信服的解释使然。在当时来说，就是人类行为的解释框架与现实之间产生了鸿沟[①]。

"二战"以来，（即使在西方民主国家）经由集体－政治制度所配置的资源占国民总产出的1/3和1/2之间。但是，经济学家却将几乎全部精力用于解释和理解市场部门，少有人注意政治－集体决策。政治科学领域的实践者也好不到哪儿去。人类行为的解释框架与现实之间的鸿沟是如此之大，以至于公共选择的产生几乎是不可避免的[②]。

从理论上看，当时主流财政学的工作致力于建立存在市场失灵情况下资源有效配置的条件，受到伯格森（Abram Bergson）1938年的论文以及阿罗（Kenneth Arrow）1951年著作的激发，一大批探讨社会福利或社会选择函数特征的文献出现。主要集中于如何集结个人偏好（或满足一些规范的规则集）以最大化社会福利函数。这从两个方面激励了作为"异端"的公共选择财政学的兴起。（1）它直接导致了对显示个人偏好的非市场程序的研究，即实证公共选

[①] Mueller, D. C., "Public Choice: A Survey", *Journal of Economic Literature*, Vol. 14, No. 2, 1976, pp. 243–250.

[②] Buchanan, J. M., *Public Choice: The Origins and Development of a Research Program*, http://www.gmu.edu/centers/publicchoice/pdf%20links/Booklet.pdf.

择；(2)其中关于集结偏好的最优方法的研究，很自然地鼓励了对于公共选择中通过投票规则来集结偏好的实际程序的特征的兴趣。寻找满足某些规范标准的社会选择函数的问题，被证明类似于在不同投票规则下建立均衡的问题。

与交易范式财政学进行对比，我们发现，如果风险财政学提出的问题就是"公共风险"，如其所言，公共风险是将公共物品问题从反面进行的表达，这样一来，这个问题已经被提出和解答，现有的研究范式为什么不足以对其做出回答，这一点至少要由风险财政学给予说明，否则，就难以给出另起炉灶的充分理由。

第三，它需要在对关键概念的含义进一步澄清的基础上，建构自己的研究纲领。

在整个论证过程中，风险财政学提出了一些关键概念，除了不确定性、风险、公共风险这些已有公认定义的，还有绝对理性、相对理性、实体理性、虚拟理性、风险理性、公共风险理性、制度主义、行为主义等，属于该学派自造并赋予其特定内涵的，它们对于整个理论框架非常重要，如果不就其确切的概念进行澄清，则很容易令读者感觉困惑。尤其是，在研究团队主张跨学科研究的大背景下，要与其他学科对话，其中某些概念还需要与现有相关学科中的共识概念进行分梳。否则，该理论的可接受性将大为受限。

在此基础上，风险财政学要建立自己的"内核"和"保护带"。根据英国科学哲学家伊姆雷·拉卡托斯[①]的观点，科学研究纲领由内核和保护带组成，前者是区分不同的科学研究纲领的关键因素，

---

① 〔英〕伊姆雷·拉卡托斯：《科学研究纲领方法论》，兰征译，上海译文出版社2005年版。

它由纲领的支持者的方法论所决定，是不可反驳的；围绕内核的各种辅助、"观察"假说和初始条件则形成一个保护带。每一种科学研究纲领最初出现的时候，必将面临大量的"反例"，以及支持这些反例的观察理论的反对。辅助保护带首当其冲面临反例的检验，经过调整、再调整甚至全部被替换，以保卫和硬化内核。当一种科学研究纲领不仅能解释过去的事实，而且还能正确地预见新颖的、至今未曾料到的事实，并且真的能够引导我们发现新的事实，深化人们对世界的理解，我们就认为它是推动科学进步的，而不是退化的。

从这个视角来看，当前的风险财政学的内核还不够清晰，内核的结构还不够稳定，其方法论与国家观还存在内部紧张，容易被其他理论攻击；其保护带还没有树立起来。风险财政学要成为一个有区分度的研究纲领，还需要大量的不懈努力。

第四，如果要做出重大的方法论贡献，它还需要调和内部的矛盾。

将方法论集体主义与方法论个体主义相融合，这是风险财政学试图要完成的任务。然而，完成这一任务并不轻松。西方配置范式财政学虽然没有类似的雄心，但它通过在市场分析中应用方法论个人主义，而在公共分析中应用方法论集体主义，以这种方式在某种程度上将二者嫁接起来，然而这种"融合"方式在市场分析和政府分析上的逻辑不一，也为其招致批评。风险财政学必须避免这样的简单连接，才能避免同样的批评。

很显然，目前风险财政学还没有找到一个更好的"融合"方式，这必然会影响到其后的具体分析。例如，这种影响在"公共风险治理"概念中就有明显的体现。用风险治理思维考虑财政问题，发挥财政在国家治理中的重要作用，这是风险财政学的一个重要主张，也是其理论逻辑的一个重要应用。但其相关分析中并未展开谈论公共风险的治理机制问题。在很多涉及相关论述的地方，这个问题是被回避的。如果关于公共风险由谁来治理、如何治理并不清楚，那么治理的效果就很难评估。而不同的方法论之下，谁就上述问题做出决策，以及评估标准是什么，都是十分不同的。所以，风险财政学还有必要将方法论问题及其应用给出更明确的阐述。

总之，我们认为财政基础理论既是中国的，也是世界的，风险财政学研究团队的系统工作，展现了中国财政理论工作者执着创新的理论追求。我们希望未来中国式现代化的成功经验和相应的财政实践能够得到进一步理论升华，并丰富财政学一般理论，为全球财政理论发展做出贡献。

参考文献

Backhaus, J. G., "Wagner R.E. From Continental Public Finance to Public Choice: Mapping Continuity", *History of Political Economy*, Vol. 37, Annual Supplement, 2005a, pp: 314-332.

Backhaus. J. G., "Wagner R.E. Continental Public Finance: Mapping and Recovering a Tradition", *Journal of Public Finance and Public Choice*, Vol. 23, 2005b, pp:43-67.

Backhouse, R. E., Cherrier, B., "The Age of the Applied Economist: the Transformation of Economics since the 1970s", *History of Political Economy*, Vol. 49（Supplement）, 2017, pp.1-33.

Buchanan J. M., *The Limits of Liberty: Between Anarchy and Leviathan*, University of Chicago Press, 1975.

Buchanan, J. M., "The Constitution of Economic Policy", *American Economic Review*, Vol. 77, No. 3, 1987, pp.243–250.

Buchanan, J. M., "Public Choice: The Origins and Development of a Research Program", http://www.gmu.edu/centers/publicchoice/pdf%20links/Booklet.pdf.

Chetty, R, Finkelstein, A., "The Changing Focus of Public Economics Research, 1980–2010", *NBER Reporter*, Vol. 1, 2012, pp:1–6.

Eecke, W. V., "In Defense of the Concept of Public Good", 2002, https://ssrn.com/abstract=350220.

Kay, J. A., King, M. A., *Radical Uncertainty: Decision-making for an Unknowable Future*, London: Bridge Street Press, 2020.

Mueller, D. C., "Public Choice: A Survey", *Journal of Economic Literature*, Vol. 14, No. 2, 1976, pp.243–250.

Musgrave, R. A., *The Theory of Public Finance: A Study in Public Economy*, New York: McGraw-Hill, 1959.

Samuelson, P. A., "The Pure Theory of Public Expenditure", *The Review of Economics and Statistics*, Vol. 36, No.4, pp:387–389.

Sandmo, A., "Uncertainty in the Theory of Public Finance", *The Geneva Risk and Insurance Review*, Vol. 35, No. 1, 2010, pp.1–18.

Stiglitz, J. E., "The Proper Role of Government in the Market Economy: The Case of the Post-COVID Recovery", *Journal of Government and Economics*, No.1, 2021, pp.1–7.

Wagner, R. E., *Fiscal Sociology and the Theory of Public Finance: An Exploratory Essay*, Edward Elgar Publishing, 2007.

刘尚希：《公共风险论》，人民出版社2018年版。

刘尚希、李成威：《现代财政论纲》，经济科学出版社2019年10月版。

张馨、杨志勇、郝联峰、袁东：《当代财政与当代财政学主流》，东北财经大学出版社2000年版。

〔美〕哈维·S.罗森、特德·盖亚：《财政学》（第十版），郭庆旺译，中国人民大学出版社2015年版。

〔法〕克里斯蒂安·施密特主编：《经济学思想中的不确定性》，刘尚希、陈曦译，人民出版社2020年版。

〔苏〕斯大林:《苏联社会主义经济问题》,中共中央马克思恩格斯列宁斯大林著作编译局译,人民出版社1958年版。

沃伦·萨缪尔斯:"经济学中的意识形态",载〔美〕西德尼·温特劳布主编:《当代经济思想:若干专论》,陈玮、张廷玉译,商务印书馆1989年版,第30—50页。

〔英〕伊姆雷·拉卡托斯:《科学研究纲领方法论》,兰征译,上海译文出版社2005年版。

〔美〕约瑟夫·熊彼特:《经济分析史(第一卷)》,朱泱等译,商务印书馆1991年版。

〔美〕詹姆斯·M.布坎南、里查德·A.马斯格雷夫:《公共财政与公共选择——两种截然对立的国家观》,类承曜译,中国财政经济出版社2000年版。

〔美〕詹姆斯·M.布坎南、M.R.弗劳尔斯[1960]:《公共财政》,赵锡军等译,中国财政经济出版社1991年版。

安体富:"关于财政学的学科属性与定位问题",《财贸经济》2016年第12期。

陈宝森:"财政基础理论应该以马克思主义为指导",《马克思主义研究》2007年第8期。

陈共:"具有中国特色的财政基础理论的形成和发展",2014年接受中国社科院学者采访时的谈话,打印稿。

陈共:"关于财政学基本理论的几点意见",《财政研究》1999年第4期。

陈共:"财政学对象的重新思考",《财政研究》2015年第4期。

陈龙:"财政政治学:研究主线、基本问题及趋向公共风险的发展",《财政研究》2021年第2期。

陈龙:"国家治理'3+1'架构下的财政能力集——基于公共风险视角的分析",《财政研究》2020年第11期。

陈曦,刘尚希:"经济学关于不确定性认知的变迁",《财政研究》2020年第7期。

程瑜:"公共风险的财政行为分析——一个行为主义视角的分析框架",《财政研究》2020年第11期。

程瑜:"从公共风险视角看财政社会学——财政社会学观点述评及理论反思",《财政研究》2021年第2期。

崔潮:"财政学三大流派与国家治理财政学建构",《地方财政研究》2018年第

3期。

邓子基:"尊重历史事实树立良好学风——致财政部科研所博士生读书组",《财政研究》2003年第3期。

邓子基:"为《国家分配论》答疑",《厦门大学学报(哲学社会科学版)》1983年第4期。

段龙龙、叶子荣:"财政本质'新国家分配论'与国家治理体系下的财政功能转型",《管理学刊》2016年第29(03)期。

樊丽明、王澍:"中国财政学研究态势——基于2006-2015年六刊发文的统计分析",《财贸经济》2016年第12期。

傅志华、陈龙:"财政本质的'多重性'与集中体现——兼论财政学的学科属性",《财政研究》2018年第8期。

陈曦、刘尚希:"经济学关于不确定性认知的变迁",《财政研究》2020年第7期。

傅志华、赵福昌、李成威等:"地方事权与支出责任划分的改革进程与问题分析——基于东部地区的调研",《财政科学》2018第3期。

高培勇:"论中国财政基础理论的创新——由'基础和支柱说'说起",《管理世界》2015年第12期。

高培勇:"论国家治理现代化框架下的财政基础理论建设",《中国社会科学》2014年第12期。

高培勇:"论中国财政基础理论的创新——由'基础和支柱说'说起",《管理世界》2015年第12期。

姜维壮:"关于确立我国财政学理论基础与财政基础理论的几点想法",《财政研究》2010年第2期。

寇铁军、赵颖:"关于几个财政基本问题的看法",《财政监督》2013年第9期。

寇铁军、钟永圣:"经济学理性主义与财政学基础理论的发展",《财政研究》2008年第7期。

李成威:"理解现代财政:公共风险的视角",《财政科学》2021年第1期。

李成威:"从公共风险视角看财政经济学——传统财政经济学观点述评",《财政研究》2021第2期。

李成威:"不确定性、虚拟理性与风险分配——公共风险视角的财政哲学",《财政研究》2020年第11期。

李俊生:"新市场财政学:旨在增强财政学解释力的新范式",《中央财经大学学报》2017年第5期。

林毅夫:"新结构经济学——重构发展经济学的框架",《经济学(季刊)》2010年第10(1)期。

刘邦驰:"论中国财政基础理论之根基",《经济学家》2001年第5期。

刘明远:"现代财政学理论体系的思考",《财政问题研究》1998年第12期。

刘尚希、隆武华、赵全厚:"论财政风险",《财政问题研究》1997年第12期。

刘尚希、史兴旺:"风险倍增:积极财政政策长期化的必然结果",《湖北财税》2002年第8期。

刘尚希、赵全厚:"政府债务:风险状况的初步分析",《管理世界》2002年第5期。

刘尚希:"论公共风险",《财政研究》1999年第9期。

刘尚希:"公共风险与财政抉择",《财贸经济》1999年第10期。

刘尚希:"中国国债市场发展中的公共风险",《当代财经》2001年第3期。

刘尚希:"一个崭新的课题:公共风险向我们走来",《中国财经报》2002年4月5日第4版。

刘尚希:"以公共风险为导向调整公共支出配置",《经济参考报》2002年4月3日第7版。

刘尚希:"财政风险:一个分析框架",《经济研究》2003年第5期。

刘尚希:"2009年财政:对冲'不确定性'",《中国财经报》2010年1月11日第4版。

刘尚希:"以公共风险为导向的改革",《中国改革》2005年第8期。

刘尚希:"论改革和发展的不确定性",载刘尚希:《公共风险论》,人民出版社2018年版,第36—54页。

刘尚希:"廊坊会议:新时代 新起点 财政基础理论研究再启航",《财政研究》2018年第6期。

刘尚希、李成威、杨德威:"财政与国家治理:基于不确定性与风险社会的逻辑",《财政研究》2018年第1期。

刘尚希:"论追求'确定性'——2008年全球金融危机的启示",《学习与探索》,2010年第4期。

刘尚希:"防范公共风险:刘尚希谈财政改革四十年的逻辑",《财经界》2018年第28期。

刘尚希:"公共风险变化:财政改革四十年的逻辑",《审计观察》2018年第6期。

刘尚希、武靖州："宏观经济政策目标应转向不确定性与风险——基于经济周期视角的思考"，《管理世界》2018年第4期。

刘尚希："以公共风险的结构和强度重塑财政政策体系"，《财政科学》2021年第3期。

刘尚希、孙喜宁："论财政政策的有效性——基于公共风险分析框架"，《财政研究》2021年第1期。

刘尚希、石英华、武靖州："公共风险视角下中央与地方财政事权划分研究"，《改革》2018年第8期。

刘尚希："财政金融协同的目标应转向公共风险管理"，《开发性金融研究》2019年第4期。

刘尚希、武靖州："不确定性与风险视角下的宏观经济政策"，《中国财经报》2018年6月5日第7版。

刘尚希："管理公共风险，财政政策的新思路"，《环球时报》2019年12月20日第15版。

刘尚希："防控公共风险应是财政政策的基本职能——财政政策需要新思路"，《北京日报》2020年2月17日第10版。

刘尚希、武靖州："风险社会背景下的财政政策转型方向研究"，《经济学动态》2021年第3期。

刘尚希、赵福昌、孙维："中国财政体制：探索与展望"，《经济研究》，2022第7期。

刘尚希、武靖州："论嵌入国家治理的财税体制改革"，《税收经济研究》2022年第2期。

刘尚希、武靖州："从国家治理视角进一步推进财税体制改革"，《国家治理》2019年第40期。

刘尚希："树立以风险为导向的预算理念"，《财政科学》2021年第1期。

刘尚希、石英华、武靖州："制度主义公共债务管理模式的失灵——基于公共风险视角的反思"，《管理世界》2017年第1期。

刘尚希："构建适应数字文明时代的新财政理论"，《山西财税》2022年第8期。

刘尚希："加强数字财政建设 为财政治理现代化赋能"，《中国财政》2022年第4期。

刘尚希："人的现代化与共同富裕"，《财政研究》2022年第11期。

刘尚希："财政对维护金融稳定的重要性"，《清华金融评论》2022年第8期。

刘尚希：“以'公共风险'为导向调整公共支出的配置范围”，《中国财政》2002年第10期。

刘尚希：“财政理论创新的几点思考”，载中国财政学会：《新时代财政理论创新探索——"泰安会议"纪实》，中国财经出版传媒集团 中国财政经济出版社2019年版，第2—42页。

刘尚希、李成威：“基于公共风险重新定义公共产品”，《财政研究》2018年第8期。

刘尚希：“地方政府性债务的风险控制要有系统思维”，《中国社会科学报》2011年8月2日第8版。

刘尚希：“地方政府性债务风险不是来自债务本身”，《中国党政干部论坛》2014年第2期。

刘尚希：“公共风险是财政改革的原动力”，《北京日报》2018年11月26日第14版。

刘尚希、武靖州：“财政改革四十年的基本动力与多维观察——基于公共风险的逻辑”，《经济纵横》2018年第11期。

刘尚希：“以'整体观、共生观、演化观'理念推进财政理论创新”，《财政科学》2017年第11期。

刘晓路、郭庆旺：“国家视角下的新中国财政基础理论变迁”，《财政研究》2017年第4期。

刘晔：“由物到人：财政学逻辑起点转变与范式重构——论时代中国特色社会主义财政理论创新”，《财政研究》2018年第8期。

罗弘毅：“公共风险视角下的国有自然资源收益分配研究”，《财政科学》2019年第3期。

吕冰洋：“国家治理财政论：从公共物品到公共秩序”，《财贸经济》2018年第6期。

马海涛、陈珊珊：“新市场财政学：批判、继承与开拓”，《经济与管理评论》，2017年第3期。

马珺：“财政学研究的不同范式及其方法论基础”，《财贸经济》2015年第7期。

马珺：“20世纪50—60年代的中国财政学：一个传统的移入与退出”，《财贸经济》2020年第4期。

齐守印：“中国特色财政学部分基础理论问题辨析”，《财政研究》2018年第8期。

王军:"公共风险视角下的所得税税制改革研究",《经济研究参考》2017年第44期。

王延杰:"我国传统财政学理论体系的解构与重建",《中央财政金融学院学报》1994年第1期。

王勇:"新结构经济学中的有为政府",《经济资料译丛》2016年第2期。

王玉玲、赵晓明:"马克思主义国家观视角下的中国财政学体系构建",《教学与研究》2018年第5期。

武靖州:"公共风险视角下财政政策目标重构与转型研究",《财政研究》2020年第11期。

武靖州:"社会主要矛盾与风险变化下的财政政策",《中国经贸导刊(理论版)》2018年第11期。

武靖州:"防范化解重大风险前提的积极财政政策转型",《改革》2017年第11期。

武靖州:"公共风险视角下财政法学基本逻辑解析",《财政研究》2021年第2期。

吴俊培:"必须重视财政基础理论的研究",《财政研究》1991年第11期。

习近平:"在哲学社会科学工作座谈会上的讲话",http://politics.people.com.cn/n1/2016/0518/c1024-28361421-2.html。2022-07-15

习近平:"高举中国特色社会主义伟大旗帜 为全面建设社会主义现代化国家而团结奋斗——在中国共产党第二十次全国代表大会上的报告",http://www.qstheory.cn/yaowen/2022-10/25/c_1129079926.htm。2023-01-10

许毅:"财政基础理论的理论基础",《财政研究》2000年第2期。

杨春学:"政府与市场关系的中国视野",《经济纵横》2018年第1期。

杨志勇:"新中国财政学70年发展的基本脉络",《财政研究》2019年第6期。

姚婧妹:"基于全球公共风险治理视角的中国'大国财政'体系化研究",《经济体制改革》2021年第1期。

张学诞、赵妤婕:"慈善捐赠缓释公共风险的作用机理及对策建议",《财政科学》2020年第7期。

中国财政科学研究院2017年"地方财政经济运行"西部调研组:"公共风险视角下的财政事权与支出责任划分——基于贵州、陕西的调研报告",《财政科学》2018年第3期。

朱军:"中国财政学基础理论创新:亟待多维视角的完美融合——科学方法、现实问题、经典文献、开放模式四要素不可或缺",《财政监督》2020年第4期。

第三章 风险财政观之实践观察

第一节 风险治理视角下财政的理论基础与分析框架

一、风险治理视角下财政的理论基础

（一）公共风险成为财政的逻辑起点

2008年美国次贷危机引发了全球性经济危机后，国际环境日趋复杂、不确定性明显增加，经济全球化出现逆流。2018年以后，中美经贸摩擦不断升级，加之新冠疫情暴发，世界经济再一次陷入衰退，我国面临的风险挑战不断增加。与此同时，第四次工业革命带来生产力发展巨变，世界政治经济规则和秩序正在重构，在带来新技术、新产品的同时，也增加了风险的来源，解构确定性的速度远远超过构建确定性的速度，人类社会已经进入风险社会。从当今社会的发展趋势来看，公共风险具有多样性、不确定性、难以预测性、全球性的特征。多样性是指公共风险不仅表现形式多，而且涉及环境、政治、社会、经济以及技术等众多领域；不确定性和难以预测性是指许多公共风险的负面影响尚无法确定，根据以往的知识或经验所进行的风险分析预测似乎正在失效；全球性是指公共风险

可以超越国界交叉蔓延，在当下的信息时代，互联网、智能手机等新媒体的广泛应用确保风险一旦产生，便以前所未有的速度在全球扩散，并在传播过程中被不断放大①。

风险是"经济、社会的稳定与发展受到损害的一种可能性"，它与危机发生的可能性相关，是不确定的事件。公共风险是宏观的、社会整体的损害结果发生的可能性，又可以称作群体性风险，个人和企业无法规避。而人们在应对公共风险时，由于信息不对称导致的逆向选择和道德风险等问题的复杂性，使得人们的反应又会引起新的不确定性，并产生叠加效应。这种反馈机制一旦形成就会自我维持并强化，进而落入"发展停滞"的陷阱之中。若无外力相助，社会自身往往难以打破这种循环而跳出发展停滞的陷阱。因此，各种不同类型和层面的不确定性是公共风险的本源，而公共风险的防范与化解只能依靠国家力量、政府政策与集体行动来实现②③。财政作为国家治理的基础和重要支柱，对防范、化解公共风险具有重要的支撑、引领、提升与保障作用，构建应对公共风险的财政体系与财政框架是我国的必经之路，从而引发大量的聚焦于公共风险视角的财政问题的研究。

（二）公共风险治理中财政的特殊作用

党的十八届三中全会指出：财政是国家治理的基础和重要支

---

① 金茜："风险社会的特征、危害及其应对"，http://www.xinhuanet.com/legal/2017-02/22/c_129490136.htm。
② 刘尚希："财政风险：一个分析框架"，《经济研究》2003年第5期。
③ 刘尚希："以公共风险的结构和强度重塑财政政策体系"，《财政科学》2021年第3期。

柱，科学的财政体制是优化资源配置、维护市场统一、促进社会公平、实现国家长治久安的制度保障。在风险社会中，不确定性是风险社会的本质，即国家治理所面临的问题本身是不确定的，风险社会中风险的复杂程度与影响范围决定其必须从国家层面来解决，国家治理的本质是公共风险治理。国家治理的逻辑是"改善社会治理结构——注入确定性——治理公共风险"[1]。在这一过程中，财政的本身特点决定了它位于经济、政治制度发挥作用、自我更替的中枢[2]。因此，财政在公共风险治理中的重要性也不言而喻。

1. 财政是公共风险的兜底者

财政作为抵御公共风险的最后防线，通过分配和转移公共风险，避免风险在某处聚集并在风险链上放大，从而达到化解公共风险的目的。从某种意义上说，这种目标的实现是将财政作为"蓄水池"、兜底者，为相关社会风险化解制度的改进争取时间。由于财政制度是灵活的、财政政策是可以随时进行调整的，其能够在不同情况、不同风险大小、不同风险持续时间下灵活调整相应的预算与政策。但财政的调节程度也有其自身的限度，如果公共风险处理不当，财政自身也会产生一定的风险，即财政风险。如今，全社会的总体目标是公共风险最小化，财政风险应是服务于公共风险治理的，因此，财政风险需要在应对公共风险时做出让步[3]。

政府作为公共主体时，其需要承担经济个体无法承担的风险。如新冠疫情、金融危机等公共风险单纯依靠个人的力量无法解决，

---

[1] 刘尚希：" 基于国家治理的财政改革新思维"，《地方财政研究》2014年第1期。

[2] 刘尚希、李成威、杨德威："财政与国家治理：基于不确定性与风险社会的逻辑"，《财政研究》2018年第1期。

[3] 同上。

财政必须发挥相应的兜底作用应对公共风险。但从实际情况来看，地方政府过于大包大揽，缺乏对风险科学的判断，无法准确区分出哪些风险由企业、家庭、个人承担，哪些由政府承担。在风险承担责任没有明确界定的前提下，政府便会承担所有风险，政府的公共责任就会定位不准，就容易出现政府越位、缺位和错位的问题①，这不仅无法应对公共风险反而会引发更大的公共风险。基于此，财政需要准确定位出其在应对公共风险时的自身职责，加快速度建立风险治理财政体系，发挥财政作为应对公共风险的"蓄水池"、兜底者的作用。例如，在新冠疫情治理期间政府的主要责任是使用财政资金为居民免费进行核酸检测、接种疫苗、疫情防控，实施相应的财政政策提高居民消费积极性、助力企业复工复产；居民的责任是主动报备、主动检测与接种；企业的责任是减少进口产品、及时并定期对产品进行核酸采样等，减少政府越位、缺位的现象，发挥财政政策的乘数效应。

2. 财政有效引导公众对风险的理性预期

在应对风险过程中，知识、技术、制度、政策、风险意识与风险理念的建立是必然之举，每种要素的存在与发展都需要财政承担相应的成本。在风险社会背景下，为更好地防范与化解公共风险，就必须提升相应的知识水平、技术水平，并将风险意识与风险理念融入财政政策、财政体制、预算编制的框架之中，这些都需要付出相应的资金成本，而这些成本自然都来自政府财政资金的支持。例如，在新冠疫情暴发初期，任何人、任何部门、任何机构都难以预测疫情持续的时间，疫苗成为避免疫情长期存在对人民生活和工作

---

① 刘尚希："树立以风险为导向的预算理念"，《财政科学》2021年第1期。

产生困扰的关键性因素，而研发疫苗不仅需要必要的知识和技术，而且需要大量的资金注入。此时，财政的作用得以显现，成为疫苗研发的经济基础与经济来源。此外，在疫情得到初步控制后，政府及时通过财政政策工具作为杠杆发挥调节经济运行的作用，例如通过发放消费券提高居民消费能力、通过给予企业财政补贴与税收优惠政策支持企业复工复产，无论是消费券还是财政补贴都是财政支出的重要构成部分，财政也因此成为应对公共风险、提高风险理性水平的基础与重要支柱。

3.财政是协调各方力量防范与应对公共风险的重要枢纽

虽然财政在防范与化解公共风险时发挥了"蓄水池"、兜底者的作用，但是单纯依靠政府的力量是远远不够的，还需要调动多方主体的积极性与能动性。财政作为国家治理的基础，是政府调动、协调各方力量的中心枢纽，在调节各种关系中发挥着基础性作用。这里的调节包括使用预算、税收政策与财政政策调节政府与市场的关系、政府与社会的关系，通过财政体制调节政府层级和政府部门之间的关系，最大程度地发挥出各方力量，以最高效率、最快速度防范与化解公共风险。例如，金融危机时期，除财政需要增加政府支出与实行结构性减税保障基本民生、带动经济复苏外，还需要金融机构、各行业企业、相关部门之间相互进行配合，防范化解经济运行中的风险隐患。新冠疫情期间，单纯依靠政府力量防范化解疫情风险是远远不够的，需要调动各类科研机构、医疗机构、企业的力量共同抗疫，其中，供电公司需要保障人们有足够的用电、供水公司需要保障居民居家隔离时有足够的水源、科研机构需要研发新冠疫苗为居民提供防护、医疗机构需要治疗新冠肺炎感染者……事实证明，由于财政积极调动了各方力量，我国有效应对了国际金融危机和重大公共卫生事件的严重冲击，避免了现代化进程因巨大的外部冲击而出现大的波折，保障了我国经济社会的平衡运行，国际地位和国际影响力显著提高。

二、风险治理视角下对财政实践的新阐释

（一）风险治理视角下财政的内涵与本质

1. 风险治理视角下财政的内涵

传统财政观从政府与市场的关系出发，推导出市场失灵，并将市场失灵作为财政学的逻辑起点。传统财政观认为经济社会是客观的、确定的、可以预测的，存在一条固定的轨迹。它将社会片面地分成政府和市场两个主体，按照二元对立的思路考虑政府与市场的关系，把政府看成与市场没有内在关系的外在主体。随着经济社会的发展和进步，我国不断地摸索政府与市场之间的关系，并正朝着政府与市场互动模式的方向演变。政府与市场的关系是基于各自功能，按照特定规则协同一致、通力合作，而判断这种合作互动模式是否正当的标准在于是否产生公共风险。在此情境下，传统的财政观显得不合时宜。

基于公共风险多样性、不确定性、难以预测性的特征，改变原有的研究思路，我们给风险治理中的财政下一个定义，即将财政作为抵御公共风险的最后防线，通过分配和转移公共风险，避免风险在某处聚集并在风险链上放大[①]，从而达到化解公共风险的目的。

---

① 李成威：“理解现代财政：公共风险的视角”，《财政科学》2021年第1期。

2. 风险治理视角下财政的本质

从公共风险治理中财政的内涵可以看出，将公共风险作为研究风险治理中财政的逻辑起点，其本质主要体现在以下两个方面。

（1）构建集体确定性

公共风险治理中财政的本质之一是构建集体确定性，在这里，我们需要明确"集体"与"确定性"这两个概念：

对于"集体"而言，主要体现在两个方面：首先，在构建新时期财政体系的相关理论中，我国有学者提出"财政血液论"，认为财政就像国家肌体中流动的血液[①]，贯穿于国家的各行业、各领域，遍布国家各分支，使国家的各方面与财政紧密相关，形成了不可分割的有机整体，也可以说，财政在国家中发挥着"牵一发而动全身"的作用。而基于公共风险视角建立财政政策的新思维，其本质应将关注点聚焦于"集体"而非"局部"，如果只关注局部的确定性，不仅会使得公共风险愈演愈烈，也会使得国家面临着解体的风险，社会就会出现严重的危机。以新冠疫情为例：在疫情暴发初期，应根据各地区风险大小判断财政发力的侧重点，以确保整个社会均有所保障。如果只将关注点放在武汉，忽视其他地区，不仅疫情得不到控制，整个国家也会面临着巨大的危机。

其次，从财政的作用点来看，财政作用于国家的方方面面，无论是经济主体还是公共主体，其所面临的风险与矛盾最终都会转化到财政上来，一旦演变成为公共风险，就需要政府去化解。基于此，风险治理中财政政策就需要以"集体"作为切入点，为国家的

---

① 李金珊、吴超："当代中国财政政治学的新知识与新实践——首届'国家治理与财政绩效'论坛述评"，http://chinaps.cass.cn/zhzhxyj/2019ndeq/202005/t20200513_5128135.shtml。

各方面、各领域注入确定性。从我国实际情况来看：党的十九大把"防范化解重大风险"放在全面建成小康社会"三大攻坚战"之首；党的十九届五中全会进一步强调，要"增强机遇意识和风险意识"，关于宏观经济治理的新思维、建立现代财税金融体制的新思路，都体现了财政需要基于"整体"的公共风险理念[①]。

对于"确定性"而言，是指在公共风险治理中财政框架需要注重防范、化解公共风险，提高对公共风险的管理能力，发挥财政的预期管理功能，通过有关政策的调整，增加确定性，减少因公共风险带来的不确定性。这里的"确定性"和以往的"确定性"不同，以往的"确定性"指的是一成不变，如"1+1=2"一样的定式，而基于公共风险视角来看，经济社会所处环境并非一成不变的。面对这个充满不确定性的社会，建立防范公共风险的财政体系的本质就是在不确定性中注入确定性，改变传统的思维模式，明确"确定性"的建立是一个动态的过程，根据公共风险的变化及时确定财政发力的方向与重点。同样以新冠疫情为例：在疫情期间，我国所面临的公共风险主要是疫情暴发风险、居民失业风险、企业倒闭风险，主要为急迫性、短期性的风险，此时财政需要灵活应对，根据公共风险的变化趋势及时采取措施，降低不确定性对国家、社会、企业、居民的干扰，增强社会信心。在疫情结束时，我国主要面临的是企业是否能够正常运转、人民的生活水平是否能够恢复到疫情之前的状态等风险，此时财政的发力重点就应该转变为经济增长、社会安定等方面，使经济的运行达到平稳的状态，为经济增长注入

[①] 刘尚希、武靖州："风险社会背景下的财政政策转型方向研究"，《经济学动态》2021年第3期。

确定性。由此可见，公共风险治理中财政的"确定性"是一个动态的过程，并非一成不变的，财政只有根据公共风险的变化，为经济社会集体不断注入确定性，才能达到及时防范与化解公共风险的目的。

（2）分配与平衡公共风险

公共风险治理中财政的本质应在于分配与平衡公共风险，并非大包大揽公共风险。具体而言，财政不应该作为公共风险的"防火员"，有问题就冲在前面，财政所起的作用应该是社会最终损失的承担者，当社会其他主体没有办法了，为避免公共风险水平上升，再由财政去兜底，而不是由财政来包办[①]。因此财政可以通过风险的分配和转移，达到分散、平衡风险的目的。从具体操作的角度来看，经济社会中主要包括两种主体，一类是经济主体，即个人与企业，一类是社会主体，即集团、民族和国家等，在这些主体中，哪个主体应承担多少风险是有一定上限的，分配公共风险时不得突破该上限，一旦突破了上限，不仅无法承担风险，反而会引发更大的公共风险，而只有财政才具有这种平衡风险的内在功能。

因此在公共风险治理的财政体系中，分配公共风险不仅会减轻财政压力，而且能够平衡风险，以确保风险不在某一个方面聚集而引发更大的公共风险。

（二）风险治理视角下财政的基本特征

1. 从实体理性到虚拟理性

"理性"是指人在正常思维状态下，为了获得预期结果，有自

---

① 刘尚希："树立以风险为导向的预算理念"，《经济与管理评论》2021年第37（01）期。

信与勇气冷静地面对现状,并快速全面了解现实,分析出多种可行性方案,再判断出最佳方案且对其有效执行的能力。而财政恰恰具有所谓的"理性",才能够积极有效地应对与化解公共风险。

传统理性以利益为基础,利益是一种摸得着、数得清的实体,因此传统理性是实体理性[①]。实体理性又包括绝对理性和有限理性,顾名思义,绝对理性是指针对过去已有的经验以及对未来的精准判断的理性,是一成不变的;而有限理性则是认为绝对理性在真正实践当中行不通,虽然理性依旧存在,但是具有一定限度,这种限度的高低与环境中的不确定性有关,不确定性越大,信息越不完全,对未来的判断越不精准,理性程度下降。有限理性对绝对理性从不确定性的角度进行了否定,但有限理性依然是一种实体理性,其虽然认为未来是不确定性的,但是这种不确定性能以概率来计算,并非真正的"不确定性"。实体理性否认"时间之矢",即承认时间可逆性,过去和未来无差别[②]。对立来看,虚拟理性将未来置于动态变化过程中,不能像实体理性一样对过去进行计算,这里的"不确定性"是真正的"不确定性"。

将财政嵌入"实体理性"与"虚拟理性"的框架中来看,传统的财政思想属于"实体理性",就是将财政放入确定的框架中,即使其中具有不确定性,但也属于可以控制的范围。而在当今社会,公共风险具有多样性、不确定性、难以预测性,其变化趋势是不确定的,僵化的制度以及固定的模式难以应对风险的变化。因此,建立应对公共风险的财政体系就应当将其嵌入"虚拟理性"的框架

[①] 李成威:"不确定性、虚拟理性与风险分配——公共风险视角的财政哲学",《财政研究》2020年第11期。

[②] 同上。

下，即未来是不确定的，哪个阶段应向哪方面发力也是不确定的，促使公共风险治理财政体系具有前瞻性思维，提升应对风险的能力，只有这样才能使财政在风险社会中根据风险的变化趋势不断地注入确定性，更加理性地面对风险社会。

2.从个人主义到集体主义

个人主义与集体主义是重要的政治学概念，其中"个人主义"是一种道德的、政治的、社会的哲学，强调个人的自由和个人的重要性，以及"自我独立的美德""个人独立"。"集体主义"是把集体利益放在第一位的思想体系，是无产阶级人生观和价值观的核心，是社会主义道德的基本原则。前文中我们提到财政风险的本质之一是构建集体确定性，其中明确了集体的内涵，即财政贯穿了经济社会的方方面面，分布于社会运行的全过程及各个领域、各个社会细胞。因此，在公共风险治理的财政框架下，只注重个人主义不仅会加剧公共风险，而且会使得整个社会面临解体的风险。公共风险的概念本就是针对集体而言的，那么公共风险治理财政体系的建立也应该基于集体主义的原则，将整个国家、社会、民族置于首位，才能最大程度发挥财政防范与化解公共风险的作用。

3.从确定性思维到风险思维

党的十九大在准确判断我国社会主要矛盾变化的同时，也更加强调防范化解公共风险。2019年习近平总书记从战略和全局的高度，分析了当前和今后一个时期我国面临的安全形势，阐明了需要着力防范化解的重大风险，对各级党委、政府和领导干部负起防范化解重大风险的政治责任提出了明确要求。其中提出了三个要求：既要高度警惕"黑天鹅"事件，也要防范"灰犀牛"事件；既要有防范风险的先手，也要有应对和化解风险挑战的高招；既要打好防范和抵御风险的有准备之战，也要打好化险为夷、转危为机的战略主动战[①]。党的二十大报告也明确要求，全党必须提高防范化解重大风险的能力，主动防范化解风险，严密防范系统性安全风险，守住不发生系统性风险的底线。由此可以看出，国家已经将建设的重点转移到防范与化解风险的角度上来，因此，公共风险治理财政体系的建立迫在眉睫。构建风险治理财政体系也可以看作构建大国财政体系，当今的中国是一个成长起来的大国，虽然利益遍及全球，但是风险也来自全球，除去平时经常讲到的国内风险外，我们还应考虑到国际风险，风险无处不在，危害无法度量。因此，风险治理中财政的建立应摒弃原有的确定性思想，转变到风险思维上，将财政框架建立的中心转移至如何化解风险、如何防范风险等问题上来。

4. 从以物为本到以人为本

现代财政是一个以人为本的体系，前文提到，中国的发展已经不仅仅局限于经济的发展或是人均生产总值的增加，而是扎实推进乡村振兴、城乡融合、生态文明、共同富裕、人类文明新形态建设以实现高质量协调发展的综合体。随着经济的发展与科技的进步，社会中的不确定性在逐渐变大，各领域都面临着巨大的公共风险。在公共风险治理中，财政是以公共风险作为逻辑起点，自然指向人、指向发展，蕴含着人本逻辑，如果将"物"作为最后的落脚点，不仅会引发更多的公共风险，而且也违背了财政的出发点。例

---

① "防范化解各领域重大风险，习近平有明确要求，" http://www.xinhuanet.com/politics/xxjxs/2019-01/22/c_1124024148.htm。

如：在应对新冠疫情期间，财政部印发了《关于有效应对新冠肺炎疫情影响切实加强地方财政"三保"工作的通知》，其中对于保工资、保运转、保基本民生出台了许多相关的财政支持政策，将最终落脚于"人"，以达到应对公共风险的目的；除此之外，我们的养老保险、医疗保险都是为人们提供安享晚年、保证医疗水平的确定性，以化解人们退休后、生病期间的风险，否则这些生活风险将给整个社会带来巨大的风险隐患……因此只有将风险预算框架转变为"以人为本"，才能够高效应对公共风险。

三、风险治理视角下财政实践的分析框架

（一）风险治理视角下财政改革的新思维

当前我国财政体系在应对公共风险时仍然存在较多缺陷，目前仍然主要以确定性思维来解决公共风险问题，风险财政观尚未形成。因此，需要构建符合我国当前经济发展实际、能够防范与化解公共风险的财政体系。

第一，对未来的不确定性进行预期。风险预期可以使政府对未来可能发生的事情有大致的了解，对接下来风险可能发生的变化有更加清晰的认识[1]，而不是随时猜测下一阶段的困境是什么，避免风险来临时猝不及防，不能及时采取相应措施从而引发更大的公共风险。由于风险既是现实存在的，又是虚拟的，能够感觉得到，但又像风一样，看不见摸不着。因此，风险治理财政体系的建设需要构

---

[1] 刘尚希、李成威、杨德威："财政与国家治理：基于不确定性与风险社会的逻辑"，《财政研究》2018年第1期。

建较为详尽的风险情境图，对未来的风险形成基本的判断，为应对突发事件或突发风险做好准备，将风险评估贯穿于风险治理视角下财政实践的分析框架建设全过程当中。

第二，密切关注国家治理中不断出现的动态变化[①]。许多短期变化大多是可以预期的，而长期变化是在短期变化基础上产生的，二者之间相互影响，相互关联。在此基础之上，制定相应的财政政策并及时进行调整。具体来说，政府需要决定每个阶段的财政政策，并确定每项财政政策能够持续多久、何时需要退出、是否与政策目标相契合等。以新冠疫情为例，我国新冠疫情在大规模暴发后经历大约半年的时间得到有效控制，此时财政的发力重点应为控制疫情、生产短缺的抗疫物资；随后虽然只是局部地区小范围爆发，但可以预期的是可能出现停工停产、居民失业、经济下滑等一系列长期性公共风险，此时财政发力的重点应放在助力企业发展、提高居民消费积极性、带动经济发展，即根据国家治理与经济社会发展出现的变化采取相应的措施，发力重点不断调整，不合时宜的政策及时退出，保证财政压力在可承受范围的前提下，基于不同时期政策目标及时应对风险。

第三，构建风险应对的财政实践分析框架。风险治理视角下财政实践分析框架的构建还需要重新构建财政体制、预算体系、财政政策、债务治理、大国财政框架，即在财政制度中明确风险最小化目标下各级政府事权和支出责任划分原则、政府间收入划分原则以及政府间转移支付的基本原则，建立基于风险分配的财政体制；预

[①] 刘尚希、李成威、杨德威：“财政与国家治理：基于不确定性与风险社会的逻辑”，《财政研究》2018年第1期。

算体系中需要构建风险预算，引入零基预算、灵活运用中长期预算、重构预算绩效管理体系；在财政政策方面，需要构建风险视角下的减税降费政策体系，结合风险社会的背景，重新思考减税降费政策对政府和企业的影响；在债务治理中，要权衡财政风险、债务风险与公共风险之间的关系，以最小化的财政风险最大程度上解决公共风险；在大国财政构建当中，要树立全球公共风险意识，发挥大国优势，参与全球公共风险治理。在实践中构建基于风险的分析框架需要一定的灵活性与适应性，每一步制定与计划的过程需要创造性，不能拘泥于严谨的、缺乏灵活性的组织过程。由于基于风险的财政实践分析框架不可能减少所有的不确定性，因此需要风险治理视角下的财政实践体系不断进行探索与权衡，在不确定性中寻找出一条具有较高确定性的道路，恰当使用财政政策应对公共风险，增加确定性。下文中我们将分别介绍风险治理视角下的财政体制、风险预算、减税降费政策、债务治理体系、大国财政体系构建，将风险财政观有效置入财政管理的全过程，为防范与化解公共风险奠定坚实的基础。

对未来的不确定性进行预期 → 密切关注国家治理中不断出现的动态变化 → 构建风险应对的财政实践分析框架

基于风险分配的财政体制改革 → 风险预算与预算风险 → 基于风险化解的减税降费政策 → 风险权衡下的地方政府债务治理 → 大国财政与全球公共风险治量

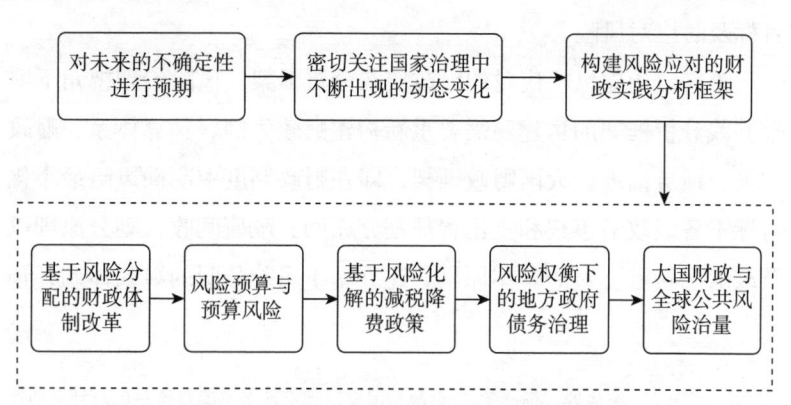

图3-1　风险治理视角下的财政实践分析框架

（二）风险治理视角下财政实践的研究内容

在风险社会中，不确定性是风险社会的本质，即国家治理所面临的问题本身是不确定的，风险社会中风险的复杂程度与影响范围决定其必须从国家层面来解决，国家治理的本质是公共风险治理。国家治理的逻辑是"改善社会治理结构——注入确定性——治理公共风险"[①][②]。在这一过程中，财政本身的特点决定了它位于经济、政治制度发挥作用、自我更替的中枢[③]。因此，财政在治理公共风险中的重要性也不言而喻。

1.基于风险分配的财政体制改革

改革开放以来，我国财政体制经过多次改革，包括分税制财政体制改革、事权与支出责任划分改革、政府间收入划分改革、政府间转移支付制度改革等，财政体制不断完善，积累了丰富的经验。党的十九大报告提出要"加快建立现代财政制度，建立权责清晰、财力协调、区域均衡的中央和地方财政关系"的新要求。当今社会已进入风险社会，"黑天鹅"式的危机事件频发，如何在政府间合理分配公共风险，完善政府间事权和支出责任划分、收入划分以及转移支付制度，推动财政体制改革逐渐成为公共风险治理的关键性因素。

从公共风险的角度来看，我国财政体制仍然存在财政事权划分不够清晰使地方政府没有成为完整的风险责任主体、从而不利于提

---

① 刘尚希、李成威、杨德威："财政与国家治理：基于不确定性与风险社会的逻辑"，《财政研究》2018年第1期。

② 刘尚希："基于国家治理的财政改革新思维"，《地方财政研究》2014年第1期。

③ 刘尚希、李成威、杨德威："财政与国家治理：基于不确定性与风险社会的逻辑"，《财政研究》2018年第1期。

高地方政府的风险意识、弱化了政府应对公共风险的能力等问题。因此，基于空间财政理论和风险最小化原则，重新审视我国财政体制存在的问题，对完善我国不同层级以及不同辖区政府间事权与支出责任划分、收入划分和转移支付制度具有重要意义。

2. 双重主体假定下的风险预算与预算风险

在现代社会，政府是一个双重主体，它既是一个经济主体，也是一个公共主体（社会主体）。从公共主体角度出发，政府常常作为政策制定者、公共风险兜底者。当今社会我们所面临的风险众多，除了前文所述的金融危机与新冠疫情累加导致严重的内在风险与外在风险之外，经济运行与社会发展过程中产生的风险同样也构成了我们生存与发展的巨大障碍，风险无处不在、危害无法度量，社会、公众、企业都无法回避。政府作为公共主体，既需要抵御公共风险也需要防范财政风险，在某个情境之下适度提高财政风险以规避大范围公共风险可能成为风险社会的必然选择，而建立以风险为导向的预算是政府在公共风险与财政风险之间进行适度权衡的重要工具与有力保障。基于此，便产生了风险预算。

政府作为一般的经济主体时，与个人、企业、居民性质相同，同样要面临可能发生的风险。而政府作为特殊的经济主体，同样需要面临许多风险，预算风险则是政府所面临的财政风险中的主要组成部分。因此政府需要兼顾其作为公共主体与经济主体所需要承担的责任，即政府既需要考虑如何用预算风险对冲公共风险，又需要考虑如何在预算编制、执行、监督、绩效管理过程中尽最大可能减少预算风险，将二者进行综合考量，实现二者之间的动态平衡，最终做出正确的决策。

3. 基于风险化解的减税降费政策

减税降费政策不仅仅是短期逆周期调节的政策举措，而且聚焦于长期国民经济的发展；是以满足人民日益增长的美好生活需要、实现高质量发展为最终目标；是以防范我国进入新时代后可能会面临的各类公共风险为重要目标。减税降费政策以降成本为主要目标，循着供给侧结构性改革这条主线，不仅要以降低企业成本为主要着眼点，而且要以降低企业的生产经营成本为重心，使经济转入高质量发展新阶段。

减税降费政策通过降低企业税费负担，为企业纾困解难，激发市场活力，为经济发展注入确定性，帮助企业提高应对风险的能力。尤其是2020年新冠疫情暴发时期，减税降费政策与中央地方各级政府出台的系列扶持政策有机结合，在短期内降低了企业成本，及时稳住了企业预期、提振了企业信心，使大部分实体企业迅速恢复了良好态势，生产经营全面步入正轨，为市场主体活力和经济长期发展注入后劲力量。

4. 风险权衡下的地方政府债务治理

国家发展的不同阶段面对的不确定因素是不同的，正所谓在经济发展不同阶段国家采取的财政收入支出政策也是不同的。在现代社会中，国家治理的本质是公共风险治理[①]，为经济社会发展注入确定性。政府通过财政政策调节财政收入和支出，为国家治理注入确定性，保证经济社会的平稳运行，防范化解公共风险。因此，金融风险、经济风险等公共风险通常首先表现为财政风险。

政府作为公共主体有义务承担公共责任，面对公共风险时这种

---

① 刘尚希：《公共风险论》，人民出版社2018年版，第300页。

道义上的公共责任是无限的，政府不断地将公共风险转移到财政风险，财政支出不断扩大，而公共风险的预期会使财政收入不断减少，当财政支出规模超出政府的承受能力时，政府通常会通过借债来弥补财政赤字，财政风险逐渐向债务风险转移。债务风险是政府作为经济主体参与到市场活动中所要承担的一类风险，也可以说是前述的预算风险中的一种。当政府债务规模超过政府偿债能力时，政府债务风险会上升，不仅会制约财政运转能力，而且会进一步向公共风险外溢。

5.大国财政参与国际公共风险治理

党的二十大报告中明确指出："当前，世界之变、时代之变、历史之变正以前所未有的方式展开，机遇与挑战并存，一方面，和平、发展、合作、共赢的历史潮流不可阻挡，人心所向、大势所趋决定了人类前途终归光明。另一方面，恃强凌弱、巧取豪夺、零和博弈等霸权霸道霸凌行径危害深重，和平赤字、发展赤字、安全赤字、治理赤字加重，人类社会面临前所未有的挑战。"

近十年来随着我国经济实力、综合国力的增强，中国慢慢走到世界舞台中央，积极参与全球治理，为处理国际化事务出谋划策贡献中国智慧，逐渐形成一系列具有中国特色的共同发展的理念、方案，得到多数国家的认可、支持。中国展现出作为一个发展中大国愿意为国际社会承担更大责任的积极形象，充分弘扬大国风范。在公共风险不断蔓延的新时期，我国通过建立"大国财政"，参与全球治理、应对全球公共风险是贡献中国力量的必然选择。

（三）风险治理视角下财政实践的研究方法

风险治理视角下财政实践分析框架的建立是当今社会应对与化

解公共风险的必经之路，风险治理财政实践的研究方法可以在传统财政学研究方法的基础上进行更新，本文主要从以下两种方法入手简要介绍：

1. 最小风险法

在风险社会和风险经济中，经济社会形态已经由过去传统观点认为的确定性的、有规律的运行形态转化为一种不确定性的运行形态。当不确定性风险成为基本特征，我们思考问题的逻辑起点也要发生改变，即从确定性思维中抽离出来，将不确定性和风险作为思考的起点。在实践中，政府通过财政政策调节财政收入和支出，为国家治理注入确定性，保证经济社会的平稳运行，防范化解公共风险。因此，金融风险、经济风险等公共风险通常会转化为财政风险。基于此，在风险社会中也存在另一种分析问题的思路，即评估防范化解公共风险的成效的关键点在于综合风险的最小化。在最小风险法思维的引导下，公共风险与财政风险的转化过程中要尽可能地降低社会总风险。

2. 辩证唯物主义研究方法

辩证唯物主义认为，"事物都是一分为二的"。它揭示了事物发展的根本原因在于事物内部的矛盾性。事物矛盾双方又统一又斗争，促使事物不断地由低级向高级发展。风险治理财政实践研究中可以将辩证唯物主义研究方法嵌入其中。本文主要介绍主观与客观相结合、绝对与相对相结合的研究方法。

（1）主观与客观相结合

主观是指凭借自己的观点。未经分析推算，下结论、决策和行为反应，暂时不能与其他不同看法的人仔细商讨，称为主观。客观是指意识之外，不依赖精神而存在的，不以人的意志为转移的。在风险治理财政实践的研究中,既需要主观判断也需要客观事实的支撑。具体而言,在建立应对公共风险的财政框架时,财政的发力点需要跟随公共风险的变动情况及时进行调整,以化解公共风险,此时体现的是客观性,即风险的大小是不以人的意志为转移的;研究风险治理财政实践时,除了需要研究财政相关政策、工具等如何跟随风险的变动而变动外,还需要对未来的风险形势进行预判,以确保财政可以为未来的不确定性中注入确定性,这里就需要主观性,即对未来形势进行预判,此时需要研究者主观上进行判断,凭借自己的观点对未来风险的走向下结论。因此研究风险治理财政实践时既需要主观性也需要客观性,才能够深入研究风险治理财政实践。

(2)绝对与相对相结合

马克思主义哲学认为,世界上一切事物既包含有相对的方面,又包含有绝对的方面,任何事物都既是绝对的,又是相对的。宇宙中的各个具体事物和每个具体过程都是有条件的、有限的、相对的,而整个宇宙的存在和发展又是无条件的、无限的、绝对的,绝对和相对的关系,是辩证的统一。二者之间既互相区别又互相联结。在研究风险治理财政实践时,可以使用绝对与相对相结合的方法,具体来看,由于风险治理财政实践是基于应对公共风险的视角所建立的,因此,风险社会的存在是绝对的、建立相应的财政框架以应对公共风险是绝对的、风险在不断变化也是绝对的;而相对性则体现在我们在研究风险治理财政实践时对于许多问题的了解是有限度的,需要根据形势的发展趋势进一步丰富与拓展,例如:公共风险未来的发展趋势如何、财政在应对与化解未来公共风险时的发力重点应向哪些方向倾斜、某些政策在应对预期公共风险时是否有效等问题。因此将绝对与相对相结合,既能够对已有风险进行正确的判断，又为许多问题留下研究空间，逐步摸清公共风险的发展趋势，从而建立完善的风险治理视角下财政实践的分析框架。

第二节　基于风险分配的财政体制改革

财政是国家治理的基础和重要支柱，财政体制改革在全面深化改革中具有"牵一发而动全身"的作用。党的十八届三中全会提出要"深化财税体制改革，建立现代财政制度"，要"建立事权和支出责任相适应的财政体制"，党的十九大报告进一步提出要"加快建立现代财政制度，建立权责清晰、财力协调、区域均衡的中央和地方财政关系"，党的二十大报告强调要"健全现代预算制度，优化税制结构，完善财政转移支付体系"。关于财政体制改革，理论界诸多专家学者进行了较为深入的探讨，实践界也出台了较多的关于政府间事权和支出责任划分、收入划分以及转移支付制度完善的意见，本章试图从公共风险的角度重新梳理我国财政体制改革的实践历程，重新审视我国现行财政体制所存在的问题，并且基于空间财政理论和风险最小化的原则提出完善我国政府间财政关系的相关政策建议。

一、我国1994年以来的财政体制改革实践

（一）分税制财政体制改革——重塑风险分担机制

改革开放之初，为解决最基本的生存风险，财政改革先行先试，通过财政改革优化国民经济重大结构比例的同时，也调动了各

类经济主体的积极性①。随着改革的逐步推进，我国确立了市场化改革的方向，1994年分税制财政体制改革构筑了社会主义市场经济体制运行之基，促进了市场主体发展，营造了公平竞争环境，搭建了市场经济所需的宏观调控体制框架，有助于全国统一大市场的形成。政府间财政关系实现了从行政性分权向经济性分权的跨越，基本告别了按企业行政隶属关系划分财政收入的历史，保证了企业无论与中央政府还是与地方政府无亲疏之分，实现法律意义上的平等稽征。此次改革让居民、企业和地方政府都成为真正的利益主体，资源配置改善、经济效率提高，经济蛋糕做大，从整体上降低了经济社会的风险。市场化的分权改革，也同时分散了责任和风险。

（二）事权与支出责任划分改革——强化风险量能负担

2014年6月30日，中共中央政治局会议审议通过《深化财税体制改革总体方案》，方案指出，要调整中央和地方政府间财政关系，在保持中央和地方收入格局大体稳定的前提下，进一步理顺中央和地方收入划分，合理划分政府间事权和支出责任，促进权力和责任、办事和花钱相统一，建立事权和支出责任相适应的制度。

2016年8月《国务院关于推进中央与地方财政事权和支出责任划分改革的指导意见》（国发〔2016〕49号）明确了财政事权和支出责任的划分原则，该指导意见提出按照"谁的财政事权谁承担支出责任"的原则来确定各级政府支出责任，同时指出要推进中央与地方财政事权划分，包括适度加强中央的财政事权、保障地方履行

---

① 刘尚希、武靖州："财政改革四十年的基本动力与多维观察——基于公共风险的逻辑"，《经济纵横》2018年第11期。

财政事权、减少并规范中央与地方共同财政事权、建立财政事权划分动态调整机制；要完善中央与地方支出责任划分，包括中央的财政事权由中央承担支出责任、地方的财政事权由地方承担支出责任、中央与地方共同财政事权区分情况划分支出责任；要加快省以下财政事权与支出责任划分。

在上述指导意见颁布后，2018—2020年国务院办公厅相继发布基本公共服务、医疗卫生、科技、教育、交通运输、生态环境、公共文化、自然资源和应急救援等领域中央与地方政府财政事权和支出责任划分的改革方案，进一步明确了央地财政事权与支出责任的划分方式。

2022年6月，《国务院办公厅关于进一步推进省以下财政体制改革工作的指导意见》（国办发〔2022〕20号）加快了省以下财政体制改革进程，指导意见明确指出要清晰界定省以下财政事权和支出责任，即省本级与市县各级政府各自应承担的财政事权和支出责任[①]。

从以上关于政府间事权与支出责任划分改革实践中可以看出，权责清晰、事权与支出责任相适应是新时代财政事权与支出责任划分改革的目标，在具体划分过程中则充分体现了风险最小化的原则，适度加强中央财政事权有利于促进基本公共服务均等化，避免区域间公共服务差异较大引致的两极分化风险，保障地方履行财政事权有利于增强地方政府的风险责任意识，减少并规范中央与地方共同财政事权有助于防范化解公共风险，建立财政事权动态调整机

---

① 马骁、王平、周克清："新时代财政体制改革的重要成就与基本经验"，《财政研究》2022年第474（08）期。

制则更好地适应了公共风险变化的特征。

(三)政府间收入划分改革——降低地方财政风险

2016年5月,"营改增"在全国全面推开,原本属于地方政府收入来源的营业税改成了央地共享的增值税,导致地方政府财政收入锐减,地方政府财政风险也急剧扩大。

为此,2016年《国务院关于印发全面推开营改增试点后调整中央与地方增值税收入划分过渡方案的通知》规定,中央分享增值税的50%,地方政府按税收缴纳地分享增值税的50%。2019年10月9日,国务院正式印发《实施更大规模减税降费后调整中央与地方收入划分改革推进方案》(以下简称推进方案),推进方案明确提出继续保持增值税的"五五分享"方案,巩固增值税"五五分享"等收入划分改革成果。在该方案中,国务院还调整和完善了增值税留抵退税分担机制,推进方案要求,增值税留抵退税地方分担的部分(50%),由企业所在地全部负担(50%)调整为先负担15%,其余35%暂由企业所在地一并垫付,再由各地按上年增值税分享额占比均衡分担,垫付多于应分担的部分,由中央财政按月向企业所在地省级财政调库。推进方案同时要求合理确定省级以下退税分担机制,切实减轻基层财政压力。

同时,在其他税种划分上,收入也进一步向地方政府倾斜。2016年5月,财政部和国家税务总局联合发布《财政部 国家税务总局关于全面推进资源税改革的通知》,在河北省开始试点水资源税改革;2017年,水资源税改革试点扩大到北京等9个省(自治区、直辖市)。水资源税试点产生的税收收入全部归地方政府所有,扩大了地方政府财政收入来源。2018年1月,正式实施的《中华人民共和国环境保护税法》规定，环境保护税的税收收入全部归地方政府所有。2019年《实施更大规模减税降费后调整中央与地方收入划分改革推进方案》要求在征管可控的前提下，将部分在生产（进口）环节征收的消费税品目逐步后移至批发或零售环节征收，并将其收入逐步下划给地方政府，拓展地方收入来源。

（四）政府间转移支付制度改革——降低效率损失

2014年8月，全国人大常委会通过《中华人民共和国预算法》（修订案）第十六条指出，国家实行财政转移支付制度。财政转移支付应当规范、公平、公开，以推进地区间基本公共服务均等化为主要目标。财政转移支付以为均衡地区间基本财力、由下级政府统筹安排使用的一般性转移支付为主体。上级政府在安排专项转移支付时，不得要求下级政府承担配套资金。

2015年2月国务院印发了《关于改革和完善中央对地方转移支付制度的意见》（以下简称意见），针对中央和地方转移支付制度存在的问题和不足，提出了改革和完善转移支付制度的指导思想、基本原则和主要措施。《意见》指出，改革和完善转移支付制度，应围绕建立现代财政制度，以推进地区间基本公共服务均等化为主要目标，加强转移支付管理，充分发挥中央和地方两个积极性，促进经济社会持续健康发展，并遵循加强顶层设计、合理划分事权、清理整合规范、市场调节为主、规范资金管理五条基本原则。在具体措施中提出了要逐步形成以一般性转移支付为主体，一般性转移支付和专项转移支付相结合的转移支付制度，从严控制专项转移支付。同年《财政部关于印发〈中央对地方专项转移支付管理办法〉的通知》对专项转移支付的设立和调整建立严格的标准和程序。

为提高转移支付资金的使用效率,更有效地抗击新冠疫情,2020年建立了中央财政资金直达机制。2022年4月,《财政部关于印发〈中央对地方均衡性转移支付办法〉的通知》(以下简称通知)进一步明确了均衡性转移支付规模的增长机制及相关要求,通知指出,中央财政建立均衡性转移支付规模稳定增长机制,确保均衡性转移支付增幅高于转移支付的总体增幅,均衡性转移支付资金取决于财政收支的客观因素,通知给出了具体的计算方法,同时也给出了一般公共服务、公共安全、教育、文化旅游体育与传媒、卫生健康、节能环保、城乡社区、农业农村等标准财政支出的计算方法。

可以看出,随着改革的逐步推进,政府间转移支付制度逐渐规范化、透明化和法治化,更加注重公平、均衡和资金使用的效率,更加突出转移支付促进基本公共服务均等化的目标。

二、公共风险治理的政府间分工与合作

(一) 理论基础

1. 空间财政理论

空间财政一般而言是指一定地域内的财政行为主体之间基于空间依赖关系而产生的财政资源跨辖区配置活动以及对这些活动进行规制协调的统称[①]。空间财政理论主要研究财政资源的空间配置和财政经济活动的区位选择,探讨财政如何影响区域经济发展,进一步解释当前的资源配置出现无序竞争状态的成因,进而寻找

---

① 温馨:《空间财政问题研究》,东北财经大学博士论文,2015。

运用财政手段调控区域经济发展的有效路径[①]。基于风险研究财政体制改革离不开空间概念，生产要素在不同地域空间的流动意味着税源发生转移、税基产生变化、风险发生转移，而同层级辖区政府甚至是上下级政府之间基于绩效考核等激励机制以及风险最小化等基本原则必然会进行财政收支博弈，只不过在横向或纵向、显性或隐性上存在不同程度的差异，无论是西方还是中国，只要存在事权、财权与支出责任之间的划分，就会存在风险在不同地域空间、不同财政主体之间的转移，进而出现不同地域空间、不同财政行为的策略互动。

空间财政是国家治理结构在空间维度上的反映，是空间属性在财政上的映射。从空间层次来看，我国有两个层次的空间财政：全国和地方，也是我们平常理解的中央与地方，两个层次的空间就产生了横向与纵向的空间关系。从财政体制要素组合结果来看，空间财政分为全国财政体制和地方不同空间单元的财政体制[②]。全国财政体制是统一的，基于空间均质性假设，如事权划分、财权划分是全国统一的一盘棋。地方区域性财政体制是基于非均质性假设，各地因地制宜，各不相同。

当前，我国空间财政的核心问题是财政体制要素的空间属性，即事权、财权、财力和能力，在不同层次、不同类型和不同单元空间的分布、组合、互动、数量和质量特征及其变迁。财政风险的空间传递路径是不确定的。其中横向的传递主要是在空间类型之间，如发达地区和不发达地区处于不同的空间类型，包括经济空间和社

[①] 刘寒波："空间财政理论：研究方法、核心命题与主要内容"，《中国财政》2012年第20期。

[②] 刘尚希："关于空间财政的几点理论思考"，《财政科学》2022年第12期。

会空间都不一样。纵向传递是上下层次空间的传递，即风险也可以在两个层次的空间传递，如地方区域的风险可以由中央承担，也可以相反。所以风险的空间传递路径具有不确定性。不同的风险处于不同的空间，但任何空间的风险都可以在不同空间层次、不同空间类型和不同空间单元之间传递、扩散、叠加和转化。这给风险识别和风险监测带来了极大的复杂性。

因此，必须要在"大权独揽"，维护国家统一的前提之下，进行"小权分散"，通过在纵向上设立多层级的政府结构，赋予多级地方政府适当的权利，履行部分的国家治理职责，将风险进行适当的分配，让每一级政府都成为风险的主体，只有这样才能确保财政内部这种错综复杂的分配活动有序、有效地进行，进而有效识别和预防风险。

2.风险权衡原理

风险权衡原理是指通过考虑风险的可能性和影响来对其加以分析，并以此作为决定如何进行管理的依据。从风险权衡原理的角度观察，财政风险和公共风险之间存在着风险权衡，中央财政风险与地方财政风险之间也存在着风险权衡，继而如何合理权衡各种风险以及怎样处理多重目标之间的风险关系，成为当今财政体制改革面临的新课题。简单来说，就是要在财政风险和公共风险、中央财政风险与地方财政风险之间进行权衡，寻找一个更加合理、更加安全的风险组合方式。这个组合不是一成不变的，而是应该随财政风险与公共风险之间的权衡结果而改变。这也决定了财政体制优化政策必须根据风险的特征、强度及其构成进行相机调整。

（二）当前财政体制应对公共风险的弊端

1.财政事权划分不够清晰不利于增强地方政府的风险意识

1994年的分税制改革对我国政府间的收入进行了划分，打破了原有的"利益大锅饭"，使得企业与居民都有了越来越强的风险意识，但这一改革较少涉及政府间事权的划分，对各级政府风险责任的界定也较为模糊，甚至部分领域尚没有界定，仍在吃"风险大锅饭"。政府间事权划分不够清晰主要表现在应该交给中央负责的事务交给了地方处理，中央与地方的职责重叠，中央负责的事项管理不到位等。事权划分不清，支出责任也无法落实，在我国，中央政府拥有大部分财政事权的决策权，地方政府只是政策的执行者，虽然近些年来事权与支出责任划分已经做出了一些改革，但这个问题并未彻底解决。在事权尚未划分清晰的情况下，我国地方政府尤其是基层政府基于属地责任，不仅承担了大部分公共服务的供给责任，还包揽了很多应急性、突发性的公共服务供给，并履行了相应的支出责任（在支出责任方面，地方政府财政支出占全国财政支出的比重高达80%以上），但由此带来的财力缺口，多寄希望于上级政府解决[①]，地方政府在执行中央决策时往往缺乏风险意识，按照"谁决策，谁负责"的基本原则，中央政府对执行的结果负责是地方政府存在的公共风险由中央政府进行兜底的主要原因。

2.财政事权划分相对分散弱化了政府应对公共风险的能力

在现代社会，风险具有高度复合性和复杂性以及分散性等特征，公共风险涉及的利益相关者不唯一，甚至由多个主体共同分

[①] 刘尚希、石英华、武靖州："公共风险视角下中央与地方财政事权划分研究"，《改革》2018年第294（08）期。

担，风险所涉及的责任主体越多，就越会存在"搭便车"的现象，每个责任主体试图逃避自己应该承担的风险和责任，将责任推到别人身上，责任难以落实最终导致风险的暴露和风险损害的发生。我国现行的财政事权划分也存在责任主体较多和风险较为分散的问题，我国财政事权结构呈现"正三角形"的格局，即中央及地方政府的独立事权较少，共同事权较多[①]。共同事权又由中央及地方各级政府共同承担，特定事权分散在多级政府，由多级政府履行支出责任。理论上来讲，中央与地方政府在各自事权范围内履行公共服务供给职责，都是在防范和化解风险。但由于现行财政事权划分过于分散，没有有效地实现"激励相容"，特定时期特定情况下，公共风险越大的地方反而越能得到中央政府的支持，一定程度上造成了逆向激励，导致"搭便车"的现象更为严重。与东部地区相比，当前中西部地区正处于工业化与城镇化快速推进的阶段，举债需求非常大，而近年来地方债务管理的规范化限制了地方政府的举债需求，一些地区甚至为没能抓住地方债务管理疏松期大规模举债来推动地方经济快速发展而感到惋惜。另一方面，在逆向激励下，地方政府仍然倾向于以扩大财政风险来应对公共风险，并在"中央兜底"的预期下以扩大财政风险作为与中央政府博弈的因素。

3.现行财政体制下地方政府没有成为完整的风险责任主体

随着市场经济体制的建立和完善，过去计划经济体制下由政府包揽公共风险和大部分私人风险的情况已不复存在，政府与市场的关系逐渐理顺，在风险与收益对称的原则下，大部分的私人风险由

---

① 刘尚希、石英华、武靖州："公共风险视角下中央与地方财政事权划分研究"，《改革》2018年第294（08）期。

企业和居民个人承担，政府主要承担公共风险，但由于中央与地方政府间的财政事权关系不十分明确，政府间的风险责任分配不平衡。地方政府财政支出责任较大，但很多领域的风险责任由中央政府兜底。近年来，地方政府债务逐渐积累，一些基层政府甚至将办公楼作为抵押进行借债，调研中也发现，截至2016年年末，某省所有县级单位承担的地方政府性债务规模占全省政府性债务总规模的近一半，而且由于前期没有硬性的举债约束，各县（区）通过显性或隐性的方式融资，负担着较重的债务压力，而债务的到期偿还势必会增加各县经济可持续发展的难度，贵州某县级市2017年预计还本付息53亿元，仅靠公共财政或政府性基金难以承受[①]，地方财政风险急剧加大，但是由于存在中央政府兜底的预期，地方政府对于债务风险的管控并不如中央政府那么积极。在对待金融风险方面，也存在中央与地方政策松紧尺度不一的现象。而在经济下行时期，地方政府风险责任主体的不完整，使得一系列防范风险政策措施难以充分发挥其效用[②]。

（三）基于综合风险最小化目标划分各级政府事权和支出责任的基本原则

1. 风险决策原则

依据风险在事权要素中的来源，决策权中的风险要远远大于执

---

① 中国财政科学研究院2017年"地方财政经济运行"西部调研组："公共风险视角下的财政事权与支出责任划分——基于贵州、陕西的调研报告"，《财政科学》2018年第3期。

② 刘尚希、石英华、武靖州："公共风险视角下中央与地方财政事权划分研究"，《改革》2018年第294（08）页。

行与监督中的风险。事权结构特征使地方政府有了中央政府兜底所有公共风险的预期。公共风险最小化目标下事权划分的风险决策原则，是指哪级政府决策更有利于实现公共风险最小化的目标，公共事务的决策权限就归于哪一级政府。全国性的公共事务决策，只有中央政府能够有效控制，决策权就应当归于中央；省域范围内跨地市的公共事务决策，就不能由地市分散决策，而应由省级政府负责。这就意味着，在我国单一制的国家结构下，中央政府要承担更多的决策权限，同时应根据风险的变化适当向地方政府放权。

2.风险分担原则

只有解决了由哪些主体来共同承担风险、承担哪些风险以及多少风险，才能在风险管理中清晰划分各利益相关者的权利与职责，并建立相应的激励与约束机制，使相关各方在风险应对中找到自己的定位，从而将预防、规避、减少风险提上议程。传统风险往往是非人为和不可抗力所造成的，而现代公共风险则多与人类的决策和行为有关，其中暗含的责任和义务问题就不可避免地产生了。但要将制造风险的人与那些不得不承受后果的人彻底分开，实际上是不可能做到的，因为各种条件之间的关系错综复杂，导致制造风险的责任难以确定。从科学和法律意义上看，对风险责任主体的界定应该按照因果关系的原则来进行，如"谁污染、谁治理"，而财政事权划分是科学分配风险责任的顶层设计。风险管理的根本原则是实现风险-权力-责任三者的统一，在我国现行行政管理体制框架之下，三者的统一要求在财政事权划分时充分考虑防范和化解公共风险的需要，从根本上明确各级政府风险责任的界限。针对不同类型的公共风险，应由不同层级的政府来分担。以教育为例，基础教育、职业教育、高等教育缺失引发的公共风险是不同的，基础教育缺失引发的经济社会风险最大,应当由更高层级政府分担此项风险。分担风险是不同层级政府履行事权的过程,最终体现为相应级次政府的支出责任,支出责任划分的背后是风险分担。这一原则可进一步延伸到横向的风险分担,如PPP模式,就是相应级次政府与社会资本合作,通过分担风险的方式来提供公共服务。

3. 风险匹配原则

公共风险是复杂的,而现代公共风险更体现了这一特征,越来越多的公共风险不再是传统的工业化物质生产过程中所产生的,而是来自技术进步。这意味着风险管理的专业性不是减少了,而是大大增加了。现代社会分工日益精细,专业化水平不断提升,要有效控制风险,必须把风险匹配给最适宜的一级政府。从风险识别、风险防范,到风险处置,不同层级政府的能力是不同的,有效的匹配才可以最有效地控制风险。例如,教育的可获得性风险(是否上得起学),应由较高层次政府来承担;而教育的可及性风险(是否有学上),则可交给较低层次政府承担。

(四)基于地方财政风险最小化目标划分政府间收入的基本原则

1. 收入划分与支出责任相匹配

事权、支出责任和收入划分是一个相互贯通的链条,其中事权是起点,支出责任是联结点,最终落脚点则是收入划分,事权划分与支出责任划分相适应的实质是收入划分与支出责任划分之间的匹配,要合理规划政府间事权与支出责任,就必须通盘考虑收入划分的支撑结构,收入划分和支出责任划分之间有着内在的紧密联系,其中收入划分会决定支出责任履行程度,支出责任又反过来作为收入划分的基本依据。如果中央以下各级政府无法控制自身的收入来源,同时又要承担过多的财政事权,那么中央以下各级政府就会寄希望于上级政府的拨款,对上级政府财政转移支付的依赖削弱了地方政府采取理性财政行为的激励,势必加大地方政府的财政风险。因此为减少地方政府财政风险,应该限制政府间的转移支付规模,允许地方政府在边际上决定其"自有来源"收入,如果地方政府财政资金主要通过税收和非税收入取得而非中央政府的转移支付,那么地方政府官员会更关心"自己的钱"是如何花的,会更具责任感。

2.减少资源配置效率损失

财政分权理论给出了财政分权和地方政府存在的意义,以蒂布特(Tiebout)、马斯格雷夫(Musgrave)和奥茨(Oates)为代表的第一代财政分权理论认为,由于居民对某些公共服务的需求存在异质性,而地方政府比中央政府更了解辖区居民的偏好,对于某种公共产品而言,如果其消费涉及全部地域的所有人口的子集,并且该公共产品的单位供给成本对于中央政府和地方政府来说都是相同的,那么由地方政府将一个帕累托有效的产出量提供给其各自的选民要比中央政府向全体选民提供的任何特定的并且一致的产出量有效得多。也就是说,如果下级政府能够和上级政府提供同样的公共产品,那么由下级政府提供的效率更高。因而在进行政府间的收入划分时必须保证地方政府提供的公共服务与其收入来源之间的必要联系,同时避免收入对资源配置造成的效率损失。

3.征管成本最小化

征管成本是制约政府间收入划分的一个非常重要的限制条件,一般而言,在对所得和商品等具有流动性的税基进行征税时,中央政府通常比地方政府具有更好的确认、评估和征收能力，因此征管的成本也会较小，如果交由地方政府来征管，难以做到应收尽收，管制逃税行为导致的征管成本大幅上升，加剧地方财政风险。而对于财产税的征收，地方政府通常对辖区内税基分布的真实情况掌握得更为清楚，因此给予地方政府更多的税收权限则更符合征管成本最小化原则。

（五）基于效率损失最小化目标设计政府间转移支付制度的基本原则

1.法治化与规范化

我国各级政府职能配置的"机关化"特征明显，上级政府惯于通过行政命令的方式管控下级政府，约束下级政府按上级偏好履行事权，讨价还价、互相博弈、上收下放，"跑部钱进"乱象频生，缺乏必要的法律权威和约束力。近年来，尤其是2015年以来，无论是东中西三大区域还是南北地区的财政自给率均在下降，部分反映出地方政府对转移支付的依赖性不断加强，2019年中央财政安排资金75,399亿元用于对地方政府的转移支付，转移支付规模占中央财政规模的68%，相比2018年增长了9%，2022年全年中央对地方转移支付规模9.69万亿元，比2021年增加1.4万亿元，增长16.9%，而且地方政府仍然希望中央政府再加大转移支付的增长速度，转移支付增长的可持续性面临一定挑战。因此要完善政府间转移支付制度就需要建立一套关于财政转移支付的法律法规体系，以法律法规为依据来明确和规范政府间转移支付的标准以及具体的执行和操作程序，使得政府间转移支付有法可依。具体来说需要在以下几个方面进行法治化，第一是财政转移支付的要素也就是转移支付的主体和方式必须法定；第二是转移支付的程序即转移支付的审批、执行和调整等一系列过程都要有法可依；第三是通过法律明确相关的责任主体，对于擅自变更和挪用转移支付资金的单位要受到相应的惩罚。唯有通过法律将转移支付的主体、形式、管理、监督等各方面确定下来，才能保证转移支付的规范化，进而提高转移支付的效率。

2.公平公正

公平公正原则主要是针对财政转移支付资金的分配方式提出的。关于转移支付资金的分配方式有两种，一种是"因素法"，另外一种就是"基数法"，与"因素法"相比较，"基数法"忽略了各地区财政收支状况的客观因素，加大了资金使用的随意性，较难体现均衡性转移支付在促进各地区基本公共服务均等化方面的作用，而"因素法"则能够通过客观因素的选取和公式的科学设计保证转移支付资金的公平性和合理性。目前我国中央对地方一般性转移支付的分配方式主要是"基数法"，仅在均衡性转移支付中采用"因素法"，为保证我国转移支付资金的公平公正，我国整个转移支付体系应该尽可能使用"因素法"，将地方政府的财政能力、支出需求以及各地区公共服务成本等因素均纳入考察因素，进而确定转移支付系数，并且根据地方经济发展形势不断调整转移支付系数。

3.适度激励

转移支付制度的设计目的是实现各地区基本公共服务均等化，但同时还要兼顾富裕地区的积极性，确保发达地区财政状况在一定程度上仍然优于欠发达地区，因此可以在资金分配中加入各地区税收征管努力程度、支出节约程度、财源培植力度以及财政资金使用的绩效等因素，对表现较好的地区给予奖励，加大财政转移支付的额度，对较差的地区给予惩罚，并由考核部门给出具体的改善方案，避免这些地区坐享其成，靠上级的转移支付维持运转。

三、基于风险分配的财政体制设计

(一) 基于风险分配合理划分政府间事权和支出责任

1. 识别基本公共服务财政事权中的风险

风险识别是风险管理的基础，要在风险最小化的原则上清晰合理地划分政府间基本公共服务的财政事权，就要明确各级政府拥有哪些事权并且对各类财政事权项目进行风险分析和识别，在编列各级政府基本公共服务财政事权清单的同时，通过专家咨询、公众参与、相关者调查等多种方式识别基本公共服务事权的风险。

2. 根据风险决策原则，适度强化中央财政事权

部分决策权在中央，又体现基本公共服务的普惠性、保基本、均等化方向的事权，执行权也上划中央，由中央财政在全国范围内综合平衡，将国防、外交、国家安全、关系全国统一市场规则和管理的事务集中到中央，将跨地域性重大项目的建设和维修例如跨区域海域、河域、全国性生态和环保项目的建设等也集中到中央，以减少对地方政府的委托，加强国家的统一管理，进而提高全国的公共产品和服务的供给能力和水平。中央政府应在深入调查研究的基础上，根据现有的支出标准，考虑经济社会发展水平、区域间差异等因素，测算基本公共服务的"底线"标准，以及现实条件下能达到的最高标准；参考最高标准，确定等于或适当高于底线标准的数值作为基本公共服务的基准。

3. 根据风险分担原则，适当减少并规范中央与地方共同财政事权

作为单一制国家，存在较多的中央与地方共同事权是符合我国的国情与制度的，尤其是基本公共服务由中央与地方政府共担更具重要意义，其有利于促进我国各地区基本公共服务均等化的实现，促进社会公平与正义。但是，共同事权存在的合理性并不意味着共同事权越多越好，当前我国中央与地方间共同事权过多且缺乏规范的管理制度，例如武警、地理测绘、地质勘探经费等支出，其缺失所造成的风险会影响全国，地方政府就不宜与中央分担支出责任，这类财政事权应全部上收中央，如对于合理的中央与地方共同财政事权，不宜采用一事一议或中央因地制宜决策的方式，而应当有规范的管理制度，在规定存量财政事权比例、标准、方式的同时，形成稳定的新增财政事权协商机制。

4. 根据风险匹配原则，赋予地方政府充分的自主权

当前我国社会的主要矛盾已经转变为人民日益增长的对美好生活的需要与不平衡不充分的发展之间的矛盾，我国疆域辽阔、人口众多，各地区差异较大，人民群众公共需求也日益多元化、个性化，要高效应对并切实解决这个主要矛盾，就需要改变一些基本公共服务由中央全部决策的现状，而中央拥有财政事权中的部分决策权也是我国地方政府所存在的大部分公共风险由中央来兜底的重要原因。基于此，党的十九大提出"赋予省级及以下政府更多自主权"的改革要求，这也意味着地方政府要承担更多的风险责任。中央与地方财政事权的划分也应当贯彻此项改革要求，在一些区域性基本公共服务的供给中，中央确定底线标准和最高标准，由地方政府根据辖区经济社会发展水平、人民群众实际需要和财政承受能

力,决定辖区的基本公共服务供给标准与方式。

5.根据公共风险的变化,构建财政事权划分的动态调整机制

经济社会在发展,技术在进步,人的需求在发生变化,这些因素意味着公共风险也会发生变化。在基础教育需求基本得到满足的情况下,近年来我国的幼儿教育供需矛盾日益突出,在一些大城市甚至成为社会风险因素;在人口老龄化程度日益加深的条件下,当前及未来较长一段时间,养老及医疗卫生领域可能会因供需矛盾导致社会风险的聚集。理顺中央与地方政府间在这些领域的基本公共服务供给责任,有助于更加高效地提供相关公共服务,化解矛盾与风险。因此,中央与地方财政事权划分改革不可能一蹴而就,也不可能一劳永逸。在中央与地方财政事权划分立法或制度设计时,应当考虑公共风险的变化,设计相应的动态调整机制[①]。

(二)基于风险分配的政府间收入划分

1.基于风险分配的政府间税收收入划分

在对政府间的税收收入进行划分时,需要注意以下三个前提条件,一是划分给中央以下各级政府的收入是充足的,能够保证其财政自主,保证收入划分与支出责任相匹配,减少地方政府对财政转移支付的依赖,降低地方政府的财政风险;二是收入划分应当使地方政府在履行重要的财政职能时考虑其支出的成本和收益,保证地方政府征管成本实现最小化;三是划给地方政府的税收不应过度扭曲资源的有效配置,尽量减少资源配置效率损失。

---

① 刘尚希、石英华、武靖州:"公共风险视角下中央与地方财政事权划分研究",《改革》2018年第294(08)期。

流转税的划分。结合新经济下税源变化，改进增值税"五五分成"的过渡方案，建立基于各省份常住人口、消费水平、基本公共服务支出需求等为标准的指标体系，既在一定程度上体现消费的原则、缓解税收和税源背离，又能引导地方政府的行为偏好从"重投资"转向"重消费"，也可以考虑把中央增值税转变为对同一税基课征的地区零售环节销售税。消费税可以打造为地方独享税种，例如动产消费、不动产消费、服务消费、文化消费、健康消费等，将消费税划为地方税种不仅顺应当前扩大消费战略、转变经济发展方式以及推进人口城镇化的要求[1]，而且其在一定程度上降低了由于"营改增"所导致的地方财政收入锐减引致的地方财政风险，消费税具有地域的确定性，税源的外溢性也比较小，如果将消费税划归地方，那么地方政府的努力就可以和地方税源形成一种联动机制，进而形成正向激励，同时也能降低政府征管的成本。

所得税的划分。个人所得税潜力很大，但是税基比较窄，而且由于劳动和资本所得边界模糊，生活成本与企业成本难以分辨，高收入人群合理避税的空间较大，对于调节收入分配、缩小贫富差距和降低两极分化风险起不到明显的实质性作用，因此可以将个税改革与退休年龄延长、养老第三支柱的建立关联起来，同时对于个税的课征方式可以由分类课征过渡到综合分类相结合最终实现综合课征[2]。对于企业所得税，根据我国的实际国情，可将企业所得税收入划归中央，以减少因征税导致的效率损失。

财产税的划分。基于财富存量的征税，在公有制条件下，应以

---

[1] 刘尚希："地方税改革关乎国家治理"，《经济体制改革》2015年第1期。
[2] 刘尚希："'十四五'时期提高税收制度适配性的几点思考"，《税务研究》2021年第5期。

使用权为基准，西方税法理论中的所有权基准不符合中国国情。我国的资源税、城镇土地使用税、工商企业房产税已经是以使用权为基准来征税。以使用权为基准，土地和房产应当分开、工商企业和居民应当分开，且针对住房消费来征税，住房消费多、档次高就多缴税，符合量能负担原则。可从面积和价值评估来混合计征，且对属于基本生计的基本住房面积不征税[①]。

2. 基于风险分配的地方政府非税收入划分

对政府间非税收入的划分和管理要从风险着眼，以风险思维来考虑非税收入划分以及管理的改革创新，以公共风险的大小来衡量非税收入划分和管理的成效。非税收入划分合理、管理到位可以化解诸多风险，例如筹资风险、效率损失风险以及公平损害风险，否则就会引发这些风险[②]。

国有资源收入的划分。在厘清国有资源的所有者收益和特定利益主体收益的基础上，合理确定中央和地方政府对国有资源收益的分配关系。将国有资源租金收入和国有资源特别收益金划归中央政府，以充分体现全民所有者权益；对于地方政府通过行政收费和政府基金方式筹集的收入，划归地方政府；对于通过矿产资源补偿费和资源税等实现生态补偿目的的收入形式，结合环境损害的具体范围，确定中央、地方以及区域间政府共同分享的财政机制。环境损害的范围涉及全国的，应划归中央；相反，环境损害的范围局限于地方的，可划归地方。

---

① 刘尚希："'十四五'时期提高税收制度适配性的几点思考"，《税务研究》2021年第5期。

② 刘尚希："论非税收入的几个基本理论问题"，《湖南财政经济学院学报》2013年第29（03）期。

国有资本经营收入的划分。从历史和现实的角度出发，在国有资本经营收入分配上，我国需要摒弃中央集权模式，走适度分权的道路。适度的分权不仅可以促进中央政府职能的转变，也保证了地方政府职能的实现，促进地方经济的发展。由于我国国有资产在地区间分布很不均衡，国有资本经营收入的差距也比较明显，如果不能够很好地平衡各地区国有资本经营收入的差距，就容易导致地区之间的差距扩大，进一步导致地区间发展差距的扩大，易引致两极分化风险。这就需要在适度分权的前提下，兼顾中央与地方的利益，对地方国有资本经营收入进行再平衡调整，对于国有资产数量少、国有资本经营收入差的地方，通过中央政府的纵向转移支付制度来进行填补，或者由国有资本经营收入好的地区进行横向转移支付来解决，进而实现区域平衡，这有助于缩小区域间收益分配的差距，实现中央与地方国有资本经营收入分配的福利最大化。

规费收入的划分。对于规费收入，最重要的是要保证依法依规收取，否则易引发公平损害风险，也会带来政府公信力下降的风险，首先中央政府应该明确规费的范围和收入标准与规范，为地方政府合理合法收取规费提供依据，使得地方政府收取规费有依可循，同时指导地方政府开展相关规费收入的收取和管理，在此基础上在地方政府财政部门设立监管部门，对收取的规费收入进行管理和监督，实现规费收入的规范性，进而促进政府间规费收入的合理划分。

政府性基金收入的划分。我国政府性基金收入在中央和地方政府之间的划分具有两个特点：一是地方政府成为基金收入主体。基金收入归地方政府使用的比重达到80%以上，已成为地方政府的重要收入来源，进一步突出了政府性基金对地方经济发展的重要作用；二是地方政府对基金收入的财政依赖程度高于中央政府。同中央政府相比,地方政府更倾向于选择政府性基金作为主要财政收入手段,以满足本级财政需求。如果基金收入管理不善,势必会加大地方政府的财政风险,因此地方各级政府财政部门应该根据本地实际,研究制定地方性政府性基金收入管理办法,具体来说包括以下几个方面:第一是将政府性基金收入、支出以及监管等以法规的形式加以详细的规定;第二是积极推进公共企业的信息公开,完善公共定价机制,推动政府理财体系的科学化和现代化;第三是尽快将具有"准税收"性质的政府性基金调入一般公共预算,将具有"租"性质的政府性基金纳入一般公共预算,清理整顿"使用者付费"性质的政府性基金。

(三)基于风险分配的政府间转移支付制度构建

1. 完善一般性转移支付分配方法,精确反映基本公共服务成本差异

要进一步落实《国务院关于改革和完善中央对地方转移支付制度的意见》(国发〔2014〕71号)中对于完善一般性转移支付制度提出的"科学设置均衡性转移支付测算因素、权重,充分考虑老少边穷地区底子薄、发展慢的特殊情况,真实反映各地的支出成本差异,建立财政转移支付同农业转移人口市民化挂钩机制,促进地区间基本公共服务均等化"改革要求,科学设置测算因素,精确反映地区的基本公共服务成本差异[1]。在采用因素法的基础上,只有充分掌握和精准反映各地公共服务成本的差异,才能为基本公共服务均

---

[1] 中国财政科学研究院2018年地方财政经济运行调研课题组,刘尚希,白景明,傅志华:"从转移支付透视区域分化——地方财政经济运行调研报告",《财政科学》2019年第5期。

等化目标的实现提供前提条件。同时,基于基本公共服务成本来分配资金,也有助于支持落后和困难地区兜住基本民生底线,使转移支付成为防范局部性风险的有力基础。

2. 进一步完善共同财政事权转移支付,加快推进均等化

《国务院办公厅关于印发基本公共服务领域中央与地方共同财政事权和支出责任划分改革方案的通知》(国办发〔2018〕6号)中指出:"调整完善转移支付制度。在一般性转移支付下设立共同财政事权分类分档转移支付,原则上将改革前一般性转移支付和专项转移支付安排的基本公共服务领域共同财政事权事项,统一纳入共同财政事权分类分档转移支付,完整反映和切实履行中央承担的基本公共服务领域共同财政事权的支出责任"。共同财政事权分类分档转移支付制度的核心是中央与地方支出责任分担方式和基本公共服务保障国家基础标准、区域间分担差异程度等关键要素的确定。目前,中央与地方支出责任分担方式坚持差别化分档的原则。充分考虑我国各地经济社会发展不平衡、基本公共服务成本和财力差异较大的国情,中央承担的支出责任要有所区别,体现向困难地区倾斜。同时,也设置了分类分档的国家基础标准。未来将需要结合基本公共服务领域中央与地方共同财政事权和支出责任划分改革的实践情况,进一步规范基本公共服务领域共同财政事权支出责任的分担方式,并合理制定基本公共服务保障的国家基础标准。

3. 合理推动横向转移支付的完善,构建纵横结合的转移支付制度体系

横向转移支付指的是在现行财政体制下地方政府之间的财政资金的相互转移,横向转移支付在解决地区间财力均等化和生态环境等外部性问题上具有非常显著的效果,当前我国横向转移支付还缺乏制度化和规范化,并且地区间谈判的成本较高[①],未来需要将横向转移支付制度化和规范化,进一步探索扶贫、救灾和生态环境保护等领域的横向转移支付制度,增强经济落后地区的财力,解决生态保护的外部性问题,减少生态环境的公共风险。

4. 完善统筹机制,建立专项转移支付的定期评估、修正和退出机制

第一,清理整合已有的专项转移支付项目。按照一个专项转移支付项目一个专项资金管理办法的原则,对转移支付制度进行调整和完善,避免专项名不副实以及变相增设专项的情况,资金管理上要明确各部门的职责分工、资金补助对象、资金使用的范围以及资金的分配方法等。

第二,构建新型专项转移支付体系。新型专项转移支付的内容主要包括调控型专项转移支付、委托型专项转移支付、合作型专项转移支付以及扶持型专项转移支付,进而实现专项转移支付制度的科学化、规范化和标准化。

第三,建立专项转移支付资金的统筹机制。进一步加强同一类型的专项资金使用的统筹性,例如基层主管部门和财政部门经批准可以根据自身实际情况,在不改变资金类级科目用途的基础上将支持方向相同、扶持领域接近的专项转移支付资金整合,另外赋予基层政府变更专项转移支付用途的权限。

第四,建立专项转移支付的定期评估和退出机制。对专项转移支付项目设立明确的绩效目标,采取科学的绩效评价指标体系对项目开展绩效评价,并将评价结果同预算安排结合起来,同时要建立

---

① 中国财政科学研究院2018年地方财政经济运行调研课题组,刘尚希、白景明、傅志华:"从转移支付透视区域分化——地方财政经济运行调研报告",《财政科学》2019年第5期。

退出机制，逐步减少引导类和救济类的专项转移支付项目。

四、风险维度下财政体制改革的进一步推进

（一）构建辖区财政体制，平衡区域公共风险与财政风险

对于我国这么大体量的经济体来讲，仅靠中央财政来平衡各区域之间的差异是非常困难的，因此应探索在省一级构建辖区财政体制，通过省级政府来平衡省以下各级政府之间的利益。辖区财政体制是指在政府间财政关系中，各层级政府不仅对本级财政负责，而且对辖区内的各级财政状况负责的一种体制安排①。辖区财政体制下，一级财政不仅要综合平衡横向部门间的利益，而且还要综合平衡纵向辖区各层级政府间的利益。在国家治理现代化背景下，财政不仅要兼顾公平与效率，还要在公共风险与财政风险之间进行平衡，在省一级构建辖区财政体制，就要由省级政府负责其辖区内基本公共服务的均等化，再由中央财政负责全国各区域基本公共服务的均等化，另外还要由省级财政平衡辖区内的纵向财政能力，进而保障辖区内各级财政事权与支出责任的匹配。

（二）赋予地方政府更大的自主权，使地方政府成为一级公共风险主体

应赋予地方政府一定的决策权限、给予相应的支出权限和执行权限，并要求地方政府承担决策所带来的后果和风险，使得地方政

---

① 刘尚希、王志刚、程瑜、梁季、樊轶侠、武靖州："公共风险视角下的财政事权与支出责任划分——基于贵州、陕西的调研报告"，《财政科学》2018年第3期。

府成为完整的公共风险主体，同时进一步健全政治、法律与行政问责机制，让地方政府在享有更大权限的同时，也更加具备风险意识，在做出各项决策时，能够承担起可能的责任与风险，在投入、收益以及风险之间做出合理的权衡，进而引导辖区居民预期，保障辖区经济和民生共同发展。

（三）基于均等化目标与主体功能区战略明确基本公共服务的供给标准与分担方式

随着主体功能区规划的推进，应该主要根据各功能区的功能定位来发展经济和提供基本公共服务，发挥各主体功能区的经济优势，这就需要相配套的财政体制来与之适应，例如在西部地区由于限制和禁止开发区较多，经济发展的机会较少，就要增加对该地区的转移支付，具体包括优化政府间收入分成，提高限制和禁止开发区的收入留存比例，按照效率和风险原则明确省、市、县之间的事权和支出责任划分，保证财力和支出责任相匹配，对于禁止开发区域，财政转移支付应向鼓励保护生态环境等倾斜，对于重点开发区域，转移支付向高新技术产业和城市升级改造等倾斜，对于限制开发区域，转移支付应向支持现代农业、特色山地农业倾斜。在基本公共服务方面，应建立健全财政支出标准体系，先由中央政府来确定教育、医疗等基本公共服务全国性的支出标准和浮动区间，各地再充分考虑本地区自然、环境、生活成本和发展水平等因素，进而确定本地区基本公共服务支出的浮动系数，并且随着经济社会发展和财政可承受力来动态调整支出标准和浮动系数。

第三节 风险预算与预算风险

现代化国家的建构需要整合出以现代化为价值导向的国家意志，在国家与社会之间，财政需助力解决现代化过程中可能滋生的风险与矛盾[①]。预算是财政的核心内容，也是治国理政的重要手段。近年来，我国各级政府对预算改革进行了一些有益的探索和尝试，取得了一定的成绩，目前我国已经形成了以全口径预算管理、全面预算绩效管理、全方位预算监督管理为核心内容的政府预算制度体系。在推进全面建设社会主义现代化国家、向第二个百年奋斗目标进军的背景下，进一步深化政府预算改革是应对公共风险、促进宏观经济稳定、缓解财政收支矛盾、提升政府治理能力的内在要求。2022年，党的二十大报告提出了"健全现代预算制度"，关于政府预算改革，理论界与实践界较多专家学者进行了较为深入的探讨并提出了相关意见。本章从风险视角出发，简要论述了预算风险与风险预算的实践情况，总结了风险预算与预算风险的定义及相关理论知识，从风险治理视角下分析了我国预算制度的现实问题，并基于此提出了风险视角下的预算管理改革框架及政策建议。

一、风险预算与预算风险的实践观察

（一）预算是应对风险的重要工具

奈特认为，风险是指可测量的概率，不确定性是指不可测量或

---

① 吕炜、刘欣琦："中国式现代化与人民财政"，《财政研究》2023年第3期。

不可知的概率,但是现代经济学家认为奈特的区分较为费解且在定义风险时不需要测量精确的概率[①]。党的二十大报告全文共16次提及风险,提高"防风险""化解风险"的能力是我们当前面临的一项重要任务。奋进新征程、建功新时代,必须正视发展进程中的风险,勇于克服前进道路上的风险挑战。财政作为国家治理的基础和重要支柱,适度提高财政风险以规避大范围公共风险是当今风险社会的必然选择,预算作为国家账本与政府组织和规范财政分配活动的重要工具,是应对风险的重要工具。例如:新冠疫情期间,我国加大了保民生、保运转等方面的预算支出,以保障基本民生、保障经济正常运转……结合我国预算对冲风险的实际情况,风险预算主要表现出以下两方面特征:

第一,根据公共风险变化情况不断调整风险预算。在新冠疫情出现之前,各级政府会执行预先编制的预算,虽然在执行过程中会将预算稍做调整,但是基本的方向不会有大的变化,此时体现出风险预算的确定性。当新冠疫情暴发时,为了及时应对突如其来的风险,原有的预算必须加以调整,将部分预算资金转移到疫情防控、医疗保障等方面。由于疫情持续的时间无法预测,只能根据疫情的变化不断调整预算,调整收入和支出的结构和规模,此时体现出风险预算具有不确定性。

第二,风险预算不仅考虑了短期风险,更考虑了中长期风险。举例来看:我国新冠疫情在大规模暴发后经历大约半年的时间得到有效控制,随后只是局部地区小范围爆发,但新冠疫情带来的

---

① 〔美〕戴维·莫斯:《别无他法:作为终极风险管理者的政府》,何评译,人民出版社2014年版,第42页。

是停工停产、经济下滑以及居民失业等一系列长期性公共风险，在这段时期内，政府采取了一系列税收优惠、财政补贴、转移支付等措施，帮助企业复工复产、助力经济复苏；2023年7月，一场暴雨袭击了京津冀地区，引发山洪，为高效做好防汛工作，河北省政府投入查险抢险力量49.94万人次，拨付1.5亿元财政资金用于调运物资。此外，财政部和水利部紧急行动，对受灾最为严重的河北涿州共同预拨10亿元财政资金，用于补偿受灾群众遭受的损失与灾后重建。这笔资金将主要用于修复农作物、专业养殖、经济林、住房、家庭农业生产机械等方面的毁损，并帮助受灾群众尽快恢复正常的生产和生活秩序①。因此，风险预算不仅考虑了短期风险，更考虑了这些突发事件带来的中长期公共风险应该如何防御与对冲，即发力重点由前者逐渐转向后者，以更好地应对公共风险。

（二）预算面临着风险

近年来，政府预算编制质量及精细程度在不断提升，但是在多重风险的冲击下，政府预算也面临着较大的风险，例如：疫情时期发行特别国债的风险、政府为企业提供担保所面临的或有负债的风险……从实际情况来看，预算所面临的风险主要包括债务风险、预算执行过程中存在的风险、收入来源不确定风险以及财政支出结构不合理风险等，进而会引发更大的公共风险。

一方面，主要是由于预算管理本身存在的问题进而引起风险。

---

① "10亿元紧急补助，涿州受灾群众重建获支持"，https://baijiahao.baidu.com/s?id=1773750890357022753&wfr=spider&for=pc&searchword。

举例来看：我国社会保险基金预算经过多年的发展，已经形成了较为成熟的体系，但是基于社会保险基金的性质，社会保险基金预算的潜在风险也很大。以养老保险中基本养老保险待遇支出为例，养老保险待遇支出是每月的常规性支出，无法根据预算调整执行进度，导致了基金预算和执行相分离以及"重计划、轻执行"的现象[①]，重计划轻执行就会陷入"有多少钱花多少钱"的风险之中。除此之外，我国社会保险基金预算还存在着由于经济发展不确定性带来的收入风险，使我国社会保险基金预算资金收入规模数据的准确性大打折扣，当支出规模逐渐增加，就会导致社会保险预算风险逐渐增加。

另一方面，公共风险也会转变为预算风险，预算风险又进一步加剧公共风险。例如，2020年年初新冠疫情暴发，经济下行压力较大，地方政府纷纷采取各种手段，不计成本地筹集财政资金发展经济，出现了政府投融资平台泛滥、过度依靠土地财政、巨额举债投资、重复建设等现象，不断突破既有的预算约束，造成政府预算与决算之间出现较大偏差。危机结束后，这种偏离问题由于惯性仍然较为突出，不可避免地破坏了预算的权威性和法治性，弱化了权力机关和人民群众通过预算来监督政府财政行为的作用，威胁着财政可持续性和政府公信力，这一过程将公共风险转变为预算风险。预算风险从形式上来看就是财政收不抵支的风险，为化解预算风险会进一步催生债务风险，债务风险又会进一步转化为金融风险，进而可能引发更大的公共风险。

[①] 冯灿："社会保险基金预算中的问题及对策探究——以山东省为例"，《财会学习》2021年第17期。

二、风险预算与预算风险的理论基础

(一) 政府的双重主体假定

在现代社会,之所以产生预算风险与风险预算,是因为政府是一个双重主体,它既是一个经济主体,也是一个公共主体。

首先,从政府所充当的主体来看,政府主要充当经济主体与公共主体:当政府作为经济主体时,顾名思义,与个人、企业的身份类似,具有相应的权利和义务,需要对自身的行为承担相应的责任,但是当其权利受到损害时,同样有权进行维护,即与个人、企业处于同等地位上;当政府作为公共主体时,政府便作为政策的决定者、公共风险的兜底承担者以及公众利益的维护者,最终实现社会的稳定与经济的发展。

其次,政府作为不同的主体时所面临的风险也不同。政府作为经济主体时,其所面临的风险与个人、居民、企业类似,例如:投资失败风险、资金运转不当风险、人员财产损失风险等;而作为公共主体时,政府常常面临的是其进行政策制定、维护公众利益等过程中所需要承担的风险,这些风险与其具体的政策目标密切相关。尽管政府绝不是一个完美的风险管理者,但比起民间机构,它的确享有某些优势,这些优势中最为重要的是它的强制力[①]。从这一层面上看,政府需要承担的风险不仅包括法定原则上需要承担的风险,还包括社会公众认定政府需要承担的风险,例如:各级政府为应对公共卫生安全事件可能需要承担发债的风险、为某些企业进行担保

---

① 〔美〕戴维·莫斯:《别无他法:作为终极风险管理者的政府》,何评译,人民出版社2014年版,第51页。

可能需要承担企业破产的风险等。由此可见，政府作为公共主体所承担的风险包括但不限于其作为经济主体所需要承担的风险，可以理解为其作为公共主体所承担的风险是由其作为经济主体所需要承担的风险衍生出来的。

（二）风险预算与预算风险的基本内涵

1. 风险预算——从公共主体身份出发

从政府承担的公共主体身份来看，政府常常作为政策制定者、公共风险兜底者。当今社会我们所面临的风险众多，除了本部分开头所述的金融危机与新冠疫情累加导致严重的内在风险与外在风险外，经济运行与社会发展过程中产生的风险同样也构成了我们生存与发展的巨大障碍，风险无处不在、危害无法度量，社会、公众、企业都无法回避。党的十九大将"防范化解重大风险"作为三大攻坚战的首要任务放在首位，并指出互联网金融风险、房地产市场风险、地方债务风险都需要化解；其次，防范化解公共风险被列为"十四五"期间及以后的重要任务，二十大报告中也重点提及了"着力防范化解重大风险"。刘尚希指出：降低整体不确定性，防范化解公共风险，为我国的发展构建起可持续的确定性，成为我国"十四五"期间及以后的重要任务①。由于政府作为公共主体时既需要抵御公共风险也需要防范财政风险，因此适度提高财政风险以规避大范围公共风险是当今风险社会的必然选择，而建立以风险为导向的预算是政府在公共风险与预算风险之间进行适度权衡的重要工

---

① 刘尚希：《把握确定性与不确定性相互转化的辩证法》，https://baijiahao.baidu.com/s?id=1680398614655265063&wfr=spider&for=pc。

具与有力保障。基于此，便产生了风险预算。如果要对风险预算下一个定义的话，则可以概括为：政府以实现政府职能和政策目标而配置公共资源过程中可能产生的风险为代价，达到对冲公共风险、促进社会发展与经济增长的目的。简单来说，就是要在二者之间进行权衡，寻找一个更加合理、更加安全的风险组合方式。这个组合不是一成不变的，而是一种权衡的结果[①]。但是这里所谓的风险并非需要政府作为公共主体的大包大揽，也不是所有风险都归政府负责，而是政府首先作为经济主体要与其他经济主体（例如：企业、个人）分担风险，各负其责，如果无法依靠其他经济主体力量对冲的风险时，就需要政府起到兜底的作用，这才是预算对冲公共风险的本质。

2.预算风险——从经济主体身份出发

政府作为经济主体时，与个人、企业、居民性质相同，均要面临可能发生的风险，而政府作为特殊的经济主体，也需要面临许多风险，预算风险则是政府所面临的财政风险中的主要组成部分。预算风险是指在既定的政府预算框架下执行预算过程中产生的风险，主要包括债务风险、收入来源不确定风险以及财政支出结构不合理风险等，预算风险经过长时间的积累又会产生更大的公共风险，一旦控制不当，便会导致恶性循环，阻碍了国家的进步与经济的发展。

因此政府需要兼顾其作为公共主体与经济主体所需要承担的责任，即政府既需要考虑到如何用预算对冲公共风险，又需要考虑到如

[①] 刘尚希："以公共风险的结构和强度重塑财政政策体系"，《财政科学》2021年第3期。

何在预算编制、执行、管理过程中尽最大可能减少预算风险,将二者进行综合考量,实现二者之间的动态平衡,最终做出正确的决策。

(三)准确认识风险预算

在一个用风险定义的经济里,民间风险管理普遍失败,使得公共风险管理无法避免[①],风险预算是政府作为公共主体建立的以风险为导向的预算,其本质是基于对风险的观察与预判,对未来财政发展方向进行规划,以此对冲可能会发生的或已经发生的风险,风险预算需要规划收入规模、赤字规模、支出结构,并且需要考虑财政资金重点向哪方面倾斜,因此,风险预算需要秉持以下几点原则:

1.预算确定性中蕴含着不确定性

预算是对未来财政资金使用方向的预测与规划,将预算与风险预算对比来看,风险预算多的是对未来风险的一种预判,如果不对未来形势进行详细分析,则很容易出现误判,并且极有可能演变成更深层次、更加严峻的公共风险,这也就奠定了风险预算的确定性;但是在预算执行过程中一旦发生预期没有预测到的风险时,就需要及时对预算进行调整,即属于风险预算的不确定性。风险预算中的确定性与不确定性相互依存、相互转化,通过确定性与不确定性之间的灵活调整达到对冲公共风险的目的。

2.短期风险与中长期风险统筹结合原则

不同的风险持续时间不尽相同,可能像"非典"一样,在较短的时间内便自行消失,也可能像"新冠疫情""金融危机"一样,

---

① 〔美〕戴维·莫斯:《别无他法:作为终极风险管理者的政府》,何评译,人民出版社2014年版,第14页。

其风险持续几年甚至几十年，风险的持续时间与外部环境、风险的性质等众多因素都息息相关，因此风险预算必须考虑到风险持续时间的长短，根据风险持续时间的变动而变动，这就需要将短期风险与中长期风险统筹结合。

3.年度预算平衡与跨年度预算平衡原则

结合风险预算的特点，仅实施年度预算平衡机制是远远不够的，需要充分发挥跨年度预算平衡机制的作用。跨年度预算平衡是为了顺应经济形势发展变化，满足财政政策逆周期调节的需要而建立的，其建立的意义在于有效防控中长期风险。这是因为：年度预算平衡虽然能够根据各项目的风险大小安排财政资金的使用结构[①]，但是年度预算并不能够预见性地鉴别和确认风险，及早做出相应的安排，也不利于政府根据风险的变化及时对财政收支调整，具有短视性，而跨年度预算平衡可以弥补年度预算平衡的不足之处，除此之外跨年度预算平衡原则还能够提高预算资源配置效率和使用效率[②]，将其与中期财政规划管理相结合，比年度预算更有意义。通过严格的审查机制，二者的结合能够确保预算总量与支出配置基于政府的政策导向（政策驱动），而不是"有多少钱就花多少钱"（收入驱动），还能够促进预算资源在各项政策目标之间、各项规划之间做出更好的选择，使公共资源有效运营、改善当前财政大包大揽的现象。

[①] 白景明、石英华："依法加快建立跨年度预算平衡机制"，《中国财政》2015年第1期。

[②] 马蔡琛、张莉："构建中的跨年度预算平衡机制：国际经验与中国现实"，《财政研究》2016年第1期。

(四)准确认识预算风险

国家预算是政府的基本财政收支计划,反映政府的财政收支状况,大体反映财政收支的全貌,也是观察、分析和判断风险的有力工具,但是预算在编制、执行过程中同样存在风险。因此需要树立预算风险的理念与意识,在风险预算与预算风险之间建立平衡机制,最终达到对冲公共风险、促进经济增长、优化资源配置的目的。

1.建立预算风险的理念

在对冲公共风险、建立以风险为导向的预算过程中,建立预算风险的理念很重要。由于公共风险决定公共支出、公共支出的使命就是防范与化解公共风险[①],公共支出又决定了预算发力的方向,风险在哪儿,预算就指向哪儿,风险有多大,预算发力就有多大。但是预算经过编制、执行等一系列过程后,必然会有一些公共风险预期没有被预料到或是预期方向存在问题,导致预算科目设立不恰当、预算编制不够科学,需要使用额外的预算资金进行弥补与对冲,产生了预算风险。由于风险是虚拟的,风险是什么、到底有多大难以无法准确预期,预算风险同样在很大程度上又是无法避免的。因此,对待预算风险的态度不应该是逃避,也不能将预算风险一味地看作"定数"去规避,而是既应当将预算风险看作风险的一种,也应当将预算风险当作预算对冲公共风险过程中的必然产物。

2.分析并预估预算风险

预算既发挥着对冲风险的作用,但也面临着风险,预算风险实际上也属于风险的一种表现形式,因此,在风险视角下,预算制度

---

① 刘尚希:"公共支出范围:分析与界定",《经济研究》2002年第6期。

需要包含以下两方面内容：

一是分析并预估预算编制过程中的风险。预算编制准确性较差、预算编制不规范、目标不合理都是导致预算风险的重要因素。导致这些问题出现的主要原因是：编制预算的过程本就属于分析公共风险的过程，若预算编制之前没有预先判断预算风险状况、没有运用风险思维来编制、规划预算，凭空想象预算目标，认为最终可以实现这些目标，但实际上又无力实现[①]，这样做不仅会带来预算风险，也会带来公共风险，由于风险之间是可以相互转化的，最终公共风险又转变成为财政风险，导致预算风险的双重叠加。

二是分析并预估预算执行过程中的风险。预算执行属于防范与化解公共风险的过程。因此，在预算执行过程中，不应只将关注点聚焦于"预算"本身上，而应该将关注点放大，结合考虑未来的不确定性、预算风险状况到底如何、在预算执行过程中可能会产生多大的预算风险，如果出现了预期未预料到的预算风险，如何确保我们能够实现预期的目标等问题，使用"未来决定现在"的逆向思维，可以使预算与未来趋势更加吻合。也可以在一定程度上减少预算执行过程中产生的预算风险。

3. 预算风险"度"的衡量

预算本就是使用财政风险抵御公共风险，但是预算风险也存在上限，不能无限膨胀、扩张。预算是在预估风险的基础上建立的，当前许多风险已经由政府来承担，地方政府普遍存在大包大揽的倾向，对风险缺乏科学的判断。主要体现在以下两个方面：一是预算编制与计划之前，未明确判断哪些风险由企业承担、哪些风险

---

① 刘尚希："树立以风险为导向的预算理念"，《财政科学》2021年第1期。

由家庭承担、哪些风险由政府承担，不能准确区分各部门各主体的责任；二是在某些问题上，政府没有看到风险，或误以为是市场风险、个体风险，预算没有在这些问题上发力，也会产生预算风险[①]。这样一来，预算风险就会无限叠加与放大，最终超出政府可承担范围之内，为科学、高效地对冲风险、抵御风险，各级政府应将自身的公共责任定位准确，避免出现越位、缺位的问题，将预算风险限制在一定程度内，避免预算风险过大进一步引发公共风险。

三、风险治理视角下预算制度的现存问题与分析框架

（一）风险治理视角下我国预算制度的现存问题

从我国实际情况来看，我国预算制度蕴含着诸多风险。首先，以四本预算为例：我国四本预算包括"一般公共预算""政府性基金预算""国有资本经营预算""社会保险基金预算"，四本预算主要存在以下风险：第一，一般公共预算存在的风险较小。我国一般公共预算建立的时间较长，体系较为成熟，但是从当前具体情况来看，一般公共预算中存在着较多的风险隐患，例如：我国税收风险管理的相关法律体系较为薄弱，会引起税收信息不准确、税源流失等风险；专项转移支付项目较多、资金分散、政策碎片化，可能会存在着"为了花钱而花钱"的风险。第二，我国政府性基金预算在编制、执行、管理等方面均存在着诸多风险，例如：（1）政府性基金预算设立的初衷是支持特定行业的发展，达到一定的政策目的，然而，当前我国政府性基金预算收入的计算方式采取"基数+

---

① 刘尚希："树立以风险为导向的预算理念"，《财政科学》2021年第1期。

增长"的方式，导致各地区政府性基金预算与日俱增，不仅与实际生活脱钩，而且违背了预算法设定的初衷，导致了只顾收入不顾结果的风险；（2）虽然人大审批我国政府性基金预算，但是基本上都是在短时间内进行审批，时间短，导致审批只是流于形式而草草结束，因此政府性基金预算存在编制不够科学、不够合理的风险；（3）政府性基金预算透明度较低。第三，我国国有资本经营预算主要面临的是收入不足的风险。虽然我国实行国有资本经营预算已经十余年，但在实际操作中，许多企业并没有纳入预算的编制范围之内，导致许多资金收入游离于预算之外，使得国有资本经营预算收入一直在"四本预算"中占比较低，政府的收益得不到保障。第四，我国社会保险基金预算潜在风险较大，在基金收支过程、具体运营以及预算管理上，都存在潜在的风险，例如：我国社会保险基金预算与执行相分离、各部门基础数据的准确性有待提高、审核指标过于笼统、各地社会保险存在差异较大、违规使用社保基金、各部门之间缺少足够的协调机制等。

其次，以预算绩效管理为例，我们理解的"预算绩效管理"是指将绩效理念融入预算管理的全过程，使之与预算编制、预算执行、预算监督一起成为预算管理的有机组成部分，是一种以绩效目标的实现为导向，以绩效监控为保障，以绩效评价为手段，以结果应用为关键，以改进预算管理、优化资源配置、控制节约成本、提高公共产品质量和公共服务水平为目的的预算管理模式。其中，"绩效"通常体现"4E"原则（Economy，Efficiency，Effectiveness，Equity），而从公共风险的视角出发，现行预算绩效管理体系并未融入风险观念，在预算执行后并未关注到风险的变化，在下一期预算编制时也并未将风险作为考虑因素之一。

在防范与化解风险的具体实践当中，不仅应考虑预算本身的风险，更需要在预算编制、规划、监督、绩效管理时，形成风险情景或风险地图，对未来的风险形成基本判断。如前所述，风险既是现实的，又是虚拟的，像风一样，看不见摸不着，但可以感觉得到，预算风险同样具有这样的特点。因此，提前对预算风险进行评估与分析，形成预算风险分析图，将风险评估贯穿于预算全过程中，进而形成风险预算，才能使预算能够在对冲风险中发挥作用。

（二）风险治理视角下预算制度的分析框架

为了建立以风险为导向的预算制度，就需要在风险预算与预算风险之间建立相应的平衡机制。

首先，尽可能化解预算编制、预算执行、预算绩效管理、预算监督等过程中潜在的风险。根据我国现存问题的论述，我国预算中存在的最明显的问题就是碎片化严重、风险监管不够严格。从当前的实际情况来看，我国预算越来越详细，但是细化的过程中碎片化趋势严重，只见树木不见森林，编制预算时往往就成了填预算科目的表格，机械化地使用"基数+增长"的方式填写，并不重视各科目、各本预算之间的联系。在这个充满风险的社会，站在防范风险的角度，我们不仅要看到树木，也要看到森林，还要看到一片片森林之间的联系以及树木之间的联系[①]。其实预算的各科目之间是存在联系的，我们要进行深度分析，探究其内在逻辑。当前，针对四本预算而言，为改变碎片化较为严重的现状，我们需要将四本预算的科目重新科学、规范地进行整理后，归并重复的科目，由于我国

---

① 刘尚希："树立以风险为导向的预算理念"，《财政科学》2021年第1期。

一般公共预算发展得较为成熟，因此重叠科目可以归入一般公共预算统一管理，从而清理"四本预算"之间的过多"接口"，最终使"四本预算"主要通过"调入资金"和"调出资金"科目衔接，只留存极少确实必要的相关科目接口[①]，做到树木、森林以及二者之间相互联系，成为一个整体。

其次，在将"四本预算"中本就存在的风险隐患尽可能化解的前提下建立以风险为导向的新预算体系，综合分析并预估预算在编制、执行、监督、绩效管理等全过程中可能产生的风险并进行合理分工，注意预算风险程度的衡量与限制，以免超出政府可承担的范围，进一步转化为公共风险，形成恶性循环，并将预算风险理念与风险预算理念相结合，才能让预算成为对冲风险的有力工具。

四、风险视角下的预算管理改革

胡锦涛总书记曾指出财税工作是党的事业和政府工作的重要组成部分，预算中体现了党和政府的政策和宏观调控意图[②]，在风险社会这意味着财政不仅是防范和化解公共风险的基本机制，还是最终风险的承担者，在对冲风险过程中与其他工具相配合，起到基础性作用，相当于防范与化解风险的底板。预算作为财政的一大重要工具，预算管理体系需要从预算编制、预算执行、预算绩效管理、预算监督等方面重新设定与改革，使其满足风险社会的需要。

---

① 于树一："经济新常态下发挥'四本预算'整体功能的探讨"，《财贸经济》2016年第10期。

② 吕炜："深化对财政建设规律的认识"，《新理财（政府理财）》2019年第7期。

(一)发挥零基预算在年度预算中的风险管理功能

近年来,OECD国家开始使用零基预算削减财政支出、优化支出结构,是一种基于风险的预算理念,2020年我国两会中也指出,疫情尚未结束,发展任务异常艰巨,公共风险日益增加;2022年年底,我国宣布新冠疫情正式结束,但是公共风险并未因此削减,国际经济形势的剧烈波动、人口老龄化的日益加剧、就业难度显著增加、国民消费需求下降等风险时刻冲击着我国,这就要求,必须进一步强化预算的约束作用,认真落实全口径预算管理,通过制度把财政的钱管起来、管好。灵活运用零基预算,打破支出固化格局,让"好钢用在刀刃上"①。虽然跨年度预算不适合使用零基预算,但是可以考虑在年度预算中使用零基预算,基于零基预算理念完善预算编制和资金分配,打破基数思维和支出固化藩篱②是风险预算编制的基础,本文认为,在政府对冲风险的背景下,预算编制由增量预算逐步转向零基预算应做到如下几点:

第一,考虑到零基预算的编制需要结合项目的优先次序前提下再确定各项活动的资源分配量,基于风险管理的背景,零基预算的编制则需要提前准确预估并综合考虑哪方面风险较大、财政资金需要向哪方面倾斜、公共资源应如何配置、如何应对未来的风险等问题,通过零基预算与风险框架的结合优化预算资金支出结构,确保每一笔钱用在刀刃上。OECD国家编制零基预算大都是以风险为导向的,其支出审查的落脚点为未来重大的公共风险,以英国为例,

---

① 李克强:"优化财政支出结构一定要把每一笔钱都用在刀刃上",http://www.china.com.cn/lianghui/news/2020–05/22/content_76075915.shtml。

② 傅志华、韩凤芹、周孝、申学锋:"疫情冲击下的地方财政形势:现状、风险与应对",《地方财政研究》2020年第7期。

各部门都会制作一份"价值地图"作为构建财务基线的微观基础，支出审查小组则会以公共风险为导向制定明确的业务基线，并且通过支出审查确定的支出上限可以根据公共风险的变化进行灵活调整，以确保能够灵活应对公共风险[①②]。

第二，将各项目按照风险预期大小排序后进行预算的编制，在这里使用零基预算可以使预算的编制建立在资源约束条件以及风险变化情况的基础之上，相比于增量预算而言，零基预算可以对风险环境的变化做出更加迅速的反应，能够将预算编制与政府对冲公共风险的目标相契合，保证资源的配置符合风险管理的目标，达到风险管理与风险控制的目的。

第三，由于零基预算的编制对技术的要求较高，而我国起步较晚，可以采取由增量预算逐步过渡到零基预算的方法，这样既可以对未来风险的走向有一个大致的判断，确保预算的编制、规划不是无用功，又可以建立起较为成熟的零基预算编制体系，充分发挥零基预算风险管理功能。

第四，在预算编制前应做到社会各主体合理分工，社会各主体在对冲公共风险时应该形成相互补充、政府兜底的局面。政府所需要承担的除自身需要承担的风险外，起到的是兜底的作用。政府责任固然重大，预算化解公共风险时需要承担更多，但在风险管理过程中，零基预算的编制应避免将预算引入到多干事、多上项目、多搞投资、多刺激消费[③]的趋势上去，否则，不仅不会降低风险，反

---

① 李成威、杜崇珊："零基预算：从方法到理念演进的要件分析"，《中央财经大学学报》2020年第10期。

② 英国财政部官网，http://www.hm-treasury.gov.uk/。

③ 刘尚希："树立以风险为导向的预算理念"，《财政科学》2021年第1期。

而会制造出更大的公共风险。

（二）建立风险归宿分析法与反向假设分析法相结合的中长期预算

中长期预算是应对中长期风险的必然选择，单纯地使用"零基预算"与"增量预算"两种方式已不能满足中长期预算防范与化解公共风险的需求了。原因有二：一是零基预算是以"现在"为基础来编制预算，很容易忽视未来趋势、迷失方向，无法通过预算对冲可能长期存在的风险。如：化解新冠疫情这种长期存在的公共风险就不适合使用零基预算。二是增量预算是以"过去"为基础，若"过去"对风险的认识存在一定偏差，增量预算就导致偏差累积，并且随着时间的推移导致公共支出存在"越位"与"缺位"，以此建立的中长期预算可能会引发更大的公共风险。使用上述两种方法建立长期预算防范公共风险过于片面，也不能够达到预算目标——风险最小化的目标。如何正确地建立以风险为导向的中长期预算，这里我们借鉴刘尚希老师的部分观点：建立风险背景下的中长期预算体系可以使用风险归宿分析法与反向假设分析法相结合的方法。其中，风险归宿分析法是指判断风险的最终归宿，即政府或市场，首先可以假设所有风险都是私人风险，交给市场防范与化解；其次分析风险的具体内容与属性；再次，将所有风险全部交给市场，对其可能导致的风险进行评估并确定风险归宿；最后，确定中长期预算中财政支出的范围。反向假设分析法是指检验已有的公共支出是否全都用于防范与化解公共风险。分为以下三步：第一步，假设所有公共支出都不是正当的；第二步，用反向假设法判断各项支出的正当性；第三步，将检验结果汇总，判断长期预算中公共支出的范围[①]。将这两种方法与部门预算结合起来,编制长期预算,既可以消除增量预算中产生的偏差累积,也可以兼顾未来趋势,及时建立明确的预算方向,促使中长期预算既是编制、执行、管理的过程,又是防范、化解公共风险的过程。

(三)形成关注风险变化的预算执行体系

预算执行是预算整个流程中最重要的组成部分,它是一个动态的过程,风险预算本身就是政府使用债务、担保等风险来对冲大规模公共风险的过程,为了对冲公共风险的同时尽可能将预算风险降到最低,预算执行是核心步骤,预算执行情况的好坏决定了整个预算体系的实施效果好坏。首先,预算执行过程中需要随时考虑外部环境的变化,在风险背景下,政府部门不能够仅仅为完成目标而执行预算,而且应在预算执行过程中及时关注风险的变化情况,若发生突发事件或者风险骤增,与预期风险产生偏差时,需要在预算执行过程中对预算及时进行调整,以对冲风险。但是,政府在预算执行过程中同样需要注意自身承担风险的程度,杜绝在预算执行过程中发生风险时大包大揽的现象,以避免发生更大的公共风险,即按照预定的预算规则办事,减少预算执行过程中的随意性。其次,在预算执行过程中要定期对预算执行的情况进行大致的评估与分析,目的是提早判断预算执行过程中是否贯穿了风险理念、及时发现其中存在的问题并予以解决,同时要在预算执行过程中及时决定哪些预算资金的使用需要适可而止,以避免产生新的风险。

---

① 刘尚希:"公共支出范围:分析与界定",《经济研究》2002年第6期。

以新冠疫情为例，我国为应对疫情发行了特别国债，到目前为止我国只发行了三次特别国债，分别是1998年、2007年以及2020年，分别是应对经济波动、金融危机以及新冠疫情，那么在发行国债期间，政府应该考察企业状况较发行国债之前是否有所改善、居民的生活水平与消费水平是否有所提升、是否缓冲了公共风险对整个社会所带来的冲击等；此外，疫情期间，政府在预算执行过程中调用了大量的预算资金来保就业、保民生等，在这过程中，政府既应该考虑风险化解情况，更应该评估这些政策应何时停止，避免长时间采取这些政策产生新的风险。

除上述两点外，在预算执行过程中若遇到突发的大规模公共风险需要政府介入时，则需要调整预算，如果各级政府所掌握的信息不健全就会误判预算的调整方向，一旦不加以干预，不仅会引起更大的预算风险，更会转变为巨大的公共风险，后果不堪设想，因此需要在预算执行过程中设立严格的监督机制，例如：可以引入人大相关部门的监督、第三方主体的监督、公众的监督等，经过多重监督主体的严格监督以避免预算执行部门对预算调整方向的错误判断，并达到风险最小化的目的。

（四）重设预算绩效管理体系，引入公共风险最小化原则

预算绩效管理是防范预算风险的重要工具，也是建立风险预算体系的重要组成部分，通过预算绩效管理可以对政府预算项目的完成情况、资金投入与产出的对比等进行考察与管理，评价政府预算的执行情况以及绩效的优劣。同样，在风险管理的背景下，预算绩效管理体系可以保证预算在编制与执行过程中引入风险理念。但是，在当前全过程预算绩效管理链条中，并没有明确地贯彻风险理

念，预算绩效基本上是基于正向的产出和结果来测度和评估的，因此，我们需要重新界定预算绩效管理的内涵。

从风险视角出发，预算绩效管理体系需要将风险理念与风险原则作为关注重点，在预算绩效中引入第五维，就是公共风险最小化原则（PRM）。因此，基于预算绩效管理的新定义，预算绩效管理体系需要建立为：防范风险预算，做好事前公共风险评估——规避预算风险，做好预算执行中的风险监控，预算执行后的风险评价——合理利用预算绩效管理的结果、建立绩效奖励和风险责任承担机制的三维体系。不仅将风险管理嵌入预算绩效管理的全过程，而且在预算绩效管理体系当中嵌入公共风险评估与责任分担机制，在中央和地方政府之间、上级政府和下级政府之间、政府和国有企业之间、政府和行政事业单位之间建立科学的公共风险责任分担机制。

在风险背景下，建立预算绩效管理体系需要注意以下几点：

（1）根据刘尚希（2020）所指出的：我们现在谈绩效，总是习惯于谈具体项目，这是一个微观的绩效理念。微观项目有绩效，但是从宏观来看，是不是应该干的事呢？如果不该干这个项目，再有绩效也等于零[①]。因此建立基于风险的预算绩效管理体系首先需要评估该项目的实施对政府化解与防范公共风险、实现政策目标的价值到底有多大，对于价值不大或者没有价值的项目而言，即使进行绩效评价也是劳民伤财，尤其是在当今以风险为导向的社会，进行不必要的项目支出与绩效评价不但不会使风险降低，反而会耽误对重要项目的绩效评价与指导，长此以往，还会引起更大的公共风险，

---

① 刘尚希："树立以风险为导向的预算理念"，《财政科学》2021年第1期。

进入恶性循环。

（2）微观绩效、宏观绩效不是一回事，是两个层面的东西。微观有绩效不等于宏观有绩效[①]。因此，建立风险预算的预算绩效评价体系需要将绩效的评估标准分为微观层次与宏观层次，从微观层面来看，绩效评价标准应转向风险维度，由以前的通过项目完成情况评价绩效逐步转变为通过风险化解程度、微观主体状况改善程度判断预算绩效的好坏。而在宏观层面，应将关注点聚焦于整个社会，即国家所面临的重大公共风险是否被有效化解；是否改善了社会经济状况、带动了国家的发展等。

为更加具体地阐述以上观点，仍以新冠疫情为例。在新冠疫情大规模传播被控制之后，我国所面临的主要风险就是复工复产、失业者的再就业、带动已经疲软的消费市场等，当时各地的政府调整了相应的预算资金的支出，助力企业、居民的工作与生活，在进行绩效评价时首先应判断这些资金的支出是否有价值、资金投入是否对微观主体（这里指企业、居民）的工作、消费、生活等起到了促进作用；财政资金的投入是否改善了整个社会的情况、是否带动了经济的发展等，这些都是风险预算框架下绩效评价体系需要重点关注的内容。

（3）考虑到风险的变化之快、危害之大，基于风险为导向的预算绩效评价可以与互联网系统相结合，将相应的评价指标录入到"互联网+""大数据"系统中，其中不仅包括宏观评价指标与微观评价指标，还可以包括短期指标、中长期指标等，还应逐步政府债务、资产、绩效等业务纳入，提高数据质量，依托一体化系统加强

---

① 刘尚希："树立以风险为导向的预算理念"，《财政科学》2021年第1期。

财政运行监测预警[①]。这样就能够及时、准确地观测到各项预算的绩效情况、风险化解情况等，达到灵活应对风险、根据绩效情况及时调整预算方向的目的。

此外，还可以继续沿用现有预算绩效评价体系中的多维绩效评价主体，较为客观、公正、公开透明地评判预算项目的意义、微观绩效情况与宏观绩效情况，并且提出相应的改进意见，为预算方向的进一步调整提供参考，通过建立完善的预算绩效评价体系助力政府更高效地对冲公共风险。

（五）树立以风险防范为导向的预算监督理念

预算监督是预算能够顺利实施、预算目标能够如期完成的重要保障，将预算监督体系作为防范与化解风险的最后一道屏障，需要做到：1.基于风险导向的预算监督体系首先需要监督风险预估的过程，即在预算编制前是否对未来的风险形成了风险情景分析图、风险最终归宿判断的是否正确，确保预算的编制、执行与绩效管理不偏离目标；2.按照预估的风险，对预算的全过程进行监督，包括预算的审批、编制、执行、绩效评价等全部流程，主要监督预算整个运行过程中是否贯穿了风险的理念、风险是否符合预期评估状况、是否达到了预期目标等；3.完善四本预算并对其进行监督，减少因预算本身存在的问题引发更大的预算风险进而产生公共风险，也为建立完善的风险预算体系奠定坚实的基础；4.建立动态监督机制。动态监督机制是建立良好的以风险为导向的预算监督体系的基础。实施动态监督可以确保每个环节都符合预算目标，尽可能减少偏

[①] 吕炜、刘欣琦："中国式现代化与人民财政"，《财政研究》2023年第3期。

差、减少预算执行过程中所产生的风险，出现偏差可以及时找到原因并进行调整。这样做可以尽量规避预算执行过程中产生的风险，并达到防范与化解公共风险的目的。5.建立定期考核机制。虽然风险是虚拟的，看不见摸不着，但是可以感受到，如果最初的预算设定缺少风险理念而存在偏差，则会加大未来的风险。以此理论为基础，在每年年末，对各级政府预算执行情况进行考评，并且结合奖惩制度，激发各部门的动力，鼓励政府各部门在预算中树立风险的理念。同时，加强监督人员专业队伍建设，定期对相关人员进行培训，采取多主体监督机制，以确保风险预算能够得到全过程、全方位的监督。

国家治理的本质是公共风险的治理，是通过注入确定性化解国家发展中的不确定性和公共风险，从而实现经济和社会的稳定与发展，人民的和谐与幸福。提高公共理性水平是注入确定性的前提，而财政则是提高公共理性水平的基础，同时财政发挥着公共风险"蓄水池"、国家治理变革的"发动机"、协调各方关系的"总中枢"等作用，因而成为国家治理的基础与重要支柱。基于此，我们必须善于用风险治理思维考虑财政问题，将风险管理、风险评估的理念嵌入预算体系建立起规避风险的"防火墙"，发挥财政在国家治理中定海神针的作用[①]。

---

① 刘尚希、李成威、杨德威：“财政与国家治理：基于不确定性与风险社会的逻辑”，《财政研究》2018年第1期。

第四节　基于风险化解的减税降费政策

减税降费是落实国家宏观调控目标、促进经济社会平稳运行与发展的重要财政政策之一，在贯彻国家产业政策、激发市场活力、减轻企业负担等方面都做出了重大贡献，但减税降费不仅会在一定时期内减少财政收入，可能增加财政赤字规模，还有可能对财政收入结构产生一定程度的影响，特别是对地方财政的负面影响更加明显。① 因此，减税降费政策背后也隐藏着财政风险。习近平总书记指出："我们坚持底线思维、问题导向，增强忧患意识，把防范化解风险挑战摆在突出位置，把困难估计得更充分一些，把风险思考得更深入一些，下好先手棋，打好主动仗。"在减税降费政策实施过程中，也要坚持底线思维，及时防范化解其背后的财政风险。本章从风险角度回顾了近年来我国的减税降费政策，在对财政"不可能三角"、风险再分配理论进行分析的基础上阐述了财政风险与公共风险的演变逻辑，评估了减税降费政策的实际效果，为减税降费政策的进一步完善提出了建议。

一、近年来我国减税降费政策回顾

改革开放以来，我国经济迅速发展，取得了辉煌的成就。但随着改革红利和人口红利的下降，以及全球经济下行压力的不断增大，我国居民消费和企业投资出现疲软，经济增长速度进一步放缓，我国所面临的公共风险不断增加，亟须有效的宏观调控政

---

① 郭庆旺："减税降费的潜在财政影响与风险防范"，《管理世界》2019年第6期。

策来刺激经济增长,激发微观主体活力。对此,我国政府出台了一系列减税降费政策,旨在降低企业税费负担,化解各类公共风险。近些年来我国减税降费政策的实施历程可以划分为以下三个阶段。

(一) 2008—2011年:结构性减税提升应对风险能力

2008年国际金融危机爆发,给我国经济增长造成了极大冲击。为了有效激发市场活力、恢复经济发展,2008年12月的中央经济工作会议首次提出"结构性减税",针对特定行业、特定企业进行税收结构性调整,促进经济结构战略性调整,支持实体经济健康发展,提升经济发展动能。2009年政府工作报告中指出要"推进结构性减税和税费改革",2010年政府工作报告中写道,"继续实施结构性减税政策,促进扩大内需和经济结构调整"。从这些表述中不难看出,这一阶段结构性减税是宏观调控的主基调,通过减税来增强居民消费与企业投资的活力,增强我国市场主体的韧性与抵抗风险的能力,为我国经济复苏向好奠定良好基础。

表3-1 2008—2011年具体减税降费政策

税(费)	主要政策规定
增值税和营业税	①提高部分劳动密集型和高技术含量、高附加值商品的出口退税率 ②全面实施增值税转型,将生产型增值税转变为消费型增值税,允许企业抵扣新购入的机器设备所含的增值税;降低增值税小规模纳税人销售额标准,并将征收率统一下调至3% ③2011年11月1日起,上调增值税和营业税起征点 ④退还国家批准的集成电路重大项目企业因购进设备形成的增值税期末留抵税额

续表

税（费）	主要政策规定
企业所得税	①内外资企业企业所得税税率统一为25% ②对高新技术企业企业所得税优惠政策 居民企业技术转让所得减免企业所得税 ④2008年，小型微利企业享受减按20%税率征收企业所得税的优惠政策。2010年1月1日起，年应纳税所得额低于3万元（含3万元）的小型微利企业，所得减半计入应纳税所得额
个人所得税	2008年将每月工资薪金所得减除费用标准由1,600元提高到2,000元，2011年继续提至3,000元 2008年个体工商户、个人独资企业及合伙企业投资者的生产经营所得个人所得税全年扣除标准为24,000元；2011年统一提高为42,000元
其他税费	①2008年4月24日起，证券交易（股票）交易印花税税率由3‰调整为1‰；2011年11月1日起至2014年10月31日，对金融机构与小型微型企业签订的借款合同免征印花税 ②2009年1月1日起，全国取消和停止征收100项行政事业性收费

资料来源：根据历年《财政统计年鉴》整理所得。

（二）2012—2017年：降成本以提高风险防范能力

积极财政政策帮助我国顺利度过了国际金融危机，但在这之后，我国经济又出现了一系列新的问题，企业投资效益逐年递减、产能过剩和通货膨胀问题不断加剧。对此，2015年中央经济工作会议提出"三去一降一补"政策，着力推进供给侧结构性改革，提高有效供给水平。2016年，中央经济工作会议从降成本的角度出发提出"要在减税、降费、降低要素成本上加大工作力度"，有效减轻企业成本负担，激发经济增长潜能，推动经济稳定增长。这一时期的减税降费政策主要以降成本为目标，通过"营改增"、小微企业所得税减半征收、取消多项行政事业性收费以及降低社会保险缴费率等多措并举，有效降低企业的生产经营成本，鼓励企业扩大生产经营，创造良好的营商与投资环境,有效提升市场主体的风险防范能力。

表 3-2　2012—2017 年具体减税降费政策

税（费）	主要政策规定
增值税和营业税	①"营改增":2012 年 1 月 1 日上海交通运输业和部分现代服务业开展营改增试点;2012 年 8 月 1 日试点范围扩展到北京等 8 省市;2013 年 8 月 1 日试点扩至全国,并新增了广播影视服务作为部分现代服务业税目的子目;2014 年 1 月 1 日将铁路运输和邮政业纳入营改增试点行业;2014 年 6 月 1 日电信业展开营改增试点;2016 年 5 月 1 日全国范围内实行营改增结构性改革,所有营业税纳税人缴纳的营业税改为增值税 ② 2014 年 7 月 1 日起决定简并和统一增值税征收率,将 6% 和 4% 的增值税征收率统一调整为 3% ③对月销售额 2 万元至 3 万元的小微企业、个体工商户和其他个人增值税小规模纳税人和营业税纳税人,暂免征收增值税和营业税 ④自 2017 年 7 月 1 日起,简并增值税税率结构,取消 13% 的增值税税率,适用 11% 的税率
企业所得税	2012 年 1 月 1 日起,小型微利企业年应纳税所得额减半征收标准提高到 6 万元;2014 年 1 月 1 日起,标准提高至 10 万元;2015 年 1 月 1 日起,减半征收标准提升到 20 万元;2015 年 10 月 1 日起,减半征收标准提升到 30 万元;2017 年 1 月 1 日起,小型微利企业年应纳税所得额上限由 30 万元提升到 50 万元,减半征收标准也提高至 50 万元
行政事业性收费	① 2013 年 8 月 1 日起取消和免征 33 项行政事业性收费 ② 2013 年 11 月 1 日起,取消 314 项各省(区、市)设立的行政事业性收费 ④ 2015 年 10 月 1 日起取消 7 项中央级设立的行政事业性收费项目 ⑤ 2015 年 11 月 1 日起,在全国统一取消和暂停征收 37 项行政事业性收费,以及自 2016 年 1 月 1 日起,取消人力资源社会保障等部门所属公共就业和人才服务机构收取的人才集体户口管理服务费 ⑥将现行对小微企业免征的 18 项行政事业性收费的免征范围扩大到所有企业和个人 ⑦ 2017 年 4 月 1 日起,取消或停征 41 项中央设立的行政事业性收费,并将商标注册收费标准降低 50%

续表

税（费）	主要政策规定
其他税费	① 2012年1月1日起，节约能源的车船，减半征收车船税；使用新能源的车船，免征车船税 ② 2013年8月1日起，对从事娱乐业的营业税纳税人中，月营业额不超过2万元的单位和个人，免征文化事业建设费 2016年5月1日起企业职工基本医疗保险将单位缴费比例降至20%，失业保险总费率在2015年已降低1个百分点基础上可以阶段性降至1%—1.5%，工伤保险平均费率0.25个百分点和生育保险费率0.5个百分点

资料来源：根据历年《财政统计年鉴》整理所得。

（三）2018年至今：大规模减税降费以提高化解风险能力

在全球经济下行压力进一步增加以及中美贸易摩擦持续升级的大背景下，我国的经济增长环境持续恶化，公共风险不断扩大。为了有效化解公共风险，中央提出了"六保""六稳"政策，并实施了更大规模的减税降费政策，来有效激发市场主体活力，提振市场信心，加速经济回暖。

这一阶段的减税降费政策主要体现在以下四个方面：一是在增值税方面，大幅降低增值税税率、扩大进项税额抵扣范围、加计抵减进项税额、提高增值税小规模纳税人起征点、留抵退税扩大到全行业；二是推行个人所得税六项专项附加扣除政策，提高个税起征点，拉大中低税率的收入级距；三是对小型微利企业实施更加优惠的企业所得税政策；四是降低社会保险费缴费率、减少乱收费现象，规范非税收入，实质性减轻企业的非税负担。

传统意义上的减税降费政策以扩大需求为主要目标[①]，遵循凯恩斯需求管理政策的主线，着眼于增加可支配收入，减税降费政策的精准性较弱。这一阶段的减税降费政策不仅是短期逆周期调节的政策，而且以满足人民日益增长的美好生活需要、实现高质量发展为最终目标，防范我国进入新时代后可能会面临的各类公共风险，聚焦于国民经济的长远发展。同时，减税降费政策遵循供给侧结构性改革这条主线，以降低企业成本为主要着眼点，以降低企业的生产经营成本为重心，助力经济高质量发展。

这一阶段的减税降费政策在具体税种和费种的选择上格外讲究，制定和执行过程中更加精准化、有针对性。尤其是在2020年新冠疫情期间，经济社会受到疫情的严重冲击，政府"保持定力，没有大水漫灌"，而是实施更加精准的税收优惠政策。例如，针对经营状况最为困难的小微企业出台了减税、缓税等系列优惠政策，率先助力小微企业复工复产。在2020年的国务院常务会议上，李克强总理提出了一揽子的减税降费政策，包括新增减税降费2.5万亿元，新增财政赤字和抗疫特别国债共2万亿元资金直达市县等。这些更具针对性的减税措施，推动了我国经济实现快速复苏，有力保护了市场主体及困难群众，有效对冲了疫情及其衍生的风险。2021年，我国经济快速复苏后，政府继续保持减税降费政策的连续性和可持续性，不搞急转弯，实行"减税降费+缓税缓费"的财政政策，为巩固经济恢复基础，助力企业恢复生产经营，2021年新增减税降费规模超过1万亿元，还对制造业中小微企业、煤电和供热

[①] 高培勇："我们究竟需要什么样的减税降费 辨识来自于两个维度的两套分析答案"，《财经界》2019年第1期。

企业实施阶段性缓缴税费①。2022年《政府工作报告》中提出,"要实施新的组合式税费支持政策,坚持阶段性措施和制度性安排相结合,减税与退税并举",全年增值税留抵退税超过2.4万亿元,新增减税降费超过1万亿元,缓税缓费7,500多亿元,针对企业现金流不足等问题实施了系列针对性减税措施。

表3-3　2018年至今具体减税降费政策

税(费)	主要政策规定
增值税	①一般纳税人销售货物或提供劳务,2018年5月1日起税率由原来的17%和11%降为16%和10%;2019年4月1日起税率再次降为13%和9% ②将小规模纳税人年应征增值税销售额标准提高至500万元,阶段性下调小规模纳税人税率甚至免征 ③阶段性提高增值税起征点 ④逐步、多次提高部分产品出口退税率 ⑤2022年扩大增值税留抵退税的适用范围
企业所得税	①企业研究开发费用加计扣除的比例2018年1月1日起由50%和150%提高为75%和175%;2022年1月1日起科技型中小企业提高至100%和200% ②2018年小型微利企业的年应纳税所得额上限由50万元提高至100万元,所得税减半征收的标准提升到100万元 2019年小型微利企业的年应纳税所得额上限由100万元提高至300万元,所得税减半征收的标准提升到300万元。并且对于小型微利企业年应纳税所得额在100万元以下的部分减按25%计入应纳税所得额 2021年当年对于小型微利企业100万元以下的应纳税所得额减按12.5%计入应纳税所得额。2022年当年对于小型微利企业300万元以下的应纳税所得额减按25%计入应纳税所得额。2023年至2024年,对于小型微利企业100万元以下的应纳税所得额减按25%计入应纳税所得额

---

① 中国财经报:"放水养鱼 水多鱼多——全国人大代表热议减税降费",http://www.mof.gov.cn/zhengwuxinxi/caijingshidian/zgcjb/202203/t20220307_3793197.htm, 2022-3-7。

续表

税(费)	主要政策规定
个人所得税	① 2018年10月1日起,个人所得税扣除限额由3,500元提高至5,000元 ② 2019年1月1日起,实行六项专项附加扣除
社会保险费	①城镇职工基本养老保险单位缴费比例统一降至16% ②阶段性减免社保费

资料来源：根据历年《财政统计年鉴》整理所得。

二、基于风险化解的减税降费政策理论依据

（一）财政"不可能三角"

财政"不可能三角"认为，政府增加财政支出、减税降费和控制债务规模三者最多可同时取其二，三者不可能同时发生。这一理论指出财政三大目标之间是存在矛盾的，政府不可能同时实现这三个目标，这就要求政府在做出相关决策之前要权衡利弊，进行风险度量。

任何特定时期，政府在减税、增加公共支出和控制债务水平这三个看似都"很必要"的目标之间，都在进行精心、审慎的风险控制与权衡。近年来我国实施了大规模的减税降费政策，政府财政收入随之下降，政府宏观干预能力受限。另一方面，由于财政支出刚性的存在，对于基础设施建设、社会保障支出、高新技术研发投入等关键领域的财政支出不降反升，这样一来，财政收支缺口只能靠政府发债来筹集资金，政府债务水平上升会进一步导致财政风险的上升。

从风险防范的角度来看，在减税降费已成为既定事实的前提

下，如何平衡好财政支出与政府债务规模之间的关系，有效控制减税降费导致的财政风险是我们必须要考虑的问题。总之，财政"不可能三角"指出了三个财政目标之间的内在矛盾，也让政府在制定财政政策时多了一重风险防范的考量。

（二）风险再分配理论

市场作用之强大毋庸置疑，理想情况下，所有公共风险和难以计数的其他风险在市场上都是可以交易的，功能健全的市场能够将风险自动转移到最能控制它们的参与方。但是，由于信息不对称、认知问题、承诺问题与外部性问题等市场固有缺陷，市场对于风险分配是低效率的，甚至是无效率的。[①]

风险再分配理论认为，相比于民间部门，政府的强制力是其作为终极风险管理者得天独厚的优势[②]，可以在一定程度上克服市场的固有弊端。一方面，政府征税本身就可以视为居民个人和企业向政府购买保险的费用。在一些市场无法化解风险的场合，政府运用税收收入兜底帮扶可以近似看作将风险在纳税人之间共担，使风险得以分配最终化解。另一方面，从税式支出的角度考虑，减税降费相当于政府对特定目标的直接财政支出，受益群体现金流增加，有更多的资金可以投入再生产过程中，同时也意味着其抵抗风险的能力增强。受益企业预期向好、经营状况的改善又会为政府带来更多的税收收入，进一步增强政府分配风险的能力，形成一种良性循环。因此，政府能够在风险分配与化解领域更好地发挥作用。

[①] 〔美〕戴维·莫斯：《别无他法：作为终极风险管理者的政府》，何评译，人民出版社2014年版，第10页。

[②] 同上书，第51页。

结合我国市场与政府关系的演变，一方面要让市场在资源配置中起决定性作用，另一方面强调财政政策调控要兼具精准性与有效性，致力于探索有效市场与有为政府的深度结合。风险分配与化解的过程恰好体现了市场与政府的互补关系，在对政府与市场关系的认识不断深化的过程中，财政必然和必须承担某些特殊的职责，为政府和市场关系调整过程中发生的成本、摩擦、偏差进行兜底保障[①]，使得社会风险水平总体可控。

（三）财政风险与公共风险的演变逻辑

公共风险是宏观的、社会整体的损害结果发生的可能性，各种不同类型和层面的不确定性是公共风险的本源，而人们对公共风险的反应又会引致新的不确定性，并产生叠加效应[②]。

随着公共风险持续增加，财政作为重要的政策工具，自然肩负起对冲公共风险、为经济社会注入确定性的重担，支出责任随即增加，财政收支压力加大，财政风险扩大。

在考虑到公共风险会转化为财政风险的同时，我们应注意到，财政风险也可能会导致规模性公共风险。经济是财政收入之源，财政与经济是紧密连在一起的，正是由于财政与社会经济之间的这种内在关联性，财政风险也会向社会经济领域逆向转化。财政风险如果得不到及时控制与化解，政府做出的预算收支安排无法达成，难以履行相应的职能，必然会加重社会经济的负担，影响经济社会的稳定与发展，进而导致社会公共风险和私人风险。

---

① 吕炜：“理解中国改革：一种财政的视角和方法”，《财政研究》2020年第11期。
② 刘尚希、孙喜宁：“论财政政策的有效性——基于公共风险分析框架”，《财政研究》2021年第1期。

从古至今，财政风险多由公共风险扩大化引发，财政风险扩大也会影响政府应对公共风险的能力，又反过来引发公共风险扩大化。正是基于这种转移转化，现代社会的政府才能够运用多种财政政策工具，在公共风险与财政风险之间权衡，力求在各类公共风险和财政风险之间寻找平衡，使各类公共风险处于正常、合理水平。

（四）减税降费导致财政风险形成的内在机理

从风险视角来看，我国近些年来实施的减税降费政策就是要对冲各类公共风险，稳定微观主体预期来实现社会总供需的良性循环，避免风险的累积和集聚，使经济社会尽快恢复到常态。但以减税降费为核心的积极财政政策化解公共风险的背后也隐藏着财政风险，会导致公共风险向财政风险的转化，呈现公共风险"财政化"、财政风险"地方化"、短期风险"长期化"[1]等特点，财政收支不断承压。首先，在通过减税降费对冲公共风险过程中，财政自身减收增支压力增加，财政收入水平下降，财政赤字规模或多或少都有所增加，随着减税降费力度的不断加大，税收收入比重难以提高。[2]其次，减税降费对地方财政的冲击更大，财政事权和支出责任的逐级下移，使地方成为财政支出主体，随着减税降费政策的实施，地方财政变得更加困难。一方面，减税政策减的主要是增值税，而增值税是共享税（其收入在中央和地方间五五分成），增值税减税额

---

[1] 中国财政科学研究院2022年"地方财政经济运行"课题组，刘尚希、邢丽："多重不确定性下的风险权衡与对冲——2022年'地方财政经济运行'调研总报告"，《财政研究》2023年第3期。

[2] 郭庆旺："减税降费的潜在财政影响与风险防范"，《管理世界》2019年第35（06）期。

中地方政府少收了一半；如果再考虑到增值税附加税，地方政府收入会减少得更多。另一方面，"降费"中的"费"可能有多种形式，如果仅就从财政角度界定的宽口径的"费"而言，可视为一般公共预算收入中的"非税收入"，而地方非税收收入占全国非税收收入比重在 80% 左右，故降费减少的主要是地方政府收入。[①]再次，疫情反复叠加内外不确定性冲击，经济运行持续处于不确定性风险之中，短期的特殊的经济形势有"被拉长"和"一般化"的趋势，持续性的减税降费政策对稳经济十分必要，但由于持续时间过长，财力空间受限，财政将面临承受不起的挑战，最终导致财政风险压力越来越大。

三、基于风险化解的减税降费政策效果分析

为了有效减轻企业负担，缓解经济下行压力，我国改变了以往以扩大财政支出为主的积极财政政策，转向以减税降费为核心的积极财政政策，实现了经济平稳运行。但不可忽视的是，越来越大规模的减税降费也会对财政本身产生显著影响，不仅可能影响财政收入、财政赤字规模，也有可能对财政收入结构、城投债规模等产生影响。

（一）减税降费提高微观主体抗风险能力

1. 为企业纾困，有效对冲疫情风险

新冠疫情暴发以来，我国持续实施大规模减税降费政策，税费

[①] 郭庆旺："减税降费的潜在财政影响与风险防范"，《管理世界》2019年第35（06）期。

在企业成本中所占比重逐年下降，企业应对风险能力提高。据中国财政科学研究院2022年"企业成本"问卷调研报告[①]显示，企业纳税总额占企业综合成本费用的比重逐年下降，2019—2021年分别为7.33%、6.75%和6.67%。其中，"增值税与营业收入的比值"逐年稳步下降，2019—2021年分别为3.17%、3.03%和2.89%。特别是，2020年新冠疫情暴发后，我国推行的阶段性税费缓缴政策，帮助企业顺利复工复产，到2020年6月份，国内企业的复产率中位数就达到了87%[②]，样本企业复工复产情况较为乐观。进入二季度后，全国规模以上工业企业每百元营业收入中的成本费用稳步下降，从最高点94.34元降至92.89元；企业平均总资产报酬率也实现了由负转正。同时，相关金融纾困政策也发挥了积极作用，特别是小微企业信用贷款支持政策受到一致好评，部分地区还积极创新金融支持工具，为企业提供了更加及时、更低成本的金融服务。由此可以看出，我国推行的2020年一系列提质加力、精准有效的减负政策，较好地实现了对冲疫情风险、落实"六保"任务，也帮助企业及时复工复产，积极应对了疫情带来的严峻挑战。

2. 激发市场活力，为保经济基本盘注入了确定性

减税降费政策的成效在短期内表现为企业成本的下降，长期则表现为市场主体活力和经济发展后劲的双增强。据国家市场监督管理总局公布的数据显示，截至2022年年底，全国登记在册的市场

---

① 刘尚希、傅志华、程瑜、陈少强、张琦、朱小玉："不确定形势下企业面临的风险挑战和成本变化趋势——2022年'企业成本'调研总报告"，《财政研究》2023年第1期。

② 刘尚希、程瑜、王志刚、许文、张琦、朱小玉、夏楸："企业成本：2020年的调查与分析——从给企业减负转向对冲公共风险"，《财政研究》2021年第3期。

主体1.69亿户，较2021年年底增长10.03%。其中企业5,282.6万户，个体工商户1.1亿户，农民专业合作社223.6万户；全国新设市场主体2,907.6万户，同比增长0.71%，这表明投资者信心明显改善，国内市场主体户数和规模明显扩大。此外，根据国家统计局公布的数据，2021年全国规模以上工业企业"每百元营业收入中的成本"为83.74元，比上年减少0.23元；"每百元营业收入中的费用"为8.59元，比上年减少0.59元。这说明近年来在一系列减免税政策的帮扶下，企业成本负担得到进一步降低，有效释放了市场活力，为经济社会发展注入了更多确定性。我国制定的一系列对冲风险成本的帮扶政策，不仅在微观层面为企业纾困解难发挥了积极作用，在宏观层面也有力促进了经济基本面的企稳回暖，为经济社会发展注入了更多确定性。

3. 促进产业升级，为构建新发展格局提供支撑

近年来我国实施的以对冲风险为主线的减税降费政策，有效降低了企业的生产经营成本和资金流出，使企业开展技术创新和升级改造投入的意愿和能力明显增强，在扩大内需、促进产业结构调整、提升产业国际竞争力等方面发挥了重要作用。在减税降费政策的刺激下，各地产业复苏步伐明显加快、产业结构持续优化，为构建国内国际双循环的新发展格局注入了新动力和提供了重要支撑。以进出口为例，2022全年货物进出口总额420,678亿元，比上年增长7.7%。其中，出口239,654亿元，增长10.5%，进口181,024亿元，增长4.3%，这表明我国货物进出口保持了较快增长[①]。

---

① 刘尚希、程瑜、王志刚、许文、张琦、朱小玉、夏楸："企业成本：2020年的调查与分析——从给企业减负转向对冲公共风险"，《财政研究》2021年第3期。

（二）减税降费具有整体的预期引导效应

微观主体的消费、投资选择会受自身对未来预期的影响，微观主体的预期又会受到政府相关政策出台的影响。如果政策连续、稳定且指向明确，无疑会提升企业与消费者的良性预期，从而提高消费、投资规模，提振经济，在化解公共风险的同时对冲相应的财政风险。判断减税降费政策带来的预期引导效应，大多是基于税费的减少程度、企业盈利水平变化以及宏观指标的对比，如经济增长变化、就业变化、投资变化、消费变化等。

根据国家税务总局介绍，近十年我国累计新增减税降费超8.8万亿元。2021年全年新增减税降费约1.1万亿元。2022年，全国新增减税降费及退税缓税缓费超4.2万亿元，主要包括三部分：一是累计退到纳税人账户的增值税留抵退税款2.46万亿元，超过2021年全年办理留抵退税规模的3.8倍；二是新增减税降费超1万亿元，其中新增减税超8,000亿元，新增降费超2,000亿元；三是办理缓税缓费超7,500亿元。分行业看，制造业新增减税降费及退税缓税缓费近1.5万亿元，占比35%左右，是受益最明显的行业。同时，餐饮、零售、文化旅游、交通运输等受疫情影响较重的服务业，新增减税降费及退税缓税缓费超8,700亿元，有力帮助市场主体渡过难关；分企业规模看，小微企业和个体工商户是受益主体，新增减税降费及退税缓税缓费超1.7万亿元，占总规模的比重约四成；另外，近八成的个体工商户在2022年无需缴纳税款。从这些数据可以看出，为对冲疫情等不确定公共风险，为国家发展注入确定性，减税降费的力度之大前所未有。大规模的减税降费在一定程度上降低了企业负担，企业"获得感"增强，有利于促进微观主体及整个社会预期的稳定。

(三)减税降费规模受制于财政"不可能三角"

根据财政"不可能三角"可知,在减税降费政策实施的初期财政收入会受到较大影响,虽然政府大力压减一般性公共预算支出和"三公"经费支出,但是对于地方经济建设、科教文卫和"三保"支出等领域的刚性支出难以缩减,甚至规模不断扩大,政府财政压力倍增,对地方财政可持续性产生较大的影响。

减税降费导致政府财政收入规模下降。鉴于积极的财政政策中减税降费主要影响的是一般公共预算收入,且考虑到经济总量不断增长的影响,在探讨减税降费对财政收入能力的影响时,选取相对量指标,通过分析近些年一般公共预算收入以及其中的税收收入占GDP比率的变化,观察减税降费对财政收入规模的影响。从一般公共预算收入占GDP的比重和税收收入占GDP的比重来看(见图3-2),我国一般公共预算收入占GDP的比重连年下降,由2013年的21.8%下降到2022年的16.8%,总共下降了5%。我国税收收入占GDP的比重也在连年下降,由2013年的18.6%下降到13.8%,总共下降了4.8%。这表明我国近几年的减税降费政策使得财政和税收的收入能力不断下降。财政收入能力的下降必定会影响到财政支出,但由于财政支出存在刚性,这无疑让地方政府财政压力倍增。

由于财政支出刚性的存在,减税降费政策又在持续进行,在"放水养鱼、反哺财政"效应还没有显现的时候,债务融资尤其是城投债逐渐成为地方政府获取财政资金的重要渠道。由图3-3可知,我国政府债务余额及其占GDP的比重逐年上升。另外,城投

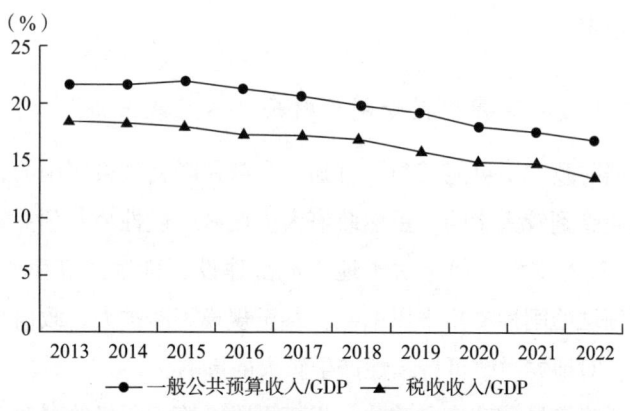

图3-2 一般公共预算收入、税收收入占GDP比重

数据来源：国家统计局（http://www.stats.gov.cn）。

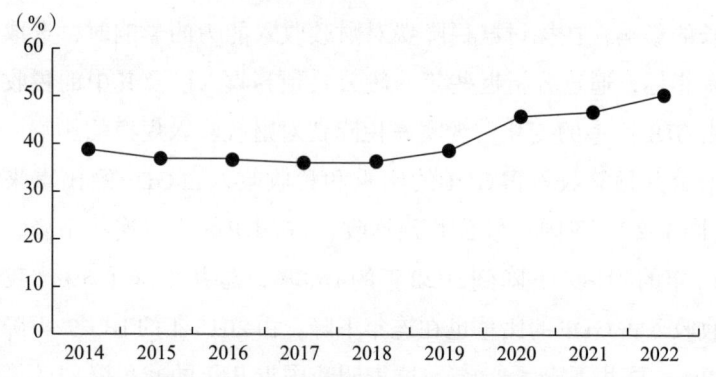

图3-3 2014—2022年我国政府债务余额及政府债务余额占GDP的比重

数据来源：根据财政部预算司数据整理所得。

债具有自主性高、隐蔽性强、受预算约束少等特点，上级政府难以监管，在短期内对地方经济主体产生的负面影响更小，逐渐成为地方政府通过债务融资的主要方式之一。2007—2018年减税降费期间我国城投债余额占GDP的比重呈现明显上升的趋势[1]（见图3-4），

---

[1] 由于城投债数据只能获取到2018年，因此最新年份只能截止到2018年。

尤其是2012年以后，城投债余额占GDP的比重快速上升，城投债发行额明显增大。

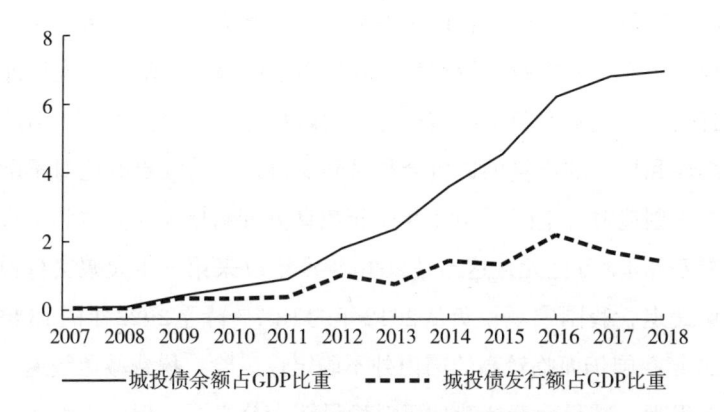

图3-4　2007—2018年我国城投债余额及发行额占GDP比重

数据来源：城投债发行额来源于毛捷团队公开数据，GDP来源于国家统计局（http://www.stats.gov.cn）。

　　城投债是地方政府依托融资平台发行的企业债券，其筹集的资金主要用于城市市政建设和公共服务设施建设等方面，具有一定公益性质，自身难以产生足够收益用于债券的还本付息，因此，城投债的发行大多是以地方财政收入作为担保进行的融资行为。而地方政府对于城投债还本付息的"隐性担保"行为，难以受到上级政府的监管，债务规模无法有效地受到约束，故城投债发行额增大会给地方政府带来巨大的债务风险。

　　从财政"不可能三角"的角度来看，城投债数额的不断上升可视为减税降费目标与扩大财政支出目标共同导致的结果。如何在之后调和三者之间的矛盾，是减税降费政策加力提效无法回避、必须直面的问题。

（四）减税降费常态化压缩财政政策空间

临时性、短期性和应急性政策既要确定触发条件，也要明确政策退出时限，一旦走向长期化和常态化，就会对财政可持续性产生影响，进而压缩财政政策空间，降低财政政策应对临时突发性冲击的有效性。税费减免缓退需要考虑财政自身的承受能力，为财政可持续性和韧性的恢复创造机会和时间窗口，为持续更好应对不确定性冲击创造财力空间。2022年全年累计办理新增减税降费和退税缓税缓费超4.2万亿元，这已是2020年疫情以来第三年大幅实行税费减免缓退，我国宏观税负从2012年的18.7%降至2022年的13.8%。2023年我国仍面临较高的国内外不确定性风险，税费减免缓退力度仍将很大。减税降费持续加码对稳经济十分必要，但由于财政支出刚性的存在，各层级政府财力下降空间受限，财政可持续性将面临重大挑战。

大规模常态化减税降费导致财政赤字率上升。我国近几年实行大规模的减税降费政策，同时为做好"六保""六稳"工作，大规模增加民生开支，必然会对财政赤字率产生影响。财政赤字是衡量财政政策的重要指标，是国家宏观调控的手段，它能有效动员社会资源，积累庞大的社会资本，支持经济体制改革，促进经济的持续增长，在政府逆周期调节经济的过程中发挥重要作用。财政赤字规模往往需要保持在合理水平上，赤字率如果不断上升，那么就意味着作为财政工具的财政赤字在发挥作用时会受到限制，财政政策空间受到压缩。

图3-5给出了我国2013—2022年财政赤字率的变化趋势。考虑到我国经济发展水平的不断变化，本文选用"当年一般公共预算

的收支差额占GDP总额的比重"作为财政赤字率的衡量指标,这里将"全国财政使用结转结余及调入资金"从当年的一般预算收入中剥离出去,将"补充中央预算稳定调节基金"从当年一般公共预算支出中剥离出去。因为"全国财政使用结转结余及调入资金"属于历年积累的资金,动用历年"结余"原本就是弥补财政赤字的一种手段,因此为了更加客观准确地分析减税降费对财政赤字规模的影响,需要将其剥离出去[①]。由此计算的赤字率从2013—2022年由1.86%上升至4.72%。可以看出我国在2015年开始推动供给侧结构性改革,加快新经济新动能的发展,进行大规模的减税降费政策后,近几年的政府财政赤字率不断上升,财政政策发挥作用的空间收缩。

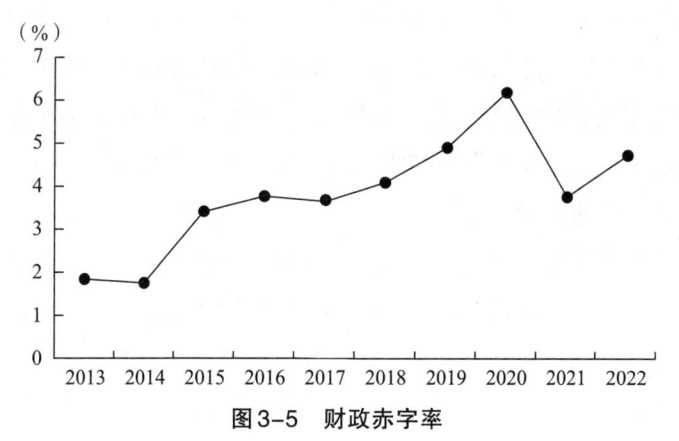

图3-5 财政赤字率

数据来源:国家统计局(http://www.stats.gov.cn)。

---

① 郭庆旺:"减税降费的潜在财政影响与风险防范",《管理世界》2019年第35(06)期。

四、基于风险化解的减税降费政策未来展望

（一）降低公共风险水平，提振企业预期

我国近年来实施的一系列降成本措施，在减轻企业负担、激发企业活力上发挥了积极作用，特别是财税方面的减负政策，是"一揽子"降成本措施中最令人关注的，也是成效最显著的。"加大减税降费力度，可以对冲一部分因公共风险转化而来的企业成本，但无法完全化解风险。"因为当外部环境存在较大不确定性或公共风险水平上升时，企业成本会出现普遍上升态势，企业、投资者、消费者等微观主体还会因看不清未来趋势而改变其行为模式，会对研发、投资等活动保持更加谨慎的态度，这会增加经济停滞的风险，也会大大降低减税政策的预期效果。在这种情况下，最关键的是要通过政策手段，注入更多确定性，降低公共风险水平，让企业拥有更加稳定的研发预期、投资预期和经营预期，从而改变其行为模式。这也是对"风险行为模式"的一种理解：公共风险的变化会导致企业行为的深刻变化。

要激发市场主体内生动力、构建现代市场经济体系，仅仅着眼于当前的减负目标是远远不够的，而是要切实增强外部环境的确定性、努力降低公共风险水平，从而改变微观主体预期，从根本上对冲企业成本上升趋势。党的十九届五中全会和"十四五"规划建议都强调要从中长期视角分析当前问题，即便制定阶段性政策措施，也要从中长期角度进行考虑。因此，沿着"风险成本"和"风险行为"这两个逻辑开展研究，以减税降费为重点的宏观政策需要适当调整和优化，应该从针对实体经济的减税降费逐步转向更加注

重中长期效果的预期引导上来。从这一点来讲，如何有效对冲公共风险、注入更多确定性，让企业的研发、投资和经营积极性充分释放，应成为今后宏观政策制定需考虑的核心问题。

（二）减税降费政策与税制改革有机结合

我国当前面对的风险主要是结构性转型带来的，而这种结构性转型的动力又蕴含于微观主体的活力之中。但是，在这种结构性转换的过程中，微观主体又面临着各种各样的不确定性，导致微观主体未来预期不稳定，因此，稳预期是关键。减税降费作为积极财政政策的一个重大举措，如何促进微观主体稳预期，这既是一个理论问题，也是一个政策问题。

减税降费并不是一件简单的事，尤其是降低税率和费率的"稳预期"的减税降费政策，它需要考虑整个税制与产业结构的关联性，以及社保给付的标准、年度的增长率以及整个社保体制、中央与地方的事权和支出责任等，需要对这些因素进行综合考虑、整体设计，这样才能真正完善税制和社会保险制度，既能减轻企业负担，又能有效引导预期，还能实现平衡。

要完善制度，就需要改革。这里的改革并不是指局部的修修补补、某个方面的调整，这难以真正解决稳预期的问题。如税收制度的完善，需要从整体出发，逐步实现整体性的重构。当前减税，就结合了税制改革，而不仅仅是将其作为一项短期政策来发布实施，从完善税制的角度去考虑减税政策，这样既把税负降下来，实现短期政策目标，同时税制得到改善，使税制简化，透明度更高。

通过税收制度的完善、征管能力的提升，微观主体可以更好地来规划未来、明确预期，这样才能从整体环境的优化上更好地去促进微观主体预期的稳定。对微观主体而言，预期利润对其在未来一段时间的投资和研发都将产生重要影响。微观主体的预期决定了其行为趋向，如果未来有很多不确定因素，预期不稳定，那么对企业来说就会举棋不定，投资、研发、创新就会减少，经济活力就会下降。在这种情况下，整个经济就不会内生出转型升级的动力。稳定预期需要综合施策，协同推动。

从这点考虑，减税降费要结合政策、税收制度、征管制度、社保制度、征缴制度等来综合考量，形成整体解决方案。只有这样，才有助于形成对减税降费政策的正确预期，防止市场产生认识偏差和误解。因此，减税降费作为政策要与改革有机结合起来，形成一揽子方案，这样更有助于稳定预期。稳定预期也将确定性纳入了减税降费的政策目标当中，有财政兜底，才能提高企业自信心，更好地强化市场主体的抗风险能力。

（三）减税降费更加注重提质增效

连续多年的减税降费取得了明显效果，也实实在在地减轻了企业负担。国家统计局数据显示，2022年中国宏观税负已经降至13.8%，在世界范围内处于较低水平。近五年来，中国财政科学研究院连续开展了五次企业成本专题调研，每次都收到了1万多家样本企业的问卷反馈，包括小微企业。从调研结果来看，企业对以减税降费为主的系列降成本措施的评价总体是好的。有些企业有强烈的获得感，但也有一些行业和企业获得感相对不强。

毋庸置疑，任何一项政策都不可能覆盖所有企业。从减税降费政策产生的效果来看，理论上有一个"临界点效应"。以盈亏临界点为基准，所有企业可以分为三类：第一类是盈利能力强的企业，远离盈亏临界点,抗风险能力强;第二类是处于盈亏点边缘的企业,很脆弱,各类因素稍有变化,可能变亏或者变盈,抗风险能力一般;第三类是严重亏损的企业,也是远离盈亏临界点,若连续亏损就可能被市场淘汰,此类企业抗风险能力很弱。减税降费政策对上述三类企业的影响存在很大差异。获得感最强的,是处在盈亏边缘点的企业,因为减一点成本负担也许就从亏损变成盈利,就能够"活下去"。对于盈利能力很强的企业来说,减税降费政策的边际效应很低,企业感觉不会太明显。对于严重亏损的企业来说,由于已经面临被淘汰的局面,减税降费的力度再大也可能"救不活",所以这一类企业的获得感也不强。

然而在不同时期和经济形势下,处于盈亏边缘点的企业数量是不同的。如果经济缓慢下行,这类企业数量较多,政策整体的边际效应则较大,有获得感的企业自然就较多;一旦经济下行压力增大,导致亏损企业相当多,减税降费带来的获得感就不会太强。因为经济下行带来的成本上升、需求萎缩以及各种不确定性因素,都会大大对冲掉减税降费的正向效果。除此之外,在我国当前的增值税相关制度安排下,减税对于亏损严重的企业而言,其意义并不是太大,可能主要对企业的流动性构成影响。总而言之,任何一项减税降费政策,对于不同企业的帮助以及企业产生的获得感都会不尽相同。

需要强调的是,减税降费作为深化供给侧结构性改革的重要抓手,同样应该遵循市场经济的优胜劣汰规则。凡面向市场竞争,总会有一些企业胜出,一些企业被淘汰。对于即将被淘汰的企业,若让其长期拥有过多的政策获得感,可能就会与市场优胜劣汰的运行机制逆向而行,从而妨碍市场在资源配置中发挥决定性作用。宏观政策应当是在不妨碍市场基本功能的前提下稳定和调节经济运行，避免大规模"倒闭潮"，而不是让所有企业都有均等化的获得感。因此，实施减税降费政策，并不是减负"总量"越大越好、覆盖面越广越好，而是应关注政策的精准性、有效性、针对性和可持续性，为推动经济高质量发展提供坚实基础。

接下来的减税降费政策还是需要保持政策的连续性、稳定性和可持续性，要将以往的制度性减税降费措施落实到位。新的减税降费政策则主要针对小微企业和个体工商户，因为此类市场主体数量众多，也是就业机会和技术创新的重要来源，所以更加需要国家财政的扶持，提高他们的抗风险能力。可以肯定的是，制定一系列面向小微市场主体的减负政策，让其拥有更多获得感，将有利于进一步激发市场活力、增强创新动力，有助于为我国经济稳步复苏、持续向好注入更多确定性。

（四）减税降费加力提效要嵌入到扩大内需战略之中

近年来，我国提出要形成"以国内大循环为主体、国内国际双循环相互促进"的新发展格局。在"双循环"的大背景下，通过实施扩大内需战略激发市场活力，有效发挥国内大市场的规模优势，是当前面临的重要问题。减税降费政策本就具备扩大内需的功能：实施减税降费政策，本质上是政府通过让渡自身收入，来相应增加居民和企业的可支配收入，进而有效带动消费与投资的增长，扩大国内需求。

新一轮扩内需战略应着眼于消费能力的提高和释放，消费能力的提高与居民的收入水平、就业状况、中等收入群体比重等密切相关，消费能力的释放则与居民的消费选择和边际消费倾向相关。因此，若要进一步挖掘减税降费政策的潜力，将减税降费政策嵌入"双循环"的新发展格局之中，必须增强减税降费政策在不同企业、不同人群中的针对性，进而最大化发挥减税降费的政策效果。相关研究表明，城乡居民均拥有较大的消费市场，但也存在差异性，应该采用不同的税费激励政策。从三部门、四部门经济下税收乘数绝对值看，农村居民消费对经济增长的拉动作用约是城镇居民的1.8倍，另从灵敏度检验结果看，税率变化对农村居民的刺激作用是城镇居民的约2倍[①]，这一结果表明，我国广大乡村拥有较大的市场需求与消费潜力。结合我国城乡二元结构来看，实行差异化、更具针对性的减税降费政策不仅可以更快地培育农村消费市场、提升农民实际收入水平，而且还能起到减少城乡收入差距的作用。这样一来，在稳定城乡居民个人风险预期的同时，也在不同程度上提高了他们的抗风险能力。差异化的减税降费政策不仅是一种利益平衡，同时也是加快形成强大的国内消费市场的效率选择。因此，接下来的减税降费加力提效应着眼于与扩大内需战略有机结合，为国内大循环的顺畅运行提供相应的政策支持。

第五节　风险权衡下的地方政府债务治理

在现代经济社会中，经济风险、金融风险、社会风险以及自然风险等公共风险，存在于经济社会发展的各个阶段，对经济社会发

---

① 陈萌："'双循环'下减税降费政策对扩大内需的影响分析——基于税收乘数和扩展线性支出模型的实证分析"，《福建金融》2021年第8期。

展产生深远的影响。财政作为国家治理的基础和重要支柱，在公共风险治理中起到至关重要的作用，债务是财政治理公共风险的重要手段。随着地方政府债务规模的增加，债务风险也逐渐显现，2022年中央经济工作会议中提出，"要防止形成区域性、系统性金融风险，防范化解地方政府债务风险，坚决遏制增量、化解存量"。基于此，学术界对于地方政府债务风险的治理做了诸多探讨。本章从公共风险、财政风险以及债务风险三者关系的角度出发，探讨在公共风险治理视角下，如何平衡公共风险与债务风险，寻求地方政府债务治理之策。

一、地方政府债务的现状与特征

（一）地方政府债务平稳增长以应对公共风险

地方政府显性债务是指法律明确规定的或政府以各种形式承诺的债务。由于地方政府显性债务的统计口径众多，这里将在法律规定范围内的地方政府一般债务以及专项债务归于地方政府显性债务。从我国债务余额情况来看（图3-6），我国政府债务余额逐年上升，截至2022年年末我国政府债务余额[①]达到60.9万亿元，政府债务余额占GDP的比重为50.35%。根据2014年到2022年我国政府债务情况来看，虽然受新冠疫情的影响，我国政府债务占GDP的比重有所上升，但是整体来看始终低于国际普遍认同的60%警戒线，债务风险总体可控。而由于近年来，我国积极财

---

① 我国政府债务余额包括中央政府内债余额、中央政府外债余额以及地方政府债务余额。

政政策的实施，医疗等方面的财政刚性支出需求不断增加，加之减税降费政策的实施，使得地方政府财政收支矛盾更加突出，不得不采取举借债务的方式筹集资金。从图3-7可以看出，2017年到2022年我国地方政府债务的发行速度整体上呈现逐年递增的趋势，但是由于地方政府债务偿还本金的能力不足，地方政府债务还本速度基本低于债务发行速度，地方政府债务积聚情况逐渐显现。图3-8表明从2014年到2022年我国地方政府债务余额逐年增加，而且我国地方政府债务余额占政府债务余额的比重始终超过50%。这个比重既高于主要发达国家20.85%的平均水平，也高于新兴发展中国家23.62%的平均水平。由此可以看出，近年来我国地方财政收入增长乏力，地方刚性支出需求扩大，财政收支矛盾日益凸显，为平衡收支矛盾，防范收不抵支的风险，地方政府举债速度普遍加快，从这一角度来看，地方政府债务增长成为应对财政收支矛盾的重要举措。

图3-6 2014—2022年我国政府债务余额情况及政府债务余额占GDP的比重

数据来源：根据财政部预算司数据整理所得。

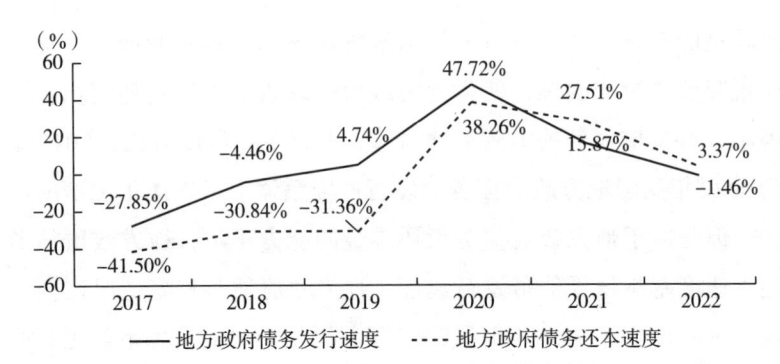

图 3-7　2017—2022 年地方政府债务还本速度与发行速度

数据来源：财政部预算司数据整理所得。

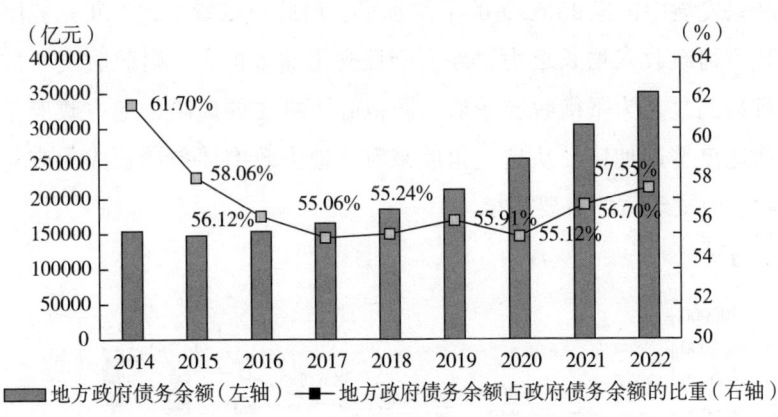

图 3-8　2014—2022 年我国地方政府债务余额及其
占政府债务余额的比重

数据来源：根据财政部预算司数据整理所得。

（二）专项债成为公共风险治理新途径

2015 年 4 月财政部发布《地方政府专项债券发行管理暂行办法》（财库〔2015〕83 号）规定，专项债券是指省、自治区、直辖市政府（含经省级政府批准自办债券发行的计划单列市政府）为有一定收益的公益性项目发行的、约定一定期限内以公益性项目对应的政府性基金或专项收入还本付息的政府债券。自此,我国相继推出了土地储备、高速公路收费、轨道交通、棚改等不同形式的专项债。与一般债券相比,专项债券融资主要用于政府主导且有一定收益的公共服务项目,偿债资金来源为项目对应的政府性基金收入或项目建成后取得的专项收入,加之私人资本的参与,在政府单一利益追求的基础上,进一步引入公众利益追求和私营伙伴利益追求,约束地方政府重视规模忽视效率的非理性行为,更加追求项目"收益与融资自求平衡",地方政府还债压力降低,以专项债化解公共风险成为地方政府的新选择[①]。

从地方政府债务发行额来看,地方政府专项债务的发行额逐年增加。地方政府专项债务发行额占比(表3-4),从2015年的25%增加至2022年的69.53%,已经超过地方政府一般债券发行额。从地方政府债务余额来看(表3-5),随着地方政府专项债务发行规模的增加,地方政府专项债务余额也呈现出逐年增加的趋势,2020年我国地方政府专项债务规模首次达到地方政府债务总规模的50%。

表3-4 2015—2022年地方政府债务发行额及占比

	地方政府债务发行额(亿元)	地方政府一般债务发行额(亿元)	地方政府一般债务发行额占比(%)	地方政府专项债务发行额(亿元)	地方政府专项债务发行额占比(%)
2015	38,350.6	28,606.9	74.59	9,743.7	25.41
2016	60,613.72	35,495.16	58.56	25,118.56	41.44

① 缪小林、张登、毛捷:"四两拨千斤:专项债对私人投资的影响研究",《财贸研究》2023年第34(04)期。

续表

	地方政府债务发行额（亿元）	地方政府一般债务发行额（亿元）	地方政府一般债务发行额占比（%）	地方政府专项债务发行额（亿元）	地方政府专项债务发行额占比（%）
2017	43,730.09	23,768.5	54.35	19,961.59	45.65
2018	41,780.58	22,321.09	53.42	19,459.49	46.58
2019	43,760.04	17,877.79	40.85	25,882.25	59.15
2020	64,640.26	23,235.79	35.95	41,404.47	64.05
2021	74,898.31	25,800.65	34.27	49,229.13	65.73
2022	73,801.34	22,485.32	30.47	51,316.02	69.53

数据来源：根据财政部数据整理所得。

表3-5 2015—2022年地方政府一般和专项债务余额及占比

	地方政府债务余额（亿元）	地方政府一般债务余额（亿元）	地方政府一般债务余额占比（%）	地方政府专项债务余额（亿元）	地方政府专项债务余额占比（%）
2015	147,568.37	92,619.04	62.76	54,949.33	37.24
2016	153,557.59	98,312.88	64.02	55,244.71	35.98
2017	165,099.8	103,631.79	62.77	61,468.01	37.23
2018	184,618.67	110,484.51	59.84	74,134.16	40.16
2019	213,097.78	118,670.79	55.69	94,426.99	44.31
2020	256,610.77	127,393.4	49.64	129,217.37	50.36
2021	304,700.49	137,706.81	45.19	166,993.68	54.81
2022	350,652.91	143,961.67	41.06	206,691.24	58.94

数据来源：根据财政部数据整理所得。

（三）经济发展水平成为地方政府专项债券资金分配的重要依据

地方政府通过发行债券来撬动社会资金、调控宏观经济运行，运用得当可以刺激经济增长，但也不能无限积累。整体来看，我国地方政府债务逐渐偏向于专项债，而我国对地方专项债实行限额发行制度。通常来讲，经济发展水平是地方政府专项债券资金分配的重要依据，经济发展水平较高的地区分配较多的专项债务额度，经济发展水平较低的地区则分配较少的额度，导致不同地区债务结构偏向有所不同。从表3-6和图3-7专项债比重与经济发展之间关系的经验证据来看，专项债占总债务的比重与债务余额占GDP的比重呈现反方向变化，即本地区经济对地方政府债务承受能力越高的地区，其专项债务比重越高，反之，专项债的比重越低。主要原因在于，专项债主要投入具有一定收益的项目建设，地方政府偿债压力较小，而一般来讲，经济发展水平高的地区，债务风险管控能力和财政能力越强，地方政府债务负担率越低，地方政府拥有较大的债务发行空间，获得的专项债限额也就越高，使得地方政府能够拥有足够的债务资金进行项目建设，进而充分发挥专项债的乘数效应，在专项债与经济增长之间形成良性循环。与之相反，对于经济欠发达且财力薄弱的地区，地方政府债务风险等级较高，专项债限额较少，难以满足本地区基础建设融资需求，经济发展受到阻碍。长此以往，无疑会进一步拉大地区间经济发展差距[①]。

[①] 龙小燕、赵全厚、黄亦炫："地方政府专项债券的问题解析与制度完善"，《经济纵横》2021年第4期。

表 3-6　2022 年地区专项债务和一般债务余额

地区	2022 年末一般债务余额（亿元）	2022 年末专项债务余额（亿元）	2022 年末专项债务占比（％）	2022 年债务余额占 GDP 的比重（％）
北京	2,349.14	8,216.19	77.77	25.39
天津	1,994.77	6,650.78	76.93	53.00
河北	6,408.94	9,339.73	59.30	37.17
山西	2,984.24	3,301.55	52.52	24.51
内蒙古	6,584.73	2,754.94	29.50	40.33
辽宁	6,964.08	4,011.11	36.55	37.88
吉林	3,655.59	3,512.04	49.00	54.84
黑龙江	4,766.18	2,524.75	34.63	45.85
上海	3,541.32	4,997.3	58.53	19.12
江苏	7,390.99	13,303.06	64.28	16.84
浙江	7,446.89	12,721.94	63.08	25.95
安徽	4,217.23	9,086.88	68.30	29.54
福建	3,564.33	8,338.79	70.06	22.41
江西	4,043.97	6,815.53	62.76	33.86
山东	7,556.22	16,031.8	67.97	26.98
河南	5,775.1	9,355.4	61.83	24.66
湖北	5,359.19	8,540.92	61.44	25.87
湖南	7,222.79	8,184.87	53.12	31.66
广东	7,304.26	17,766.86	70.87	19.42
广西	4,670.81	5,051.28	51.96	36.96

续表

地区	2022年末一般债务余额（亿元）	2022年末专项债务余额（亿元）	2022年末专项债务占比（%）	2022年债务余额占GDP的比重（%）
海南	1,695.22	1,791.41	51.38	51.14
重庆	3,180.9	6,890.21	68.42	34.57
四川	7,177.33	10,528.06	59.46	31.20
贵州	6,591.43	5,881.42	47.15	61.86
云南	5,769.82	6,358.56	52.43	41.89
西藏	391.36	176.57	31.09	26.63
陕西	4,620.3	5,166.55	52.79	29.86
甘肃	2,413.56	3,673.38	60.35	54.34
青海	2,321.78	720.72	23.69	84.28
宁夏	1,490.3	506.5	25.37	39.39
新疆	4,508.9	4,492.14	49.91	50.73

数据来源：根据财政部预算司数据整理所得。

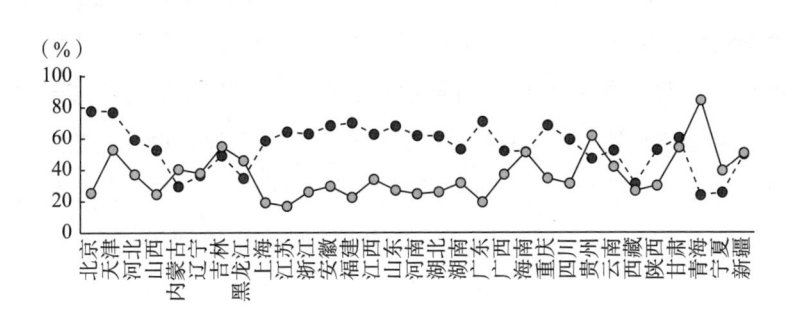

图3-9 2022年末专项债务占比及债务余额占GDP的比重

数据来源：根据财政部预算司数据整理所得。

（四）隐性债务成为可能诱发公共风险不可忽视的因素

地方政府债务的透明度就如一座冰山[①]，水面上的是显性债务，而水面下的就是隐性债务，其危险性不言自明。财政因承担公共风险而诱发的潜在支出义务是形成隐性债务的根源所在[②]。地方政府隐性债务大多是或有负债，这一类债务是基于政府承担的公共责任而形成的，事先未知，只有当风险爆发，出现了影响金融稳定、社会稳定、经济稳定的事件，甚至引发公共风险时，政府需要去承担公共责任才成为政府债务。地方隐性债务主要包括三大类：一是建设性债务，如，投融资平台的债务、棚改债务、政府购买服务项目债务、政府与社会资本合作项目债务、地方国企僵尸企业债务、金融扶贫项目等；二是消费性债务，主要是养老金缺口等；三是地方政策性融资担保形成的债务，如过桥贷、银政担等。

自2014年新《中华人民共和国预算法》颁布以来，我国建立了正式的地方政府举债及其监管制度，也经历了多轮地方政府债务清理整顿工作，并出台了一系列的防范化解地方政府债务风险的政策措施，使得地方政府债务风险处于总体可控的状态，守住了不发生系统性风险的底线。2018年印发的《中共中央 国务院关于防范化解地方政府隐性债务风险的意见》，将隐性债务定义为地方政府在法定债务预算之外，直接或间接以财政资金偿还，以及违法提供担保等方式举借的债务，划定的隐性债务包括以往分类中隐性债务和2015年至2018年间增加的隐性债务，要求地方政府在5—10年

[①] 刘尚希、石英华、武靖州：“制度主义公共债务管理模式的失灵——基于公共风险视角的反思”，《管理世界》2017年第280（01）期。

[②] 徐玉德、李化龙：“公共风险转化为地方政府隐性债务的现实路径”，《财会月刊》2021年第24期。

内化解隐性债务。在此基础上，中共中央办公厅、国务院办公厅印发的《地方政府隐性债务问责办法》强调对地方政府"终身问责、倒查责任"，要求各地方政府依规对隐性债务规模进行填报，开展第二轮隐性债务化解进程。但地方政府违法违规举债行为仍时常发生，且主要依赖于融资平台公司。2022年财政部公布八起融资平台公司违法违规融资新增隐性债务问责典型案例，包括2019年安徽省安庆市人民政府下属的同安控股有限责任公司发行中期票据募集资金，其中3.5亿元用于偿还前期隐性债务利息，约定该笔融资由政府承担，造成新增隐性债务；2018年河南省信阳市第三人民医院根据浉河区政府常务会议纪要，以采购药品为由向中信银行股份有限公司信阳分行贷款2.5亿元，用于支付应由财政预算安排的新院项目工程款，造成新增隐性债务；2019年江西省贵溪市城投公司从发行企业债券募集资金中安排1.7亿元，用于被征地农民失业保险费用、棚户区改造征地拆迁、部门工作经费、园林绿化养护等应由财政预算安排的支出，造成新增隐性债务等。

融资平台公司经营现金流与偿债能力不匹配的状况难以在短期内得到扭转。融资平台公司信用风险集中爆发时，政府为避免形成区域性金融风险而对其进行违约救助可能形成隐性或有债务[1]。由此可见，我国地方政府隐性债务风险仍然不可忽视，如何构建防范化解公共风险的长效机制，有效应对累积性和突发性的公共风险，缓释公共财政对冲公共风险的压力，成为迫切需要解决的重要问题。

---

[1] 徐玉德、李化龙："公共风险转化为地方政府隐性债务的现实路径"，《财会月刊》2021年第24期。

(五)特别国债成为公共风险治理的应急之需

地方政府债务作为财政治理公共风险的重要手段,对公共风险中经济社会秩序的恢复发挥了重要作用。2020年新冠疫情不仅给居民生活产生极大的影响,带来社会风险,同时也会给经济社会发展带来重大冲击,引发经济领域、公共卫生领域的公共风险。政府通过财政政策来治理公共风险,例如减税降费、发行债务等,将公共风险转化为财政风险。这意味着财政不仅仅要面对新冠疫情给自身带来的税基减少等风险,还要利用财政政策主动减少收入、扩大支出来化解公共风险,财政收支矛盾加剧,财政风险进一步扩大。当财政支出超过财政自身的承受能力时,政府不得不通过举借债务的方式筹集财政资金,政府债务规模扩大,将财政风险进一步转化为债务风险。

2020年为应对新冠疫情对地方财政产生的影响,中央政府决定发行1万亿抗疫特别国债,全部用于地方公共卫生等基础设施建设和抗疫相关支出,帮助地方政府应对公共风险。抗疫特别国债的发行虽然增强了地方政府应对公共风险的能力,但是又进一步扩大了地方政府债务规模,地方政府通过此财政政策将公共风险转换为债务风险,使得地方政府债务风险进一步增加。为避免地方政府债务风险过度积聚,引发更大的公共风险,对于抗疫特别国债的管理也做出了相应的规定。首先,抗疫特别国债资金分配过程中充分考虑地方政府的偿还能力,保证地方政府债务水平与财力水平相协调;其次,在政策上明确抗疫特别国债偿还资金来源。对于抗疫特别国债的偿还资金允许地方在项目收益之外,统筹一般公共预算、政府性基金预算和国有资本经营预算等各类财力进行偿还。最后,抗疫特别国债还本付息来源由中央和地方共担。1万亿元抗疫特别国债资金全部由地方使用，但在还本付息方面中央均承担了责任[①]。

总体而言，在疫情的冲击下，公共风险急剧扩大。财政积极应对公共风险，使得自身风险也逐渐扩大，财政收支出现巨大缺口，不得不通过举借债务的方式弥补财政缺口，将财政风险进一步转化为债务风险。所以，地方政府债务对于公共风险的防范和化解起到了至关重要的作用，为公共风险下经济社会秩序的恢复提供重要的资金来源。但是对于地方政府债务治理应当高度重视，防止债务风险积聚而引发更大的公共风险。

二、风险权衡视角下地方政府债务的理论辨析

（一）地方政府的公共风险治理责任

1. 政府职能的本质是公共风险治理

在现代社会中，公共风险以各种形式影响着经济社会的发展，如环境和自然风险、社会风险、经济风险以及政治风险等，各种风险相互交织、相互联系，给经济社会的发展带来极大的不确定性。政府以公共主体和经济主体的"双重主体"身份参与经济社会活动[②]。作为经济主体，政府同市场上其他经济主体一样，拥有法定的权利和义务，能够在法律允许的范围内自由地参与经济活动。但是为了避免政府的经济活动对市场产生不利的影响，例如挤出效应等，需要对政府行为进行约束，又赋予政府另一个身份——公共主

[①] 财政部回应："抗疫特别国债未来会否有偿债风险？"，https://baijiahao.baidu.com/s?id=1683136277449088486&wfr=spider&for=pc。

[②] 刘尚希："财政风险：一个分析框架"，《经济研究》2003年第5期。

体。作为公共主体，政府的职能涵盖经济、政治、文化、服务等方面，每一项职能的实现都旨在防范现代社会中隐藏的公共风险，为经济社会稳定运行提供良好的环境，如现代社会中最为常见的风险是公平与效率失衡的风险。公平与效率融合度越低，越是一边倒，公共风险就越大；公平与效率融合度越高，越容易达到平衡，公共风险就越小。政府发挥其公共主体的作用，能够有效地融合公平与效率。首先，政府发挥其经济职能的作用，促进财政政策与货币政策相结合是协调公平与效率的重要基础。其次，政府通过提供公共产品，化解经济社会中的各种公共风险，促使公共风险最小化，对于整个经济社会来说意味着效率的提升，而对于个人来说意味着最大程度的公平[1]。

2. 地方政府债务是地方政府公共风险治理责任的体现

从国家治理的角度来看，我国实行两级分权，即中央和地方[2]。中央和地方政府共同治理公共风险，所以公共风险在中央政府和地方政府之间存在着风险的共担与分担问题。中央和地方政府各承担多少公共风险、承担什么样的公共风险，主要取决于中央和地方政府各自的事权和支出责任。地方政府事权和支出责任越大，其所承担的公共风险责任就越大；反之，中央政府事权和支出责任越大，地方政府所承担的公共风险责任就越小。从政府和市场的关系来看，政府和市场之间也存在着公共风险分担。例如：PPP是引入市场共同分担公共风险责任的重要模式。PPP模式不仅可以提高公共产品和服务的提供水平，而且能够在很大程度上减轻地方政府公

---

[1] 刘尚希：《公共风险论》，北京人民出版社2018年版，第273—274页。
[2] 刘尚希、石英华等：《公共债务与财政风险》，北京经济科学出版社2008年版，第112页。

共风险治理责任。地方政府公共风险治理责任主要体现在地方政府债务水平上。地方政府所承担的公共风险治理责任越大，其财政支出规模也相应地扩大，当财政支出超过地方政府的负担能力时，地方政府债务由此产生。也就是说，地方政府的公共风险治理责任越大，其债务规模就越大。

（二）地方政府债务风险形成的内在机理

政府作为公共主体，治理公共风险的本质是风险的转移与分散，主要通过制定财政政策将公共风险转化为财政风险，进而转化为债务风险。地方政府债务是政府将公共风险转移和再分配的重要工具，既表现为时间层面上将当前集聚的公共风险向未来分散，又体现在将公共风险从一方转移到另一方，或者将它们分散给一个巨大数量的人群。正如"巴罗－李嘉图等价定理"指出的，公债仅仅是延迟的税收，当前为弥补财政赤字发行的公债本息在将来必须通过征税偿还，因而地方政府债务规模不可无限膨胀。而无论是时间维度，还是风险承担主体的维度上的风险的转移和分散，最终风险的化解主要取决于地方财政体制、地方政府收入体系是否完善。地方财政收支是否平衡与稳定，决定了由公共风险转化成的债务风险是否会进一步集聚，以及风险化解的难易程度。

1994年实行分税制改革，科学地制定了集权和分权政策，协调中央和地方之间的关系，加强中央政府的宏观调控能力，协调区域之间财力的均衡，极大地刺激了地方政府的积极性，在一定程度上推动地方经济发展，在中国财政史上占据重要地位。但是，分税制改革也存在一定弊端，一方面，地方收入体系尚未形成。分税制改革将增值税、营业税以及企业所得税等主要税种划为中央和地方共享税，极大地削减了地方政府的财政收入，而地方自有税种城镇土地使用税、土地增值税等税种难以稳定地维持地方政府收入，满足地方政府刚性支出需求。加之减税降费政策的实施，使得地方政府收入进一步减少，地方政府财政缺口不断增大。另一方面，地方事权和支出责任难以匹配。分税制虽然对中央和地方政府之间的收入进行了重新分配，但是双方的支出责任并未调整，导致政府财权不断上移，事权不断下移，地方政府仍然承担大部分公共风险治理和社会公共支出责任，例如：义务教育支出，基本养老保险、失业保险等社会保障支出。进而在地方政府形成财权、事权和支出责任不匹配的局面，地方政府财政缺口不断加大。

随着经济发展，地方政府之间的竞争日益激烈，地方政府财政收入难以保证日益增长的基础设施建设的资金需求以及经济快速发展的需要。虽然，我国的转移支付制度能够给予地方政府一定的资金支持，但由于转移支付制度不完善等原因，使得中央对地方的转移支付难以弥补地方政府的财力缺口。地方政府为了本地区经济的快速发展，提升本地区的竞争力，不得不寻求最有效、最快捷的资金来源渠道，即债务融资，地方政府财政可持续性不断降低。当面临公共风险冲击时，地方政府有责任通过财政政策化解公共风险。但由于地方政府财政收入难以满足财政刚性支出的需求，地方政府不得不最大程度上将公共风险转化为债务风险，使得地方政府债务进一步积聚，地方政府债务风险不断加大。

（三）公共风险、财政风险与债务风险的相互转化

在国家发展的不同阶段，面对的不确定因素是不同的。在现代

社会中，国家治理的本质是公共风险治理[①]，为经济社会发展注入确定性。财政是国家治理的基础和重要支柱，在国家治理公共风险的过程中发挥基础性作用。政府通过财政政策调节财政收入和支出，为国家治理注入确定性，保证经济社会的平稳运行，防范化解公共风险。因此，金融风险、经济风险等公共风险通常会转化为财政风险。政府治理公共风险通常会采取扩张性财政政策，一方面政府会通过增加财政支出，提供公共产品，直接降低公共风险扩大的可能性，达到化解公共风险的目的。正如新冠疫情期间，政府安排财政资金进行核酸检测，极大地降低了新冠疫情扩散的可能性，为政府治理公共风险注入了确定性。另一方面，政府主动降低税收收入，以此来稳定经济社会，避免公共风险进一步扩大而产生公共危机。例如新冠疫情期间政府制定了延长困难企业亏损结转年限、降低小规模纳税人增值税税率等一系列的税收优惠政策，避免因新冠疫情带来的失业人群规模急剧扩大以及经济难以回弹而导致公共危机的产生。地方政府面对公共风险时，采取增支减收扩张性的财政政策，使得公共风险逐步向财政风险转移。

政府作为公共主体有义务承担公共责任，面对公共风险时这种道义上的责任是无限的，政府不断地将公共风险转移到财政风险，财政支出不断扩大，而财政收入不断减少，当财政支出规模超出政府的承受能力时，政府通常会通过借债来弥补财政赤字，财政风险逐渐向债务风险转移。债务风险是政府作为经济主体参与到市场活动中所要承担的风险。作为经济主体的政府在市场活动中与其他市场主体在法律上的地位是平等的，政府同样具有债务的偿还责任，

[①] 刘尚希：《公共风险论》，北京人民出版社2018年版，第300页。

政府债务规模受到政府还债能力的制约,并不是无限扩大的。当政府债务规模超过政府偿债能力时,政府债务风险会上升,不仅会制约财政正常运行,而且会向公共风险外溢。政府债务风险的上升主要表现为政府债务规模的扩大和政府偿债能力的下降,一方面政府债务难以偿还会影响政府信誉,引发经济社会运行环境动荡;另一方面,政府债务的积累通过国债市场对金融市场产生影响,带来更大的系统性公共风险,进而对经济社会产生影响。因此,政府债务风险如果得不到有效的治理,会进一步转化为公共风险。

总的来说,公共风险、财政风险和债务风险之间能够相互转化,政府利用财政政策实现对公共风险的治理,将公共风险转化为财政风险,财政风险又可能会进一步转化为债务风险,债务风险的扩大又会形成更大的公共风险。所以公共风险、财政风险与债务风险之间的转化应当存在一定的界限,运用财政风险来化解公共风险应遵循适度原则,避免财政风险加剧而导致债务风险难以控制,即在确保财政风险、债务风险可控的条件下,使公共风险最小化。

三、风险权衡视角下地方政府债务有效治理的分析框架

制度性的地方政府债务刚性治理模式的确定性与地方政府债务风险的不确定性不匹配,难以解决地方政府债务风险问题。在财政视角下,地方政府债务最有效的治理方式应更加关注地方政府债务风险的不确定性行为[①]。所以,在行为主义的指引下治理地方政府债务风险,能够拉近法律法规等确定性的制度与不确定的地方政府债

---

① 刘尚希、石英华、王志刚:"公共债务管理新思维:从制度约束转向行为约束",《中国财经报》2017年第7期。

务风险之间的关系，将不确定的风险纳入制度管理中或者将不确定的风险转化为可预见的风险，来更好地化解和防范不确定性风险。

（一）传统地方政府债务治理观的总结与反思

1.制度主义地方政府债务治理观

在制度主义公共债务治理观中最主要的是法律约束，即通过法律法规对政府的举债行为和举债方式进行约束。例如2014年新《中华人民共和国预算法》规定，中央政府可以通过举借债务的方式筹集资金，举借债务应当控制适当的规模，保持合理的结构；地方政府可通过发行地方债务的方式筹集必需的建设资金，举借债务的规模，由国务院报全国人民代表大会或者全国人民代表大会批准；除法律另有规定外，地方政府及其所属部门不得以任何形式为任何单位和个人的债务提供担保。在法律法规的基础上，政府通过利用合理的债务指标、确定财政风险预警标准、编制国家资产负债表和制定政府财务报告制度等工具，来衡量地方政府债务的规模和结构①。例如沿用最多的是《马斯特里赫特》条约里关于财政赤字控制，提出财政赤字率（财政赤字/GDP）应控制在3%以下，债务负担率（公共债务/GDP）保持在60%以下。除此之外，我国衡量地方政府债务风险的指标还包括国际货币基金组织规定的参考控制区间，例如政府债务率（政府债务余额/当年综合财力）的参考控制区间为90%—150%；政府偿债率（偿还债务本息额/当年综合财力）参考控制区间为15%—20%。但是公共风险的不确定性，使得

---

① 刘尚希、石英华、武靖州："制度主义公共债务管理模式的失灵——基于公共风险视角的反思"，《管理世界》2017年第1期。

防范化解公共风险的债务具有不确定性,确定性的指标和制度难以真正控制不确定性的地方债务规模,进而弱化了地方政府债务防范化解公共风险的能力。

2.传统地方政府债务治理观的失灵

传统地方政府债务治理观是制度主义的治理观,通过制度的制定,来约束政府的举债行为,具有确定性的特点。而地方政府债务作为政府治理公共风险的主要工具,其自身具有不确定性。确定性的制度约束与不确定的地方政府债务不匹配,不确定的地方政府债务不受制度的约束。

从地方政府债务存量来看,制度主义的治理观对减少地方政府债务的规模效果甚微。传统的制度主义地方政府债务治理观对于显性债务规模和结构能够准确地计量,并制定合理的政策来化解显性债务,但是隐性债务游离于制度之外,传统的制度主义公共治理观很难准确地计量隐性债务的规模,同时,隐性债务较为分散,利用制度主义来治理存在很大的管理困难问题。

从地方政府债务增量来看,传统的制度主义地方政府债务管理模式只给予显性债务约束,而对于隐性债务难以进行约束。但地方政府债务风险主要指的是隐性债务风险。当政府面对公共风险时,因为合法的显性债务受到法律等一系列制度的约束,或者其债务限额难以满足政府应对公共风险的需求,使得显性债务难以发挥作用,因而大部分政府会选择通过制度以外的其他方式举借债务,造成不确定性的隐性债务规模的增长,反而强化了地方政府债务风险。

(二)风险权衡视角下地方政府债务的不确定性

现实经济社会是不断变化的、不确定的,在复杂的环境中风险无处不在。地方政府债务是政府作为公共主体履行职能、更好地应对公共风险的最有效的手段。而经济社会环境的不确定性，产生不确定的公共风险，地方政府通过举借债务应对公共风险的行为也具有不确定性，因而地方政府债务的规模和结构难以准确地预测和测量，地方政府债务风险也具有不确定性。这里可以用"冰山模型"来描述地方政府债务[①]。在冰山模型中，暴露在水面以上的部分代表显性债务。显性债务是政府根据法律等制度的规定举借的债务，这类债务能够利用制度性的工具，准确地测量其规模和结构。并且在其规模达到一定程度时，能够及时、准确地制定与其相适应的对策，来防范和化解地方政府债务风险。而隐藏在水下的部分代表隐性债务。这部分债务反映了社会中各利益主体的诉求，是政府应对地方债务风险所形成的，同时也是产生财政风险的主要因素。由于社会中各利益主体行为具有不确定性，难以准确地预测，所以与显性债务相比，隐藏在水下的隐性债务部分具有不确定性，其占据公共债务的一大部分。正是由于隐性债务的不确定性，政府无法准确知道债务来源、规模和结构等，也就无法制定合理、准确的风险应对措施。将不确定性的隐性债务用冰川底部的部分表示，能够更加形象地警醒政府关注地方政府债务风险，在治理地方债务的同时更加关注隐性债务风险。

（三）风险权衡视角下地方政府债务的多元治理模式

在国家治理视角下，政府不仅是治理的主体，也是被治理的主

[①] 刘尚希、石英华、武靖州："制度主义公共债务管理模式的失灵——基于公共风险视角的反思"，《管理世界》2017年第280（01）期。

体，市场和社会不仅仅是被治理的对象，也是治理的主体。社会中各利益主体都是有限理性和有限信息的，地方政府债务管理的单向管理容易忽视其他利益主体的需求，与国家治理要求相背离，这就需要在地方政府债务管理中充分发挥各利益主体自身优势，让社会中各利益主体在相互博弈中实现合作，构建地方政府债务管理的多元治理模式。在地方政府债务使用过程中，市场和社会中的债权人不希望自己的投资被政府浪费而一无所获；政府亦不希望通过举借债务筹集的资金得不到收益，无法弥补财政赤字。这就要求在地方政府债务管理过程中，发挥多元主体的优势，各相关主体相互信任、相互配合、共同治理，共同参与到地方政府债务政策的制定、债务资金的使用以及债务资金管理的全过程。政府在使用债务资金的过程中统筹安排、合理利用、提高资金使用过程中的透明度，同时加强人大的监督。市场和社会要利用自身的优势，充分利用自身的监督权力，与政府协同进行地方政府债务的治理，监督地方政府债务资金的使用，提高债务资金的使用效率。

（四）风险权衡视角下个体行为与集体行为相互协调

随着经济社会的发展，社会分工逐渐复杂，个体之间出现千丝万缕的联系，个体的行为产生的风险不仅仅会对个体自身产生影响，也会随着复杂的社会分工、经济分工、劳动分工的网络传递给其他个人，变成所有个体的风险，这就是个体行为的外部化。个体行为的外部化使得个体风险转化为集体风险，但集体风险并不是个体风险的简单叠加。个体行为的叠加会产生一种新的集体行为方式，个体风险就会演变成集体风险。在行为主义的指导下，地方政府债务的治理应当建立事前预测、事中应对、事后处置的债务管理机制。事前预测与事中应对应从集体行为的角度出发，分析地方政府债务风险的源头、风险结构、风险在集体中的传导机制以及风险在集体中的分担形式，从总体上把握地方政府债务风险，降低地方政府债务风险扩散的可能性。在地方政府债务风险的预测和应对中，合理地衡量公共风险和财政风险，更好地平衡公共风险和财政风险[①]。在事后处置阶段，应从个体行为的角度出发，个体行为的独特性，个体风险也呈现出多样的形式，政府应当根据个体对于风险承受能力的高低，制定合理的风险负担机制，避免个体风险再度聚集成公共风险。

四、风险权衡视角下地方政府债务的治理之策

地方政府债务是地方政府筹集财政资金，弥补财政赤字，防范化解公共风险的重要手段。在公共风险治理过程中，地方政府债务治理并不是要消除债务，追求零风险，而是要将债务控制在合理的水平上[②]，建立地方政府债务平衡机制，有效地权衡公共风险、财政风险与债务风险之间的关系。

（一）深化债务管理系统改革与监管，避免地方政府债务积聚

一是完善债务风险量化和评估指标，科学评估债务风险。目前，地方政府债务量化评估标准仍以债务率为主，但不同地区地理

[①] 刘尚希、石英华、王志刚："公共债务管理新思维：从制度约束转向行为约束"，《中国财经报》2017年第7期。

[②] 刘尚希："盘活存量债务 激发经济活力——化解地方政府债务风险"，《清华金融评论》2019年第68（07）期。

位置、债务历史等因素，所产生的经济社会发展水平、财政能力、产业结构等差异的复杂性，往往会导致不同地区债务风险承受能力的巨大差异，因而以债务率为地方政府债务风险量化和评估的单一指标有待进一步考量。为提高地方政府债务风险量化和评估指标的科学性，应在债务率这单一指标的基础上，增加中长期债务占比、债务利息支出增速、第三方金融机构评级等预期性指标以及债务违约情况、债务风险事件等回溯性经验作为辅助判断依据，以便精确界定不同地区的风险等级。

二是构建债务信息管理系统，完善地方债务风险预警机制。首先，中央政府应利用最新技术研究建立债务信息大数据平台，统一数据标准，及时采集各级地方政府财政、经济、债务各项数据，分析债务数据变动可能产生的债务风险。其次，根据不同地区的实际情况，确定债务风险指标临界值，从专项债务风险、表内债务风险、全口径债务风险等多个角度揭示区域风险状况，对地方政府债务风险情况进行合理划分。

三是提高债务信息透明度，加强债务风险监管。地方政府相关部门应凭借债务信息管理系统，及时向社会公开债务风险量化和评估结果，以及相关的数据，包括债务资金流向及债务规模结构等。通过宣传债务风险管理知识，鼓励和引导社会公众、金融市场等参与地方政府债务风险监管当中，并对违规举债形成常态化监督、问责机制。

（二）建立合理的债务分配机制，提高公共风险治理能力

一是建立多元主体治理模式，合理分担公共风险。现代国家治理是政府、市场、社会等多元主体共同治理，公共风险的防范和化

解应当发挥多元主体的优势，建立合理的多元主体治理模式，将风险合理地划分给各个主体，更多地依靠市场、社会的力量协同治理公共风险，减轻地方政府压力，实现"共建、共担、共享"，更加有效地防范、化解公共风险。

二是完善中期财政规划，有效利用中长期债券。中期财政规划能够从中期的视角将国家的发展规划与预算安排结合起来，弥补年度预算的缺陷，能够更好地化解短期公共风险，防范长期公共风险。在中期财政规划框架下，建立中长期债务规则，不仅能更好地实现债务跨周期调节，而且能够实现债务风险和公共风险错配，避免风险积聚。

三是完善专项债券分配机制，实现区域公共风险治理能力的均衡提高。根据实际情况，统筹考虑专项债券额度分配的地区分布、债务风险状况、重点建设需求、区域协调发展等因素，构建更加灵活、合理的专项债券额度分配机制，避免因"马太效应"而产生的公共风险。

（三）完善地方债务管理，提高债务资金的使用效率

公共风险向债务风险转化的限度从短期来看主要与地方政府、平台公司的管理和治理能力有关，尤其是财政管理的能力；从长期来看与政府对公共风险的管理能力直接相关，应注重地方财源建设，规范、完善投融资平台，创新投融资渠道，增加地方政府可支配财力，促进地方政府债务的自我约束和消化，从根本上防范、化解地方债务风险。

一是盘活存量债务，激发经济活力。由于地方债务长期不规范，导致地方政府隐性债务规模大幅度增加，形成庞大的地方政府

债务规模。随着经济社会的发展，地方政府债务风险逐渐显露。近几年来，通过债务置换的方式，将过去形成的地方政府隐性债务全部置换完成，地方政府隐性债务风险得以缓解，但是地方政府债务规模仍然巨大。所以，降低存量债务风险，降低存量债务规模在地区生产总值中的比例，一方面是减小分子，缩减存量债务。在现有的存量债务中，维持现有项目的运营，稳定经济增长，做大经济"蛋糕"，使分数值变小。另一方面，扩大分母，激发经济活力。只有将项目落到实处，将项目变成有效投资，地方经济活力才能得以激发，即使债务规模有所增加，只要债务规模增加速度小于当地经济发展速度，整个分数值还是在变小，风险也是在降低的。

二是建设高质量地方政府财源体系，从根本上化解债务风险。地方政府事权和支出责任不匹配，导致地方政府收不抵支，财政赤字扩大，不得不通过举借债务的方式筹集资金，这是产生地方债务风险最直接的原因。因此，应当在保持现有财力分配格局稳定的前提下，适度提高政府可支配财力，逐步建立规范、稳定且可持续的地方税体系。一方面，应培育房地产税等税源稳定、覆盖面广、成长性好的税种作为地方主体税种，确保地方政府的收入来源稳定、可靠，能够支撑起履行职能的需要。另一方面，应逐步赋予地方政府一定的税收征管权限，给予地方政府一定的自主性，充分调动地方政府发展积极性，不断提升地方公共服务水平。

三是规范投融资平台，创新投融资渠道。2014年《国务院关于加强地方政府性债务管理的意见》中规定，地方政府不得以任何形式通过地方融资平台举借债务。但是，地方融资平台作为地方隐性债务的主要载体，地方政府仍然会通过融资平台举借债务。所以，应当规范地方投融资平台，创新投融资渠道。首先，推动地方融资平台结构性转型，建立政府对地方融资平台的考核机制，使其由单一功能的融资平台，转变为能够自主经营的国有企业，探索多元化的经营方式，提升其政府债务偿还能力，促进地方债务自我约束和消化。其次，规范发展PPP模式。政府和社会资本合作（简称"政社合作"，即PPP）模式提供公共服务，是政府投融资平台转型最重要的产物，是政府主导、多元主体共同治理的新模式。PPP模式不仅仅是简单的融资模式，而且采用国家治理中多元主体共同治理的新模式，不仅能够实现多元化的公共产品供给，而且能够实现政府、市场和社会之间的利益分配、风险共担。在一定程度上缓解政府防范、化解公共风险的负担，降低公共债务风险产生的可能性。因此，规范政府投融资平台，创新投融资渠道，规范发展PPP模式，给予其法律保障，对于治理公共风险，防范、化解公共债务风险具有重要的意义。

第六节 大国财政与全球公共风险治理

当今世界正在经历百年未有之大变局，逆全球化思潮抬头、民粹主义盛行、美国挑起贸易争端、新冠疫情全球大流行等全球性问题此起彼伏，各国所面临的外部环境不断恶化。此外，受到地缘政治的影响，全球力量东升西降，一切变化都蕴含着内生的不确定性。过去我们将这种不确定性看作外生冲击并制定相应的财政政策，现在随着经济形势的变化，这种外生冲击已经变成了内生问题，内生的不确定性逐步演变成为全球公共风险。全球公共风险不仅使世界各国受到了巨大的冲击，而且导致经济潜在增长率和全要素增长率出现下降趋势，全世界各国的经济已经呈现出经济增长和发展的平庸化①。本章通过梳理我国参与全球公共风险治理的实践历程，从公共风险的角度重新定义大国财政参与全球治理的基本责任，进而探讨应对全球公共风险的大国财政改革框架与路径。

一、基于全球公共风险治理的大国财政实践历程

近十年来随着经济实力的提升、综合国力的增强，中国逐渐走到世界舞台中央，积极参与全球治理，为处理国际化事务出谋划策贡献中国智慧，逐渐形成一系列具有中国特色的共同发展的理念、方案，并得到多数国家的认可、支持。

（一）1949—2000年：有限参与全球公共风险治理

中华人民共和国成立初期，经济凋零、百废待兴，无力参与全球公共风险治理，加之国际形势严峻，中国遭受到以美国为首的西方资本主义阵营的政治孤立，一度失去了在联合国的合法地位，中国参与全球治理受到限制。在此背景下，中国进行全球治理的目标局限在"巩固社会主义阵营，对抗西方国家孤立封锁，加强第三世界的联系，以维护自身利益，实现自身发展"层面，采取"排斥、抵制、选择性参与"的全球治理策略②。在外交方面，奉行"另起炉灶""一边倒""打扫干净屋子再请客"的外交政策，抵制西方大国的封锁，清除帝国主义在中国的残余势力，取消帝国主义在华的一

---

① 刘尚希：“内生不确定性已经变成了一种全球公共风险”，https://mp.weixin.qq.com。
② 黄少安、郭冉：“新中国参与全球治理的回顾和总结”，《山东社会科学》2020年第298（06）期。

切特权,在巩固新中国独立与主权的基础上与愿意遵守和平民主平等原则的国家建立平等互利的外交关系。

这一时期,中国是在美苏争霸的夹缝中参与全球治理,虽然全球治理能力有限,但是仍积极参与全球公共风险治理,对全球治理理论的丰富和实践的探索做出了贡献。主要表现在政治和军事方面:一是提出和平共处五项原则。和平共处五项原则是超越社会制度和意识形态发展国家关系的基本原则,集中体现了主权、正义、民主、法治的价值观,已为世界上绝大多数国家所接受。二是恢复在联合国的合法席位。中国在联合国合法席位的恢复,是中国国际地位不断提高的全要标志,也标志着联合国真正成为最具有普遍性和代表性的国际组织。三是1990年首次向联合国维和行动派遣军事观察员。1990年中国首次向联合国停战监督组织派出5名军事观察员,开启了参加联合国维和行动的序幕。四是签署《生物多样性公约》。《生物多样性公约》是一项保护地球生物资源的国际性公约,中国是最早签署和批准《生物多样性公约》的缔约方之一。

表3-7 1949—2000年中国参与全球治理大事记

序号	事件	时间
1	提出和平共处五项原则	1954年
2	恢复在联合国的合法席位	1971年
3	中美正式建交	1979年
4	中国恢复国际货币基金组织和世界银行的合法席位	1980年
5	首次向联合国维和行动派遣军事观察员	1990年
6	签署《生物多样性公约》	1992年

（二）2001—2011年：全面参与全球公共风险治理

改革开放以来，中国经济快速发展，逐步实现市场经济体制，削减海关关税和非关税壁垒，扩大外贸和改善出口环境，进一步加强知识产权保护，以及提高贸易透明度和公开程度，包括发布贸易政策转变、缩短进出口审批时间和透明度等。在此背景下，2001年中国正式加入WTO世界贸易组织，这是我国全面融入全球治理体系的标志，也是我国深度参与各领域国际机制建设和国际规则制定的起点，自此中国开始全面参与全球公共风险治理。

表3-8 2001—2011年中国参与全球治理大事记

序号	事件	年份
1	"上海合作组织"正式成立	2001年
2	中国加入世界贸易组织	2001年
3	中国与拉美国家签署第一份自贸协定——中国—智利自由贸易协定	2005年
4	中国全面参与G20框架下的国际经济合作	2008年

这一时期，中国全面参与到全球公共风险治理当中，包括政治、军事、安全、经济、环境治理等多个领域，并签署了众多国际多边条约，其中经济、投资贸易领域签署的条约最多。主要表现为：2001年"上海合作组织"正式成立，标志着中国开始以主动的姿态积极参与和搭建地区层面的多边治理机制，为维护地区稳定、促进国际合作、打击恐怖主义做出了重要贡献；2005年中国与拉美国家签署第一份自贸协定——中国—智利自由贸易协定，中国开始采用自由贸易协定（FTA）的方式推动世界经济一体化进程，作为对世界贸易组织等全球经济治理机制的有益补充；2008年中国全面

参与G20框架下的国际经济合作,首次以塑造者、创始国和核心参与者身份参与全球经济治理机制,全面参与G20框架下的国际经济合作,积极推动全球经济治理改革。

(三)2012年至今:探索全球公共风险治理新模式

2012年党的十八大之后,随着中国经济的快速崛起和国际话语权的提升,中国以负责任的大国姿态积极参与全球治理,通过主场外交的形式主动塑造全球治理平台,为世界提供全球公共品。这一时期中国对全球治理的战略选择,顺应了历史发展潮流和时代要求[①]。中国参与全球治理的范围进一步扩大,在特定领域的参与程度不断加深,从为世界提供物质型公共品到提供制度或理念型公共品,中国成为全球治理的主动塑造者。在诸多全球治理问题上彰显大国责任、贡献中国方案。

这一时期,中国创新性参与全球治理,将参与全球治理上升到战略高度,形成上有理论指导顶层设计,下有具体实施策略以及资金保证的战略体系,成功塑造负责任大国形象及全球治理新形象,不断提升国际话语权和影响力。中国创新性参与全球治理的具体表现为:一是提出"一带一路"的倡议。打造"一带一路"国际合作新平台,有效化解沿线国家政治动荡和社会凋敝,不断推动地区与世界经济的可持续发展,获得了国际社会的高度关注和认同,目前为止"一带一路"已成为全球最受欢迎的全球公共产品,也是目前前景最好的国际合作平台。二是签署《巴黎协定》并明确提出"双

---

① 黄少安、郭冉:"新中国参与全球治理的回顾和总结",《山东社会科学》2020年第298(06)期。

碳"目标。中国在与气候变化的斗争中发挥着重要作用。《巴黎协定》是第一个被世界普遍接受的应对气候变化的工具。习近平主席在联合国大会上庄严宣布的"双碳"目标，表明了中国积极执行《巴黎协定》的态度。三是塑造人类命运共同体全球价值理念。创造性地提出共同构建人类命运共同体、人类卫生健康共同体、人与自然生命共同体的中国主张，这一理念是为解决人类问题，促进世界可持续发展的中国智慧的体现，是中国为世界发展提出的方案，共同体旨在追求本国利益时兼顾他国合理关切，在谋求本国发展中促进各国共同发展。这一理念已上升为国际社会共识，为全球治理提供了新的思路和模式，为国际社会整体进步发展提供了解决方案。

表3-9 2012年至今中国参与全球治理大事记

序号	事件	时间
1	倡导"人类命运共同体"	2012年
2	"一带一路"（国家级顶层合作倡议）	2013年
3	亚信上海峰会	2014年
4	成立亚洲基础设施投资银行	2015年
5	二十国集团领导人杭州峰会	2016年
6	签署《巴黎协定》	2016年
7	发表《共同构建人类命运共同体》主旨演讲	2017年
8	金砖国家领导人第九次会晤	2017年
9	推动世贸组织改革	2018年
10	提出"双碳"目标	2020年
11	提出共同构建"人类卫生健康共同体"、人与自然生命共同体的中国主张	2021年

资料来源：根据百度百科网站相关资料整理而成。

二、基于全球公共风险治理构建大国财政的理论基础

（一）正确认识大国财政

大国财政是建立在大国实力基础上的，通过参与全球资源配置，承担全球风险治理责任，实现全球利益分配，进而化解全球公共风险，引领人类文明进程。在2014年全国财政工作会议上，时任财政部部长楼继伟强调："建设大国财政的要求越来越迫切，要牢固树立'大国财政、统筹内外'理念和全球意识、安全意识，积极参与国际经贸规则制定，主动参与国际财经交流和全球经济治理。"大国财政的提出意味着中国财政从国内走向了国际大舞台，大国崛起应与全球治理相辅相成，而在崛起过程中必须高度重视其中出现的各种风险并及时加以防范与化解。

党的二十大提出："中国始终坚持维护世界和平、促进共同发展的外交政策宗旨，致力于推动构建人类命运共同体。"中国是世界上最大的发展中国家，是世界第二大经济体，在国际上的影响力也越来越大，在世界舞台上不断展示着大国形象，对构建人类命运共同体起到重要的推动作用。大国财政是大国形象所包含的重要内容。经济全球化使得世界范围内国家之间的关系更加紧密，大国财政是在全球化过程中维护大国形象、地位与权利的重要保障；建设大国财政也是实现中国和平崛起的重要方式。

党的十八届三中全会中明确指出：财政是国家治理的基础和重要支柱。在风险社会中，财政可以作为风险的兜底者和承担者，风险治理自然也变成了财政的职能之一。刘尚希（2018）指出地缘政治、经济危机、气候环境变动等公共风险日益凸显，迫切需要我

国财政发挥大国财政职能，应对复杂的全球公共风险。"大国财政"作为现代财税制度改革的重要组成部分，是财政发挥公共风险治理职能向国际化的延伸。从广义范围来看，"大国财政"的含义主要是通过建立财政体系参与全球各项事务治理，包括环境、安全等方面，而从狭义范围来看，"大国财政"主要是将重点聚焦于公共风险上，通过提供国际公共产品参与全球治理进而防范化解全球公共风险。

（二）正确认识全球公共风险

1. 全球公共风险的内涵

关于风险最早的研究之一发生在16世纪初期，意大利的内科医生和数学家吉罗拉默·卡尔达诺（Girolamo Cardano）对赌博问题进行了阐述。卡尔达诺系统地思考了概率性事件，他发现投掷特定总数的两个骰子的概率，恰好等于可能得到这个总数的方式的数字除以所有可能的投掷情况的总数。1657年，荷兰的物理学家克里斯蒂安·惠更斯（Christiaan Huygens）提出了确定预期值的精确方法，即所有可能结果的加权平均值。与此同时，法国的数学家布莱士·帕斯卡尔（Blaise Pascal）使用预期值的概念解释了信仰上帝的明智之处。

这些早期的概率论学者都假定市场的"公平价格"等于预期值。然而在现实生活中，大多数人愿意花多于风险预期值的钱来消除损失。经济学家将这种行为称为"风险规避"。最早对风险规避具有明确认识的可以追溯到1738年，瑞士数学家丹尼尔·伯努利（Daniel Bernoulli）出版的论述风险的开创性著作。他宣称将预期值等同于市场上的公平价格的行为是错误的。他认为人们支付多少钱并不是基于预期值而是预期效用，并认为财富具有递减的边际效用。伯努利的分析形成了经济学中预期效用理论的基础,这构成了在不确定条件下人们如何进行决策的模型框架。

在《现代财政论纲》一书中将"公共风险"定义为:风险是风险理性与不确定性的差距,而公共风险则是集体风险理性与不确定性之间的差距。集体风险理性反映的是集体应对各种不确定性的能力。即面对不确定性的情况,刨除集体能够做出的一切以应对不确定性事件发生可能造成的危害的准备与行为之后,仍存在的不确定性。

公共风险是个体风险的社会化。不同在于,个体风险是由个人承担,而公共风险是个体风险扩散的结果。当个体风险扩散,并可能对周围其他人甚至整个社会造成损失时,公共风险就产生了。"当多数社会公众认为私人风险应当由政府出面救助或承担最基本的支出责任时,私人的事情就变成了社会事务,即私人风险就变成了公共风险"。

全球公共风险是国家公共风险的全球化。国家之间的联系逐渐紧密,风险不再局限于一国之内,而会通过各种活动扩散开来,对周边国家甚至全球造成损失,形成全球公共风险。也就是说,全球公共风险影响的范围由一个地区或一个国家扩大到全球全人类。全球公共风险的例子很多,当前世界经济增长乏力,金融危机阴云不散,发展鸿沟日益突出,兵戎相见时有发生,冷战思维和强权政治阴魂不散,恐怖主义、难民危机、重大传染性疾病、气候变化等非传统安全威胁持续蔓延,全球治理面临着巨大的压力与挑战。这些都会产生全球公共风险。

2. 全球公共风险的特征

(1)全球公共风险的隐匿性

在信息时代,互联网、大数据、人工智能等数字化的应用导致风险只要一旦产生，便会以无法比拟的速度在全球扩散，并随着媒介被不断放大，网络的存在使风险可以跨越国界的阻碍在全世界蔓延开来，这就会使得任何一个国家的极小的风险都可能引发全球公共风险，风险全球化趋势越来越明显。随着信息时代的不断发展与世界形势的波动变化，宏观确定性的假设前提已经不复存在了，这种确定性逐渐被瓦解，成为一种不确定性，转化为风险。风险客观存在，且无处不在，无时不有，但又难以描述风险具体在哪里，难以用明确的数值衡量风险到底有多大、危害有多大；风险也不是真与假、是与非的问题。因此，风险已经远远超出了实体的逻辑，变成了隐匿的概念。而当这种不确定性风险发生时，这种不确定性就转化为确定性事件，转化为切实存在的公共事件，危害和影响会实际发生，无法转移。因此，需要在风险还未转化时，通过一定的政治或财政方式来防范化解隐匿存在的风险，以降低风险发生的可能性，或降低无法化解的风险带来的危害性。正如新冠疫情发生前，我们很难准确预料到此类"黑天鹅"事件的发生，但确实存在发生类似事件的可能性，因此我们需要推进财政制度改革，建立完善的风险治理财政政策，以应对此类事件的发生，避免被突如其来的公共事件打个措手不及，影响公共秩序与社会稳定。新冠疫情暴发初期，我们很难用确定性的方法衡量病毒到底会扩散到多大范围、给各国经济带来多大的影响与损失、会持续多长时间。因此，需要通过完善的风险治理财政政策来进行应急处理，将疫情可能带来的危害与不良影响降到最低。未来全球各国都需要提高风险的判断能力，以更快速度、更高效率地应对各种风险。

（2）全球公共风险的变化性与长期性

传统的政策与理论中更多地将风险视为局部的、微小的。但是从当前全世界宏观环境的变化来看，风险正在变得越来越宏观化且变化较快。加之世界本身就是不确定的，原有的规则已经被打破，新的规则又难以在短期内快速建立起来，这使得全球公共风险呈现长期化的特点。一个风险，往往可能演变为多重风险，相互交织、相互影响，应对风险的难度也加大。与此同时，全球风险的领域和负面影响在扩大，风险交织放大负面效应。例如，始发于美国次贷危机的2007—2008年全球金融危机。2008年8月，美国房贷两大巨头——房利美和房地美股价暴跌，持有"两房"债券的金融机构大面积亏损，危机爆发，美国财政部和美联储被迫接管"两房"。这一危机，席卷美国、欧盟和日本等世界主要金融市场，并在欧洲诱发了主权债务危机，给全球经济发展带来极为严重和较为长远的负面影响。

鉴于全球公共风险的变化性与长期性，一个大国需要提升应对不确定性和化解、防范风险的能力。构筑"防火墙"，防范化解全球风险对本国的影响，同时承担大国责任，发挥其在防范化解全球风险中的积极作用，维护全球共同利益。财政作为国家治理的基础和重要支柱，防范化解重大风险义不容辞。

当前处于公共风险不断蔓延的新时期，中国建立"大国财政"参与全球治理、应对全球公共风险是贡献中国力量的必然选择。大国财政与全球治理之间的关系可以被归结为大国财政与全球公共产品供给之间的关系和大国财政与全球公共风险治理之间的关系。

（三）大国财政与国际公共产品供给

国际公共产品的供给是建设大国财政、参与全球治理、防范和化解全球公共风险的基础和必要条件。作为有担当、负责任的大国,中国展现大国风范,本着包容普惠、互利共赢的原则为全球治理贡献自己的力量,作为全球大家庭中的一员,中国将始终注意处理好与世界的关系,维护世界和平、促进共同发展、打造伙伴关系、支持多边主义;通过联合国、国际货币基金组织等国际性组织和一些区域性国际组织和平台积极参与全球性公共产品的供给,完善全球治理,并根据需要发起新的组织以更好发挥自身作用;参与制定国际规则并完善国际规则秩序,向世界积极阐释中国理念,贡献中国智慧,与世界各国一道共同推动构建人类命运共同体。2020年9月1日,国务委员兼外交部部长王毅在纪念联合国成立75周年国际研讨会高级别会议上指出,"中国将继续履行大国责任,展示大国担当,作出大国贡献,提供更多的全球公共产品,为世界的和平与发展事业添砖加瓦。中方愿同各方携手努力,坚持和弘扬多边主义,共同推动联合国重整行装再出发,朝着构建人类命运共同体的伟大目标奋勇前行"。未来,中国将继续在世界和平、全球区域合作、自由贸易、金融稳定、环境保护、疾病防治、知识产权保护等方面发挥自己的优势,为建立大国财政奠定坚实的基础。

(四)大国财政与全球公共风险治理

在人类走向文明的历史路途中,我们遭遇的种种冲突与曲折均源于世界本身的各种不确定性。同时,也正是种种不确定性所引致的公共风险与公共危机推动着人类社会的进化——观念、组织、制度、规则以及国家的形成与变迁。基于对全球公共风险的认识,现代财政改革的重点应当是风险治理,大国财政应当更加注重全球风险治理,风险治理思维应贯穿于整个现代财政改革中。

党的十九届四中全会明确指出,要高举构建人类命运共同体旗帜，秉持共商共建共享的全球治理观，倡导多边主义和国际关系民主化，推动全球经济治理机制变革。作为后发崛起的大国，中国应展现大国风范、体现大国担当，参与全球公共风险治理，推进建设人类命运共同体。全球性公共风险的治理离不开大国财政，刘尚希在社科院"中国的财税体制改革之路"论坛上表示，"伴随着经济、金融全球化的快速推进，全球公共风险加速形成。财政改革与对外开放相互推动，参与全球治理的大国财政职能凸显，防范全球公共风险成为新时代财政改革的主题"。从一定程度上而言，世界各国应对危机的活动或行为都主要是通过财政来体现的。无论是应对全球金融危机，还是应对埃博拉等引起的全球公共健康危机，国际维和等等，其背后都离不开大国财政的支撑。在全球风险日益复杂的情况下，大国财政理应承担起应对全球风险和治理危机的主要责任，在国际领域发挥越来越重要的作用，为全球发展构筑"防火墙"。

我国在承担全球公共风险治理的责任时需要将财政作为首要工具。财政应秉持以下几点原则：第一，看待问题不仅要有全局性、长期性视野，还需要在不确定的大环境中构建确定性；第二，基于风险导向制定政策与战略，根据形势的变化动态调整资金的投入方向；第三，在财政可承受范围内，适当使用财政风险对冲公共风险，通过分配和转移公共风险，避免风险在某处聚集，并在风险链条放大。

为了有效应对全球公共风险、防范化解重大风险，财政政策需要将上述几点原则嵌入其中，转变思维方式，进行转型升级，以实现国家的长治久安和可持续发展。构建大国财政体系，展示大国风范，体现大国担当，在最大程度上参与全球治理、应对全球公共风险，推动建设人类命运共同体。

三、基于全球公共风险治理构建大国财政的现实挑战和改革框架

（一）基于全球公共风险治理构建大国财政的现实挑战

当前，我国的"大"表现在人口大国、经济大国与政治大国。人口大国表现为：我国是世界上人口最多的国家，近年来我国人口总量持续增长，仍然保持着世界第一人口大国的地位。人口质量稳步提升，人口受教育程度明显提高。经济大国表现为：改革开放以来，中国经济社会发展取得举世瞩目的历史性成就，实现前所未有的历史性变革，是世界上最大的发展中国家，是世界第二大经济体。政治大国表现为：近年来，中国积极构建新型国际关系，构建人类命运共同体，多次参与全球治理，展现了大国风范。但是，当前我国的实力与大国财政之间还存在一定差距。

第一，我国国际话语权有待提高。话语权的高低直接影响着大国财政体系能否顺畅运行。虽然我国经济总量居世界第二位，我国综合国力和国际地位也在不断提升，国际社会对我国产生了前所未有的关注，但在国际话语权方面，我国依然受制于西方霸权话语，影响力不足，难以支撑大国财政体系的建设。"落后就要挨打，贫穷就要挨饿，失语就要挨骂。"经过一百多年的发展，我国已经从根本上解决了"挨打"和"挨饿"的问题，当前我们面临的最大问题是"挨骂"，这是我国走向世界舞台中央、建立大国财政必须解决的重大问题。中国只有提升国际话语权，打破西方话语霸权的压制，争得国际话语权，才能有效发挥大国财政应有的意义，才能向

世界宣传中国精神、中国力量、中国价值,传播中国主张、中国智慧、中国方案,不断谋求中华民族伟大复兴的良好外部发展环境和条件。

第二,风险的存在对财政提出新要求、新挑战。首先,风险是隐匿的,之前我国建立财政政策、使用财政工具的背景是基于风险具有确定性。但是当前形势在不断变化,风险在不断变化,之前的财政政策、财政工具、财政体制效果已经大打折扣。以新冠疫情为例:新冠疫情暴发初期,我国采取了一系列政策保障民生、支持企业发展,但是实践表明,新冠疫情的状况是随时变动的,一个阶段可能得到控制,下一阶段可能突然暴发,如果一味地将疫情作为定数并一直使用某一政策,不仅无法化解风险,反而有可能愈演愈烈。其次,国际公共风险变数过多、不确定性较大,加之互联网、人工智能、大数据体系在快速发展,加剧了风险的变化速度,这对大国财政体系提出了更高的要求,任务较为艰巨。最后,很多地方政府通过财政风险化解公共风险,通过各种方式进行举债,一些地方政府已经无法依靠自身财力偿还负债,地方政府债务风险在不断叠加,但是,政策既对冲风险,也可能制造风险,导致财政的不可持续。因此,最重要的是在财政风险和公共风险之间进行权衡。我们把财政风险作为一种对冲公共风险的手段是有条件、有限度的。从全球化的视角来看,这些风险不仅可能蔓延整个国家,甚至可能蔓延到全世界。因此,大国财政体系建立时必须制定综合策略,以更快速度、更高效率应对新要求与新挑战,避免引发更大的公共风险,更加难以应对。

第三,大国财政的建设任重而道远。首先,当今社会,经济全球化的趋势愈来愈强,国际公共产品本身不同于各国公共产品,国际公共产品存在着严重的"免费搭便车"的问题，而各国的出发点均是本国的利益，使得国际合作过程中各种规则的制定不能全面照顾到各国的诉求，财政建设的国际合作也因此充满了挑战。其次，财政货币相互协同。大国财政建设正在路上，在全球治理中勇挑重担，砥砺前行。作为宏观经济政策的中流砥柱，财政政策发挥着关键作用，未来还需要加强与货币政策的配合，成为宏观经济的重要稳定器；厘清风险下的财政政策与货币政策的协同机制也是建设大国财政的重要之举。因此建设合理的大国财政的体系是一项较为艰巨的任务。

（二）基于全球公共风险治理构建大国财政的改革框架

适应全球公共风险变化，财政改革在国际维度的基本方向是建立大国财政框架，增强全球影响力、协调力和示范力，通过参与全球资源配置，推动全球风险治理，实现全球利益分配，进而化解全球公共风险，引领人类命运共同体的构建。大国财政体系的根本目的是治理全球公共风险，构建大国财政框架、设计运转机制也应该从风险治理的角度出发。

大国财政的构建与财政体制的改革都要具备未来导向。当前世界存在的各种问题都会导致未来的经济风险、公共风险增加，成为社会在未来发展中的隐患，不利于我国经济的高质量发展以及中国式现代化目标的实现，更不利于人类命运共同体的构建。在这种背景下，防范化解公共风险显得尤为重要。防范化解公共风险是国家治理的重要任务，而财政作为国家治理的基础和重要支柱，需要在风险社会中对公共风险的治理发挥重要作用。

展望未来，大国财政需要更加具有前瞻性、整体性。面对充满风险的大环境，稳预期是一项重要的工作。大国财政体系的构建与相关政策的出台要更加谨慎，要稳定市场主体的预期，并在实践过程中不断进行优化，促进经济的高质量发展。从构建大国财政体系的基本框架来看，其中主要包含构建大国财政的目的、大国财政的参与主体以及风险治理的流程等要素，如图3-10所示：

第一，从构建大国财政的目的来看，主要是以强大的财政资金为基础，足够强的国际话语权为依托，借助相应的财政政策和财政工具，提供部分国际公共产品、加强参与全球治理，以此防范和化解全球重大公共风险，从而提高本国在国际上的地位，带动国际上各国的发展，维护本国的长治久安，以此实现双赢。

第二，从治理主体来看，治理主体是大国财政体系中最重要的组成部分，治理主体呈现出多元化的特点，无论是像WTO这样的国际组织、世界银行这样的多边金融机构，还是进出口银行等政策性银行与基于沟通平台的政府机构都可以作为治理主体，各机构与平台相互配合提供公共产品、防范化解公共风险。大国财政体系中需要将风险分为长期性风险、突发性风险以及中长期风险，举例来看：能源枯竭、高碳排放等均应属于长期性风险，新冠疫情刚刚暴发的阶段可能属于突发性风险。各治理主体应当与不同类型的风险相匹配，以最高效率应对公共风险。

第三，从风险治理的流程来看，大国财政体系中需要建立完善的风险治理运行机制。从整个运行机制来看，首先，需要及时地确定风险的类型、大致预估风险的持续时间、带来的危害等；其次，选择合适的治理主体以确保达到风险的最优化治理；再次，治理主体采取一定的政策和工具防范与对冲公共风险；最后，将风险治理结果进行绩效评价。绩效评价主要包括以下几个方面：一是绩效评价指标，由于在应对全球公共风险时缺乏相应的指标体系对风险防范与化解的效果进行评价，因此，可以通过财政支出绩效评价、政策绩效评价、最终达到的效果等传统指标综合评判全球公共风险防范和对冲的效果；二是绩效评价主体，可以借助第三方机构进行绩效评价或是有法人主体资格的"大国财政"参与机构依据自身运营模式进行自我检视与自我绩效评价；三是绩效结果的追踪，可以设立相关的机制、政策或是使用互联网与大数据体系追踪风险治理全过程，获得绩效评价的依据。

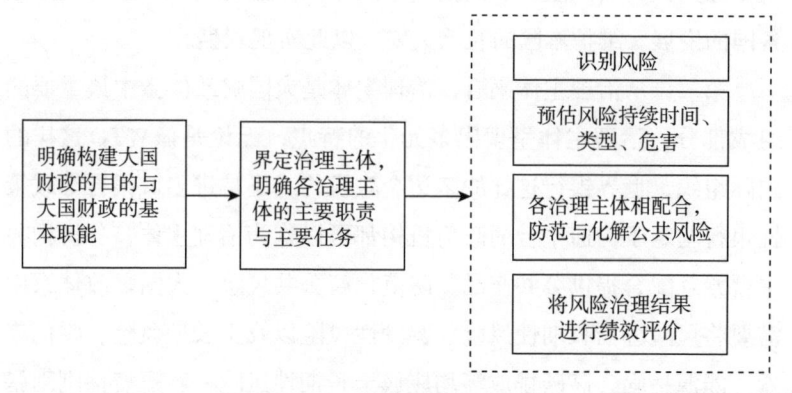

图3-10 大国财政基本框架

四、基于全球公共风险治理构建大国财政的未来展望

（一）以柔克刚，有效发挥大国财政的职能

在防范与化解公共风险过程中，最重要的是对风险的理解、把控与识别，建立风险思维。大国财政体系应当以防范化解全球公共风险为目的，将风险理念植入其中，着眼于敏锐、长效的公共风险

预警体系和应急反应机制的建立，准确判断公共风险的发生时间、范围以及影响，这关乎大国财政体系能否有效履行其防范与对冲公共风险的职能。此外，大国崛起过程中也会遇见各种挑战与风险，如何应对风险挑战并成功建立大国财政体系成为我国亟待解决的问题，对此，刘尚希指出，"我国古人提供了很好的思想和智慧，其中以柔克刚就是重要的法宝"。以柔克刚就是针对对手咄咄逼人的架势、苛刻的条件，采用平和、柔缓的态度应对，使对方犹如重拳击海绵，没有效果。而己方则可以以静制动以逸待劳，挫其锐气，待对方烦躁、疲惫之时出击，最终取得斗争的胜利[①]。在建立大国财政体系过程中我们应采取以柔克刚的方式，提高我国的主动权与话语权。

（二）建立风险思维，防范化解全球公共风险

党的十九大报告将防范和化解重大风险放在三大攻坚战的首位。"大国财政"国际化体系建设应当逐步建立风险识别、匹配、治理和反馈的风险治理运作流程，以便更好履行参与治理全球公共风险的核心职能，其中，最重要的是第一步和第三步。从第一步识别风险来看，隐匿思维的建立是识别风险的必经之路。如果仍然将风险作为实体看待，财政则无法准确、及时地判断风险是否存在、危害有多大。将风险置于隐匿的框架下，建立风险意识，才能助力大国财政运行机制顺利推行下去。从第三步风险治理的角度来看，需要结合不同的财政政策、不同的部门、不同的财政工具合理搭配

---

① 刘尚希、李成威："大国财政：理念、实力和路径"，《地方财政研究》2016年第1期。

组合对冲公共风险，在这里，我们需要基于风险理念完善财政政策、财政体制与财政工具，以便履行大国财政对全球公共风险进行治理这一核心职能。

（三）构建大国财政体系，提高风险治理能力

俗话说，打铁还需自身硬，提升财力是大国财政体系防范化解风险的前提、是提高应对风险能力的必然要求。在应对风险时，公共风险越大，冲击越强烈，对财力的要求就更高，例如在过去三年的新冠疫情期间，公共风险冲击范围广、伤害高，我国经济发展缓慢，财政支出激增，财政压力大。足够的财力才是我国在全球治理中有足够的实力、提升我国话语权的根本保障，也是国家能力水平的真实刻画。因此我国可以通过以下几种方式保证我国财力稳定提升：首先，应提高国家的预算能力，保持一定的财力集中度；其次，统筹财政资金，该收的资金收上来，减少专项资金、不透明资金、不规范资金；再次，提高地方财政的可持续性是保证大国财政可持续的基本要求。对我国而言，应建立完善的地方税体系、摸清政府债务的根源，寻找控制地方政府债务的有效措施，及时解决地方政府债务问题，化解债务风险，以此确保各级政府有稳定的收入来源。同时，要注意地方财政经济运行，分散公共风险，避免风险累积，构建长效机制，激发民间资本的活力。在确保财力的基础上，构建完善的财政制度体系、强化财政职能，助力大国财政体系的建立[①]。

[①] 马海涛、陈宇：“全球治理背景下的大国财政研究”，《经济研究参考》2019年第24期。

此外，大国财政还应当有能力从战略层面进行一揽子的考虑，有制度安排，有法律，有程序。一旦发生事情出现潜在风险就启动相应程序，有条不紊地去做，不需要手忙脚乱。如果每件事都临时抱佛脚，不仅严重影响效率，也会导致一些做法的效果相互抵消[①]。

（四）加强合作，共同防范全球公共风险

财政在对冲公共风险过程中发挥兜底作用并不意味着其他部门、其他工具无所作为。大国财政的建设本身就是各部门相互配合、相互协调的过程，政府各部门之间进行合理分工，才能达到防范化解全球公共风险的目的。单单依靠财政应对公共风险是远远不够的，不仅不能够防范风险，还可能会雪上加霜，使风险愈演愈烈。因此，要想建立完善的大国财政体系，首先需要建立相应的运行体系、运行机制；其次综合考虑全局情况制定相应的策略；随后制定相应的政策、制定预算、通过相应部门执行预算，最终进行绩效评价。合理的大国财政体系应该有条有理、程序得当、合理分工，共同应对全球公共风险。

除上述政策外，我国还可以通过构建新型大国关系、建设与大国地位相匹配的稳固财政、着力推进区域财政金融合作、提升文化影响力[②]等方式建设大国财政。"大国财政"体系的建设是我国参与全球治理、推动构建人类命运共同体的重要方式，其根本目标是治理全球公共风险。

[①] 刘尚希等：《大国财政》，人民出版社2016年版，第96页。
[②] 刘尚希、李成威："大国财政的路径和建议"，《经济研究参考》2016年第12期。

参考文献

Bernoulli, D., "Exposition of a New Theory on the Measurement of Risk", *Econometrica*, Vol. 22, No. 1, 1954.

Hacking L., *The Emergence of Probability: A Philosophical Study of Early Ideas about Probability, Induction, and Statistical Inference*, New York: Cambridge University Press, 1975.

Maistrov L. E., *Probability Theory: A Historical Sketch*, New York:Academic Press, 1974.

Pascal, B., *Thoughts*, New York: P. F. Collier & Son, 1910.

"10亿元紧急补助，涿州受灾群众重建获支持", https://baijiahao.baidu.com/s?id=1773750890357022753&wfr=spider&for=pc&searchword。2023.5.11。

"大国财政"课题组，马海涛："全球经济治理视角下的大国财政战略研究"，《财经智库》2018年第3（02）期。

白景明、石英华："依法加快建立跨年度预算平衡机制"，《中国财政》2015年第1期。

财政部回应："抗疫特别国债未来会否有偿债风险？"，https://baijiahao.baidu.com/s?id=1683136277449088486&wfr=spider&for=pc。2023.5.16。

陈萌："'双循环'下减税降费政策对扩大内需的影响分析基于税收乘数和扩展线性支出模型的实证分析"，《福建金融》2021年第8期。

〔美〕戴维·莫斯：《别无他法：作为终极风险管理者的政府》，何评译，人民出版社2014年版。

杜丽娟："中国财政政策报告2022：财政政策从需求管理转向风险权衡"，《中国经营报》2022年11月21日。

冯灿："社会保险基金预算中的问题及对策探究以山东省为例"，《财会学习》2021年第17期。

傅志华、韩凤芹、周孝、申学锋："疫情冲击下的地方财政形势：现状、风险与应对"，《地方财政研究》2020年第7期。

高培勇："我们究竟需要什么样的减税降费 辨识来自于两个维度的两套分析答案"，《财经界》2019年第1期。

光明网："提升中国国际话语权的深刻意蕴与重要意义"，https://www.gmw.cn/。2023.6.10。

郭庆旺："减税降费的潜在财政影响与风险防范"，《管理世界》2019年第35（06）期。

黄少安、郭冉："新中国参与全球治理的回顾和总结"，《山东社会科学》2020年第298（06）期。

金茜："风险社会的特征、危害及其应对"，http://www.xinhuanet.com/legal/201702/22/c_129490136.htm。2023.6.11。

李成威、杜崇珊："零基预算：从方法到理念演进的要件分析"，《中央财经大学学报》2020年第10期。

李成威："不确定性、虚拟理性与风险分配公共风险视角的财政哲学"，《财政研究》2020年第11期。

李成威："理解现代财政：公共风险的视角"，《财政科学》2021年第1期。

李金珊、吴超："当代中国财政政治学的新知识与新实践首届'国家治理与财政绩效'论坛述评"，http://chinaps.cass.cn/zhzhxyj/2019ndeq/202005/t20200513_5128135.shtml。2023.3.2。

李克强："优化财政支出结构 一定要把每一笔钱都用在刀刃上"，http://www.china.com.cn/lianghui/news/202005/22/content_76075915.shtml。2023.4.1。

刘寒波："空间财政理论：研究方法、核心命题与主要内容"，《中国财政》2012年第20期。

刘尚希、程瑜、王志刚、许文、张琦、朱小玉、夏楸："企业成本：2020年的调查与分析从给企业减负转向对冲公共风险"，《财政研究》2021年第3期。

刘尚希、樊轶侠："减税降费支持民营经济发展"，《中国金融》2018年第24期。

刘尚希、傅志华、程瑜、陈少强、张琦、朱小玉："不确定形势下企业面临的风险挑战和成本变化趋势2022年'企业成本'调研总报告"，《财政研究》2023年第1期。

刘尚希、李成威、杨德威："财政与国家治理：基于不确定性与风险社会的逻辑"，《财政研究》2018年第1期。

刘尚希、李成威："大国财政：理念、实力和路径"，《地方财政研究》2016年第135（01）期。

刘尚希、李成威："大国财政的路径和建议"，《经济研究参考》2016年第12期。

刘尚希、李成威：《现代财政论纲》，北京经济科学出版社2019年版。

刘尚希、石英华、王志刚："公共债务管理新思维：从制度约束转向行为约束"，《中国财经报》2017年第7期。

刘尚希、石英华、武靖州："公共风险视角下中央与地方财政事权划分研究"，《改革》2018年第7期。

刘尚希、石英华、武靖州："制度主义公共债务管理模式的失灵基于公共风险视角的反思"，《管理世界》2017年第280（01）期。

刘尚希、石英华等：《公共债务与财政风险》，北京经济科学出版社2008年版。

刘尚希、孙喜宁："论财政政策的有效性基于公共风险分析框架"，《财政研究》2021年第1期。

刘尚希、王志刚、程瑜、梁季、樊轶侠、武靖州："公共风险视角下的财政事权与支出责任划分基于贵州、陕西的调研报告"，《财政科学》2018年第3期。

刘尚希、武靖州："财政改革四十年的基本动力与多维观察基于公共风险的逻辑"，《经济纵横》2018年第11期。

刘尚希、武靖州："风险社会背景下的财政政策转型方向研究"，《经济学动态》2021年第3期。

刘尚希："'十四五'时期提高税收制度适配性的几点思考"，《税务研究》2021年第5期。

刘尚希："把握确定性与不确定性相互转化的辩证法"，https://baijiahao.baidu.com/s?id=1680398614655265063&wfr=spider&for=pc。2023.5.6。

刘尚希："财政风险：一个分析框架"，《经济研究》2003年第5期。

刘尚希："财政改革四十年的逻辑"，《新理财（政府理财）》2018年第10期。

刘尚希："地方税改革关乎国家治理"，《经济体制改革》2015年第1期。

刘尚希："公共风险变化：财政改革四十年的逻辑"，《审计观察》2018年第6期。

刘尚希："公共支出范围：分析与界定"，《经济研究》2002年第6期。

刘尚希："关于空间财政的几点理论思考"，《财政科学》2022年第12期。

刘尚希："基于国家治理的财政改革新思维"，《地方财政研究》2014年第1期。

刘尚希："论非税收入的几个基本理论问题"，《湖南财政经济学院学报》2013年第29（03）期。

刘尚希："内生不确定性已经变成了一种全球公共风险"，https://mp.weixin.qq.com/。2023.5.5。

刘尚希："盘活存量债务 激发经济活力化解地方政府债务风险"，《清华金融评论》2019年第68（07）期。

刘尚希："如何理解疫情条件下的财政政策"，《财政科学》2020年第5期。

刘尚希："树立以风险为导向的预算理念"，《财政科学》2021年第1期。

刘尚希：“树立以风险为导向的预算理念”，《经济与管理评论》2021年第37（01）期。

刘尚希：“以公共风险的结构和强度重塑财政政策体系”，《财政科学》2021年第3期。

刘尚希：《公共风险论》，北京人民出版社2018年版。

刘尚希等：《大国财政》，北京人民出版社2016年版。

龙小燕、赵全厚、黄亦炫：“地方政府专项债券的问题解析与制度完善”，《经济纵横》2021年第4期。

吕炜、刘欣琦：“中国式现代化与人民财政”，《财政研究》2023年第3期。

吕炜：“理解中国改革：一种财政的视角和方法”，《财政研究》2020年第11期。

吕炜：“深化对财政建设规律的认识”，《新理财（政府理财）》2019年第7期。

马蔡琛、张莉：“构建中的跨年度预算平衡机制：国际经验与中国现实”，《财政研究》2016年第1期。

马海涛、陈宇：“全球治理背景下的大国财政研究”，《经济研究参考》2019年第24期。

马骁、王平、周克清：“新时代财政体制改革的重要成就与基本经验”，《财政研究》2022年第474（08）期。

缪小林、张登、毛捷：“四两拨千斤：专项债对私人投资的影响研究”，《财贸研究》2023年第34（04）期。

王毅：“中国将继续履行大国责任，提供更多的全球公共产品”，https://www.yicai.com/。2023.5.15。

温馨：《空间财政问题研究》，东北财经大学博士论文，2015。

武靖国：“公共风险的应对困境及其破解”，《理论探索》2021年第6期。

新华网：“防范化解各领域重大风险，习近平有明确要求”，http://www.xinhuanet.com/politics/xxjxs/2019-01/22/c_1124024148.htm。2023.6.1。

徐玉德、李化龙：“公共风险转化为地方政府隐性债务的现实路径”，《财会月刊》2021年第916（24）期。

姚婧妹：“基于全球公共风险治理视角的中国'大国财政'体系化研究”，《经济体制改革》2021年第1期。

于树一：“经济新常态下发挥'四本预算'整体功能的探讨”，《财贸经济》2016年第10期。

中国财经报：“放水养鱼 水多鱼多全国人大代表热议减税降费”，http://www.

mof.gov.cn/zhengwuxinxi/caijingshidian/zgcjb/202203/t20220307_3793197.htm，2022-3-7。2023.6.8。

中国财政科学研究院2017年"地方财政经济运行"西部调研组："公共风险视角下的财政事权与支出责任划分基于贵州、陕西的调研报告"，《财政科学》2018年第3期。

中国财政科学研究院2018年地方财政经济运行调研课题组，刘尚希，白景明，傅志华："从转移支付透视区域分化地方财政经济运行调研报告"，《财政科学》2019年第5期。

中国财政科学研究院2022年"地方财政经济运行"课题组，刘尚希，邢丽："多重不确定性下的风险权衡与对冲2022年'地方财政经济运行'调研总报告"，《财政研究》2023年第3期。

第四章 风险财政观之行为分析

尽管人们的风险意识在不断提升，防风险能力不断强化，但是不确定性是世界的本质，防范和化解风险是永恒的主题。个体行为的异化会产生风险并社会化、系统化、公共化，即外部化为公共风险。财政是国家治理的基础和重要支柱。风险视域下财政的本质就是面对充满不确定性的社会，基于集体行为来减少经济社会运行中的不确定性，防范化解公共风险。

第一节 引言

一、不确定性与公共风险

（一）不确定性与风险

自有记载以来，人类社会一直在不确定性中曲折发展，从古老的易经哲学到现代的量子力学，无不揭示了世界不确定性的本质。当今世界更是风云变幻，波诡云谲，充分验证了不确定性是世界的本质，而人类文明史就是在不确定性世界中不断构建确定性的进化史。技术进步和经济全球化浪潮让人类社会联系更加紧密，不同国家、不同种族、不同地域的人类越来越以集体行为方式存在，共同面对不断泛化、不断扩大的不确定性。以社会内生、整体共担和迅速传播为特征的风险社会正在逐渐形成。在不确定性的社会中追求确定性已经成为风险社会下人类行为的目标和约束条件。面对充满不确定性的社会，通过集体行动向社会注入确定性以应对不确定性，是风险社会的基本逻辑，也是风险社会人类生存和发展的根本出路。只有充分认识和了解不确定性，才能找到构建确定性所需要的条件，从而有效防范和化解风险。

所谓风险，即指不确定的事实或结果，其本身并不是实体事实，而是虚拟的存在。在此基础上，风险社会是指上述风险由社会内生、整体共担且迅速传播的社会。尽管风险的研究由来已久，但以往学者对风险的认知具有一定的片面性。

其一，部分学者认为风险是显性的损失[1]，也即存在风险就是存在损失，风险的效用始终是负的，没有其他可能性。但事实上风险是不确定性的[2]，也即我们虽然事先知道事件的最终状态集合，但不清楚哪一个状态会出现，即便根据历史经验可以预知这些状态发生可能性的大小或概率分布，但最终结果仍然是不确定的。因此，结果是好是坏是不确定的，好坏的程度也是不确定的，应对措施有效与否也不确定。总的来说，以往观点认为风险的结果显性，并且将结果产生的效应归总为负效应；而我们则是强调结果的不确定性，差异性本身就是风险。

其二，以往有学者讨论风险是存在于现实世界还是存在于公众

---

[1] Giddens A., *Runaway World: How Globalization Is Reshaping Our Lives*, New York: Routledge, 2000.

[2] Knight, F. H., *Risk, Uncertainty and Profit*, Mineola, NY: Dover Publications, 2006.

主观认知。对于"风险存在于现实世界还是主观认知"的讨论主要分为制度主义和文化主义两个学派。制度主义学派以Beck[①]为代表,认为风险为客观世界所固有,不会因个人感知而发生变化,也即风险是"有组织不负责任的"结果。这一观点强调"科学发展和技术创新的阴暗面"形成风险,风险有着深刻的制度成因[②]。在此基础上,制度主义学派认为社会制度结构的缺陷和科学技术的不足将不确定性转化为真实存在的风险,而在人类社会步入以高度信息化、科技化为特征的后现代社会之后,随着技术的进步和知识的叠加,高度分化的社会分工让社交圈层划分得越来越细、越来越多。与此同时,监控成本的上升削弱了公共监控能力,因此,制度主义认为切实存在的风险才能被称为风险。而文化主义学派以拉希(Lash)[③]为代表,他们更倾向于强调人类社会对风险的感知而不是对风险的量化。文化主义学派对公众察觉风险的能力进行了分析,他们认为风险虽然有实质的客观依据,但必然是通过社会形成的,社会风险是一种集体的建构。制度主义和文化主义各有千秋,但实际上,风险并无绝对的客观世界和主观世界的区分,尽管制度主义的风险切实增加了风险,但如果没有文化主义的观点,就无法形成社会风险,而没有制度主义的观点空有人类感知,则无法解释风险的最初产生。随着社会结构的日益复杂,只有将这二者有效结合,才能对风险做出有效的解读。

---

① Beck, U., *Risk Society: Towards a New Modernity*, London: Sage Publications Ltd, 1992.
② 此处的制度是横跨经济学、社会学乃至社会伦理的广义社会制度。
③ Lash, S., *Risk Culture. The Risk Society and Beyond Critical Issues for Social Theory*, London: Sage Publications Ltd, 2000.

其三，一些学者将风险区分为可以掌控的风险和无法掌控的风险[1],[2]，但我们认为风险世界的本质是不确定的，降低风险需要从构建确定性入手。我们不能预知风险，也就无法预先得知如何有针对性地防范风险，但这并不等同于不可知论。不可知论的错误认识产生的原因在于，大众所熟知的科学领域被限定在确定性和公式化的牛顿经典力学的范围内，因此在重新认识确定性和反思公式化的过程中，人们常常会使用"非此即彼"的认知方法将不确定性与不可知论等同起来，这与我们的观点相悖。首先，微观行为主体的行为选项是有限的，微观行为主体不可能超越自身固有限制进行行为选择，所以风险并不是完全不可知的，总有一个集合可以汇集所有的可能性；其次，宏观风险的产生有其条件，不能用当下科学技术的缺陷否定人类的创造力，也不能否定将来科学技术发展的可能。因此，世界的本质是处于风险之中，但我们通过构建确定性来认知风险、降低风险，构建确定性的能力增强，控制风险的能力就会提高。只谈风险，不谈控制风险是耸人听闻；只谈风险发生的可能性，不谈风险的总量可控是不负责任；只谈风险的不确定性，不谈人类的实践能动性是自我否定。

综合以上观点，我们所强调的风险，即用不确定性、没有绝对的主客观之分的风险思维全面地认知社会，从多个维度、多个角度分析和看待事物。各种风险之间并不是对立的，我们不能从实体思维认识风险，而是要理解风险的实质——不确定性。不确定性不等

---

[1] 张江："不确定关系的确定性——阐释的边界讨论之二"，《学术月刊》2017年第49（06）期。

[2] 赵晓磊、赵磊："'不确定性原理'何以被误导？——对经济学'只谈概率，不谈因果'的溯源批判"，《四川师范大学学报（社会科学版）》2020年第47（05）期。

价于不可知论，不确定性思维的目的不在于消解一定条件下的因果关系和否定有限范围内的必然性，而是在于掌握事物的发生逻辑和构建所需确定性的条件，促进人们的认识从"反映论"转向创造世界的"建构论"，从行为主义出发认知世界和探索世界，在充满不确定性的世界中意识到规则和秩序的机械性、有限性和滞后性。在不确定性的世界，行为本身就是构建确定性的先导。

（二）行为异化与公共风险的形成和扩张

社会面临两种不确定：个体的不确定和集体的不确定，并由此对应个体风险和公共风险。个体风险是独立风险，是作为个体的人面临不确定所产生的风险，其影响有限。而公共风险则是作为集体面临不确定时所产生的风险，即集体风险[①]。集体风险无法由个人和企业完全承担，市场调节无法发挥作用，所有社会成员都会被危及，只能由集体来承担。

公共风险源于不确定性，产生于个体及集体的行为。首先，个体行为的外部化会产生公共风险。从个体风险到公共风险的转化与市场有关，如市场危机、金融危机会引发公共风险；也与社会有关，如教育、医疗、贫富差距、就业、养老、生态、环境等也可能转化成公共风险。但是，集体风险并不是简单的个体风险相加，因为传播媒介的增多和风险意识的提升将会加速个体风险的集聚和膨胀；其次，集体行为的脆弱性也会导致公共风险。具体体现为治理结构与不确定性的不匹配关系：一方面，社会系统的管理与制度不

[①] 刘尚希、李成威："基于公共风险重新定义公共产品"，《财政研究》2018年第8期。

足,无法提供足够的力量来应对风险;另一方面,复杂的社会制度又容易削弱集体行为应对风险的努力,成为新的不确定性的来源。

风险社会中,社会主体行为具有不断个体化的倾向,异化和外部性的不断增加导致公共风险形成并不断扩张而社会群体的高度关联性会放大个体和集体行为产生的公共风险。

首先,现实中的人具有"社会性"而非同质的"经济人",个人作为决策主体,利益最大化的目标不再统一,在风险社会中行为异化和个体化特征日益明显,由此导致个体所面临的不确定性更加明显,带来了风险数量上的增加和风险类型的多样。在行为主义"社会人"假设和公共化不断强化的分析背景下,非同质个体的利益具有排他性,而风险具有非排他性,所以风险既是独特的,也是普遍的。

其次,不同行为主体之间会产生利益冲突,个体行为外部性导致不确定性和风险的产生,即个体行为外部性会产生公共风险。后工业的风险社会中行为主体具有更加突出的非组织化特征,行为主体之间在利益、观点、意识、行为范式等领域的碰撞与冲突加剧,而且社会个体的本能决定了社会利益的内部化和社会风险的外部化,因此个人行为的负外部性大规模叠加,公共风险的迅速迭代和扩大难以避免。同时,政府在防范化解公共风险过程中的处置风险加大,集体行为的脆弱性也会弱化公共风险的治理,甚至导致公共风险。

再次,风险因社会群体高度的关联性而升级,局部风险演化为全局风险的速度和危险程度在上升[1]。在风险社会,人与人之间的联

---

[1] 刘尚希、李成威:"基于公共风险重新定义公共产品",《财政研究》2018年第8期。

系更加紧密,不可分割。社会分工、知识分工、个体不同层次之间的冲突,都会导致不确定性,从而形成公共风险。单个的风险相互串联,由点及线,由线到面,分散的风险点在风险社会中不断交叉传递,逐渐扩散放大,风险效应构成一个立体的网状结构,不同领域、不同类型、不同层次的风险相互关联。如果控制不当或者引爆其中一个风险点,就可能形成风险事件,进而可能导致危机。尤其是在网络技术支持下,个体的高度社会化为个体风险转化为公共风险创造了条件,加速并催化公共风险的传导、扩散和叠加,产生新的公共风险并迅速扩大。

二、公共风险存在与国家治理

(一)公共风险理性与公共风险化解

传统的理性人假设无法概括风险分配的逻辑,因此需要引入公共风险理性[①]的概念。公共风险理性是指基于集体而言的,以公正的理念、自由而平等的身份,在政治社会这样一个持久存在的合作体系之中,对公共事务进行充分合作,以产生公共的、可以预期的共治效果的能力[②]。换言之,公共风险理性是集体存在与发展的理性基础,强调对风险状态的集体判断、推理、预期等理性活动。从个人角度而言,个人往往不会自愿让渡资源,于是产生了法律、公共权力和强制性。因此,集体行为构建确定性的防御公共风险的机

[①] 公共风险=不确定性−集体风险理性=不确定性−(知识+技术+公共制度)×集体创新能力×集体风险意识。

[②] John Rawls, *The Idea of Public Reason Revisited*, *The University of Chicago Law Review*, Vol. 64, No. 3(Summer, 1997), 765–807.

制即为公共风险理性，其将个人利益最大化目标修正为公共风险最小化。公共风险理性的逻辑是通过公共控制，将排他性利益的中心从个体变成公共，通过公共风险理性避免个体风险集聚形成公共风险。公共风险理性基于各种既定规则来规避公共风险和扩大公共利益，做出前瞻性决策。

具体来讲，公共风险理性的作用机制在于以下三点：首先，公共风险理性相较于传统的理性人假设考虑了社会网络的参与，在"社会人"的理论假设上更贴近风险社会的现实状况；其次，规避风险虽然一定程度上也是在追求效用，但是两者的根本差别在于：风险最小化强调保持既有利益，而效用最大化重在追求利益。因为人们对威胁的反应通常比对机会的反应更为激烈，宁愿花更多精力保持已经得到的利益，而不是去追求可能得到的利益；最后，公共风险理性的分析范式将个人价值最大化融入其中，这就能解释传统理性人假设无法解释的利他动机。

从不确定性和公共风险理性的角度看，公共风险是理性人假设的负面反映，而行为视角下的公共风险理性则是化解不确定性的重要方法。但公共风险理性并不能完全化解公共风险，当公共的认知能力、行动能力、创新能力和风险意识强的时候，确定性得到有效构建，公共风险就会得到化解，也就防范了公共风险的产生。当公共风险理性缺失或者水平低的时候，构建确定性的能力低，公共风险就会产生或放大，这种情况下就需要利用公共权力化解公共风险。

（二）国家治理与公共风险化解

尽管前文阐述了如何从公共风险理性角度化解公共风险，但是，除非存在法律、公共权力等强制手段以使理性人按照集体利益行事，个体不会采取行动实现集体利益。公共风险理性是应对公共风险的结果——集体思维，而实现需要载体，即公共权力。公共权力在不同人类文明发展阶段有不同的表现形式，国家逐渐成为接受公众委托、拥有公共权力的公共部门。因此防范和化解公共风险需要将单个个体置于一个共同体中，基于集体行为逻辑构建确定性，国家的存在即为保证确定性，以公共风险理性履行公共权力，维持社会秩序。风险社会中国家治理的本质亦是公共风险治理。由此，以国家和政府为代表的公共权力主体通过财政行为规范和引导个体与集体的行为，进而有利于构建确定性、防止落入各种风险陷阱和防范公共风险的集聚扩散。因此，拥有公共权力、接受公众委托，防范和化解公共风险的公共治理对公共风险的应对就显得尤为重要，而国家治理公共风险的作用机制就更值得探讨。

国家治理应对公共风险的优势主要在于以下三点：首先，国家拥有充分的信息优势，在与公众的行为互动中，国家治理可以综合运用制度主义分析和行为主义推进，即运用制度本身发现问题，再坚持行为主义分析问题，然后将分析的结果补充到现行的制度当中，增强国家对现实问题的认知，减少信息不对称带来的决策失误。通过制度完善解决相似风险，长此以往，公共风险就可以被控制在可控范围内；其次，国家治理具有超越公共风险理性的凝聚力和权威，拥有重置规则和确定社会发展方向的强大能力，因此超越个体和集体的国家治理，能够在公共风险理性无法解决的问题上发挥重要作用；最后，国家治理可以充分利用公共资源，形成应对公共风险的重要屏障，国家治理通过税收收入和国有企业运营等方式汲取公共资源，将原本分散在个人手中的资源汇集于一处，充分发挥资源的规模效应，国家治理又通过政府管理和市场参与经营公共资源，矫正市场失灵，做大资源总量。另外，通过市场机制和再次分配配置公共资源，维护法律制度和公序良俗。

三、行为主义逻辑下财政与公共风险治理

（一）行为主义逻辑下财政治理公共风险的必要性

世界的本质是不确定性，由不确定性带来的风险难以预测。从古至今，没有人能够准确预测危机和灾难何时何地会发生。处于不确定性的世界之中，每个人都无法回避风险问题。另外，从风险社会角度来看，风险会因不确定性带来损失和负效应，风险叠加和累积增加了危机发生的可能性。公共风险是指个人和企业无法承担、市场调节无法发挥作用、所有社会成员都会被危及、只能由政府承担的风险，其基本特征是来源广、隐蔽性强、传播快。即公共风险是宏观的、社会整体不确定性发生的可能性，亦即群体性风险，个人和企业无法规避。而人们对公共风险的反应又会引致新的不确定性，这种反馈机制一旦形成就会自我维持并强化，进而落入风险循环的陷阱之中。若无外力，社会自身往往难以打破这种循环。因此，各种不同类型和层面的不确定性是公共风险的本源。

由于公共风险理性本身存在固有限制，个体和集体行为的外部性、经济一体化带来的风险泛化，导致个人和市场的力量无法完全应对公共风险，需要社会共同体承担防御责任，甚至需要具有强制力和号召力的政府参与解决。财政是国家治理的基础和重要支柱，随着风险的逐步集聚，财政作为集体行为需要构建确定性的一种公共风险防御机制越来越重要。历史经验证明，缺少政府参与的人类社会难以自行解决公共风险问题。例如19世纪自由放任思想盛行，

在1929年大萧条爆发之后，各国政府坚信市场能够自发调整，不需要采取措施应对大萧条。但事实证明这并不可行，以凯恩斯主义为代表的政府干预理论为危机的处理构建了理论基础。

基于行为主义逻辑，政府和市场之间并非对立的关系，在国家这个集体中不是非此即彼，而是分工合作的关系。政府与市场机制的实质功能都是化解风险，构建经济和社会的确定性。市场之所以能够化解风险是源于人们对确定性的追求，进而形成应对各种风险的行动能力，一旦人们将追求确定性的意愿付诸实践，市场便可以通过价格机制化解风险。总体而言，个体风险可以由市场规则解决，但公共风险的防御需要集体承担。即公共风险的防范与化解主要依靠国家力量、政府政策与集体等社会共同体行动来实现。我们必须善于从公共风险角度出发，正确认知个人、企业和社会团体的非理性行为，运用并发挥财政部门代表公共权力治理的作用，逐步健全体制机制并完善现有制度，最终实现公共风险的有效治理。

综上所述，风险视域下财政的本质就是要基于集体行为来防范和化解公共风险。财政政策的一个重要作用就是减少经济社会运行中的不确定性，防范化解公共风险，避免公共危机。公共风险应成为财政政策制定的依据，也是财政改革的依据。

（二）行为主义逻辑下财政治理公共风险的途径

基于行为主义逻辑，财政治理公共风险就是要通过财政规则引导社会主体的行为，抑制风险的外部化，实现风险的分配，避免风险的系统化，防范和遏制公共风险的形成和扩大。财政治理公共风险的途径主要在于两个方面：从风险角度来看，财政治理公共风险主要体现在利益分配和风险分配上，财政通过不同层次的利益分配和风险分配，直接应对公共风险；从风险理性角度来看，财政治理采取恰当的财政政策工具提升公共风险理性水平，形成防御公共风险的社会基础，间接应对公共风险。

（1）通过利益分配和风险分配行为应对公共风险

与传统的利益分配视角不同，从风险视角分析财政，我们可以发现利益的背后实质是风险问题。从风险角度来看，风险应该分配给最适合处理该风险的一方，即风险要分配给最适合对风险因子进行反馈并以此降低该风险发生时产生影响的一方，或最适合预测风险是否发生的一方，或以最小代价来吸收已发生风险成本的一方。具体来讲，当某方能够因为直接影响该风险因子，从而拥有获得相应的利益机会，或影响该风险因子失败会使其利益受到损失时，它即是最有动力去影响该风险因子的一方，因此应当将风险分配给最适合预期该风险因子或对其发生进行反应的一方。假若没有一方能够拥有上一层次中影响该风险因子的能力，在这种情况下，风险要分配给相对有能力预测该风险或能够相应地调整项目设计来减少该风险发生的一方。而当没有任何一方能够影响、预测或对该风险因子进行反应的时候，风险则应该分配给最容易吸收该风险，或者说最容易以最小的成本来承担这个风险的一方。

财政通过利益分配调节风险分配，最终的结果是：从总量上看，财政牺牲自身为公共风险兜底；从结构上看，财政分配平衡了经济、社会和政治方面的风险，还从时间维度上平衡了跨期风险。财政收入和支出体现的是风险的转移：财政收入减少企业和个人所得利益、增加政府所得利益的同时，也将政府承担的风险转移给了企业和个人；财政支出减少政府所得利益、增加企业和个人所得利益的同时，也将企业和个人承担的风险转移给了政府。

（2）使用恰当的政策工具提升公共风险理性水平

首先，财政为提升公共风险理性水平提供经济基础。知识、技术、公共制度、公共创新能力和公共风险意识等公共风险理性的每个要素都有相应成本，这些成本都需要财政承担。应对公共风险，需要对公共风险进行研究，加强对公共风险的预警，这有赖于知识水平的提高。知识水平的提升必须付出成本，这些成本需要财政来支撑。从另一个方面来讲，公共风险也导致了制度结构的产生，因此这种制度成本亦可看作防范公共风险的代价。

其次，财政是公共风险的"蓄水池"，为公共风险理性的提升争取时间。现代财政制度创新形成的信用制度、投融资制度等，为既定的制度框架内的社会风险找到暂时的安置点。从风险管理的角度看，分散的风险点比单一的风险点更加难以管理。由于风险点之间存在关联性，分散的风险点会产生系统性风险，使公共风险对经济社会的破坏力倍增。财政作为"蓄水池"的意义是，灵活的财政制度能迅速地依据风险类型选择弹性的财政收支政策，实现风险的转移与分散，为公共风险理性的提升争取时间。

最后，财政在调节各种关系中发挥着基础性作用，为公共风险理性指明方向。作为一种公共的、可以预期的共治效果的能力，公共风险理性在对效率和平等、法制和道德、统一和包容等问题的权衡中不断前进。而财政对政府与市场关系、政府与社会关系以及政府部门和政府层级之间关系的调节，随着时代发展和社会需要不断修正公共风险理性的前进方向。财政通过这些关系的调节，可以最大限度地发挥各种力量的作用，从而形成和完善应对不确定性和公共风险的治理结构。

总之，应对环境变化，提升财政治理效果，我们既要运用财政能力提升公共风险理性水平，防御公共风险集聚，又要优化风险分配，化解公共风险，直接手段和间接手段共同使用，更加灵活高效地应对公共风险。

第二节　不同财政观的行为分析与逻辑起点

世界的本质是不确定的，由外生不确定性带来的风险难以预测，个体或集体的社会认知与行为逻辑的内生不确定性助推了风险的扩大与蔓延。基于经济理性的传统财政学大多以确定性思维为逻辑基础，即使考虑了大量的不确定性要素，亦将其视为外生因素，忽略了由个体或集体行为带来的内生不确定性，最终使传统财政理论与现实脱节。对此，学者们引入"不确定性"世界观，基于有限理性的传统行为财政学不断兴起和发展。但是，传统行为财政学仍然以利益为导向，而非以风险为导向。实际上，我们处在充满不确定性的风险社会中，财政学的理论和思想中应隐含着公共风险理念。在现代社会中，以风险思维思考问题，创新和发展不确定性前提下的风险财政学是非常必要和合理的。

一、不同财政观中的行为分析

（一）传统财政学：经济理性视角下的行为分析

主流的传统财政学以确定性的世界观为理论基础，以斯密为代表的经济学家提出的"经济人"假设坚持以利益为中心的确定性逻辑，经济理性属于基于确定性的实体理性，即绝对理性。该理论的本质在于人是自利的，且对环境及其变化具有完全信息，并能够基于利益最大化的目标做出行为决策。传统财政学以市场失灵为逻辑基础，即由于市场经济体系存在种种缺陷，在公共领域不存在价格机制，必须靠市场以外的力量即政府介入来解决由于市场失灵所带来的资源配置扭曲及社会资源分配不均等问题。市场失灵包括公共产品、外部性、垄断和信息不对称等问题。本部分将从传统财政学的基础理论角度分析在经济理性视角下个体和集体的行为特征。

一是公共产品理论。由于公共产品的"受益的非排他性"和"消费的非竞争性"特征，市场机制难以在公共产品领域达到"帕累托最优"，如果由私人通过市场提供就不可避免地出现"免费搭车者"，难以实现全体社会成员的公共利益最大化。这是市场机制本身难以解决的难题，这时就需要政府来出面提供公共产品或劳务。后来，随着公共产品理论研究的领域不断拓宽，布坎南及"公共选择学派"通过研究非市场决策，发展了公共选择理论，克拉克和格罗夫斯等人在此基础上设计了一种诱导个人会基于自己的利益而真实显示其对公共产品偏好的投票程序。但是，以传统财政学定义公共产品存在以下缺陷：第一，政府与市场二元对立这一前提假设不恰当，二者并非对立而是相互融合的，不存在离开政府的市场，也不存在离开市场的政府，政府与市场实际上是一种分工及合作的关系；第二，以"市场万能"为基础推导出市场失灵的逻辑不恰当。市场失灵的前提假设是"市场万能"[1]，财政经济学早期认为市场代表私人资本力量，政府代表传统阶级统治，掌握资本的资产

---

[1] 亚当·斯密的《国富论》主张"政府越小越好，政府最好不参与由市场掌管和控制的事务，当好夜警政府就可以了"，其中也蕴含了"市场万能"假设。

阶级被认为是无所不能的，因而传统财政学以市场失灵作为财政学的逻辑起点。但风险社会中，市场本身不是万能的，市场失灵理论只能一定程度上解释现代社会的财政，而基于公共风险论的财政理论有更强大的解释力；第三，政府和市场构成整个社会存在片面性，整个社会共同体不仅由政府和市场构成，还包括社区组织（社区和非营利组织）；第四，公共产品的提供基于社会福利最大化，而对于每个社会成员来说，社会福利最大化是无止境的；第五，公共选择理论中"阿罗不可能定理"中社会个体的偏好无法整合成集体偏好，社会福利函数与福利经济学本身不成立[①]；第六，公共选择理论是基于个人理性和个人选择的假设基础之上的，但是又不可忽略非理性因素的存在，所以每个社会成员的决策具有不确定性，个体不同层次间的冲突又会导致不确定性，从而产生公共风险。

二是外部性理论。外部性理论指某个经济主体对另一个经济主体产生一种不经由市场价格机制影响的外部效应，相当于生产或消费对其他社会成员强征了不可补偿的成本或给予了无需补偿的收益。科斯定理表明制度可以通过明确界定产权和完善市场交易体制使外部性内部化，从而增加具有正外部性的行为，减少具有负外部性的行为。因此，从外部性角度看，每一经济主体做出任何对其他经济主体的行为时，均会考虑外部性和风险分担，从而强调了确定性行为，忽略了公共风险的不确定性。而从公共风险的角度看，一方面，个体行为和集体行为的外部化会产生公共风险。而由于公共风险具有扩散性，经济学领域的产权界定很难有效运用，因此无法将公共风险内部化。另一方面，制度是一种有形或无形的规定，能

---

① 刘尚希、李成威：《现代财政论纲》，经济科学出版社2019年版，第20—23页。

够降低世界的不确定性和复杂性，制度的稳定性使得对未来的可预期性更高，是防范化解风险的一种机制。但每一项制度都是为了规避公共风险而达成的某种协议，在制度变迁过程中，一些制度可能存在缺陷，缺乏整体性和系统性，会衍生出新的风险。

三是垄断理论。作为完全竞争的对立面，该理论认为垄断市场中厂商数目偏少，形成垄断势力；有效需求不能得到充分供给，市场供给偏少；各个时期形成的垄断价格为可达到的最高价格，价格水平整体偏高；垄断者攫取垄断利润，社会福利水平偏低。因此，传统财政学普遍认为垄断是有害的，但忽视了公共风险理性的存在。其中，公共风险理性是指各种非政府组织以公正的理念，自由而平等的身份，在政治社会这样一个持久存在的合作体系之中，对公共事务进行充分合作，以产生公共的、可以预期的共治效果的能力，即集体应对各种不确定性的能力，具体可以表现为集体对不确定性的认知能力（知识）、集体行动的能力（技术）、公共制度的有效性以及集体创新能力和公共风险意识[1]。尽管垄断者会攫取更多的社会资源，降低了整体社会福利，但是由于垄断者存在的唯一性，他们会更加注重提升应对市场不确定性的能力和公共风险意识，具体可表现为加速技术进步和科技创新，进一步巩固垄断地位，提高公共风险理性水平能够有效控制和化解公共风险，避免了个人非理性行为的不良后果。传统财政学视域下，根据福利经济学定理以及完全竞争市场的有效性理论，垄断具有普遍危害性；而考虑风险财政视域下的风险理性，垄断并非绝对有害的，垄断虽有害于市场竞争，但有利于防范化解公共风险。

---

[1] 刘尚希、李成威：《现代财政论纲》，经济科学出版社2019年版，23—24页。

四是信息不对称理论。在市场经济活动中,个体对有关信息的了解是有差异的。掌握信息比较充分的个体,往往处于比较有利的地位,信息贫乏的个体,则处于比较不利的地位,而市场信号显示在一定程度上可以弥补信息不对称的问题。但在现代化发展进程中,整个社会经历了从农业时代到机器化工业时代,最终走向数字化信息时代,这是一个充满不确定性、高利润与高风险并存、快速多变的"风险经济"的时代。在这个时代里,由市场信号可弥补的传统信息不对称问题被弱化,信息来源渠道多、信息内容真假难辨等导致了新的信息不对称问题。信息的不确定性改变了经济主体的预期,导致不同经济主体行为存在不确定性,公共风险日益突出。

综上,以确定性思维为导向而忽略内生不确定性的财政学理论是不合理的,建立在许多严格假设基础上的传统财政学理论应向基于充满不确定性的现实经济生活理论位移,内生不确定性在创新传统财政学过程中值得关注,经济理性视角下的财政学开始转向财政学与行为学、心理学的结合。

(二)传统行为财政学:有限理性视角下的行为分析

世界本质上是不确定的,"经济人"理性或绝对理性存在局限性。不确定性的客观存在导致传统财政学不能充分有效地解释充满不确定性的现代经济社会,经济主体理性假设受到经济学界的质疑,包括行为因素、心理因素在内的非理性假设得到了更加广泛的关注。对此,经济学家肯尼斯·阿罗从不确定性的角度对绝对理性进行了批判和修正,西蒙[①]提出有限理性理论,认为人并非无所不

---

① Simon H., *Administrative Behavior*, New York: Macmillan, 1947, pp. 24–26.

知，且处于不确定的外部环境中，无法精确计算每个行为决策的结果。基于有限理性的传统行为财政学随之兴起并得以发展。作为风险的内生源泉，经济主体非理性的认知和行为是传统行为财政学发展的前提和基础。本部分将基于个体有限理性阐释社会偏好理论、认知偏差理论、选择性偏差理论以及行为经济学基本框架下的形式要素、时间要素和遵从要素分析个体行为[1]。

一是社会偏好理论。传统财政学强调经济主体是理性、自利的，但是在真实世界中，经济主体的行为往往偏离传统财政学的理性假设，于是经济学家纷纷对超越经济人理性假设的偏好进行研究，形成了传统行为财政学的基础理论之一，即社会偏好理论。根据陈叶烽等[2]对社会偏好理论相关研究的梳理，社会偏好由著名的行为经济学家Camerer[3]首次完整提出，"社会偏好"亦可称之为"他涉偏好""亲社会性偏好"或"互动偏好"，不同于理性人假设中的自利偏好，社会偏好理论认为人们不仅关心自身的物质收益，也会关心他人的利益。具体而言，社会偏好可以大致细分为三种偏好，即利他偏好、差异厌恶偏好和互惠偏好，分别对应着人们的善

---

[1] McCaffery, Slemrod, "Toward an agenda for behavioral public finance", University of Southern California Law and Economics Working Paper Series Paper 21, 2004；刘蓉，黄洪："行为财政学研究评述"，《经济学动态》2010年第5期；曹荆如："行为财政学研究与概述"，《商界论坛》2014年第3期；白彦锋，郝晓婧："行为财政学视角下提升税收遵从的路径选择——基于B市地税加强零申报纳税人管理的案例分析"，《税收经济研究》2018年第23期；白彦锋，岳童："行为财政学与我国财政决策变革研究——基于我国社保缴费制度改革的分析"，《新疆财经》2019年第2期。

[2] 陈叶烽，叶航，汪丁丁："超越经济人的社会偏好理论：一个基于实验经济学的综述"，《南开经济研究》2012年第1期。

[3] Camerer C. F., "Progress in Behavioral Game Theory", *The Journal of economic perspectives*, 1997, 11（4）:167–188.

良、公平和互助特性。其中，利他偏好是指人们的效用函数中他人的利益与自身的效用正相关；基于结果的差异厌恶偏好认为，人们会在处于劣势的不公平和处于优势的不公平时均存在效用损失，而且处于劣势的不公平的损失大于处于优势不公平的损失；基于心理动机的互惠偏好认为，尽管需要付出一定的成本，人们仍会以善报善，以恶惩恶。现代社会中，仅有利益驱动的传统财政学假设受限，各经济主体行为决策同时受利益、情感、公平、互利等多重因素影响而具有不确定性，理性的判断与感性的情绪在社会中不断交织与蔓延，助推了风险的产生和膨胀。

二是认知偏差理论。认知偏差理论是指人们根据一定表面的现象或虚假的信息而对他人做出判断，从而出现判断失误或判断本身与判断对象的真实情况不相符合，导致感知失真、判断不精准、解释不合逻辑等各种非理性的结果。认知偏差源于首因效应、晕轮效应、投射效应以及近因效应。其中，首因效应指当人与人接触进行认知的时候，首先被反应的信息，对于印象形成起着强烈的作用，即对他人的第一印象；晕轮效应指人们常常对所具有的某个特征而泛化到其他一系列有关特征，即从所知觉到的特征泛化推及其他未知觉的特征，据局部信息形成一个完整的印象；投射效应指在认知及对他人形成印象时，重点关注他人具备的与自己相似的特性；近因效应指个体对获得的信息留下清晰印象，其作用往往会冲淡过去所获得的有关印象。以上四种效应均源自信息的不完全性，使认知往往不准确或者与现实不相符合，因而认知是有偏差的。外界环境信息的不完全使得经济主体做出非理性行为决策，治理主体和客体的信息不对称加剧了对现实问题及政策措施的认知偏差，政策决策失误与公众参与意愿低下加速了不确定性向风险之间的转化。

三是选择性偏差理论。选择性偏差理论是指人们常常根据自己对特定事件的代表性观点，来估计事件发生的概率，这样人们可能错误地相信了"小数定律"，从而出现偏差。通俗来说，人们喜欢把事物分为典型的几个类别，然后在对事件进行概率估计时，过分强调这种典型类别的重要性，而不顾其他潜在可能性，因此势必造成系统性的预测偏差。选择性偏差理论本质上类似于认知偏差理论，经济主体着重考虑自身的心理态度，从而形成非理性认知，做出有偏差的行为决策。行为逻辑偏差导致公共非理性行为，当公共风险理性缺失或者水平低的时候，构建确定性的能力低，风险就会产生或放大，并有可能造成公共风险。

四是形式要素。形式要素是指内在要素的外在表现形式，是所有内在要素的总和。在财政领域，形式要素表现为受经济主体心理因素的影响，如果个人拥有由不同的形式表达出来的相同的内容，其行为决策结果具有不确定性，即存在框架效应。埃克尔（Eckel）[①]、麦卡弗里（McCaffery）和斯莱姆罗德（Slemrod）[②]等学者研究了税收政策下纳税人行为决策的不确定性，具体表现为：当面临相同金额的税收支出和费用支出时，由于存在税收规避心理，人们更希望这种支出是费用而非税收；基于解体效应，若将一定金额的税款分解为若干较小金额，纳税人感知到的税负会轻一些，因为他们没有将这些小额税款在心里进行理性加总；隔离效应显示，人们将不同用途的财政资金划归不同的心理账户，这些财政资金在

---

① Eckel, Grossman, Johnston, "An experimental test of the crowding out hypothesis", *Journal of Public Economics*, 2005, 89（8）:1543-1560.

② McCaffery, Slemrod, "Toward an agenda for behavioral public finance", *Behavioral Public Finance*, Russell Sage Foundation Press, 2006.

心理账户之间不具有流动性。因此，将心理因素纳入财政学研究框架后，若忽视经济主体行为的形式要素，政府做出的财政决策易存在制度结构缺陷，而且政策的外在称谓和推行方式也可能由于信息不完全和技术不足等因素使经济主体产生心理抵触，从而降低财政政策的有效性，行为的不确定性易转化为真实存在的公共风险。

五是时间要素。时间要素即经济主体跨期偏好的不一致性，根据贴现率随时间变化趋势的不同分为近视偏好和远视偏好。近视偏好通常表现为贴现率随时间呈递减趋势[1]，代表性理论为双曲贴现模型[2]和拟双曲贴现模型[3]。近视偏好理论下经济主体偏好即期利益，忽视远期利益。而远视偏好恰恰相反，表现为贴现率随时间递增，经济主体偏好远期利益，却忽视即期利益。在风险社会的大背景下，财政领域中的诸多问题均涉及行为财政中的时间要素，公共风险导致个人行为与偏好并非一致不变，近视偏好、远视偏好等不同行为影响力存在差异，无论是近视偏好还是远视偏好，均使个人决策违背"理性人追求利益最大化"的传统财政学假设，影响经济主体的行为决策，降低个体福利和集体总收益，产生具有危害性、毁灭性的经济风险、社会风险等，经济领域中的金融危机、经济危机，社会领域中的医疗、贫富差距、就业、养老、生态、环境等问题均加速了向公共风险的转化。

六是遵从要素。遵从要素是指政策接受方对财政收入、财政支

---

[1] Thaler R. H., Shefrin H. M., "An Economic Theory of Self-Control", *Social Science Electronic Publishing*, 1981, 89（2）:392–406.

[2] Loewenstein G., Prelec D., "Anomalies in Intertemporal Choice: Evidence and an Interpretation", *Quarterly Journal of Economics*, 1992, 107（2）:573–597.

[3] Laibson D., "Golden Eggs and Hyperbolic Discounting", *Scholarly Articles*, 1997, 112（2）:443–477.

出或者财政政策的应对态度，即政策接受方对财政制度的遵从程度，会直接影响财政活动的最终效果。为保证财政平稳运行，政府在设计财政制度时，首先要考虑纳税人的态度。纳税人的遵从程度同时受外部处罚力度和内部道德约束、利己主义与利他主义以及互利互惠主义、追求效益最大化与遵循心理等因素的多重影响，行为选择同时兼具实体理性因素与虚拟理性因素。影响因素的多元性与复杂性将导致经济主体行为选择的不确定性，纳税人与政府之间的不确定性关系亦会产生公共风险，进而影响财政政策效果。而且，制度结构不适当性与复杂性容易削弱集体行为应对风险的理性水平，政府与经济主体之间的互动博弈会产生不确定性的结果，社会中不同层次间的交融与冲突进一步放大了公共风险。

传统行为财政学采用新的研究范式，即在不确定情况下各个行为主体的判断和决策，对传统财政学进行修正、补充和完善，使财政学更接近现实，更富解释力，但在充满不确定性与公共风险的世界，该理论仍具有一定的局限性。有限理性对绝对理性从不确定性的角度进行了否定，但有限理性依然是一种实体理性，依然是利益视角的理性。可以看出，有限理性虽然考虑了不确定性，但实际上是基于概率的不确定性，是一定程度上的确定性，而非"真正的不确定性"。以有限理性为基础的传统行为财政学仍主张在有限的"不确定性"条件下，人们追求利益的最大化，并未在彻底不确定性视角下进行深入研究，创新并发展以真正的不确定性世界观为基础的风险视域下的行为财政学是必要且合理的。

（三）风险视域财政学：不确定性前提下的行为分析

从认识论的角度看，我们过去把不确定性当成偶然性去对待，这种理解是有问题的，牛顿告诉我们世界的本质是确定的，但量子力学证明了世界的本质是不确定的，自然领域具有不确定性，社会领域更具有不确定性。处在充满不确定性的社会，各个经济主体的行为决策都可能会产生公共风险，而以经济理性假设为基础的传统财政学与以有限理性假设为基础的传统行为财政学无法解释这一事实，不确定性前提下的风险财政学亟待产生和发展。

真正以不确定性世界观为基础的公共风险理性，即虚拟理性，是适应现代风险社会发展的理性。风险理性的本质在于风险人假设，即追求风险最小化，既包括个人风险最小化，也包括群体（公共）风险最小化，其中蕴含着利他动机。由此，行为主义逻辑的风险财政学以风险理性为基石得以产生和发展。本部分将基于不确定性前提从风险理性视角进行行为分析。

从古至今，风险均来源于各式各样的不确定性。从农业社会到工业社会，再到现今发展成为数字信息时代的风险社会，在不同发展阶段中存在不同类型的不确定性，风险的类型、严重程度以及覆盖广度也会有所不同，个体和集体应对风险的能力、理性水平以及行为方式亦会随之变化。例如，农业社会中的风险主要来源于大自然，由于人类对自然界了解较少，起初适应大自然的变化能力比较低。随着劳动生产力发展，人类慢慢掌握自然界规律，主动去适应并且改造自然，并主动规避风险，确定性越来越大，自然界的风险越来越低。工业社会的风险主要来自社会内部人与人之间产生的不确定性。随着技术的进步与发展，科技进步的外部化效应会对环境产生破坏，并且社会分工也越来越细，相应地导致风险慢慢变大，而且风险会由外生的逐渐变成内生的，此时的风险带来的威胁已经远远高于传统时代的风险，公共风险呈指数级上升，并且风险逐渐全球化，人类因此进入风险社会。面对风险社会，个体应该提升自我认知能力，依靠自身的理性，去发现世界存在的某种永恒的规则，真正认识并掌握这种规则，才有可能向不确定的外部环境中注入确定性，减少不确定性。因此，只要人们充分提升认知能力，以风险思维思考问题，提升风险理性，就能够带来确定性。在充满不确定性的风险社会中，风险理性要求个体和集体具有以不确定性世界观为基础、以风险分配为分析对象、以风险最小化为目标、以个体和群体为分析视角、以心脑思维为指导、前瞻思维和行为主义逻辑在内的六大行为标准。

一是以不确定性世界观为行为基础。人们具有风险理性，认为未来是处于动态变化中，无法依据过去精确计算得到，只有通过提升认知和风险思维，才能使未来风险最小化，人类行为的前提是认为世界的不确定性是"真正的不确定性"。二是以风险分配为行为分析对象。人类行为并非仅仅针对利益分配，诸如与看得见的利益密切相关的财富和效应，而是聚焦于风险分配。当然风险分配并不是忽略利益，而是利益分配是依附于风险分配。三是以追求风险最小化为行为目标。在风险理性要求下，人们逐渐从工具理性向价值理性发展。工具理性下的行为是目的性极强的行为，直接表现为对利益最大化的追求，却忽略了人类的情感、道德等因素。价值理性不仅仅以利益最大化为目标，在进行决策时能够做出全面的判断，减少整体的风险。人类行为的目的是"风险最小化"，而非"效用最大化"；人们采取的行动属于保持既有利益条件下的保守性行为，而非进取性行为。四是以结合个体和群体的关系为行为价值目标。在风险理性视角下，人们从个体理性向群体理性发展，个体的理性不能代表群体的理性，因为单纯的个体理性选择可能导致群体的非理性。风险理性要求兼顾个人与群体,坚持群体理性的观念,以实现风险最小化。五是以心脑思维为行为指导。与脑思维不同,风险理性要求人类的行为应以心脑思维为指导。脑思维只强调实体逻辑,忽略了意识、意志和情感的作用,而心脑思维是一种综合心思维和脑思维的复合逻辑,包含了实体逻辑和虚拟逻辑,既强调理智型、分析型、对象型的思维方式,也考虑意识、意志和情感的作用,能够更加全面且客观地思考问题,应对公共风险。六是前瞻思维和行为主义逻辑。在风险社会中,复杂性、偶然性、不可知性和不确定性已经或即将成为现代社会的常态,基于知识与认知的局限性,没有人能够准确地预知未来,也不能改变未来。在这种情况下,唯有以虚拟理性为基础,按照行为主义的逻辑行事,才是可行的选择。因此,为追求风险最小化,在整体上降低风险所带来的危害,个体首先要有前瞻思维,提前意识到危机的发生,做好准备;其次还要增强风险感知能力,提升自身应对风险的能力。只有同时具有前瞻思维和行为主义逻辑,才能足以灵活应对公共风险。

综上对比,传统的财政学分析被禁锢在经济学框架中,难以诠释风险社会中理性人假设背离下的现实状况;传统的行为财政学在个体有限理性视角下提出"经济人"理性或绝对理性的局限性,为公共风险理论的发展奠定了基础;风险理性视角下的行为财政要求我们脱离理性人的传统假设,基于集体主义和行为主义逻辑,将财政作为提高公共风险理性水平的工具,通过财政治理公共风险、推进国家治理变革、协调各方关系等。

二、不同财政观的行为逻辑

风险社会是人类文明的新阶段,其基本特征是不确定性和公共风险。处在人类文明的一个新阶段，以不确定性与风险理性为基础的风险财政学是适应当前社会发展与经济环境的财政学理论。在风险财政视域下，整体观和集体主义是财政的逻辑前提，即行为财政的功能定位就是在社会共同体基础上防范化解公共风险。

（一）个体与集体

从人类的生命形态看，人们在社会中既是以个体形式存在的，也是以集体形式存在的，前者属于生物属性，而后者属于社会属性。从个人角度出发，人类是分散并存的个体，每个个体都有着各自独特的遗传基因、性格、思维和习惯，以及各自的生存和发展道路，人类以个体方式存在；从整体角度出发，人类是全社会中一个庞大的群体，与其他动物种群并存，以集体方式存在。人类集体并不是个体的简单加总，而是由具有共同需要的个体组成的有机整体。通常来讲，自人类出现以来，由于种族繁衍、相互扶助、共同抵御来自大自然的公共风险等因素，人类就以集体的方式生存。随着经济飞速发展和社会不断进步，人类仍然保持着集体形态生活，只是生存方式更加多元化、多样化、复杂化，主要表现在随着现代通信技术与交通工具的快速发展，人们不再受地理位置的限制，集体的组织形式更加灵活，集体的实践内容日益丰富。因此，社会发展至今，集体的程度不断加深，人们实质上越来越依赖于集体的存在与其作用的发挥。

从行为主义视角看，每一个个体均存在于集体中，也称为共同体之中。每个个体发展水平与程度决定了所有人整体的共同发展，社会的安全与稳定、国家的繁荣发展都离不开集体行为的作用。从农耕社会到工业社会，再到如今的数字化信息时代，无论是应对自然风险、技术变革和信息变革带来的公共风险,还是发展经济、维护治安和保障民生,相对于个体行为,集体行为逐渐占据更加重要的位置,集体或共同体的存在是历史发展变革的必然结果。财政是国家治理的基础和重要支柱,财政行为亦属于集体行为,在国家治理中占据重要地位。

从风险与不确定性角度看,人们会面临两种不确定性,一是个体所面临的不确定性,二是集体或群体所面临的不确定性。前者会产生个体风险,而后者所产生的风险为集体风险,即公共风险。个体风险可以通过市场的行为规则来解决,也可以通过道德的规则来解决,如社会互助机制,但面对集体风险,个体通过自己或市场的力量无法解决,公共风险必须由集体来承担,也就是由社会共同体来承担。防范公共风险、在不确定性中构建确定性,就是集体或者共同体存在的理由。财政作为集体行为需要,构建确定性的公共风险防御机制,发挥减少不确定性、防范公共风险的作用。

(二)不同财政观的逻辑起点

主流的传统财政学以确定性的世界观为理论基础,以斯密为代表的经济学家提出的"经济人"假设有着以利益为中心的确定性逻辑,主张人是自利的,且对环境及其变化具有完全信息,并能够基于利益最大化的目标做出行为决策。理性"经济人"以个人利益最大化为行事标准,在充分自由的状态下,个人能够通过逐利达到个体福利最大化,国家或政府的职能仅限于司法和国防,以及提供一些作为个人不愿意提供或承担、但是对经济社会发展又是必需的公共事业。由于市场经济体系存在种种缺陷,在公共领域不存在价格机制,必须靠市场以外的力量即政府介入来解决由于市场失灵所带来的资源配置扭曲及社会资源分配不均等问题,即传统财政学是以市场失灵为逻辑基础。诸如公共产品提供不足、免费搭车现象、公共选择偏好、外部性缺陷、垄断行为、信息不充分等因个人基于个体主义追逐自身利益而产生的种种问题,甚至给全社会带来公共风险,财政必须介入。可见,传统财政学的逻辑是建立在个体主义基础上的。

传统财政学忽略了世界的"不确定性"这一事实,由于公共风险的存在,传统财政学基础理论不能充分有效地解释充满不确定性的现代经济社会。有限理性视角下的传统行为财政学认为人并非无所不知,且处于不确定的外部环境中,无法精确计算每个行为决策的结果,个体会产生非理性认知与非理性行为。比如公共产品"自愿供给"是显著或普遍存在的,因为行为主体不仅关心自身的经济利益,还会关心他人的利益,并从中能够获得一种满足,即个体并非完全自利,还具有"他涉偏好"。社会偏好中利他偏好、差异厌恶偏好和互惠偏好均从本质上反映了个体行为不仅基于理性的判断,还涉及感性的心理、态度、情感作用。由于现实中受信息收集的限制、计算能力的限制,以及对风险偏好把控的偏差,个体会存在认知偏差、选择性偏差、近视或远视偏好等现象,个体行为还受形式要素和遵从要素的影响。因此,不同行为主体不仅仅以个人利益最大化为目标,主体间利益追求的不一致会产生利益间冲突,时间上、认识上、行为上的不一致,市场不确定性和公共风险也就随之产生,财政必须从中发挥职能应对并解决风险。可见,"不确定性"视角下的传统行为财政学仍然是以个体追求利益为基础,其逻辑也是建立在个体主义基础上的。

传统的行为财政学的世界观为有限的不确定性,而非真正的、彻底的不确定性,而处在充满不确定性的社会中,各个经济主体的行为决策都可能会产生公共风险。风险视域中的行为财政学以基于真正不确定性世界观的公共风险理性为研究假设，以个体和群体为分析视角，无论是政府、市场还是社会，都是在国家这个整体或集体行为之中具有分工与合作的相互依存关系，而非相互对立的关系。风险财政学从集体主义出发是合理的，比如在农耕时期，为了躲避自然灾害、防止战争等公共风险，人们均以集体行为的形式应对；再如，在经济危机时期，个体无力应对由经济风险、金融风险转化而来的公共风险，人们更多地通过集体的方式共同应对并解决这一具有严重危害性的公共风险；又如，在新冠疫情突发的社会背景下，只有通过集体行为共同防御新冠病毒并阻止其进一步蔓延，才能减少个体层面的不确定性，防范化解公共风险。在风险理性视角下，个体理性虽然对于个体本人是理性的，可以达到自身利益最大化，但是可能导致集体的非理性，从而内生出公共风险，所以风险理性要求兼顾个人利益与集体利益，坚持集体理性的观念，以实现风险最小化。据此，风险视域中财政的行为逻辑起点以集体主义作为基础。

第三节　行为主义的风险财政观

处在风险社会的经济主体，其行为决策充满不确定性，进而产生公共风险，公共风险危害社会与经济发展，降低整体福利水平。针对这一问题，国家通过财政行为，在不确定中注入确定性，追求公共风险最小化。而经济主体行为并非一成不变的，相应地，财政规则等公共产品也应随着经济主体行为的变化而进行创新和变迁。

一、财政的本质是在不确定中注入确定性

世界是不确定的,不确定性的外部环境与不确定性的个人或集体行为都会产生风险。如今,人类已步入文明的新阶段,即具备不确定性的风险社会。不论是来自大自然的外生性风险,还是来自集体内部冲突与矛盾的内生性风险,都是人类集体安全的巨大威胁。这种威胁是全方位的、全覆盖的、公共的、集体的。而基于集体不确定性产生的公共风险存在内在关联性(或传染性)、不可分割性和隐蔽性三大特征,市场规则与个人没有能力识别和应对这种风险,因而防范化解公共风险成为政府以及社会共同体的责任。通过优化治理结构,不断地为治理注入确定性,来防范和化解公共风险,从而实现国家的长治久安和人类文明的进步,这也是国家治理的本质所在。可见,国家治理的基本内核,就是追求集体行为的确定性和实现公共风险的最小化,以此来保证国家的稳定、发展和社会文明进步的可持续性。

财政行为被赋予了强制力量或支配力量,体现公共意志。它是属于集体的,或是公众的,而不为个体所拥有,目的是防范化解侵害个体权利又凌驾于社会个体之上的各种各样的公共风险,维护所有社会个体的权益,即集体的公共利益。财政通过使用公共权力,汇聚集体的力量,可以最大限度地节约风险应对的成本,减少对个体的可能危害。财政作为公共风险的防御机制,天生是综合性的、共生性的、全方位的、整体性的,分布于社会运行的全过程及各个领域、各个社会细胞。财政的起点不是基于个体本位,而是基于集体行为,社会共同体中的每个人,理应都要自愿或不自愿地让渡出一部分资源来支撑集体的存在。但是,从人的个体角度而言,往往

不会自愿让渡资源，于是就产生了财政。

财政行为，本质上都是为了防范公共风险的积聚和扩散，或者说是一种公共风险防范行为机制安排。财政通过提供公共产品及时化解公共风险，并不断完善公共风险管理，防范公共风险的产生和累积，同时影响个体或集体的行为，在不确定性中注入确定性，防范化解公共风险（如图4-1所示）。

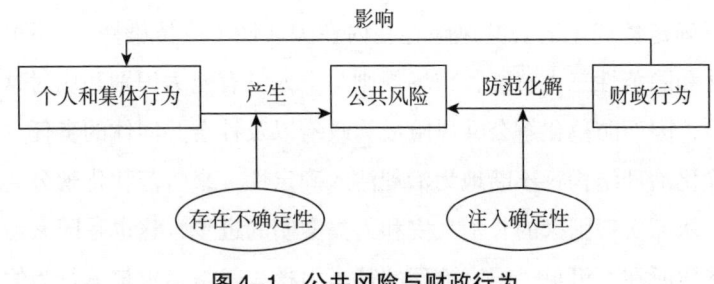

图4-1 公共风险与财政行为

在公共风险理论下，公共产品不仅仅是供集体消费和享用的物品，还是一种规范和引导个体和集体行为、防止公共风险积聚扩散的规则。包括财政资源筹集、财政支出责任、财政平衡功能、财政体制规范以及国际财政等。第一，财政资源筹集行为是防范化解公共风险的起点，是实现财政支出责任的物质基础。财政作为社会共同体是公共权力、公共治理的载体，其收入维系着国家的生存和发展，利用服务（支出）来防范化解个体与公共风险，就需要以收入作为财力保障。第二，承担财政支出责任是防范化解公共风险的有力手段。财政支出承担风险的"兜底责任"，财政支出责任及其支出范围以不确定性和公共风险来确定，从理论上基于公共风险——公共产品——公共支出的逻辑关系以防范各种危机出现。第三，发挥财政平衡功能是防范化解公共风险的有效途径。政府通过实施积极的财政政策,增支减收,通过扩大赤字和增发国债进行公共投资刺激需求,以财政不平衡式的财政风险置换公共风险,既实现为公共风险兜底功能,又能平衡经济、社会和政治方面的风险;财政还可以通过跨年度预算平衡机制及时应对、化解或分散周期性公共风险。第四,实现财政体制规范是防范化解公共风险的制度保障。长期以来,公平和效率是难以融合的问题,财政行为是融合二者的有力抓手。应对集体不确定性行为导致的公共风险仅靠单一行为主体略显单薄,需要在融合公平与效率的基础上调动和发挥多个行为主体的作用。财政在协调政府与市场关系、政府与社会关系、中央与地方关系中扮演重要角色。第五,国际财政是应对公共风险与全球风险的重要一环。全球问题的产生与解决,源自全球集体行动形成后创造的全球公共利益。进而言之,在整个逻辑结构中,集体行动处于核心地位,扮演着全球风险治理的创造者和维护者角色,对全球问题的识别、评判和成本分摊也在集体行动形成过程中完成。全球公共风险威胁整个人类的安全,公共风险的防范和化解突破了单一国家所能控制的界限和范围,防范和化解全球公共风险的全球治理需要全世界各个国家共同参与。

二、财政的目标是公共风险最小化

传统财政的理论逻辑是为解决市场失灵问题、实现社会福利最大化,政府建立在个体行为的基础上,提供不能由市场机制充分提供的公共产品,缓解资源配置的无效率,提升生产效率与社会福利,因此基于物质福利的公共产品越多越好。但是传统财政理论没有考虑公共风险的存在,一味追求社会福利最大化易因决策机制问题进入高福利陷阱,财政赤字高居不下,经济增长停滞不前,进而产生金融危机、货币贬值、债务危机等一系列问题，而且在不确定社会中，随着经济市场化程度提高，由于个人禀赋、知识水平、环境机遇的不同，社会分层现象总是存在，教育、医疗、贫富差距、就业、养老、生态、环境等社会问题不断出现，而社会系统存在管理不足和制度复杂的特点，又加剧了整体社会的不确定性。因此，追求福利最大化过程会扩大全社会的公共风险。

风险视域下的财政，以集体行为为基础、以集体主义为起点，财政的基本职能是管理风险，包括置换风险、分配风险、平衡风险等。首先，内部财政风险置换外部公共风险。当社会面临个体行为外部化产生的不确定性以及潜在的公共风险时，财政需要从宏观经济管理角度转向公共风险管理角度制定应对、调整及有效性评估的综合性政策，其涉及经济、技术、政治、社会、环境等各领域的方方面面，在个体行为不确定性中注入确定性，构建经济与社会的确定性。其次，利用财政调节关系实现公共风险分配。集体行为的脆弱性易导致公共风险，财政通过预算、税收以及财政政策来调节政府与市场以及政府与社会的利益关系，通过财政体制调节政府部门和政府层级之间的利益关系，实现公共风险在各个层级之间的均衡分配，避免风险的积聚与膨胀，在集体行为不确定性中注入确定性，构建不同层级间的确定性。最后，平衡社会中以经济、社会、政治等不同形态存在的公共风险。社会群体的高度关联性放大了已经存在的公共风险，公共风险在不同经济环境中会转化为经济风险、社会风险、政治风险等，财政应发挥平衡器功能，在社会关联不确定性中注入确定性，及时应对、化解或分散公共风险。

传统财政视角下，为实现福利最大化，财政应提供更多的公共产品。风险视域中的行为财政学视角下,财政要根据集体行为需要构建确定性的公共风险防御机制,提供公共产品的目的是减少不确定性、防范化解公共风险,公共风险最小化是全社会追求的目标,也是财政行为的基本标准。提供的公共产品越少,代表公共风险越小,即公共风险最小化的结果或外在表现为财政提供较少的公共产品,那么社会具有更大的公共确定性,这才是社会的最大福利和公共需要,也是最大的公共利益。虽然人类社会发展呈现出不确定性,风险社会来临,公共风险促使公共产品不断扩大,而财政行为的总体目标仍是公共风险最小化。

但是,公共风险最小化是有条件的[①]。具体来说,公共风险最基本的原因是个体行为异化产生风险并社会化、系统化、公共化,即外部化为公共风险。政府为防范化解公共风险提供公共产品和服务,就需要向集体筹集公共资金,为使公共风险降至最低水平获取物质保障,公共收入水平的公共选择过程实质就是公众对公共风险的认识和确认的过程。因此,公共风险最小化决定于公共服务(公共支出)的水平,也就决定于公共收入的规模,但公共风险最小化是有条件的,因为随着公共收入规模的增加,公共风险得以降低,但由公共债务、预算外收入或财政收支不平衡带来的财政风险大幅提高。所以,财政行为标准的确定应在公共风险与财政风险之间权衡:政府是通过财政风险转化来降低公共风险的,财政风险要为化解公共风险承担最后的兜底责任。一方面,财政风险是公共风险转化的结果。财政行为的总体目标是防范化解公共风险,公共风险具

---

① 刘尚希、李成威:"努力让公共风险最小化(上)",《中国财经报》2014年7月18日。

有内在关联性（或传染性）、不可分割性和隐蔽性等破坏性特征，而财政风险相对更加容易管理，因此在合理范围内适当提高财政风险来降低公共风险是合理且必要的，财政风险一定程度上制约着公共风险最小化程度。另一方面，公共风险是财政风险的源头。政府通过筹集公共资金，提供公共服务（公共支出），采取一系列公共政策提升公共风险的治理能力和水平，有效控制公共风险，并降低财政风险。如图4-2所示，公共收入规模的边界决定了公共服务（公共支出）的水平，公共服务（公共支出）的水平决定了公共风险的治理能力和水平，最终实现公共风险最小化，而由公共收入规模产生的财政风险又制约公共风险最小化目标的实现程度，公共风险最小化反过来降低财政风险水平。总之，财政行为标准是在财政风险可控约束条件下追求公共风险最小化。

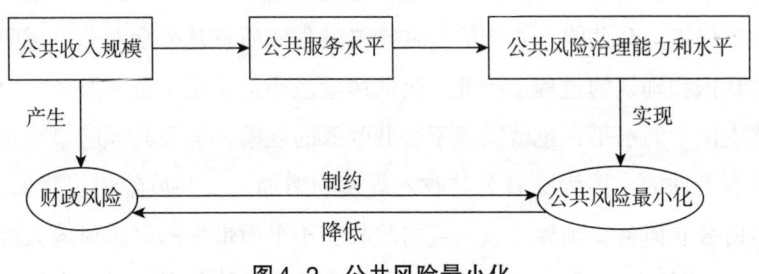

```
┌──────────┐      ┌──────────┐      ┌──────────────────┐
│公共收入规模│ ───> │公共服务水平│ ───> │公共风险治理能力和水平│
└──────────┘      └──────────┘      └──────────────────┘
      │ 产生                                  │ 实现
      ▼              制约                     ▼
  ┌────────┐ <──────────────────────── ┌──────────────┐
  │ 财政风险│                           │ 公共风险最小化│
  └────────┘ ────────────────────────> └──────────────┘
                    降低
```

图4-2 公共风险最小化

三、财政化解公共风险的作用机制

公共风险源于不确定性，公共风险一旦变成公共危机，会对人类社会发展造成极大的危害。财政避免了非理性行为和不确定性的不良后果，防范和降低了社会整体的风险水平。

(一)提升公共风险理性

财政的公共风险理性提升功能是指财政通过提供物质基础和时间基础为提升公共风险理性水平创造可能性,同时通过调节社会关系,为公共风险理性的前进指明方向。

财政治理通过转变不确定思维、引导行为预期、建立行为主义的财政治理模式。具体而言,一方面培养防患于未然的风险理性,通过提高集体对不确定性的认知能力(知识)提升公共理性水平,缩小不确定性与公共理性之间的差距,降低公共风险;另一方面提升制度有效性,通过界定风险责任边界、精准识别公共风险等措施在制度设计中纳入不确定和风险因素,以实现风险的分散与转化,塑造符合风险逻辑的行为规范和公序良俗,培植现代公民意识,培养和提升公民能力。因此财政治理是实现有限理性走向公共风险理性进程中的有效路径,也是社会主义和谐社会建构的必由之路。

(二)分配公共风险

财政的公共风险分配功能是指财政通过利益分配来调节风险分配。财政调节的关系包括政府与市场的关系、政府与社会的关系以及政府部门和政府层级之间的关系,财政可以通过调节这些关系之间的利益分配来实现风险分配。财政是全社会利益分配的中枢,因而也是风险分配的中枢。

财政通过调节各种利益关系,实现风险的平衡配置,避免风险聚集,从而实现化解公共风险的目标。例如,财政通过预算、税收和财政政策,可以调节政府与市场以及政府与社会的利益关系,调节政府、市场与社会之间的风险分配,避免风险聚集在政府、市场或社会中的某一个主体当中，造成危机事件；通过财政体制，调节政府部门和政府层级之间的利益关系，避免风险聚集于某些领域或某一级政府。

（三）平衡公共风险

财政的风险平衡功能也体现在公共风险的平衡上。从大的方面来说，经济风险、社会风险和政治风险都是公共风险，这些公共风险是相互转化的，如何平衡这些风险，需要财政发挥作用。

财政风险分配和平衡除了通过财政收支、财政预算和财政体制等政策工具分配和平衡不同类型的公共风险外，还涉及公共风险时间维度的平衡，即短期风险和长期风险的平衡问题。财政同样可以通过政策工具提升集体行动能力和集体创新能力，以此应对公共风险。因此在国家治理中，必须善于发挥财政的风险平衡器功能，及时应对、化解或分散公共风险。

（四）承担兜底责任

社会的总体目标是公共风险最小化，财政风险是服务于公共风险治理的，即财政风险要为化解公共风险承担最后的兜底责任。由于风险点之间存在关联性，分散的风险点会产生系统性风险，使公共风险对经济社会的破坏力倍增。财政的公共风险兜底功能就是指财政通过牺牲自身的风险，即通过放大财政风险实现风险的转移与分散，为应对相关社会风险的制度改进争取时间。

财政风险虽然也有自身的限度，但是如果公共风险足够大，需要通过牺牲财政风险的时候，财政也必须做出让步。当然，化解公共风险，仅靠政府或某一方面的力量是不够的，必须发挥多元主体的积极性，在全社会分散和平衡风险，这也是我们讨论"治理"常有的题中之义。财政是分散和平衡风险的中枢，因而成为国家治理的基础。

总之，从不确定性的视角看，行为财政治理的核心是不断构建确定性的过程，在构建确定性的各种措施中，区别于其他措施，财政具有定海神针的作用，因此财政能够成为国家治理的基础与重要支柱。财政构建确定性的过程，短期是通过财政改革的风险分配功能实现的，长期则是通过提升公共风险理性水平实现的。历史反复证明，国家兴衰背后隐藏着财政密码。当国家或政权遭遇风险挑战，若及时和有效推动财政改革，就能化危为机，实现兴盛；反之，则会走向衰退和灭亡。这说明财政背后反映的是治理结构与风险挑战的匹配情况。治理结构与风险挑战不匹配，就需要通过财政改革来调整治理结构，使之匹配。历史上的财政变革，所要直接解决的问题是当时的政府财政危机，但财政危机背后是经济、政治制度无法与当时的社会风险相匹配，而非单纯的财政问题。财政改革应是社会制度变迁的起点，逐渐向其他引发财政问题的根源领域延伸，与社会其他方面的改革配合，实现整体改善。

四、行为主义的财政治理范式

（一）社会行为异化推动财政行为创新

从动态视角看，社会中经济主体的行为选择并非固定、一成不变，行为总是不断异化，衍生出各种新的行为关系，而制度总是有滞后性，而且是固化的。这时，法律、制度、规章就无法起到规范引导行为的作用，旧的制度可能就不适应新的行为了，针对经济主体行为的各种财政政策与规则必须及时创新,以满足行为动态变化的公共需要,如图4-3所示。

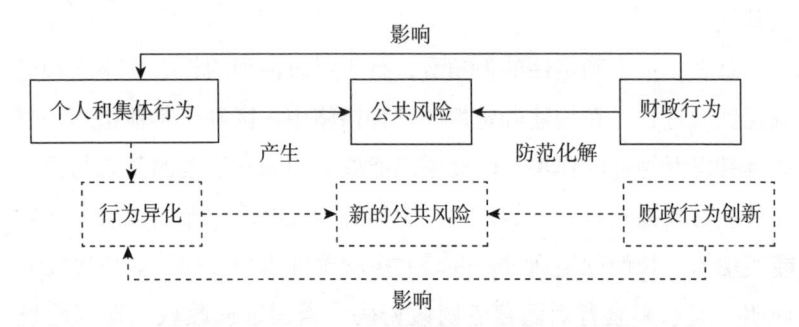

图4-3 社会行为的异化推动财政行为的创新

正如《现代财政论纲》所述,就像过去马车的时代不需要交通规则,后来经过创新有了汽车,这就需要交通规则,由此引发出一系列的问题;再如,过去搭个茅棚就可以住了,现在需要高楼大厦,那住房就需要建设,就需要标准、管理,这一系列的问题就会出现[①]。正是外在环境、文化、经济、社会等因素的不断变化和创新,经济主体的行为选择随之变化,就会产生新的公共风险,应对原本公共风险的财政规则以及公共产品已不再适用,推动新的财政规则和财政体制创新以及提供新的公共产品来应对新的公共风险是必要且合理的。

结合现代社会发展历程,从农业社会到工业社会再到现在的数字化信息社会,经济的快速发展与社会文明的进步极大地改变了人类的生产生活方式和相互之间的交往方式,各个经济主体的实体理性思维和遵循心理、思想及态度的虚拟理性思维受到潜移默化的影

---

① 刘尚希,李成威:《现代财政论纲》,经济科学出版社2019年版,第40页。

响,因而其行为发生巨大的变化,在这个过程中伴随众多的不确定性和公共风险,这就需要政府代表社会共同体来提供新的公共产品和创新财政规则来应对、防范化解新的公共风险。具体而言,在社会发展初期,经济高速增长是核心目标追求,国家制定符合此阶段发展状况的财政制度规则,以防范经济危机、金融危机、市场危机带来的公共风险;随着经济增长趋于平稳,贫富差距、生态、环境等民生性问题接踵而来,国家不得不创新财政体制规则来应对社会中新的不确定性和公共风险;处在当今数字化信息时代,科学技术的创新成果增加了信息的规模,提升了信息传播速度,扩大了信息间的关联,个体和集体之间联系更加密切、不可分割,社会的分工、知识的分工、个体不同层次之间的冲突都会导致新的不确定性,从而形成新的公共风险。此时,旧的制度与规则已不再适用,财政政策与规则必须进行及时更新和运用,以满足社会行为异化的公共需要。

(二)财政治理范式:从制度主义到行为主义

公共风险理性会达成社会共识、共同价值观和公共权力,通过集体行动,形成各种不同层次和不同风险防范的制度、规则、秩序等(广义制度),以防范和化解公共风险。制度存在的目的在于化解公共风险,形成一种相对稳定的社会环境。从防范公共风险的角度看,制度是某一历史时段公共理性预设的公共风险防范体系。当新的公共风险被感知,就会催生新的制度安排,推动制度创新和制度变迁、社会进化。

制度主义的财政治理强调用制度来规范和约束政府的行为,并细化为指标和流程。但是在信息不对称的现实情况下,以及随着不确定性的凸显,这一确定性的思维模式、固化的制度体系与不确定性的现实世界无法全面匹配和有效兼容，从而出现"制度失灵"。

横向上，同质化的改革不能必然带来整体的成功。例如，分税制改革中，坚持事权与财权相结合的整体原则，但是如果按照完全统一的标准在所有地区设计财政运行模式，按照同质化、理想化的制度主义推进改革可能会导致基层政府和欠发达地区政府的财政困难，甚至无序发展。

纵向上，就改革的历史发展阶段而言，制度变迁本身就是不确定性的过程，形象地说就是摸着石头过河。以我国为例，在公共化、社会化的快速发展过程中，基于行为主义的改革是我国改革开放取得巨大成就的重要基石。

因此，一旦以不确定性的世界观来审视和选择财政治理模式，制度设定和改革方略就带有了不确定性和差异性，路径依赖很可能会导致财政改革和制度创新的不成功。为应对风险社会的不确定性问题，国家应坚持不确定性的社会思维和风险意识，确立行为主义的财政治理模式，分析不确定性的来源，坚持以有利于防范和化解公共风险作为标准，即改革的目的是应该对不确定性，坚持行为主义范式提高治理效率并规避改革自身带来的风险。

第四节　风险视域下的财政行为分析

在充分认识公共风险、集体风险理性的基础上，财政主要通过引导不同行为主体的行为预期，建立不同行为主体之间责任分担和风险分散机制，实现公共风险最小化。具体而言，为应对现代社会的不确定性问题，风险视域下的财政行为运行机制如下：第一，资源筹集。风险治理需要物质保障，同时风险治理也内含于资财筹集过程中，以公共风险治理为目标确定公共资财筹集的总量标准、形式标准并进行动态调整；第二，财政支出。财政支出是实现财政职能的重要承载，财政支出范围、规模和结构会对化解公共风险发挥直接作用；第三，财政平衡。作为风险平衡器，财政不仅要注重自身的风险，同时更要从防范公共风险的总体视角以及跨期运行的动态视角进行分析；第四，政府间财政关系。为防范公共风险，应合理划分央地政府职能与支出责任，实现各级政府在风险管理上的"激励相容"。

一、资源筹集

为防范化解公共风险，财政需要提供公共服务，提供公共服务的过程实际上是公共支出的过程，而公共服务（公共支出）的实现需要公共资金来保障，政府应该从社会中筹集资源来应对全社会的公共风险。更进一步地，在不同社会形态和发展阶段，财政汲取和使用公共资源需要与之相应变化。

（一）公共资财是公共风险治理的物质保障

基于行为主义模式，社会的分工、"社会人"假设、风险的外部化等导致公共风险形成，公共风险的隐蔽性、叠加性等特征给社会带来危机。财政作为社会共同体是公共权力、公共治理的载体，其收入维系着国家的生存和发展。因此，以公共风险治理为目标作为公共资财筹集的理论基础，并据此确定公共资财筹集的总量标准与形式标准。

（1）公共资财筹集的理论基础

公共风险产生于个人和集体行为，不同于个体风险，公共风险是全社会共同面对的风险。利用支出（服务）来防范化解个体与公共风险，就需要以收入作为财力保障。而个体收入具有私人性，在应对个体风险和公共风险中，个体收入需要分割为两部分，即应对个人风险的私人收入与应对公共风险的公共收入。公共风险防范目标下的公共收入是公共风险治理的财力基础，是应对公共风险的物质保障，使用流向集中于个人无法应对的公共风险，公共风险防范要求社会个体收入让渡。但是由于个体存在"非理性因素"，全体社会成员并不能意识并识别到所有的公共风险，而且存在"搭便车"心理。因此在公共风险论下，筹集公共资财会产生个体化私人收入与公共化社会风险之间的矛盾，需要政府对应采取财政税收措施以筹集足够的资财来应对公共风险。

财政筹集公共资财行为可以通过实现效率与公平的良好融合来应对公共风险。一方面，财政行为通过筹集公共资金提供公共服务、优化配置社会资源、促进经济稳定持续发展、维护社会和谐稳定，通过提升经济社会的发展效率化解各种风险，实现公共风险最小化；另一方面，财政对不同收入阶层和不同行为实行差别筹资活动，如对高收入、高消费、高能耗、高污染的群体征收较高税负，对改善贫富差距、保障资源与环境的可持续发展、实现资源公平分配等方面产生积极影响，通过促进公平来化解社会中的各种矛盾，有效防范公共风险。

（2）公共资财筹集的总量标准

公共资财筹集并不是无限的、无界的，筹资的总体目标是风险最小化，所以基于公共风险防范的公私收入分割边界是风险最小化的社会收入分割。从社会整体的角度看，应以公共风险最小化作为获取公共收入的集资标准。在既定总量的经济资源前提下，财政从个人和企业汲取资源的方式、来源、数量和结构,必将影响个人需要、群体需要和社会公共需要之间的关系。因此,无论是过度汲取,还是汲取不足,都将影响社会共同需要的满足程度以及经济社会的稳定和发展状况。如图4-4所示,一方面,增加公共资财总量可以强化应对公共风险的物质保障,利于提升公共服务(公共支出)水平,降低公共风险水平,所以公共资财总量直接影响公共风险治理水平,资财不足则会导致外部风险治理不力;另一方面,当资财过量时,财政存在无法协调个体需要、集体需要和社会公共需要三者矛盾的风险,通常会因过重的财政负担影响经济发展、债务规模过大、预算外收入管理不当等因素引发财政风险。筹集公共资财防范公共风险的过程,实际上是用财政风险置换公共风险的过程,由于外部风险的分散性和不可控性,财政风险相对更加容易管理,但由公共风险向财政风险的内部转化并非没有限度,财政风险的上升不仅会制约财政自身的正常运行,而且在达到一定程度后,会外溢影响到公共风险[①]。因此,公共资财总量的边界应该在财政风险与公共风险之间权衡,即公共资财筹集的总量标准是将财政风险限制在可控范围之内,实现公共风险最小化,为防范化解公共风险提供物质保障。

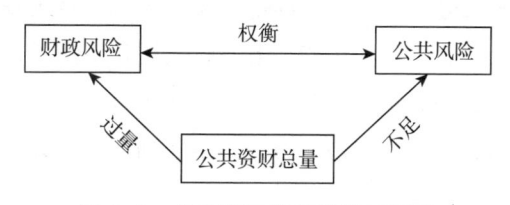

图4-4 公共资财筹集的总量标准

---

① 刘尚希,李成威:《现代财政论纲》,经济科学出版社2019年版,第52—53页。

从我国发展进程来看，在经济发展初期，经济增长缓慢、社会发展不稳定，全社会面临着生产力水平低、经济萎靡不振、消费结构不合理的公共风险。筹集公共资财并实现财政资源的有效利用有利于全社会资源的效率配置，提高社会成员的消费与投资水平，为拉动经济增长注入活力；同时，为保障国家安全提供后备力量，维护社会和谐稳定，降低公共风险水平。随着经济不断增长，发展不平衡和不充分问题日渐凸显，我国面临新的公共风险。通过合理适当筹集并配置资金，实现全社会资源的公平配置，重点改善贫富差距、保障资源与环境的可持续发展，同时协调发展教育、医疗、就业、养老、生态环境等各个方面，及时防范化解公共风险。

（3）公共资财筹集的形式标准

在既定的财政风险水平下，公共资财的筹集总量决定治理公共风险的能力，而公共资财筹集方式也影响公共风险的防范效果。不同社会下，社会基础不同，公共资财筹集也会采取不同的收入形式。主要的公共收入[①]形式如图4-5所示。根据取得收入的依据不同，公共收入可分为公共权力收入和公共产权收入。其中，公共权力收入是依据国家的权力无偿取得的收入，包括税收收入、政府性基金、罚款和捐赠收入；公共产权收入则是依据国家是公共产权所有者的身份而取得的收入[②]，包括国有资产收益、政府性收费和特许权收入。若公共收入结构失衡，各类收入增长不协调，经济会产生较大扭曲，扩大财政风险，甚至产生公共风险。因此，优化公共收入结构，可以在既定的财政风险水平下增加公共收入水平，提升财

[①] 此处为狭义的公共收入，广义的公共收入还包括债务收入。
[②] 刘尚希、杨良初、李成威："优化公共收入结构：财政增收的重要途径之一"，《杭州师范学院学报（社会科学版）》2005年第5期。

政防范化解公共风险的能力。

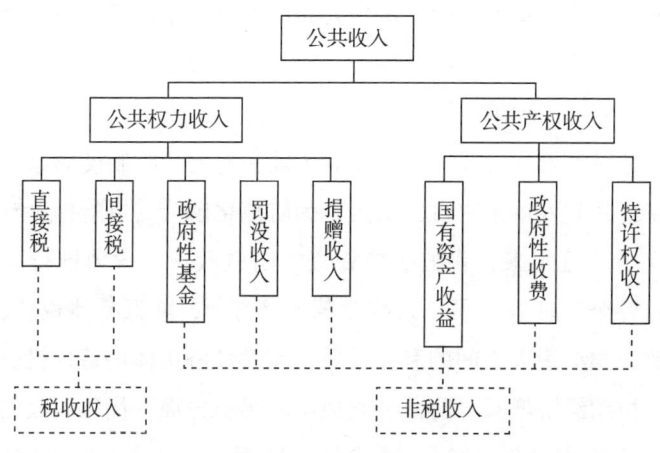

```
                          公共收入
                    ┌────────┴────────┐
               公共权力收入          公共产权收入
          ┌──┬──┬──┬──┐          ┌──┬──┬──┐
         直 间 政 罚 捐          国 政 特
         接 接 府 没 赠          有 府 许
         税 税 性 收 收          资 性 权
               基 入 入          产 收 收
               金                 收 费 入
                                  益
          └─── 税收收入 ───┘      └── 非税收入 ──┘
```

图4-5　公共收入形式

基于"以公有制为主体，多种所有制经济共同发展"的基本经济制度，我国存在"所有者国家"与"税收国家"并立的经济基础。其中，"所有者国家"以公有制经济为基础，是以国家所有权收益作为国家财政主要来源的国家；"税收国家"以市场经济为基础，是以税收作为国家财政主要来源的国家[①]。混合所有制经济是我国基本经济制度的重要实现形式，公共产权收入和公共权力收入处于同等重要的地位，二者应实现协调增长，但现实是我国公共收入的主要来源是以税收为代表的公共权力收入，公共产权收入对公共收入的贡献非常有限，公共产权收入筹集制度不完善、公共产权收入与公共权力收入不协调等现象加速产生国有资产流失、资源分配不合理、贫富差距增大、政府权力滥用等一系列经济与社会问题，

---

① 刘尚希，李成威：《现代财政论纲》，经济科学出版社2019年版第6期，第134—135页。

公共风险存在日益扩大的趋势。

为优化公共收入结构，达到公共风险最小化目标下公共资财筹集的最优形式标准，我国从税收、国有资产收益、政府性收费等方面进行了针对性改革。

一是税收筹资形式。我国建立了较完备的税收制度体系，税收收入在公共收入体系中占比最大，为防范化解公共风险提供雄厚的资金支持。近年来，我国实施积极的财政政策，大力推行减税降费，对各个税种进行了一系列改革：一方面，降低整体税负水平，减少政府与纳税人之间的利益矛盾，刺激经济主体消费、投资的积极性，拉动经济增长，防范公共风险；另一方面，优化税收内部结构。全面实施"营改增"，减税效应显著，为社会经济发展减负；扩大消费税征税范围，有效调节纳税人的消费结构，改善生态环境与资源利用，且有助于缩小个体间收入差距；调整个人所得税税率、征税范围、征收模式等改革举措有利于落实税收公平原则；扩大资源税征收范围，实行从价计征，对资源开发和环境保护具有规制效应，等等。各税种改革从经济、社会、环境、资源等多方面降低社会中潜在的公共风险。

二是国有资产收益筹资形式。国有资产收益包括经营性、资源性国有资产收益和非经营性国有资产可能有的处置收入[①]。作为双元财政的一翼，我国对国有资产上缴利润进行了一系列改革。从计划经济时期，国有企业的利润全额上缴；到1994年，我国开始实施分税制改革，暂停国有企业利润上缴；再到2007年，国有企业恢

---

① 刘尚希，杨良初，李成威："优化公共收入结构：财政增收的重要途径之一"，《杭州师范学院学报（社会科学版）》2005年第5期。

复上缴利润，规定国有资本收益将按"适度、从低"原则上缴；至今，《中共中央关于全面深化改革若干重大问题的决定》提出提高国有资本收益上缴公共财政比例，2020年提到30%，更多用于保障和改善民生。从整个改革历程来看，以国有资产收益为主体的公共产权收入比重不断增加，且具有持续性。在减税降费的大背景下，适度提升公共产权收入比例，降低公共权力收入比例，一方面，可以降低全社会整体税收负担，减轻经济负担，提升经济主体消费、投资的积极性，为经济社会发展注入活力，防范公共风险；另一方面，减少公共产权收入流失，有效促进国有企业发展，健全"产权清晰、权责明确、保护严格、流转顺畅、监管有效、分配规范"的现代产权制度，有利于国有资产放大功能、保值增值、提高竞争力，实现资源公平配置，使公共资源更多更公平地惠及全体人民，有效防范公共风险。

三是政府性收费筹资形式。政府性收费是公共收入中不可或缺的部分，包括规费（证照工本费）和使用费。适量的政府性收费是对税收收入的有效补充，有利于缓解公共权力收入的筹资压力，避免因资财缺乏导致的公共服务提供不足、政府职能缺位等问题。但是，收费项目过多过乱、收费膨胀过快、征费单位私设"小金库"等问题又会引发新的经济社会风险。我国针对收费结构不合理、征收制度不规范等问题实施改革，有效提高社会运行效率，防范因经济效率低下、收费制度结构不合理带来的公共风险。

（二）政府风险治理能力提升与公共资财筹集的动态变化

公共资财筹集与政府治理能力提升之间存在内在联系。本部分从动态视角，论述我国改革开放以来，随着工业化进程、大数据时代的推进，公共收入规模在社会公共风险不断扩大背景下的变化趋势以及政府治理边界、能力提升的动态演变。

（1）社会风险扩大化与公共收入规模增长趋势

风险社会在工业化进程和数字信息化进程中形成并发展壮大，随着工业化水平、生产力的不断提高，到科学技术的创新和进步，再到信息数据规模和传播速度、时效的提升，每一个发展阶段都会影响人类的知识生产过程和决策行为，产生人为不确定性，形成现代化公共风险[①]。作为防范化解公共风险的物质保障，公共收入规模的增加表示外部公共风险的扩大化。

根据黄群慧对工业化进程的深入研究，改革开放40年来，我国工业化进程大体分为三个阶段：1978—1993年为工业化初期阶段；1994—2013年为工业化中期转型阶段；2013至今为工业化后期阶段[②]。而从2012年至今，我国已超越工业化时代，进入了数字化信息时代。图4-6描述了在工业化以及信息化进程中，我国公共收入规模绝对数和增速的变动趋势。可以看出：

在工业化初期阶段，第一产业占比呈现先上升后下降的趋势，在1983年高达32.57%，1993年则降至19.31%，第二产业占比稳步提升，第三产业占比快速攀升。公共收入规模增速呈波动上升趋势，1993年增速高达24.85%，公共收入绝对规模增长开始起步。说明在这一时期，工业革命带来了生产力的巨变，我国面临着较大的经济变革，社会发展中充满了更多的不确定性，公共风险的产生会引发诸多公共危机，政府必须通过增加公共收入规模，扩大财政

[①] 刘尚希，李成威：《现代财政论纲》，经济科学出版社2019年版，第16页。
[②] 黄群慧："改革开放40年中国的产业发展与工业化进程"，《中国工业经济》2018年第8期。

权力来应对危机。

在工业化中期转型阶段,第一产业值占比逐年下降,第二产业值占比保持较高水平,基本维持在45%以上,在三大产业中对经济增长贡献仍然最大,第三产业占比呈现逐年上升趋势。公共收入规模在这一时期快速增长,增速达到最高点32.41%。说明随着工业化进程不断推进,生产技术的不断创新和进步把整个社会带入了全新的"风险世界",公共资财需要量不断攀升,以应对随工业化变革而来的公共风险。

在工业化后期阶段以及数字化信息起步与蓬勃发展阶段,第一产业占比和第二产业占比逐年下降,第三产业占比迅速提升,2013年达到46.90%,首次超过第二产业值占比44.20%,至2021年达到53.31%,第三产业对我国经济做出大部分贡献。公共收入规模缓慢增长,增速大幅下降并趋于平稳。说明在工业化后期,由生产和技

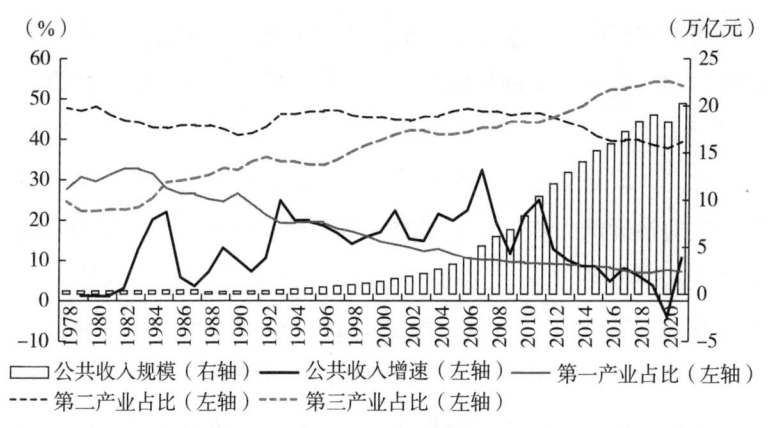

图4-6 三大产业占GDP比重与公共收入规模变化趋势

注:考虑数据的可得性,公共收入数据均不包括公共债务收入。

数据来源:《中国统计年鉴》(2022)。

术带来的不确定性与公共风险已降至较低水平,但是数字化信息时代又会带来许多新的不确定性,作为防范化解公共风险的基础,公共收入增速降至较低水平,其规模却依然巨大。大数据背景下存在的数据利用率低下、数据信息不够透明、信息安全性等问题仍会带来潜在的公共风险,公共资财仍是防范化解公共风险的重要物质保障。

（2）政府治理边界、能力提升与公共收入规模增长趋势

政府治理强调对政府行为的规范,特别是对政府权力的制约与制衡,以提高政府执行能力,并防止其对市场和社会系统的过度干预。因此,合理划分政府治理边界,有利于政府协调国家、企业和个人以及中央和地方政府之间诸多关系,防止对正常的市场秩序侵蚀,充分发挥其汲取公共权力收入和公共产权收入的能力。另外,政府治理能力分为政府横向控制能力和纵向控制能力。具体而言,横向控制能力决定政府运行的质量和效率。通过提高内部行政和管理水平,将财权与财力在各部门间合理配置。而纵向控制能力是指财权与财力在中央与地方以及地方各级之间合理配置。因此,提高政府治理能力有利于避免低效、腐败等风险,提高汲取公共收入的效率。

总之,政府治理与公共收入二者相辅相成。充裕的公共资财为提升政府治理能力奠定了坚实的物质基础,而政府治理能力的提升既扩大公共资财规模,又提升公共资财的筹集效率。具体表现为有效配置社会资源、合理分配公共收入和保持经济稳定发展,同时,政府治理与国家的发展进程相适应。在新的历史时期,国家发展的重心是推动经济快速增长的同时兼顾社会发展质量。胡鞍钢和魏星研究政府治理能力时指出,治理能力是政府治理行为的水平和质量,是对政府治理模式稳定性、有效性和合法性的直观度量,较

高的治理能力意味着政府对经济社会运行具有较强的调节能力，能够较好地规避市场失灵，提高社会成员的总体福利水平。治理能力的提升能够促进全社会成员共享经济和社会发展的成果，政府治理能力与经济发展水平、社会发展质量之间存在较强的正相关关系[1]。因此，考虑经济增长速度与社会发展质量是政府治理能力的外在表现，可以分别用经济增长速度和质量发展水平衡量政府治理能力。其中，以人均GDP增速作为经济增长速度指标，而质量发展指标和数据参考张侠和高文武的研究成果，利用2001—2017年相关数据从经济动力、效率创新、绿色发展、美好生活、和谐社会五个维度构造经济高质量发展的指标体系，其指标值介于0—1之间，数值越大，表明发展质量越高[2]。图4-7描绘了改革开放以来，公共收入规模增速、人均GDP增速与质量发展水平变动趋势，以探究政府治理边界、能力提升与公共收入规模增长的内在联系。

图4-7显示，公共收入增速先波动上升，后波动下降至稳定的低水平，基于上述对社会风险扩大化与公共收入规模增长趋势的分析，公共收入增速变动趋势是工业化和数字信息化进程中公共风险形成及发展的必然结果。整体上人均GDP增速始终低于公共收入增速，其波动幅度低于公共收入增速变动幅度，且二者在各个历史发展时期呈现基本一致的波动趋势，前者稍微滞后于后者，至2018年二者基本趋于一致，增速稳定于6%左右。自2001年起，经济发展质量不断攀升、提升速度逐年提高，但是整体水平依然较低，

---

[1] 胡鞍钢，魏星：" 治理能力与社会机会——基于世界治理指标的实证研究 "，《河北学刊》2009年第29（01）期。

[2] 张侠，高文武：" 经济高质量发展的测评与差异性分析 "，《经济问题探索》2020年第4期。

2017年达到最大值仅有0.15的水平。

从主观角度看,当公共收入持续高速增长时,政府治理能力也处于较高水平,表现为人均GDP持续增长和经济发展质量持续攀升。说明公共资财是应对公共风险的物质保障这一理论基础与现实相符,在相对完善合理的财政制度下,政府以各种形式筹集足够的公共资财,为防范化解外部不确定的公共风险奠定坚实的物质基础,财政利用合理适当的政策干预工具以实现公共风险最小化的总体目标,从而实现政府治理能力的提升。

从客观角度看,当政府治理能力提升时,公共资财的规模会随之扩大,公共资财筹集的规模与效率也会提高,且存在滞后性。一方面,政府财权和财力的合理配置保证了政府治理能力维持在较高

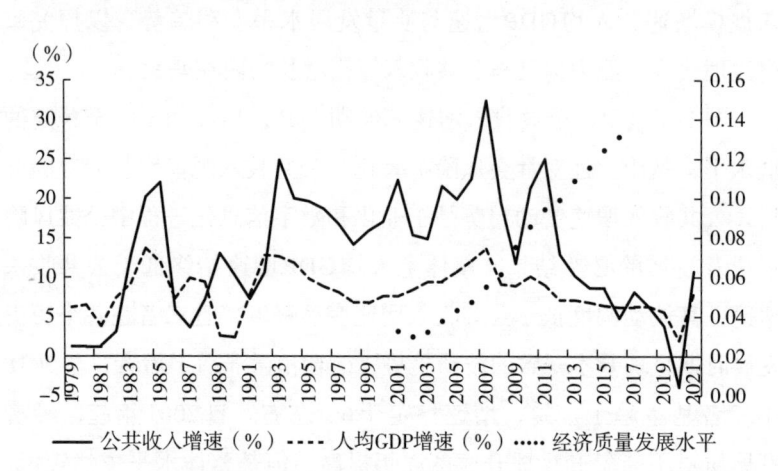

图4-7 公共收入规模增速、人均GDP增速与质量发展水平变动趋势

注:人均国内生产总值按1978年不变价格计算,剔除价格因素。

数据来源:《中国财政年鉴》(2021)、《中国统计年鉴》(2022)、《经济高质量发展的测评与差异性分析》(2020)。

水平，有利于促进形成一个良性的经济社会环境，在这样的社会体系下，公共资财规模必然会保持高水平增长；另一方面，政府治理边界不断扩大、治理能力不断提升的过程中会产生新的不确定性，人均GDP增速的变化也会给个人和集体带来新的潜在风险，公共资财规模不断增长、增速不断提高也是应对公共风险的内在要求。

二、财政支出

在市场经济社会，政府与市场的分工，实质上是不同性质风险的归宿划分。私人风险与市场相匹配，公共风险与政府相匹配。这种对应关系作为一种制度性安排，应当说是一种有效的选择。这已为中外社会实践正反两个方面的经验教训所证明。很显然，这种对应关系是调整财政支出范围的基本出发点。不是市场失灵，而是公共风险，使财政支出具有了存在的终极合理性和必要性。这种分析不是从既定事实来得出结论，而是依据不确定性的情况（公共风险）来考虑政府的支出责任及其支出范围，以防范各种危机出现。以公共风险作为公共产品逻辑基础，公共产品既是化解公共风险的历史产物，又是防范公共风险的现实工具。未来的不确定性——各种风险，是决策的真正依据。尤其是行为总是不断异化，旧制度下的法律、制度等公共产品无法规范引导集体行为，产生很多不确定性和公共风险，因此需要适时的公共产品诞生，这就需要以财政为代表的社会共同体通过公共支出加以干预。理论上可以归纳出这样一种逻辑关系：公共风险——公共产品——公共支出，对这一逻辑关系式进行简化，则有：公共风险——公共支出[①]，以上关系式直接

[①] 刘尚希："公共支出范围：分析与界定"，《经济研究》2002年第6期。

和客观地阐释了财政支出的性质和动因。

（一）财政支出范围与公共风险的辩证关系

财政支出与公共风险之间的辩证关系体现为财政支出决定于公共风险，同时，它的使命又是化解公共风险，使之遁于无形。一方面，财政支出是公共风险要求的一种结果，即公共风险决定了财政支出，它因公共风险的产生而存在，随公共风险的扩大而扩张；另一方面，财政支出又是化解公共风险的手段或工具，即公共风险是通过财政支出而化于无形的。问题与解决问题的手段总是同步产生。若没有了这个手段，那么化于无形的公共风险就会完全地呈现在我们的面前。或者，当这个手段的配置滞后于公共风险的变化时，一部分公共风险同样会以各种不同的形式凸显出来。

基于以上对财政支出性质的界定，可进一步以"公共风险"为导向来调整公共支出的配置范围。

（1）风险归宿分析法

这一方法的理论依据是"公共风险决定财政支出"。按照这一原理，界定财政支出范围的关键在于公共风险的确定。不言而喻，只要把公共风险与私人风险区分开来，财政支出的范围自然也就之确定。但在现实经济生活中，要把两者直接区分开来并不是一件很容易的事情。尤其对于一些还未被我们所认识的风险来说，要直接分清它们是属于公共风险，还是属于私人风险就更难了。在此，我们可用风险归宿法来解决这个问题。

面对经济、社会中各种各样的风险，我们难以直接判别其属性。但风险总是有一个最终的归宿，在市场经济条件下，风险归宿一是市场，二是政府，或者两者共同承担。这样，我们就可以分以下几个步骤来分析：第一步，假设我们面对的所有风险都是私人风险，没有公共风险，都可以交给市场去防范和化解。做出这个假设的理由，来自市场经济的历史必然性和天然合理性；第二步，分析各种风险的具体内容及其属性。如教育，有普通教育、职业教育、成人教育、远程教育、留学教育、特殊教育、干部教育等。其中普通教育又可以分为学前教育、小学教育、初中教育、高中教育、高等教育等。按照第一步的假设，所有这些种类的教育全部交给市场，政府不承担支出责任。这时候，我们对各种教育可能的状况及其导致的风险进行评估；第三步，确定风险归宿。根据风险评估的结果，确定所有风险的归宿。若风险仍回归到政府，也就是说，政府现在不承担支出责任，将来还得承担，则表明这种风险是公共风险，需要政府"马上行动"，现在就必须安排支出以防范和化解风险。具体来看，如果现在放弃基础教育的支出责任，虽会减轻现在的财政压力，但未来支出责任仍会回到政府身上，即风险归宿是政府，属于公共风险，因而政府在确定现行的支出范围时，应承担起基础教育的全部支出责任。而高等教育的风险归宿部分是政府，政府承担部分支出责任。留学教育的风险归宿不是政府，故政府不承担支出责任；第四步，按照上面的步骤，对假设情况下的所有风险逐一做出评估，即可确定财政支出的配置范围（如表4-1所示）。

表4-1　市场承担教育责任的风险分析

项目	可能的情况	风险内容	风险属性	未来支出责任
基础教育	短缺	文盲增多 扩大贫困 国民素质下降 劳动力要素下降	风险不可转移	政府承担

续表

项目	可能的情况	风险内容	风险属性	未来支出责任
高等教育	不足	高级人才不足 国民素质不高 技术进步放慢	风险可以部分转移	政府与市场共同承担
留学教育	充足	经营性风险	无关联性	市场承担

（2）反向假设分析法

这一方法的理论依据是"财政支出的使命是防范和化解公共风险"。根据这一原理，界定财政支出范围的关键，是检验现有的财政支出是否已经全部用于防范和化解公共风险。

这个方法的基本内涵是：如果政府不承担某项支出责任，结果会怎么样？变坏——导致公共风险；不变或变好——没有导致公共风险。若是前者，表明政府承担的支出责任是正当的，符合上述原理；若是后者，则表明政府承担的支出责任是不正当的，因为它违背了财政支出的使命。这个过程可以分为以下几个步骤：第一步，假设所有的财政支出项目都是不正当的。做出这项假设的理由是，财政支出的配置范围不具有天然的合理性。第二步，对各项支出的正当性，用反向假设法进行检验。实际上，对于大类支出项目很难直接判断：正当或不正当，因为大类项目下还有许多的子项，只有当各个子项都被判定为不正当的条件下，才能说这个大类支出项目是不正当的。因此，正当性检验应从各个子项开始，先判定子项范围是否合理。第三步，对正当性检验的结果进行汇总，去掉非正当性的支出项目，新的财政支出范围也就确定下来。如表4-2所示，我们以公检法支出、挖潜改造支出和流动资金拨款三项支出为例进行简要分析。

表4-2 财政支出项目的正当性检验

项目	若取消，是否引发公共风险	风险内容	是否正当
公检法支出	是	犯罪率上升 失去社会公正 生命财产无保障	是
挖潜改造支出	否	无	否
流动资金拨款	否	无	否

上述两种方法不是截然分开，实际上是同一个问题的两面，因而两种方法是互补的。第一种方法可以解决我们平常所说的"缺位"问题，通过对各种风险归宿的分析，"筛选"出公共风险，可以使所有的公共风险自然地与财政支出相匹配，从而弥补支出"缺位"。第二种方法可以解决"越位"的问题，通过反向假设检验，"越位"的支出项目自然消除，使所有的财政支出与公共风险相匹配。这样，"缺位"与"越位"都没有了，财政支出范围的调整也就到位了。此外，不同时期，公共风险的组成结构存在差异，财政支出范围需要依据风险变化做出适度动态调整。例如，2020年新冠疫情期间，为了满足特殊时期群众特定需求的激增，有效防控疫情避免公共风险失控，政府适当扩大了医疗卫生等方面的支出范围，提供诸如免费治疗、免费疫苗等服务。

（二）财政支出规模和结构与公共风险化解

在政府财政支出范围确定后，如何确定财政支出的最优规模是另一难点，这在某种程度上决定了财政支出化解公共风险的效率和效果①。如图4-8所示,财政支出规模稳步上升,财政收入、国内生产总值均呈现逐年递增的变动趋势,且财政支出高于财政收入的量差也不断变大,财政平衡越来越难以实现。从支出的增长速度来看,大多数年份财政支出增速要高于财政收入增速,甚至2015年之前财政支出增速一直高于国内生产总值增速,反映出为了化解经济发展过程中集聚的公共风险,财政支出规模快速膨胀,进而加快了财政风险的积累速度。

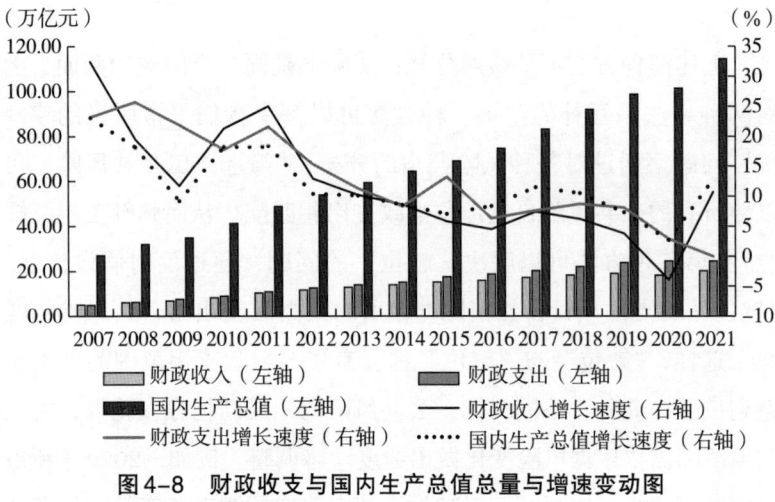

图4-8 财政收支与国内生产总值总量与增速变动图
数据来源:《中国统计年鉴》(2022)。

不同时期,公共风险的组成存在差异,因此财政支出结构也不断变化。教育、社保、医疗、就业等与民生息息相关的服务,其充分发展有利于维护社会和谐及稳定,为经济持续增长提供保障和动

---

① 李永友:"我国财政支出结构演进及其效率",《经济学(季刊)》2010年第9(01)期。

力；但同时，若某些财政支出不能有效满足人民日益增长的特定服务需求，与之相关的潜在风险就会转化为现实风险，导致整体公共风险的失控。如图4-9所示，从各项支出规模来看，占比较高的财政支出包括一般公共服务、教育、社会保障和就业、医疗卫生、城乡社区事务、农林水事务等与公众生存和发展密切相关的服务，

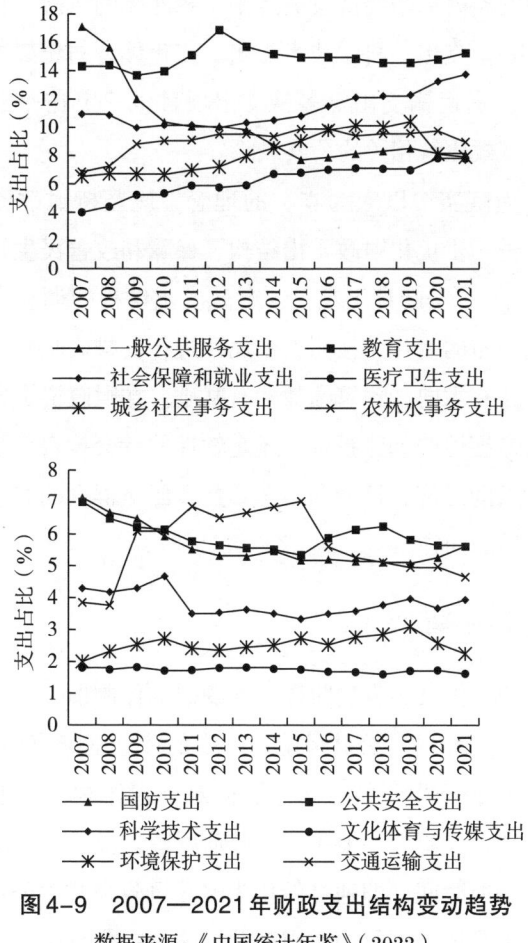

图4-9　2007—2021年财政支出结构变动趋势

数据来源：《中国统计年鉴》（2022）。

有效保障此类支出的充分供给对防范和化解公共风险意义重大。此外，从支出占比的变动趋势来看，社保和就业支出、医疗卫生支出、城乡社区事务支出和农林水事务支出四类支出占比稳步上升，这是政府近年来注重改善民生，落实"三保"政策，防范公共风险的结果。与此同时，为应对国家安全、环境保护、科技进步、交通通信等方面发展落后与经济发展水平不相匹配的风险，相关的国防支出、公共安全支出、科学技术支出、文化体育与传媒支出、环境保护支出、交通运输支出等多种支出项目也稳定在一定支出水平上，以确保有效化解相关的公共风险。

今后，为落实"以人为本"的理念，应坚持财政资金"跟人走"原则，进一步优化财政支出结构，保障和改善民生，而不是简单地"铺摊子"、一味地上项目。财政支出结构的调整应基于人口结构、区域分布的变化，按照人本属性进行安排。唯有如此，支出结构的优化才有方向，预算绩效才有基础。在财政资金预算分配过程中，无论是硬性的基建投资，还是软性的社会投资，都应动态地综合考虑投入的经济、社会和生态效益，回应群众的安居乐业需求和对美好生活的向往。

三、财政平衡

在一定的经济社会发展阶段，在既定的体制框架下，公共风险的形成是相对稳定的。公共风险与一定的体制框架有内在关联性，分散的风险点会产生系统性风险。面对既定体制框架下的公共风险，分散和转移风险的主要手段是政府财政。灵活的财政制度为公共风险化解争取时间，即通过转化为财政风险来减少公共风险。虽然财政风险也是风险，但为实现公共风险最小化目标，财政风险服务于公共风险治理。通俗地说，抵御风险需要成本，而成本体现在通过增加政府财政的债务和支出责任来减少社会公众面临的风险。由此可以得出结论，财政风险是公共风险转化的可能结果[①]。

（一）承担制度成本的财政风险

财政风险是指国家在组织财政收入和安排财政支出的过程中，由于财政制度和财政手段本身的缺陷以及多种经济因素的不确定性，导致财政收支总量失衡或结构失衡，进而对国民经济整体运行造成损失和困难的可能性。财政风险分为两大类：内生性财政风险和外生性财政风险[②]。内生性风险是指源于财政系统内部各种不利因素引发的风险，导致资源浪费或效率下降。而外生性风险是指源于财政系统外部各种不利因素引发的风险，如经济运行因素、政治因素、自然因素等导致的财政资源浪费或效率下降的风险。内生性财政风险属于狭义的财政风险，加上外生性财政风险则为广义财政风险，一般来说，财政风险主要是广义财政风险。

十八大以来中国经济逐步进入新常态，突出表现在经济增速回落、经济社会结构调整加快、体制转轨进程加速这三个方面。经济增速回落的原因包括传统资源要素投入驱动模式不可持续，创新驱动的新增长动力尚未完全形成。经济结构调整体现在产业结构、所有制结构、融资结构、区域结构、能源结构等方面，社会结构调整主要体现在就业结构、收入分配结构、城乡结构等方面。体制转轨主要表现在政府更加注重发展质量而非速度，制度建设更加注重内

[①] 刘尚希：" 从'打静靶'转向'打飞靶'"，《经济日报》2021年1月18日。
[②] 刘尚希："财政风险：一个分析框架"，《经济研究》2003年第5期。

需、创新和发展绩效。

准确地讲，当前中国正处在一个新旧交替的过渡期，中国社会的公共风险本质上是一种结构性风险，需要结构化改革来破解[1]。随着全面改革的推进，这些结构性风险会逐步传递到财政上，体现为一种财政风险。在现代社会，作为政府重要的政策工具，财政的基本功能是防范化解经济风险等各类公共风险，以维持整个经济社会系统的稳定，实现发展的可持续性。就此而论，财政风险适当主动扩大有时候是必要的，就像遭遇特大洪水时采取的"分洪"措施，有利于降低系统性公共风险，以避免全局性的公共危机[2]。

依据以上理论，可以依据财政业务的具体形态，将财政风险划分为财政收入风险、财政支出风险、财政管理风险、财政赤字与债务风险[3]。

财政收入风险是在财政支出合理且既定的前提下，现有财政收入（不包括债务收入）无法满足支出要求，一种是量上难以实现，另一种是虽然量上满足但是质或收入结构存在问题。这是财政收入的不确定性所决定的，例如政府间财政收入划分、企业税源流动、自然环境变化、外部冲击、政府调控政策等事件，都会或多或少地影响财政收入。

财政支出风险是财政支出无法实现或是支出无法控制的可能性，一种是正常的支出无法满足，例如基本运转和民生开支；另一

---

[1] 刘尚希："中国财政风险的制度特征：'风险大锅饭'"，《管理世界》2004年第5期。
[2] 刘尚希："财政风险：从经济总量角度的分析"，《管理世界》2005年第7期。
[3] 中国财政科学研究院宏观经济研究中心课题组，刘尚希，白景明等："财政风险指数框架研究"，《财政科学》2016年第4期。

种是支出不合理膨胀,例如公共投资或行政开支过度等,这主要受到行政体制、社会发展、预算管理、支出效率等因素影响。

财政管理风险主要是财政内控制度不健全带来的财政资金损失的可能性。财政管理包括预算编制、预算执行、预算监督、预算绩效等环节,每一个环节又可以再细分内容和流程。不同的管理环节存在不同的风险点,需要通过严格的内控制度来规避风险。

财政赤字风险是指财政收不抵支带来的威胁财政健康的可能性,债务风险指的是财政资不抵债或现金流无法偿还到期债务的可能性。虽然《中华人民共和国预算法》不允许地方存在赤字,但现实中显性或隐性的赤字仍然大量存在导致出现道德风险和预算软约束,不断扩大的赤字则加剧了政府债务风险和系统性金融风险。

(二)财政平衡抉择与公共风险防范

财政通过利益分配调节风险分配,最终的结果是:从总量上看,财政牺牲自身为公共风险兜底;从结构上看,这种分配平衡了经济、社会和政治方面的风险。财政收入和支出体现的是风险的转移:财政收入在减少企业和个人所得利益、增加政府所得利益的同时,也将政府承担的风险转移给了企业和个人;财政支出减少政府所得利益、增加企业和个人所得利益的同时,也将企业和个人承担的风险转移给了政府。

通过财政平衡化解公共风险的本质是以财政收支不平衡方式将更多企业和个人的风险转移给政府承担。一方面通过减少财政收入,削弱政府承担的风险转移给企业和个人的程度;另一方面可以增加政府支出,强化企业和个人承担的风险向政府的转移。现实情况也与之相符,在防范化解各类公共风险过程中,政府更多地实施积极财政政策，增支减收，通过扩大赤字和增发国债进行公共投资刺激需求，以财政不平衡式的财政风险置换公共风险。回望全球金融危机时期，公共风险在经济下行背景下急剧增长，为有效平稳经济、化解风险，中国政府不断调整财政政策取向，有序有节地实施扩张性财政政策，其中最主要的内容是加大财政支出力度，扩大财政收支缺口，以便有效地提高总需求，刺激经济复苏。同时，依靠积极扩大公共债务规模为财政支出融资，对经济的快速恢复和增长做出巨大贡献，使公共风险尽快回落到可控范围内。

各级政府财政不平衡的主要表现是财政赤字，从特定角度出发财政赤字被认为是财政风险的重要来源，具有威胁财政健康的可能性，此类流行的"财政赤字即恶魔"的理念之所以有误，原因在于其忽视了赤字支出在增加国民收入和私人投资方面发挥的作用[1]。也有大量研究证实，由于我国目前的利率管制制度使得利率水平对财政赤字的反应灵敏度很小，公债利率对银行利率没有推动作用，因此，财政赤字不会通过影响利率水平而排挤民间部门投资支出[2]。自我国实施赤字政策以来，财政赤字不但不会产生挤出效应，反而具有较强的拉动效应，赤字支出通过国民收入增加而产生拉动效应，效应强度取决于财政支出的生产性水平[3]。

回顾我国40年来的经济发展历程，不难发现，财政赤字有效地动员了社会资源，积累了庞大的社会资本，支持了国有企业的制

---

[1] 郭庆旺、赵志耘："论我国财政赤字的拉动效应"，《财贸经济》1999年第6期。
[2] 刘溶沧、马拴友："赤字、国债与经济增长关系的实证分析——兼评积极财政政策是否有挤出效应"，《经济研究》2001年第2期。
[3] 郭庆旺、赵志耘："中国财政赤字的规模与作用"，《经济理论与经济管理》2002年第2期。

度变革，促进了经济的持续高速增长，推动了社会经济的全面发展。同时，得益于有利的社会经济环境和持续的经济高速增长，大大减轻了财政赤字造成的通货膨胀压力，大规模的财政补贴对于平抑物价也起到了很大作用，财政赤字并没有引发严重的通货膨胀。总体来看，我国财政仍然处于可持续水平，没有偏离可持续的发展路径，即较高的经济增长率避免了赤字导致财政风险的可能，在化解已有公共风险的同时并未形成新的风险。

面向未来，为了应对新冠疫情带来的巨大挑战，并为乡村振兴战略中的农村基础设施建设、城乡建设绿色发展和新基建提供巨额公共投资的资金保障，消化由于新冠疫情阻断外销而导致的大量生产过剩，实施就业保障计划并保持物价稳定，中国政府应打破"政府财政赤字即恶魔"的理论迷信，解放财政生产力，充分发挥财政赤字在促进实现国内大循环和国内国际双循环经济发展战略中的重要作用。

从国库收支平衡理论来看，政府的债务是自身财政收支不平衡出现了赤字而导致的。如果财政平衡，政府也就没有借债的必要，也就不存在公共债务诱发的财政风险。进一步，从经济总量角度来分析公共债务与财政风险间的转化关系，公共债务与经济总量是一种历史的循环关系。公共债务对经济总量的正面影响是通过防范和化解公共风险而实现的，并不是无条件地总是对经济总量增长产生促进作用。当面临公共风险和公共危机时，公共债务会对资源配置产生积极影响，因为可以减少未来的不确定性，从而促进经济总量增长，相关的公共风险难题迎刃而解；在相反的情况下，公共债务就会对资源配置产生消极影响，表现为扩大不确定性，故而妨碍经济总量的增长，公共风险并未得到有效化解。通俗地说，公共债务只能用于雪中送炭，而不能用来锦上添花。或换言之，公共债务是一味"药"，只能用来治病，不能用来强身，这是公共债务存在的约束条件。否则，公共债务不仅不能缓解财政不平衡诱发的财政风险，反而会给政府带来更大的财政风险和公共风险。

公共债务与经济发展的关系表明，公共债务与经济总量的循环存在两种可能的状态：良性循环与恶性循环。在良性循环状态下，公共债务引发的财政风险是收敛的——公共债务促进了经济增长，而经济增长又为公共债务的清偿提供了更大的空间，表现为公共债务在有效化解公共风险的同时，并未引发更大的财政风险；而在恶性循环状态下，公共债务引发的财政风险是发散的——公共债务拖累了经济增长，而经济增长的迟缓又会引发更多的公共债务，进而加重对经济的拖曳，表现为公共债务以牺牲财政风险的可控性来化解公共风险。能否进入良性循环状态，关键在于公共债务的制度安排，即对政府在什么情况下可以使用债务手段，以及如何使用债务手段。一旦进入了良性循环，就可以同时实现公共债务稳控财政风险与防范和化解公共风险的双赢。

（三）跨年度预算平衡与周期性风险防范

财政的风险平衡功能体现在公共风险的平衡上。从大的方面来说，经济风险、社会风险和政治风险都是公共风险，这些公共风险是相互转化的。财政风险分配和平衡除了分配和平衡不同类型的公共风险，还涉及时间维度的公共风险平衡，即周期性公共风险的平衡问题。因此在国家治理中，必须善于发挥财政的动态平衡器功能，通过跨年度预算平衡机制及时应对、化解或分散周期性公共风险。

经济发展的周期性决定了公共风险的周期性。历史表明经济发展具有周期性，表现为经济在历经一段时间的繁荣以后，接下来的便是萧条和衰退。公共风险的周期性则表现为，在不同经济发展阶段，公共风险的成分和强度存在差异，并与经济发展状况呈协同变动趋势。具体来看，经济不景气年份的公共风险组成成分更为复杂多变且总体水平更高，政府不得不主动或被动放弃预算平衡，以财政不平衡方式向经济、社会注入更多的确定性，将部分公共风险转化为财政风险。而在经济状况向好的年份，有强大的经济发展动力做支撑，社会风险及政治风险等公共风险的组成部分都会随之下降，公共风险整体水平更加可控。同时，经济繁荣既能缓解政府财政支出压力，又能改善政府部门的财政收入状况，使预算执行过程中出现超收的可能性大幅增加。

为了预防年度预算连续不平衡导致赤字规模的不合理扩张以及财政风险的持续膨胀，更好地发挥财政宏观调控作用，在允许单一年度预算不平衡存在的同时，需要建立健全跨年度的、合理的平衡机制。财政作为国家治理的基础和重要支柱，财政风险过高在一定程度上会影响国家治理的整体水平。建立跨年度预算平衡机制的目的，就是确保财政风险在置换公共风险的动态过程中始终处于可控范围，杜绝财政风险失控的发生。由此可见，不追求单一年度预算平衡，实施跨年度预算平衡机制是防范化解周期性公共风险的必然选择。

跨年度预算平衡制度的合理性，源于预算平衡与财政赤字之间的内在关联，即财政赤字反映为收不抵支，或者说是公共预算收支两端的不匹配，简言之就是"预算不平衡"。但是，在实际上，二者的内在逻辑关系又并非如同上面的推论那样简单关联。爱伦·鲁宾认为，在出现意外的经济衰退时，暂时财政赤字是可以接受的，并且以政府借贷来弥补财政赤字也是无害的。赤字是财政对环境保持敏感的表现。甚至，鲁宾还提出，为应对经济的过度衰退，政府可以有意地通过政策安排赤字，被称为"赤字预算"或"赤字财政"。此时，尽管出现预算赤字，但赤字是可控的，因为，从动态来看，在意外的经济衰退结束之后，经济会逐步复苏，预算也将会再度恢复平衡。就这一意义来说，预算平衡会呈现出"平衡——不平衡——平衡"的周期性变换特征，预算能够在这种波动期间恢复平衡。可以认为，这样的预算从中长期来说仍是平衡的，或者说，即便在某些单一年度预算是不平衡的，也并不会影响预算在多年期的平衡[①]。

跨年度预算平衡认可了个别年度赤字存在的合理性，同时，还应强调赤字并非长期的、被动的，即使允许财政收入在多年内的调剂。多年跨期平衡也不能是被无限拉长与放大的，预算必须向平衡回归[②]。跨年度预算平衡管理是从政府与市场平衡、政府间关系以及时间跨期三个维度实施的综合平衡管理。事实上，这是在充分认识到政府活动形成财政风险的可能性后，政府部门试图自我约束、自我调整，以降低其活动的风险，从而改变了以往认为政府是市场风险（失灵）的应对者的僵化认识，即政府能力是有限的，因此应当有限度地介入市场，而非无原则的大包大揽；政府要从政府内部组织结构上提高政府运行效率，提高其抗风险能力；中远期的预算平

---

① 陈建奇、刘雪燕："中国财政可持续性研究：理论与实证"，《经济研究参考》2012年第2期。

② 贾根良："贸易平衡、财政赤字与国内大循环经济发展战略"，《财经问题研究》2020年第8期。

衡调节则增强了财政的逆周期作用以降低市场剧烈波动的风险。

(四)财政风险防范

考虑到公共风险是财政风险的源头。防范财政风险,应至少从四个方面入手:一是通过制度创新来控制公共风险,从而有效地减少财政风险;二是减少政府干预公共风险中的各种失误,防范由此而引发新的财政风险;三是建立风险管理机制,打破"风险大锅饭",抑制道德风险,减少风险的积聚和集中;四是增强政府抗风险能力[①]。

(1)通过制度创新控制公共风险

我们不是局限于在既定的框架下来探究如何化解与该体制有内在关联的公共风险,而是要讨论如何突破既定的体制框架,也就是如何通过深化改革及相应的制度创新来控制公共风险,从而减少财政风险。在我国经济转轨时期,控制公共风险的制度安排之一就是建立一个强大的国家财政。对于这一点,多数情况下被视为部门观点而得不到认可,即使得到认可也不是从制度安排的角度来解读,因而大大降低了这一要求的深刻含义。这项着手于强化财政的制度安排,其实是着眼于市场化改革,也就是着眼于通过市场经济制度的不断完善来防范、化解和减少公共风险。此外,如何做到有效地进行社会公众沟通对控制公共风险具有不可替代的作用。市场经济,从另一种意义上讲,是"信心经济",经济的正常运转是靠社会公众的信心来支撑着的,公共风险的大小取决于人们的看法。政府可以通过某种适当的方式,在短期或长期意义上引导、影响甚至

---

① 刘尚希:"财政风险:防范的路径与方法",《财贸经济》2004年第12期。

改变社会公众的看法,从而达到"化险为夷"的目的。当"新冠"疫情开始流行时,政府部门及时与社会公众沟通,如发布疫情情况,公布"新冠"的有关症状及其传染性强弱,告诉公众应注意的有关事项,让公众了解政府正在采取的相关措施,等等,提高透明度,加强与社会公众沟通,避免出现全国大恐慌的风险,由此导致的公共风险和公共危机就大大缩小。

(2)减少公共风险干预失误

首先,要控制政府的预算外活动。此处的预算外活动不是指预算外资金和预算外收费的问题,而是指脱离国家预算约束的政府活动和政府行为。现实中政府的预算外活动主要包括基金型和政策型两类。前者基于筹资目的设立预算外基金或收费实现,其收入和支出都是在预算外运行实现了部门利益,但是扩大了政府的财政风险。后者通过"给政策,而不给钱"的方式,如为特定项目提供担保、通过金融机构提供支持、在土地转让等方面提供优惠等,实现政府干预目的。通过几年来的预算外改革,基金型预算外活动大大减少,但政策型预算外活动却十分普遍。从防范财政风险的角度看,脱离预算约束的政府行为可能会导致财政风险,尤其是预算外活动产生的财政风险具有很大的隐蔽性,因此对政府预算外活动进行控制非常必要。其次,需对政府政策和改革措施进行风险评估,以财政风险为约束条件,强化政府政策或改革措施的科学性、可行性和连续性,减少决策失误。这将有利于增强政府决策能力和社会公众对政府的信任。

(3)建立风险管理机制

一是清晰界定各级政府之间的风险责任,防止下级政府随意向上级政府转移自身应当承担的财政风险;二是在优化各部门职责配置的基础上，重新审视政府部门之间的财政关系，明确各个部门的风险责任；三是对于国有企业和非营利组织，既要有明确的授权，也要有清晰可操作的风险责任，使其在经营权的层次上形成利益与风险的对称机制；四是针对金融机构的特殊性，政府的目标不应放在事后的救助上，而是改革和完善整个金融业的经营体制，形成一种良好的制度安排，把金融风险控制在萌芽状态；五是动态评估政府财政风险敞口，尽可能让已经发生过的风险通过一定的技术手段显现出来，防止在操作层面上隐藏财政风险，以帮助政府决策；六是控制赤字和债务的增长速度，并使之尽可能低于经济增长率，以防止财政风险的扩散。

（4）增强政府抗风险能力

政府抗风险能力的提高，依赖于三大资源（经济资源、政治资源、社会资源）的规模大小及其整合能力。在某种意义上，政府对公共资源的整合能力高低比公共资源的数量更重要。从我国的现实来看，政府缺少的不是公共资源，而是整合能力。如何提高政府的资源整合能力是增强政府抗击风险能力的关键。可以说，就当前情况而言，政府对公共资源的控制力是很弱的。各种资源分散在政府的各个部门，就经济资源来说，无论是存量资源（土地资源、自然资源、实物资产、金融资产等），还是流量资源（税、费、资产收益等），都缺乏完整的信息统计，更谈不上对这些资源进行有效的整合和利用。如何提高政府对公共资源的整合能力，应是当务之急。

四、央地财政关系

长期以来，公平和效率是难以融合的问题，财政行为是融合二者的有力抓手。应对集体不确定性行为导致的公共风险仅靠单一行为主体略显单薄，需要在融合公平与效率的基础上调动和发挥多个行为主体的作用。财政在协调政府与市场关系、政府与社会关系、中央与地方关系中扮演重要角色。党的十九大对我国社会主要矛盾做出了新的判断，并提出要"加快建立现代财政制度，建立权责清晰、财力协调、区域均衡的中央和地方财政关系"，将财政体制改革放在首位。政府间财政事权和支出责任划分，是下一阶段财税体制改革的核心，也是难点。破解新时期的财政事权与支出责任划分问题，应遵循问题导向，以公共风险最小化为目标深化财税改革，坚持效率与风险并重的原则。通过合理划分财政事权与支出责任，增强各级政府风险意识，引导各行为主体明晰责任、分担风险，使其成为真正的公共风险主体，并实现各级政府在风险管理上的"激励相容"①。

（一）地方政府间事权和支出责任划分路径缺陷

事权与支出责任划分是规范地方政府间财政关系的基础，也是理顺政府间财政关系的焦点和难点问题。我国现行中央与地方财政事权与支出责任的划分是从1994年"分税制"改革沿袭而来，我国地方政府间财政关系调整中更多着力于财权划分。事权和支出责任划分"按照中央和地方的事权划分，明确各级政府支出责任"的原则进行行政性划分。十八届三中全会明确提出建立事权与支出责任相适应的制度，明确界定教育、环境保护、医疗卫生和交通运输等领域中央和地方的事权和支出责任范围，取得了明显成效，但是

---

① 刘尚希、王志刚、程瑜等："公共风险视角下的财政事权与支出责任划分——基于贵州、陕西的调研报告"，《财政科学》2018年第3期。

事权划分不清晰的局面仍未根本扭转，地方政府内生及派生的风险无法有效控制。纵观我国政府间事权与支出责任划分路径，主要存在以下三个方面缺陷：

一是地方政府间事权和支出责任划分缺乏法定依据。受传统计划体制影响，政府间职能缺乏清晰分工的理念和规范化、法治化划分，造成政府间事权与支出责任划分不尽科学和边界模糊、相互交错，以致一些公共事务，多级政府都有权处理，但又都没有责任承担。上级政府可以随意干预下级政府的公共事务，政府监督基本建立在上级政府对下级政府的行政监督之上。

二是地方政府间事权和支出责任"自上而下"划分容易造成责任下移。分税制以来，政府间事权和支出责任划分一直采取"上级主导、层层下放"路径下的原则性划分，下级政府对上级政府的利益分配处于不平等的博弈地位，只能被动接受。此外，上级政府还大量通过专项资金下级配套支出的方式，影响下级政府财力投向，下级政府处于被动落实与执行政策的地位。

三是地方政府间事权与支出责任划分"下移"与财力、财权"上移"不匹配[1]。当前只讲利益不讲责任的财政管理体制既不能增强政府的行政责任，又没有提供利益分配的科学合理依据。新增事权或事权调整，往往是上级部门发文件，由基层政府进行财力配套，虽然上级政府会给予一定的转移支付补助，但难以从根本上改变基层政府"小马拉大车"的状况。

---

[1] 刘尚希、邢丽、梁季等："财源建设挑战加大，地方收支失衡问题突出——基于浙江、四川、海南三省的调查"，《财政科学》2021年第1期。

（二）公共风险干预加剧了地方财政收支失衡

经济社会发展进程中，为了降低公共风险，政府实施一系列调控和干预措施，由此势必对地方财政产生直接影响。收入增长不确定性加大和刚性支出不减导致地方财政失衡问题进一步突出。

（1）重点税源增收乏力，一般公共预算收入持续稳定增长面临较大不确定性

经济下行叠加减税降费，主体税种收入增速降幅明显。如表4-3所示，2000年全国增值税收入增速为17.29%，东部地区平均增速高达20.37%，中部地区居中增速为13.01%，而西部地区增速最低为9.93%。此后全国及东部和中部地区增值税增速显著持续下降，2019年增速分别降至1.33%、0.63%、1.34%；西部地区则呈现先提速后降速的变动趋势，但2019年增值税收入增速已为-1.78%，反映出西部地区增值税收入总额与去年相比减少，充分说明当前减税降费政策实施过程中，地方政府，尤其是西部地区政府，重点税源增收乏力的现象越来越明显。

重点税源增收乏力，给地方一般公共预算收入稳定增长带来较大不确定性。2000年全国一般公共预算收入增速为17.05%，东部地区比全国高0.75个百分点，中部地区和西部地区分别比全国低10.57个百分点、5.99个百分点，分别为6.48%、11.06%。2006年，全国及各地区省份一般公共预算收入增速均值与2000年相比均显著提升，但之后均呈迅速下降趋势。2019年，一般公共预算收入增速均降至4.5%以下，其中，中部和西部地区增速仅为1.87%和1.90%，东部地区增速仍然最高，为4.30%，高于全国平均水平3.83%。

表4-3 全国及三大地区财政收入增速变动

年份	增值税收入增速（%）				一般公共预算收入增速（%）			
	全国	东部	中部	西部	全国	东部	中部	西部
2000	17.29	20.37	13.01	9.93	17.05	17.80	6.48	11.06
2006	18.46	19.49	17.90	23.44	22.47	21.63	27.66	23.60
2012	8.86	15.10	5.61	11.97	12.88	15.45	21.52	22.61
2019	1.33	0.63	1.34	−1.78	3.83	4.30	1.87	1.90
2021	11.85	9.90	15.00	11.28	10.74	10.03	13.23	10.25

数据来源：《中国统计年鉴》（2001、2007、2013、2020、2022）。

（2）支出刚性和改革不到位导致财政支出压力大

近年来，各级出台的各项改革政策、民生工程等公共财政必保的支出需求越来越多，地方政府承担的支出责任越来越重，不确定性越来越大。为促进经济社会发展，满足财政支出要求，融资举债成为弥补公共财政和调控用于其他社会事业发展的主要选择，进一步提高了公共风险水平。

一是"三保"支出、债务还本付息等刚性支出需求不断增加。2019年12月召开的中央经济工作会议，将基层"三保"上升为国家战略，当年全国财政工作会议明确提出要兜牢"三保"支出底线。随着人民群众对美好生活的向往、对公共服务和保障要求的提高，近年来基本民生支出范围不断扩大、标准不断提高，叠加诸如学前教育、乡村振兴等新公共服务事项不断出现，地方政府刚性支出不断增加。

二是改革不配套、不到位，增加了地方财政支出压力。2016年推出的事业单位和政府购买服务联动改革，其初衷是通过政府购买服务改革推动事业单位改革，以促进政府职能转变和提高公共服务质量和效率，实现财政从"养人"到"购买服务"的转变，但从目前改革的推进节奏来看，政府购买服务改革走在了事业单位改革前列，从而出现了既"养人"又"买服务"的双重财政支出压力。

（三）转移支付未彻底阻断区域社会经济层面公共风险上升

近年来地区间转移支付的增长速度非常快。2020年，中央财政加大对地方转移支付力度，安排83,217.93亿元，增长11.91%，是近年增幅最高年份之一，增量为历年最大，转移支付规模占中央财政规模达70.34%。但当前地方仍然希望中央再加大转移支付的增长力度。尤其是在国家三大攻坚战的背景下，在减税降费的压力下，一些地方的财政状况捉襟见肘，使得对转移支付的依赖程度越来越高。这种情况不仅存在于中西部地区，就连发达地区的一些欠发达地方也有这样的诉求。

（1）经济社会区域分化加剧了转移支付需求

转移支付和区域之间分化存在着密切关系[1]。所谓区域分化不仅是指东中西部的地区概念，还要看到南北地区之间的差距也不断拉大。北方一些地区，目前也出现经济、社会发展方面的滑坡。由此可见，区域分化不单是经济增长速度的差异，更是反映了社会各个方面的差异，这其中包括了财政能力的分化。如果一些地方的经济压力越来越大，那么东中西部区域的不均衡，就会转变为南北之间不断扩大的差距。反之，区域差异越明显，一些地区就会承受着越来越大的经济压力。久而久之，这种压力就会转化为风险，其中

---

[1] 刘尚希："财政分权改革——'辖区财政'"，《中国改革》2009年第6期。

包括公共风险和财政风险[①]。

区域分化最终会传递到财政指标上，经济分化带来了收入分化，社会分化影响了部分重点支出的区域分化，地区间财政自给率差异显著，基层财政收支矛盾突出。为了应对区域发展失衡，转移支付在缩减区域间财力差异、推动基本公共服务均等化上取得了一定成效。经济下行和减税降费叠加导致地方财政收入增速回落，这使得地方对转移支付依赖度持续上升，总体经济下行使得作为转移支付主要来源的发达地区同样面临增长回落局势，因此转移支付增长可持续性将面临一定的挑战。总体来看，地方转移支付依赖度增加，折射出经济下行及区域分化风险。

（2）转移支付的局限性推动公共风险上升

转移支付保障有效但效率转化不足，公共风险整体上升。转移支付体现的是区域公平，不断加大区域间转移支付力度是为了追求更大的区域公平。近年来，中央对地方的转移支付规模快速扩张，几乎是每两年转移支付规模就跨越一个万亿量级。对地方转移支付在中央财政支出的占比已经稳定维持在65%以上，2020年达到70.34%，2020年对地方转移支付更是达到8.32万亿元。中央财政不断加大对地方的转移支付力度，促进了区域协调发展，推进了基本公共服务均等化，特别是在中央和地方财政收入增速均有所放缓的情况下，保障了地方财政尤其是中西部财政困难地区平稳运行。但是，一些地方财政自给率下降的同时反映出一些欠发达地区对转移支付的依赖程度有所增强。一些欠发达地区转移支付转化效率不

[①] 朱静、刘尚希：“转移支付关联着区域公平和效率新理财”，《政府理财》2019年第8期。

足,没有真正形成自身的发展后劲。

转移支付资金使用结果最终形成两类支出:消费和投资。专项转移支付大多数体现为投资,如果最终能形成有效投资,就意味着可以增强当地发展后劲。对消费来说,用于基础教育、公共卫生、社会保障等方面的公共消费最终能够转化为人力资本。转移支付带来的公共服务增强意味着公共消费扩大,对应转化的人力资本就会增多,而人力资本的增加则有助增强当地经济发展后劲。经过多年转移支付资金支持,有些欠发达地方的公共服务有了明显改善,像基础教育校舍建设、基层卫生机构建设、公共文化设施等,有些方面甚至能够看齐发达地区的基本公共服务水平。但是,由于没有和当地的产业、经济形成良好有效的循环关联,转移支付投入建设的公共服务与区域分化背景下大量人口流失形成鲜明反差。欠发达地区没有能够将转移支付资金转化为自身的内生增长动力,反而增加了一些地区对上级转移支付资金的依赖和攀比。

对欠发达地区实施的转移支付推动了基本公共服务均等化,保障了财力薄弱地区基本支出,但是并没有彻底阻断区域社会经济层面的公共风险上升。欠发达地区转移支付转化效率不足,发达地区区域分化,发展动能不足,两者相互叠加推动了公共风险整体上升。一些传统的发达省份发展效能和潜力不容乐观,与标兵省市的发展差距逐渐拉大,同时,这些省份在区域分化背景下出现了公共风险和财政风险双升趋势,会在一定程度上影响转移支付资金增量,进而影响转移支付均等化政策目标实现。

(四)按照公共风险最小化划分财政事权与支出责任

现代化国家治理要求治理的目标由福利最大化向公共风险最小

化转变。以风险最小化作为财政事权划分的基本原则,是指哪一级政府能最小化相应事务的公共风险,那么该事务的决策权就归属这一级政府。作为单一制国家,我国中央政府承担了绝大多数事务的决策权,而地方政府需要参与多数事务的执行过程。这种"中央决策,地方执行"的事权结构让地方政府产生了中央政府兜底公共风险的预期。为了实现公共风险最小化,应当将部分事务的决策权转移给地方政府,让地方政府承担相应风险,根据风险的转移适当向地方政府放权。

财政事权是一级政府应承担的运用财政资金提供基本公共服务的任务和职责,支出责任是政府履行财政事权的支出义务和保障。因此,财政事权归于哪一级政府,该级政府就负责该事务的财政支出。当中央政府与地方政府之间的财政事权划分清楚了,支出责任也就相应划分清楚了,可依据以下五条原则优化政府间事权与支出责任划分路径,推动财政体制改革。

一是根据风险分散原则,适度强化中央财政事权的财政支出和执行责任。对于决策权在中央,又体现基本公共服务的普惠性、保基本、均等化方向的事权,由中央统一决策和执行,财政支出由中央财政在全国范围内综合平衡。

二是规范并减少中央与地方共同财政事权。如果中央和地方共同承担的财政事权过多,则难以厘清和划分中央和地方政府的责任,造成风险责任主体缺位,应逐步减少中央与地方共同承担的财政事权,并细化各级政府承担的职责。

三是对于地方政府独立承担的事项,赋予地方政府充分的自主权。应按照党的十九大提出的"赋予省级及以下政府更多自主权"的改革要求,在事权划分方面赋予省级及以下政府更大的决策权限，让省级及以下政府逐步成为公共风险的责任主体。

四是根据风险的动态变化，对财政事权划分做动态调整。财政事权划分考虑风险因素，就要适应公共风险的变化，形成动态调整的机制。

五是根据中央和地方的财政事权划分，确定相应的支出责任。中央政府的财政事权由中央承担支出责任，地方财政事权由地方承担支出责任，中央与地方共同财政事权依据效率与风险原则划分支出责任。

第五节 风险视域下的政府行为案例分析

风险社会中不同风险迭代发生，政府基于防范和化解风险的目的实施国家治理，涉及方方面面。本部分重点选择化解经济风险的政府收入改革、促进基本公共服务均等化的政府支出战略、完善社会保障的多元治理体系以及防范公共卫生风险的应急管理等热点问题，进行典型案例分析和总结。

一、减税降费，降低经济下行风险的财政筹资行为分析

（一）经济下行风险

自2008年金融危机以来，中国经济增速呈现10多年持续下滑态势，伴随国内人口结构问题以及贸易摩擦、疫情冲击等，经济下行风险巨大。如图4-10所示，改革开放以来，中国经济总体保持着长期高速增长，平均增速达到9.5%，但2008年经济增

速从2007年的14.23%降到了9.65%，尽管在"四万亿"积极财政政策刺激下回升至2010年的10.64%，但总体上没有改变经济增速长期下行的趋势。随后的2010至2019年间经济增速持续下行，逐级降至2019年的5.95%，与2007年相比，经济增速下降了58.19%，尤其是受国内外新冠疫情的冲击，2020年经济增长速度降为2.24%。

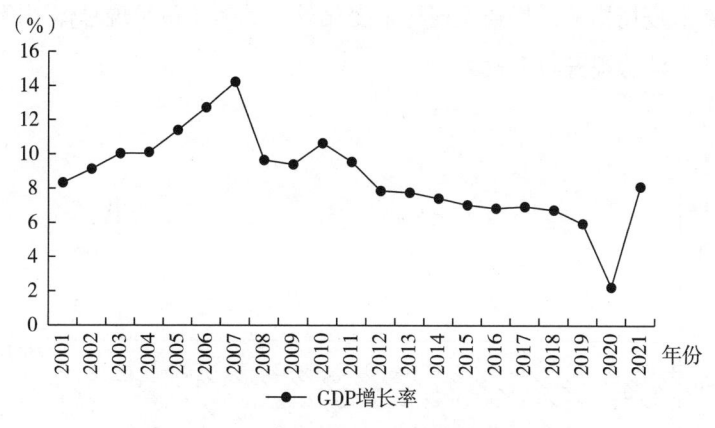

图4-10 2001-2021年中国经济增长速度
数据来源：国家统计局。

尽管2021年国内外经济复苏态势延续，经济发展稳中向好、长期向好的基本面没有变，但我们也要看到内外部环境仍然存在不确定性，我国经济恢复基础不牢固，不仅因经济结构性问题在消费、投资等需求领域面临下行压力，还因人口结构问题面临"中等收入陷阱"风险。

国家统计局数据表明，中国消费实际增速呈现下降趋势，消费不足问题凸显。如图4-11所示，自2008年，受全球金融危机影响，我国社会消费品零售总额月度累计同比增速呈阶梯式下降态势,虽然2010年短暂回升,但其后一路下跌,至2020年2月份增速降为负值且为近十年最低,为-20.5%。2021年2月份,受新冠疫情第一轮冲击后的中国经济回暖,消费逐步恢复,社会消费品零售总额月度累计同比增速急速上升为33.8%,3月份到达最高点33.9%,而后逐月下降。2022年除2月份外,其他月份的累计同比增速在0%附近徘徊,处于较低水平。可见,除2020—2021年间,受新冠疫情影响,增速呈现异常变化外,其他年份呈现总体下降的趋势,消费提升阻力较大。

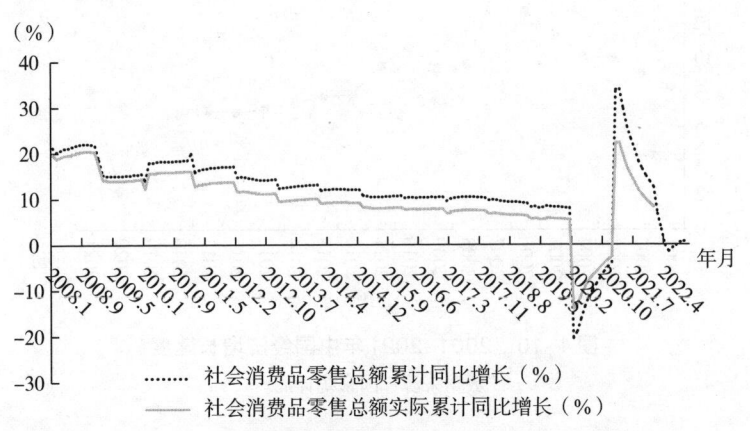

图4-11 社会消费品零售总额月度累计同比增速
数据来源:国家统计局。

全社会固定资产投资增速持续放缓,尽管基建投资增速在部分时间有企稳回升之势,但制造业投资显著回落,且因受疫情冲击,基建投资恢复速度整体弱于市场预期,同时新基建占比小,难成经济复苏中坚力量。民间投资在投资收益预期下滑、信心疲软、投资空间约束等因素的制约下,难以摆脱周期底部运行的困境,民间投资名义增速目前仍处于持续放缓和加速探底过程中①（如图4-12所示）。

图4-12 中国投资增速下行趋势

数据来源：国家统计局。

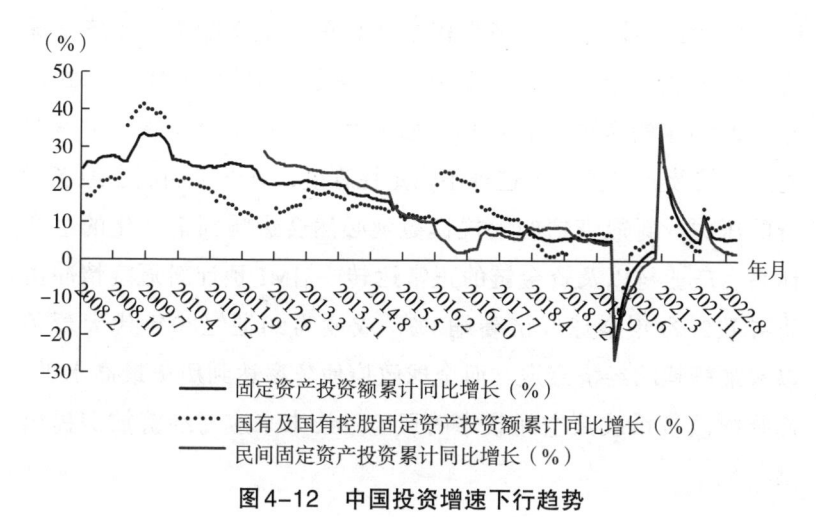

人口是影响经济长期增长的重要因素，根据最新人口普查数据，自2010年至2021年中国人口仅增加7,169万，总和生育率在2020年下降到1.3，未来中国人口少子化问题将持续加剧，而老龄化也将达到高峰期。人口红利迅速消失，叠加劳动力供给结构性矛盾突出，不仅使得就业状况长期压力较大②，未来经济增长可能维持同人口自然增长率相似的下行趋势，加之严峻的老龄化问题，我国将面临更大的经济增长压力。

---

① 中国人民大学中国宏观经济分析与预测课题组，刘元春、闫衍、刘晓光："2019—2020年中国宏观经济报告——结构调整攻坚期的中国宏观经济"，《经济理论与经济管理》2020年第1期。

② 刘尚希、石英华、王志刚、张鹏、王宏利、武靖州、苏京春、李承怡、刘帅、张帅、刘天琦、吉嘉："经济持续回暖，下行压力依然存在——2020年经济运行分析及2021年经济形势展望"，《财政科学》2021年第2期。

当前世界经济形势更加复杂，国际经济发展面临不确定性风险。自2018年以来，经济霸权主义和单边主义抬头，经济全球化受到冲击，全球经济不稳定、不确定性增加，IMF下调2019年和2020年的全球增长预期，总体经济形势不容乐观，中美贸易摩擦持续升级扩大了这种不确定性程度，进一步加剧了经济下行的压力。新冠疫情的大规模蔓延必然会影响到全球化的生产体系、产业链以及资金链的正常运转①，IMF预计新冠疫情冲击将导致2021年全球经济萎缩3%，或成为20世纪30年代大萧条以来最糟糕的经济衰退。而全球政府债务率达到历史最高水平，面临财政货币政策空间收窄的风险，给未来应对经济放缓提出挑战②。

（二）减税降费的双向风险效应

（1）减税降费促进经济发展，减少了经济下行风险

"十三五"时期我国累计减税降费超过7.6万亿元。其中，2016年"营改增"减税总规模接近6,000亿元；2017年，继续落实并完善"营改增"试点政策，全年为企业减负1.1万亿元；2018年继续出台促进实体经济发展、支持科技创新等一系列措施，全年减轻税费负担超过1.3万亿元；2019年，实施普惠性减税与结构性减税并举的更大规模减税降费，重点降低制造业和小微企业税收负担，确保主要行业税负明显降低，所有行业税负只减不增，新增减税降费达2.36万亿元，占当年GDP的比重超过

---

① 张萌：“财税政策应对新冠肺炎疫情的思考”，《会计之友》2020年第12期。
② 廖淑萍：“当前哪些因素可能加大全球经济下行风险”，《中国财经报》2019年7月6日。

2%，拉动全年GDP增长约0.8个百分点；2020年为应对疫情，及时出台实施了一批阶段性、有针对性的减税降费政策，支持疫情防控，重点保障物资生产和受疫情影响较大的行业、企业及个体工商户和小微企业，减税降费规模历年最高，超过2.5万亿元。2021年，即"十四五"开局之年，政策红利持续释放，全年新增减税降费约1.1万亿元。

（2）减税降费意味着减收，增加了财政风险

在经济下行期，为对冲内外部风险促进经济平稳运行，保障人民生活水平，政府实施积极财政政策，增加公共支出，并进一步加大减税力度，通过为企业减负激发市场活力，稳定经济基本盘。但是在降低税负的同时降低财政支出的空间有限且政治阻力大，如2019年是全年减税降费2.36万亿元，但全国一般公共预算支出23.5万亿元，增长6.5%，支出逆向增长；2021年新增减税降费约1.1万亿元，但全国一般公共预算支出为24.5万亿，相较于2020年财政支出并未降低。为保障经济和民生，财政支出增加必然导致政府收支缺口增大，政府只能通过上级转移支付或扩大债务规模填补缺口，进而与控制地方政府债务的目标冲突。

（三）"财政不可能三角"定律的突破

"财政不可能三角"定律意为在财政经常性支出的管理水平、政府的行政成本水平和政府举债资金融资乘数既定的情况下，政府不可能同时实现积极的财政政策、减税和控制债务这三项目标，财政分配中增加公共福利支出、减少税收和控制政府债务水平三大目

标,至多只能同时实现其中两项,而不可能全部实现[1]。减税降费、财政支出和政府债务之间的关系如图4-13所示。具体而言,一方面,假如在减税的同时要求控制地方政府债务规模,那么地方政府只有两种方法应对:一是压缩公共支出水平,但这会无法配合减税目标的实现;二是增加税收收入以外的政府收入,但是这种增长十分有限。以我国为例,财政收入除税收之外还包括非税收入、社会保险基金收入和土地出让收入,但是非税收入的主要组成部分如国有资产有偿使用收入和罚没收入等,主要受经济活动与宏观经济形势影响,地方政府难以进行主观调控;社会保险基金收入本身具有一定的反周期性质,在经济步入新常态的情况下,其收入规模增长面临较大阻力;土地出让收入长期以来为地方政府所依赖,本身就意味着增长空间有限,且在房地产市场调整收紧的情况下,土地出让收入还将可能减少。因此,在降低税负的情况下,要想控制地方政府债务规模,则必须压缩财政支出。另一方面,如果政府预期在保障生产及民生性财政支出规模的同时,控制政府债务规模,那么只能通过增加税收方式提高财政收入,而这又将导致税负增加,无法实现减税目标。

实施减税降费,是否保持预算平衡铁三角稳定,取决于减税降费产生的经济发展效应。如果减税可以激发市场活力,促进经济长期增长,就会实现"放水养鱼"功效,那么短期税费降低换取长期经济平稳运行和财政收入稳定增长,有利于降低系统性经济风险和财政风险;反之,如果减税降费效果达不到预期,不能有效促进经

---

[1] 冯俏彬:"中国财政可持续之道:基于政府收入体系视角的研究",《地方财政研究》2019年第3期。

济恢复和发展，则会面临税收收入减少、财政支出和债务规模扩张现象，预算平衡状态被打破，财政风险不断累积，且在经济下行趋势下，也不利于经济稳定增长，进一步增加经济风险引发财政风险的概率。

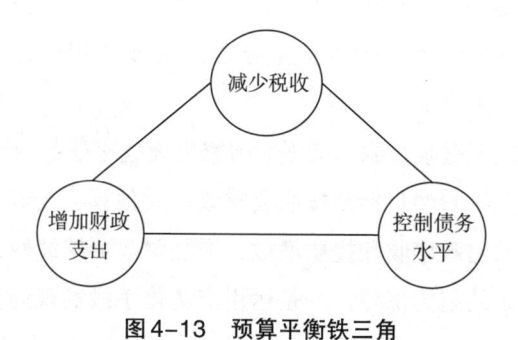

图 4-13　预算平衡铁三角

（四）减税降费与进一步的风险防控

经济转型时期面临经济下行风险，且叠加国内外疫情风险，为了促进经济复苏和发展，我国有序推进减税降费政策，但是减税与减收、减收与增支、增支与控债之间的矛盾会在经济风险与财政风险中转化，统筹财政资源、优化支出结构、完善政府债务管理制度，是通盘防范化解风险的政策组合拳。

第一，积极推进结构性减税，促进经济高质量发展。

实施结构性减税，通过鼓励创业就业，增强微观主体活力，支持研发创新，提升产业链水平，稳定市场预期，畅通国民经济循环等途径，长远地影响供给侧结构性改革，推动经济高质量发展。首先，注重发挥税收促进科技进步的作用，加大减税降费对科技创新的激励程度。通过减税激励企业创新，强化企业创新主体地位，促进高科技产业发展。其次，结构性减税背景下，通过不断完善我国以环境保护税为主体税种的绿色税收体系，积极推进房地产税改革，加强对垄断行业的税收监管等措施，通过改变税负分布促进税收公平，同时缓解财政压力。最后，注重增强税收助力市场主体纾困发展的能力。通过调整减税降费政策组合，强化制度性减税，并加大优惠力度，增强小微企业抵御经济波动和行业竞争冲击的能力。

第二，统筹财政资源，增强对国家重大战略任务的财力保障。

财政资源统筹的目标是按照大财政、大预算、大资产的管理格局，统筹推动财政增收和提质增效，增强财政可持续性，为高质量发展提供充足的财力保障。一是运用市场化手段实现资金盘活、资产运营和资源变现。落实预算执行进度，加强预算执行动态管理，及时清理结余资金，统筹用于重点急需领域；完善国有资产清查和动态监管制度，提高国有资产运营绩效；统筹推进自然资源产权制度改革，提升土地、矿产和水等资源利用价值。二是加强四本预算之间的衔接。在全口径预算管理制度下，强化政府性基金预算、国有资本预算、社会保险基金预算与一般公共预算的统筹调配，加强资金来源和项目的衔接，加大和规范预算间的调入力度，避免预算交叉安排。三是优化税收制度。要健全以所得税和财产税为主体的直接税体系，有效发挥直接税统筹财政收入、调节收入分配和稳定宏观经济的作用，进一步完善综合与分类相结合的个人所得税制度，并积极稳妥推进房地产税立法和改革，为及时、有效地筹集财政收入注入活力，为国家重大战略任务提供充分的财力保障。

第三，提高财政资金使用效益，优化财政支出结构。

持续实施大规模减税降费政策，必然带来较大的财政收入压力。如2020年因减税降费2.5万亿，规模为历史最高，全国一般公共预算收入自改革开放以来首次出现负增长，增长率为-3.93%。中央和地方完成全年收入预算面临困难，一些省份社会保险基金收支平衡压力也在增大，当期就出现收支赤字。为此，一方面政府通过研究建立常态化、制度化的财政资金直达机制等方式提高财政资金使用效益。根据财政部公布，2021年实行直达管理的资金增至2.8万亿元，较2020年增加1.1万亿元。通过直达机制强化"三保"财力支撑，在实际新增财力有限的情况下，今年一季度中央对地方转移支付剔除特殊转移支付后增长7.8%，有效强化基层财力保障，确保各项民生政策和惠企利民资金精准落地。另一方面，优化财政支出结构，聚焦国家重点发展战略。自2007年以来，政府一般公共服务支出占财政支出的比例呈现持续下降趋势，由2007年的占比17.1%下降到2021年的8.09%，而科学技术支出、环保支出、教育支出等占比不断增长。政府通过大力压减一般性支出，为减税降费带来收入缺口腾挪空间。2019年，中央部门带头严格支出管理，除刚性和重点项目外，其他项目支出平均压减幅度达到10%，地方也加大一般性支出压减力度，压减幅度基本超过5%，不少地区达到10%以上。2020年受疫情冲击，中央本级支出安排首次出现负增长，非急需非刚性支出压减50%以上。2021年中央本级支出继续负增长，进一步大幅压减非刚性非重点项目支出和公用经费，其中中央部门"三公"经费预算下降6%。同时督促地方压减一般性支出，严格执行各项经费开支标准，把财政资源更好地用在刀刃上。

第四，适当扩大债务规模，缓解财政收支困难。

政府在减税、增加支出和控制债务这三个重要目标之间，必须审慎进行风险控制，做好公共风险与财政风险的权衡。在预算平衡铁三角的约束下，政府实施减税降费政策实现支出和赤字政策并行，这一举措离不开集体风险意识和整体思维。面对减税降费带来的收入减少及必要性财政支出增加的需求，在债务风险总体可控的情况下，政府尚有发行债务的空间，以一定的财政风险置换公共风险、促进经济发展。

一方面我国债务风险总体可控，有安排赤字、促进积极财政政策更加积极有为的空间。2019年年末，中国政府债务为37.95万亿，债务率为38.3%，较2018年上升1.3个百分点，2020年年末，中国政府债务为46.55万亿元，债务率为45.8%，低于国际通行的60%警戒线，总体风险可控，可以承担更多债务。而且政府拥有大量的国有资产，2021年年底全国国有企业（不含金融企业）、国有金融企业、全国行政事业单位的资产总额分别为308.3万亿、352.4万亿及54.4万亿，相较西方具备更大的举债能力。另一方面，全国地方政府发行债券规模不断增加，由2018年发行41,625亿元增长至2021年的74,898亿元，2022年1—9月，全国发行地方政府债券63,485亿元。据IMF预计2026年中国含隐性债务的总债务将达到204万亿元。因此政府也要完善政府债务管理制度和债券发行管理机制，防范化解地方政府债务风险。要根据财政政策逆周期调节的需要及财政可持续的要求，合理确定政府债务规模；依法构建管理规范、责任清晰、公开透明、风险可控的地方政府举债融资机制；完善地方政府债务风险评估指标体系；健全政府债务信息公开机制，促进形成市场化、法治化融资自律约束机制，并完善政府债券发行管理机制，通过完善常态化的监控机制，硬化预算约束，严禁新增隐性债务，防范化解地方债务风险；进一步清理规范地方融资平台公司，剥离其政府融资职能；健全市场化、法治化的债务违约处置机制；严格落实政府举债终身问责制和债务问题倒查机制等。

二、基本公共服务均等化，减少社会不均衡的财政支出行为分析

（一）基本公共服务均等化的溯源

基本公共服务是在西方国家经验的基础上，联系我国国情和社会经济发展过程而产生的概念，通常是指由公共财政所提供的维护社会正义和凝聚力所需要的最低限度的基本社会条件的总称[①]。而基本公共服务均等化是指让全体公民都能公平可及地获得大致均等的基本公共服务，核心是促进机会均等，重点是保障人民群众得到基本公共服务的机会，而不是简单的平均化。之所以提出基本公共服务均等化的发展战略，是出于减少社会不公、促进经济均衡发展的目的。

基本公共服务相对于公共服务而言，是一个更小的范围。主要有以下三点性质：一是基本性。基本公共服务主要是保障公民最为基础的公共服务需求，如基础的社会保障、教育等，而对于公民更高层次的公共服务需求则不包含在其范围内。二是发展性。随着我国发展阶段的转变，公民对社会环境的需求及政府的支出水平与效率都会转变，因此对基本公共服务的界定会随着我国发展阶段的变化不断发展。三是平等性。市场在供给产品与服务时强调利润最大化，而政府在提供基本公共服务过程中则更注重平等性，保障不同区域、不同身份的公民所享有的基本公共服务较为平等。因此，基

---

① 江国华：“健全中国特色基本公共服务制度体系”，《社会治理》2021年第1期。

本公共服务是由政府主导、保障全体公民生存和发展基本需要、与经济社会发展水平相适应的公共服务。基本公共服务均等化是指全体公民都能公平可及地获得大致均等的基本公共服务，其核心是促进机会均等，重点是保障人民群众得到基本公共服务的机会，而不是简单的平均化。享有基本公共服务是公民的基本权利，保障人人享有基本公共服务是政府的重要职责。推进基本公共服务均等化，是全面建成小康社会的应有之义，对于促进社会公平正义、增进人民福祉、增强全体人民在共建共享发展中的获得感、实现中华民族伟大复兴的中国梦，都具有十分重要的意义。

基本公共服务的受益者即区域内的全体公民，对于公众而言基本公共服务的收益即包括教育、社会保障、基础设施等各类公共服务以保障公民基本生存需要。

基本公共服务具有正外部性，如教育水平的提高使社会总体素质上升，在社会中生存的每一个个体都获得了更好的体验。而基本公共服务均等化过程的实现也有较强的正面影响，通过减轻不同群体发展上的差距提升居民幸福感，有助于社会的和谐发展。

基本公共服务也存在着地理上的外溢现象。因此，对于基本公共服务的研究不仅应考虑某一区域的供给水平，也应研究相邻区域、地理因素的影响。基本公共服务供给水平较高的地区往往能带动周边地区的基本公共服务水平提升，而基本公共服务水平较低的地区也往往易聚集在一起，受地理位置、国家政策、经济水平等诸多因素影响。因此，提升经济落后区域的基本公共服务水平是实现基本公共服务均等化的重要内容。当前，我国强调通过推进重点经济区的建设以实现区域间的协同发展，充分发挥基本公共服务的正外部性作用。

（二）基本公共服务均等化的推进现状

公共服务作为公共服务最核心最重要的部分，基本公共服务与公民利益密切相关，是一定阶段维护本国经济社会稳定、保护个人最基本生存权及发展权的最小范围[①]。对于基本公共服务范围的界定主要存在三类观点："窄派"学者认为教育、社保医疗等社会性公共服务应包含在内；"宽派"学者则主张基本公共服务包括社会性服务（医疗、教育、社保等）、经济性服务（环境保护、基础设施等）以及维持性服务（一般行政管理、司法等）三类；"中派"学者主张基本公共服务范围要适中，应包括社会性服务和经济性服务两大类，具体有环境保护、社保就业、安全性服务、教育医疗、文化、公益性基础设施等。此处我们采用"中派"学者的观点，对教育、医疗卫生、社会保障、公共文化、公共安全、基础设施、环境保护、科技服务等基本公共服务的均等化问题进行分析。

基于高质量发展背景选取教育、基础设施、公共文化、医疗卫生、科学技术、公共安全、社保就业以及环境保护八个维度构建中国基本公共服务供给指数，通过测算2006年和2020年基本公共服务各省市的供给分布情况，发现我国基本公共服务供给水平明显提高，但不均等问题仍然存在。从空间分布来看，基本公共服务供给水平呈现明显的"东高西低"分布格局，且存在增强趋势，不同省份公共服务供给水平仍然存在较大差距（图4-14所示）。四大区域及总体基本公共服务供给水平均呈明显的上升趋势，但地区差异显著（图4-15所示）。

---

① 陈昌盛："基本公共服务均等化：中国行动路线图"，《财会研究》2008年第2期。

风险财政观

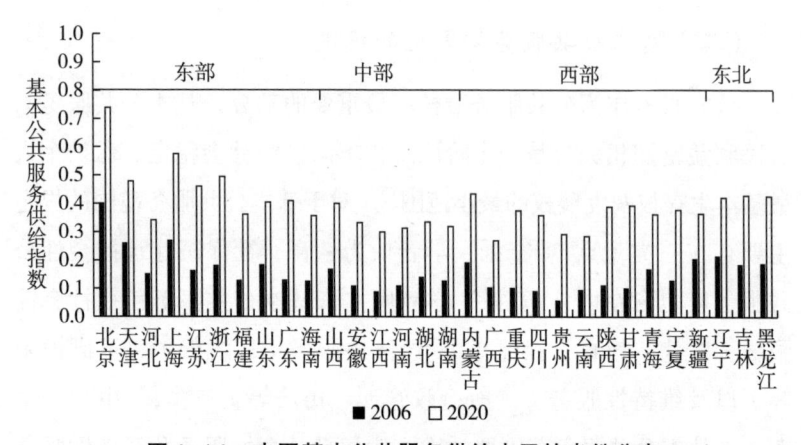

图4-14 中国基本公共服务供给水平的省份分布

数据来源：国家统计局、《中国统计年鉴》、《中国劳动统计年鉴》等。

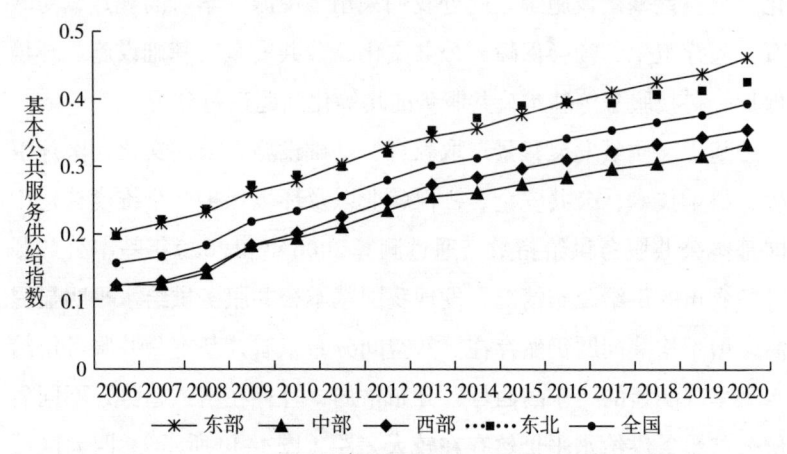

图4-15 中国基本公共服务分区域供给水平变化趋势

数据来源：国家统计局、《中国统计年鉴》、《中国劳动统计年鉴》等。

如图4-16所示，全国层面基本公共服务供给总体基尼系数均值为0.145，且从纵向上看，2006—2020年基本公共服务供给总体基尼系数呈明显下降趋势，表明我国基本公共服务供给非均等化现象得到改善，均等化趋势加强。就中国四大区域而言，基本公共服务供给内部均存在差异，但差异呈递减趋势①。

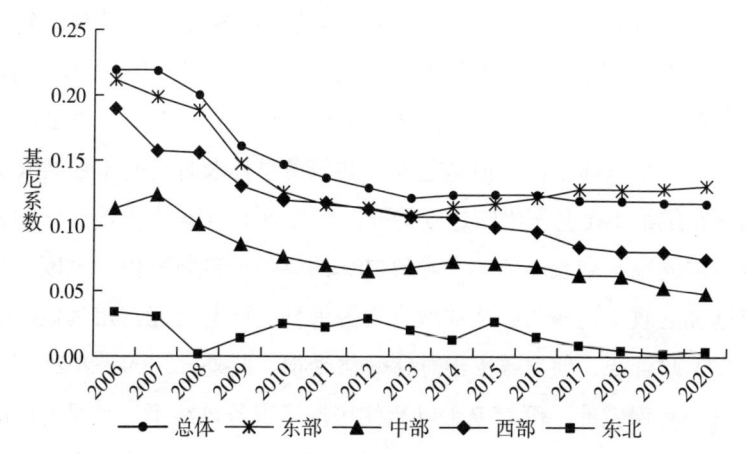

图 4-16　中国基本公共服务供给总体及区域差异的演变趋势
数据来源：国家统计局、《中国统计年鉴》、《中国劳动统计年鉴》等。

（三）基本公共服务均等与财政支出风险

作为政府公共职能的"底线"，基本公共服务需要政府承担最终责任②，其范围并不是一成不变的，阶段性特征显著③。基本公共服务覆盖领域的广度和深度应伴随经济发展水平的提高和政府保障能力的增长不断扩大④。这对不同经济发展阶段下基本公共服务评价指标体系的动态化调整提出了要求和挑战。二是基本公共服务均

---

① 李华、董艳玲："中国基本公共服务均等化测度及趋势演进——基于高质量发展维度的研究"，《中国软科学》2020年第10期。
② 2018年7月6日通过的《关于建立健全基本公共服务标准体系的指导意见》。
③ 《中共中央关于制定国民经济和社会发展第十一个五年规划的建议》，2005年。
④ 吕炜、王伟同："我国基本公共服务提供均等化问题研究——基于公共需求与政府能力视角的分析"，《财政研究》2008年第5期。

等化注重供给层面的数量问题，对应不同地区的需求，基本公共服务供需匹配可划分为供需平衡、供给过度和供给不足三种状态。2009—2021年中国内地30个省份基本公共服务支出供需对比分类统计如表4-4所示。尽管每年度各省份主要表现为供需平衡状态，13年间基本公共服务供需平衡状态平均占比为55.94%，基本公共服务供给水平总体较高，但是基本公共服务总体及各类基本公共服务仍存在供给不足甚至供给过度情况。例如2012年教育支出猛增与教育需求的稳定增长不适应，导致70%的省份出现教育供给过度，不仅增加财政支出压力，造成教育资源浪费，而且可能占用其他服务支出财政资源，使财政支出总体效益受损。此外，2009—2021年间教育、社保就业、医疗卫生以及住房保障服务供给不足状况占比的均值分别为25.90%、22.31%、25.38%和17.44%，表明我国"上学难""就业难""看病难""住房难"等民生问题仍较为严峻。财政支出承担着化解我国现阶段主要矛盾的风险和压力，既要实现公平也需兼顾效率，才能保障我国基本公共服务方便以及政策目标的实现。

表4-4 2009-2021年各省基本公共服务支出三种供需匹配状态占比（%）

年份	供需状态	基本公共服务	教育	文体传媒	社保就业	医疗卫生	基础设施	住房保障
2009	供需平衡	35.00	40.00	50.00	26.67	33.33	43.33	16.67
2009	供给不足	13.89	13.33	3.33	20.00	16.67	6.67	23.33
2009	供给过度	51.11	46.67	46.67	53.33	50.00	50.00	60.00
2010	供需平衡	31.11	30.00	46.67	30.00	23.33	26.67	30.00
2010	供给不足	2.78	3.33	0.00	6.67	3.33	0.00	3.33
2010	供给过度	66.11	66.67	53.33	63.33	73.33	73.33	66.67

续表

年份	供需状态	基本公共服务	教育	文体传媒	社保就业	医疗卫生	基础设施	住房保障
2011	供需平衡	66.67	70.00	70.00	56.67	60.00	63.33	80.00
	供给不足	15.56	20.00	20.00	23.33	10.00	6.67	13.33
	供给过度	17.78	10.00	10.00	20.00	30.00	30.00	6.67
2012	供需平衡	65.56	26.67	66.67	70.00	83.33	73.33	73.33
	供给不足	10.56	3.33	6.67	23.33	10.00	3.33	16.67
	供给过度	23.89	70.00	26.67	6.67	6.67	23.33	10.00
2013	供需平衡	67.22	53.33	66.67	70.00	63.33	66.67	83.33
	供给不足	13.89	6.67	6.67	26.67	26.67	3.33	13.33
	供给过度	18.89	40.00	26.67	3.33	10.00	30.00	3.33
2014	供需平衡	77.22	90.00	83.33	73.33	70.00	70.00	76.67
	供给不足	6.11	0.00	3.33	20.00	0.00	3.33	10.00
	供给过度	16.67	10.00	13.33	6.67	30.00	26.67	13.33
2015	供需平衡	73.89	70.00	73.33	83.33	63.33	66.67	86.67
	供给不足	3.33	3.33	0.00	6.67	6.67	0.00	3.33
	供给过度	22.78	26.67	26.67	10.00	30.00	33.33	10.00
2016	供需平衡	73.33	73.33	83.33	76.67	63.33	63.33	80.00
	供给不足	2.22	3.33	0.00	3.33	3.33	3.33	0.00
	供给过度	24.44	23.33	16.67	20.00	33.33	33.33	20.00
2017	供需平衡	66.11	63.33	60.00	66.67	60.00	70.00	76.67
	供给不足	30.00	36.67	36.67	26.67	33.33	30.00	16.67
	供给过度	3.89	0.00	3.33	6.67	6.67	0.00	6.67
2018	供需平衡	53.89	33.33	50.00	63.33	46.67	56.67	73.33
	供给不足	41.67	66.67	50.00	26.67	50.00	40.00	16.67
	供给过度	4.44	0.00	0.00	10.00	3.33	3.33	10.00

续表

年份	供需状态	基本公共服务	教育	文体传媒	社保就业	医疗卫生	基础设施	住房保障
2019	供需平衡	53.33	36.67	63.33	53.33	36.67	63.33	66.67
	供给不足	41.11	60.00	33.33	30.00	60.00	36.67	26.67
	供给过度	5.56	3.33	3.33	16.67	3.33	0.00	6.67
2020	供需平衡	39.45	30.00	36.67	40.00	30.00	43.33	56.67
	供给不足	45.56	56.67	46.67	30.00	46.67	56.67	36.67
	供给过度	15.00	13.33	16.67	30.00	23.33	0.00	6.67
2021	供需平衡	24.45	13.33	30.00	26.67	20.00	10.00	46.67
	供给不足	65.00	73.33	70.00	46.67	63.33	90.00	46.67
	供给过度	10.56	13.33	0.00	26.67	16.67	0.00	6.67
2009—2021	供需平衡	55.94	48.46	60.00	56.67	50.26	55.13	65.13
	供给不足	22.31	25.90	21.28	22.31	25.38	21.54	17.44
	供给过度	21.75	25.64	18.72	21.03	24.36	23.33	17.44

注：统计结果表示各年度全国范围内30个省、自治区、直辖市（剔除内蒙古）各项基本公共服务支出的供需匹配占比情况。

加大对基本民生保障、教育、医疗卫生、文体、住房等重点领域的投入，切实推进城乡、区域基本公共服务均等化和可及性，具体来看就是政府通过公共消费，帮助社会民众防范化解个人无法应对的公共风险，如食品安全、空气污染、公共卫生风险、经济危机以及社会危机等，通过提高公共风险治理水平，让民众尽可能少地暴露在不确定性环境中，实现公共风险最小化。而政府提供公共服务来源于积极的财政支出，故推进基本公共服务均等化和可及性深刻影响着我国的财政运行状况。例如为提高基本公共服务供给水平，我国财政支出规模不断上升，从2008年的22,278.28亿元增加到2021年的104,054.79亿元，14年间支出总额翻了超过四倍，如表4-5所示，基本公共服务支出占国家财政总支出的比例也在不断上升。因此，在推进基本公共服务均等化和可及性过程中，必须预防财政支出规模过度膨胀和部分基本公共服务过度供给的情况，注重防范化解财政风险。

表4-5 2008—2021年全国公共服务支出比重

年份	财政总支出（亿元）	基本公共服务支出（亿元）	公共服务支出占财政总支出的比重（%）
2008	62,592.66	22,278.28	35.59
2009	76,299.93	26,708.28	35.00
2010	89,874.16	32,224.22	35.85
2011	10,9247.79	39,757.62	36.39
2012	125,952.97	47,793.71	37.95
2013	140,212.10	52,400.89	37.37
2014	151,785.56	57,193.38	37.68
2015	175,877.77	66,182.96	37.63
2016	187,755.21	72,550.18	38.64
2017	203,085.49	79,874.40	39.33
2018	220,904.13	86,669.62	39.23
2019	238,858.37	94,398.46	39.52
2020	245,679.03	101,408.56	41.28
2021	245,673.00	104,054.79	42.35

注：表内基本公共服务支出包括教育支出、科学技术支出、文化体育和传媒支出、社会保障和就业支出、医疗卫生支出五项。

数据来源：国家统计局。

(四）推进基本公共服务均等化中的风险权衡与政策抉择

基本公共服务均等化具有保障民生、防范风险的重要作用，但伴随人们对公共服务和保障要求的提高，基本民生支出的范围不断扩大、标准不断提高，叠加诸如学前教育、乡村振兴等新公共服务事项不断出现，刚性支出不断增加[①]。但是为推进基本公共服务均等化和可及性的财政支出不可能无上限增长，否则支出膨胀超出经济发展水平，会引发财政亏空、债务危机等财政风险，甚至进一步溢出导致新的公共风险。

一方面，财政风险有主动扩大的必要。作为主动干预公共风险的政策工具之一，通过置换分散的公共风险以避免风险扩散。具体表现为推进基本公共服务均等化、促进基本公共服务可及性的过程，就是中央政府加大转移支付、各级政府增加民生领域的财政投入，保障居民享受均等、不断提升的公共服务，为经济社会注入确定性，防范分散于众多地区和领域的风险问题。另一方面，通过扩大财政风险来防范化解公共风险是有限度的，必须对财政风险加以控制，否则会导致经济社会风险扩大。所以推进基本公共服务均等化面临权衡公共风险与财政风险的政策抉择。

可以通过优化财政在基本公共服务上的支出结构和支出绩效，实现基本公共服务可及性的同时，预防财政风险[②]。在支出上，要突出体现财政的公共性，减少政府行政开支和对竞争性经济领域的投入，重点提升关键民生项目的公共服务支出，优化公共服务支出结

---

① 刘尚希、邢丽、梁季、施文泼、刘昶、肖琼琪：" 财源建设挑战加大，地方收支失衡问题突出——基于浙江、四川、海南三省的调查"，《财政科学》2021年第1期。

② 张序、王娅、刘米阳："新中国70年公共服务财政支出的变迁"，《邓小平研究》2019年第6期。

构，拓宽范围，补齐短板。根据公众意愿和公共需求，精准确定、及时调整公共服务支出的方向和水平，提高财政供给基本公共服务的绩效。同时，要进一步深化财政支出管理改革，完善推进基本公共服务均等化的体制保障。"事"在下而"权"在上的管理体制，对下级财政支出膨胀具有强烈的助推效应，因此要在改革中构建财权与事权相顺应、财力与事权相匹配的财税体制，保证各级政府有效履行职能的同时，预防财政风险。

三、社会保障制度改革，风险社会化的多元治理分析

（一）社会保障制度建立与个人风险防范

社会公众面临着生、老、病、死等理性无法克服的风险。社会保障的风险防范职能对应两个方面：其一是社会公众的个体风险。国家通过社会保障制度为社会成员承担部分风险管理责任，从而降低其风险。其二是国家的风险：社会成员的基本风险保障状况直接影响社会的稳定和发展，建立社会保障制度，为社会成员提供基本风险保障，可以降低国家和社会的风险。社会保障制度作为财政制度的重要内容和国家在风险管理领域的基础性制度安排，是在认识和应对社会公共风险的过程中逐渐建立和发展起来的。

初期，社会成员的风险主要由本人及其家庭甚至宗族承担，例如"养儿防老"这一传统的养老理念。随着社会成员逐步加入生产组织中，疾病、伤残以及养老等事务作为福利由企业承担了部分责任。但是这一内部保障模式极易受到企业市场化竞争带来的企业经营风险以及人员流动的影响。随着保险行业的发展，出现了更大范围的社会化风险保障服务，即由专门的机构或者组织，通过风险损

失和保费筹集的平衡，在参保人员内部开展市场化互助共济，提供专业化的风险保障服务。此外，宗教组织及其他民间力量的慈善行为也是一种风险保障服务。但是，这种自主决策、自愿参与的市场化风险保障服务和民间慈善行为，并不能确保每个社会成员获得有效的基本风险保障服务。

社会化保险机制的产生源于以下经济动因：一是工业化发展扩大了劳动者个体面临的失业风险，风险社会化就会导致严重的社会动荡，增加了社会风险。而这些风险靠劳动者个人和企业的力量是无法抵御的，从而对社会性保障制度提出了迫切的需求。二是家庭社会化的要求。家庭成员参加社会化生产，生活社会化程度的逐步提高，劳动力的再生产也呈现出社会化的特征，市场经济发展的周期性也对社会保障提出了迫切需求。三是生产社会化和市场经济的发展，有力地促进了社会生产力的发展，使社会财富大量增加，这就为社会保障提供了物质基础，使国家和社会实施社会保障成为可能。同时，社会化保险机制的产生也需要一定的社会条件。从社会因素来分析，也是无产阶级长期斗争的结果。历史的经验证明，工人阶级的觉醒及工人阶级的坚决斗争、社会主义运动的兴起以及马克思主义思想的影响等多种因素，是把社会保障制度产生的可能性变为现实性的决定性因素。从英国济贫法的社会保障萌芽，到德国《帝国保险法》确立"俾斯麦社会保险模式"，再到美国颁布《社会保险法》建立再分配属性的社会保障制度，社会化保障体系逐步建立。

1952年6月4日，国际劳工组织（ILO）在瑞士日内瓦举行第35届会议，并于6月28日通过了《社会保障最低标准公约》，100多个国家和地区陆续加入，在全世界范围内就社会风险、社会保障内容、标准和管理模式达成了共识，社会保障建立的基础由劳资斗争说转向社会功能说，逐步建立起国家强制实行，以保障劳动者及其供养的直系亲属为对象，通过社会保险专门机构组织、管理、实施运行，以保障劳动者的基本生活需要为标准，在社会范围内共济的风险防范机制。并随着经济发展的不断提高而提高。在发展和完善过程中，社会保障制度从零星分散走向全面系统，社会保障从低度发展进入高级阶段，社会安全需要从不充分发展到普遍性、多层次的均衡发展，公民权利范围扩展到享受现代文明生活，社会保障功能从侧重风险应对扩展到侧重风险预防。

（二）社会保障制度与公共风险的双向分析

促进社会公平正义是社会保障制度的基本目标，也是各国社会保障制度的基本理念，但是在维护公平降低风险的同时，也要防范因社会保障支出膨胀而引发的经济低效率和新的公共风险。

（1）完善社会保障有利于促进社会公平，降低公共风险

首先，社会保障重视为人们的生存和发展提供基本保障，从而通过保障个人的基本生活能力需求，达到降低公共风险的目的。当人们在劳动和生活中遭遇突发风险，如因意外而丧失个人劳动能力或劳动机会，导致失去收入来源，影响其个人及家庭基本生活，进而会对社会生产和社会秩序造成影响时，国家通过社会保障体系为劳动者及其家庭提供一定的困难补助和失业救济，为个人分担风险、提供确定性从而达到降低公共风险的目的。

其次，社会保障通过对国民收入的再分配，均衡个人与社会关系中的获利者与受损者之间的利益，将个体的风险通过社会化的方式予以化解。国民收入从高收入者转移至低收入者、从健康者转移

至疾患者等方式，实现包括收入的公平分配、弱者的救济和保障、妇女儿童权益的保护等，确保起点和过程公平，并缩小结果的不公平，促进社会稳定发展。

最后，社会保障制度不仅包括维护代内公平，还包括维护代际公平。代内公平强调当代人在满足其社会保障利益方面的机会均等和社会保障权利实现方面的平等，以为社会个体和群体注入确定性、对冲风险为目标。代际公平则类似于罗尔斯提到的储存原则，即每一代都从前面的世代获得好处，而又为后面的世代尽其公平的一份职责。当前，由于人口结构老化、老年抚养比上升，加上社会保障待遇不断提高以及制度建立或转轨过程中形成的债务积累等因素的影响，整个社会面临着代际不公的挑战和风险。社会保障制度具有代际财富转移的特征，有利于实现社会保障的代际公平，降低由社会资源分配不均等伦理和政治问题带来的公共风险。

（2）过度社会保障降低社会效率，增加公共风险

首先，高额的失业救济金等客观上会助长群体惰性，严重影响人们参加工作的积极性，劣币驱逐良币效应下，还会造成大批专业人才外流。欧盟一些国家社会保障制度造成"养懒汉"的实际效果，不利于社会效率提高。而且福利费用增长超过劳动生产率增长幅度，造成劳动力成本加重，削弱商品的国际竞争力，不利于经济长期发展。

其次，高福利通常伴随高税收，过高税率不仅阻碍资本的流动和进入，还因为公民寻求避税而导致资本的流失，不利于经济持续发展；而且社会福利等支出的过度膨胀，会对经济产生负面影响，不仅降低社会的储蓄率、投资率，还提高了消费和财政赤字，对整个经济社会系统产生众多潜在风险。

最后，项目繁多的社会保障支出会加重政府的财政负担，严重挑战财政承受极限。欧盟部分国家的社会保障支出占其国内生产总值的30%以上，在国家步入老龄化社会后社会保障支出仍然居高不下，容易造成财政风险，进而外溢成为公共风险[①]。

（三）风险视角下的中国社保制度改革历程

（1）降低社会风险的社保制度建立

中国作为世界上最大的发展中国家，也作为社会保障制度的后起之国，一直围绕强化社会保障制度的公平性和互济性、拓展社会保障的范围等进行改革，降低社会风险。从2014年起将城乡分别推进的生活救助制度、养老保险制度、医疗保险制度整合为城乡居民社会救助制度、城乡居民养老保险制度、城乡居民医疗保险制度，并实现企业职工与机关事业单位养老保险制度的并轨[②]。基本医疗保险覆盖超过13亿人，基本养老保险覆盖近10亿人，建成世界上规模最大的社会保障体系。脱贫攻坚工作使得现行标准下9,899万农村贫困人口全部脱贫，区域性整体贫困得到解决。社会保障制度也在疫情期间构筑起人民健康的坚实保障网络，各地及时将受疫情影响的困难群众纳入低保、特困人员救助共享、临时救助等保障范围，2020年中央财政共下达困难群众救助补助资金1,483.97亿元，各地医保部门预拨专项资金194亿元，全年累计结算新冠肺炎患者医疗费用28.4亿元等。另外，在共享发展思想引领下，长期照护保

[①] 周方道：“欧盟经济社会发展的双刃剑——社会保障制度”，《党政干部学刊》2006年第10期。

[②] 席恒、余澍、李东方：“光荣与梦想：中国共产党社会保障100年回顾"，《管理世界》2021年第37（04）期。

险试点、中央调剂金制度实施、社会保险费征收体系改革、社会保障关系转移接续、国家医疗保障局与退役军人事务部的设立等一系列新的改革举措，都使中国社会保障事业成就卓著。

（2）社保缴费率降低与减少企业经营风险

从企业运营角度看，我国的社保制度也面临一系列问题，集中表现为企业经营风险加大，即社保费率高位运行，提高了企业劳动力用工成本，特别是劳动密集型企业问题更加突出。为确保企业特别是小微企业社会保险缴费负担有实质性下降，确保职工各项社会保险待遇不受影响、按时足额支付，2019年4月1日国务院办公厅发布降低社会保险费率综合方案，政策性措施包括：一、降低养老保险单位缴费比例；各省、自治区、直辖市及新疆生产建设兵团（以下统称省）养老保险单位缴费比例高于16%的可降至16%；二、继续阶段性降低失业保险、工伤保险费率，延长阶段性降低失业保险费率和工伤保险费率的期限；三、调整社保缴费基数政策，合理降低部分参保人员和企业的社保缴费基数；四、加快推进养老保险省级统筹，逐步统一养老保险参保缴费、单位及个人缴费基数核定办法等政策；五、提高养老保险基金中央调剂比例，2019年基金中央调剂比例提高至3.5%，进一步均衡各省之间养老保险基金负担。以上措施有效地降低了社会保险费率，对于减轻企业负担、优化营商环境、完善社会保险制度发挥了重要作用。方案通过降低费率等政策减轻了企业的经营压力，通过提升统筹层级和中央调剂平衡了地区风险，通过财政风险置换了企业风险、地区风险和经济风险。

上述降费政策减轻了企业的人力成本，为企业发展和经济复苏注入了活力，但是实施过程中也遇到诸多困难，突出表现为如何处理好缴费比例下调与保障待遇水平之间的关系，在减轻企业负担的同时不加大政府财政风险,这一问题在人口老龄化背景下更加严峻:下调缴费比例会减少社保筹资收入,在一定时期内会影响整体社保基金的收支平衡,最终可能会影响社保待遇或加重政府的财政负担。

(3) 共济扩围与社保制度改革

中国职工医保制度自1998年建立之初,就由统筹账户和个人账户两部分构成。统筹账户资金属于全体参保人统筹共济,资金不受个人支配,保障参保人整体的报销待遇;个人账户实行积累制,资金归个人使用,用于应付自身未来可能的医疗风险。但随着20多年来经济社会的巨大变化,个人账户风险自担、自我保障门诊费用的方式,已越来越难以满足保障群众健康的需要,具体表现在"三个不适应"。

一是不适应日益慢性病化的疾病谱。职工医保建立20多年来,我国疾病谱已发生了巨大变化,慢性病已成为影响我国居民健康的主要疾病。全国居民因慢性病导致的死亡人数占总死亡人数的比例超过85%,疾病负担占总疾病负担的70%以上。治疗慢性病最有效的方式,就是通过门诊早诊早治、健康管理,避免小病拖成大病,有效减轻群众病痛和经济负担。原有制度安排中,以个人账户保障普通门诊费用的方式难以满足现实需求。

二是不适应医疗技术的飞速进步。随着医疗技术的发展,门诊可提供的医疗服务范围大幅增加,服务功能明显加强。之前群众需要住院才能享受的诊疗服务,已越来越多地转变为门诊项目。过去必须通过住院才能开展的检查检验及部分手术项目,现在通过门诊就可以解决,门诊服务量快速增长。2001年到2021年,全国医疗机构门急诊人次数从19.5亿次增至80.4亿次,增长了312%。个人账户有限的资金积累,难以适应参保人对门诊需求的大幅增长。

三是不适应我国老龄化发展趋势。2001年我国就已进入老龄化社会,较其他国家,我国老龄化速度更快、老龄人口占比更大。2001年至2021年,全国65岁及以上老年人口从9062万快速增长至2.05亿,占总人口的比重从7.1%攀升至14.2%。据测算,2035年左右,我国60岁及以上老年人口将突破4亿,在总人口中的占比将超过30%,进入重度老龄化阶段。老年人随着年龄增加,患病概率更高,而且往往易患多种慢性病,门诊就医频次、就医费用都显著高于中青年。2021年,退休人员人均门诊就诊次数是在职职工的2.17倍,门诊次均费用是在职职工的1.15倍。但原有制度对门诊保障力度不足,老年人小病时不舍得花钱治疗,小病拖成大病,最终不得不住院治疗的现象不在少数。这既增加了老年人身心痛苦,也增加了家人的照护负担,还导致花费了更多费用。

2021年4月,国务院办公厅印发《关于建立健全职工基本医疗保险门诊共济保障机制的指导意见》(国办发〔2021〕14号),提出调整统筹基金和个人账户结构,增加的统筹基金用于门诊共济保障和家庭共济保障,推动职工医保门诊保障由个人积累式的保障模式向社会互助共济保障模式转变,将个人账户使用范围由参保人本人拓展到家庭成员。按照积极稳妥推进的原则,设置3年左右的过渡期,逐步实现改革目标。

个人账户划入的调整要求,对于在职职工,改革前,个人账户的资金来源由单位缴费的一部分和个人缴费共同组成;改革后,个人缴费依然全部划入个人账户,原来单位缴费划入个人账户的部分,划入统筹基金。对于退休人员,改革前,大部分地方每月划入个人账户的资金为"个人养老金实际发放数×划入标准";改革后，划入个人账户的资金为"本统筹地区实施改革当年基本养老金平均水平×划入标准"，其中，改革后的划入标准比改革前有所降低。因此，从个人账户的角度看，医保新共济制度意味着个人账户资金的减少。从个体来看，个人账户划缴办法的改革，显然会直接减少归属个人账户的资金，增加了个人的风险。

另一方面，职工医保门诊共济保障制度改革也减少了个人风险，其主要机制在于"增"和"拓"。前者是指增加实现普通门诊的报销，包括增加普通门诊报销、提升普通门诊报销额度、增加门诊报销项目、扩大门诊报销范围。后者是指将个人账户使用范围由参保人本人拓展到家庭成员。可以支付配偶、父母、子女在定点医疗机构就医时发生的由个人负担的医疗费用；可以支付配偶、父母、子女在定点零售药店购买药品、医疗器械、医用耗材发生的由个人负担的费用；部分地区可以支付配偶、父母、子女参加城乡居民基本医疗保险等的个人缴费。

此次改革的核心，是用调整个人账户的划入方式，来"置换"普通门诊统筹报销，更好地实现了社保互济共助职能改革，减少社会风险。但是很显然涉及利益的结构性调整，参保人划入个人账户的资金会有不同程度的减少，属于个体受损，但患病多、老年群体相对受益。

（四）行为主义视角下社会保障制度改革的展望

我国现代意义的社会保障制度起步较晚，仍然存在诸多缺陷，如不同群体待遇差距较大、参保人群质量不高、社保服务流程运行不畅等问题。社会保障制度的改革，要努力实现公平和效率的统一，通过引导个人行为提供稳定预期、防范公共风险，从而有助于实现国家的长治久安。从行为主义的角度出发，需要据实优化我国的社保制度。

一方面，社会保障改革要力求寻找平衡各方面利益的共同点，以纠正不同群体和个人的行为偏差，减少冲突与不确定性。戴蒙德（Diamond）指出，人缺乏自我约束和自我认知，无法将收入和支出在一生中进行有效平衡，因此通过社会保障政策预留退休后的消费，纠正个人行为的偏误。具体到我国养老保险制度改革，要积极构建多层次养老保险体系，加快养老保险的全国统筹工作，实现养老待遇及时调整和按时足额发放；另外，还要加快推动医药卫生体制改革，解决民众基本医疗保障问题，完善社会福利政策，强化重点群体保障，以及促进就业、扶贫、住房等保障机制的完善和落实，切实为社会成员提供稳定预期，并引导各行为主体改变自己的行为方式，主动加入社会保障体系，利用社会保障制度防范风险。

另一方面，加快建立健全社会保障待遇的确定和调整机制，给社会成员以稳定而清晰的预期。依据埃尔斯伯格（Ellsberg）的分析，人的偏好不仅依赖于不确定程度，还依赖于不确定的来源；杰克逊（Jackson）分析人们偏好于描述清晰、信息充分、资料全面的社会保障政策。建议政府要尽量细化社会保障政策的各项条款，降低社会公众面临的不确定性[1]。具体的，一是政府要加快修改职工基本养老保险待遇计发办法，按照保持购买力不下降的原则确立养老金增长机制，同时制定城乡居民基础养老金稳步增长、保值增值等基本目标的行动计划；二是健全最低生活保障标准、残疾人两项

---

[1] 刘蓉、黄洪：「行为财政学研究评述」，《经济学动态》2010年第5期。

补贴制度和儿童福利等项目的自然增长机制,确保实际保障能力不下降;三是稳定职工基本医疗保险待遇水平,稳步提高城乡居民基本医疗保险待遇水平,加大医疗救助力度,逐步建立基本医疗保障待遇清单制度;四是完善社会保障筹资机制,合理分配各主体的社会保险筹资责任,优化筹资结构,稳定并适度减轻用人单位的缴费负担。

四、新冠疫情防控,化解公共卫生风险的政府行为分析

(一)新冠疫情防控中的财政政策

2019年年底暴发的新冠疫情,不仅是新中国成立以来在我国发生的传播速度最快、感染范围最广、防控难度最大的一次重大突发公共卫生事件,而且病毒不断变异和迅速传播也令国际疫情防控十分艰巨。危急时刻,党中央果断提出要"把人民生命安全和身体健康摆在首位",统筹安排19个省份对口支援湖北省除武汉市外的16个市州及县级市,建立"一省包一市"的工作方案,全力以赴抗击新冠疫情,多数省区启动重大突发公共卫生事件一级响应,部分地区采取"封城"、交通管制、复工延迟、假期延长等手段切断疫情的传播。重大公共风险面前,财政资金有力保障各级政府应对公共突发性事件的财力和物质需求,为实现疫情防控与经济社会发展双胜利目标奠定了坚实基础。

一是发挥财政兜底功能,减免医疗费用,统一医疗物资采购。对新冠肺炎确诊患者治疗费用个人负担部分,以及疑似患者检测、隔离所需费用,一律由财政兜底;对企业生产的重点医疗防护物资,一律由政府兜底采购和收储,并由各级财政优先安排医疗卫生

机构疫情防控必需的防护、诊断、治疗专用设备和快速诊断试剂采购等所需经费。2020年1月，财政部紧急下拨10亿元支持湖北疫情防控，截至2020年2月24日，各级财政累计下达疫情防控补助资金1,008.7亿元。

二是发挥财政应急管理功能，提高救治能力，鼓励疫情防控。相关部门投入巨额财政资金迅速筹建火神山、雷神山医院，并联合社会力量建立多家方舱医院，解决疫情暴发初期医院病床和医疗设施均不足的难题，迅速提升救治能力，扭转被动防治局面。出台保障一线医务人员经济利益的系列政策，如发放覆盖全体一线医务人员的防疫津贴，对参加疫情防治工作的医务人员取得的临时性工作补助和奖金，以及单位发放给个人用于疫情的药品、医疗用品和防护用品等实物，不计入工资、薪金收入，免征个人所得税等。

三是发挥财政配置职能，集中力量科研攻关，助力疫苗研发。疫情发生后相关领域科研人员围绕诊断试剂、治疗方案、病毒追源和疫苗研发等工作，以财政科技专项为支撑部署科研攻关，各地科研机构也多方配合切实保障科技战"疫"的资金需求。截至2021年2月19日，就有2个药品附条件批准①上市，应急批准16个疫苗品种开展临床试验，其中6个疫苗品种已开展Ⅲ期临床试验，为全球抗疫做出重要贡献，为维护人民健康提供有力保障。

四是发挥财政经济功能，带动生产有序复工，促进经济重返正

---

① 2017年10月两办印发《关于深化审评审批制度改革鼓励药品医疗器械创新的意见》，首次提出附条件批准，规定对治疗严重危及生命且尚无有效治疗手段的疾病以及公共卫生方面等急需的药品医疗器械，临床试验早期、中期指标显示疗效并可预测其临床价值的，可附带条件批准上市。

轨。一方面，政府依托财政支撑，通过发放给企业和居民的异地返岗补贴、贷款利息补贴和各种消费券等，带动企业有序复工和促进居民消费；密集出台减税减费政策，包括阶段性减免小微企业增值税、部分减免城镇土地使用税和房产税、延缓或部分减免企业社保缴费等，推动企业复工复产，帮助小微企业和个体工商户渡过难关。另一方面，加大宏观政策调节和实施力度，提出包括积极有为的财政政策和灵活稳健的货币政策在内的一揽子宏观政策措施，通过适当提高财政赤字率、发行特别国债和进一步增加地方政府专项债券规模等，为复工复产和实体经济发展提供精准服务。

（二）财政的公共卫生风险化解机制

2020年年初在全球爆发的新冠疫情，再次表明不确定性才是这个世界的本性，每一秒人类都面临自然和社会不确定性带来的风险，但是不确定性本身不一定都是风险，只有风险理性[①]与不确定性之间的差距才构成风险，风险理性水平越高，风险则越小。而集体风险理性与不确定性之间的差距则构成公共风险[②]，广泛存在于自然界中的病毒时刻有变异等不确定性，但是此次新型冠状病毒流行之前突破人类已有的认知和技术范围，加之防范疫情的公共制度存在漏洞和公共风险意识较低，如政府及相关政府部门之间疫情防治权责不细化、基层卫生机构能力建设不足、防疫物资人员储备及资源配置机制运转不畅，以及公众对新发传染病的认识和重视程度不

[①] 风险理性由知识、技术、制度、创新能力和风险意识因素构成，而其中风险意识与创新能力又同知识、技术和制度因素相关。

[②] 公共风险＝不确定性－集体风险理性＝不确定性－（知识＋技术＋公共制度）×集体创新能力×集体风险意识。

够等，造成重大公共卫生风险。

不确定性和公共风险产生集体行动的逻辑，集体行动是公共风险治理的基本手段，财政是集体行动的基础和重要支撑，因此财政是公共风险治理的基础和重要支撑。一方面，财政促进集体理性的各项要素（包括知识、技术、公共制度、集体创新能力、集体意识）正向提高；另一方面，财政能最大化发挥公共风险理性要素之间的协同效应，通过提升公共风险理性水平加强应对不确定性和治理公共风险的能力。在新冠疫情的应急管理中，财政可以通过承担疫情防控主要成本、约束个体和集体行为规则以及引导应急性资源配置等手段化解疫情与病毒等自然界中的不确定性带来的公共风险。其具体逻辑如下：

（1）财政在应急管理中承担疫情防控主要成本

知识、技术等集体理性的每项要素都有相应成本，为及时阻断疫情传播、降低疫情带来的损失，应急财政资金承担了主要成本。新冠疫情防控中科技攻关是重中之重，财政保障科研工作者第一时间开展病毒检测试剂、治疗药物和疫苗研发等工作，迅速提高新冠病毒检测技术和效率，并保障五条应急批准的技术路线共十六个疫苗品种开展临床试验等，极大提升了人们应对公共风险的知识和技术水平。兜底重点医疗防护物资的采购和收储、及时拨付专款支持重点地区疫情防控、支持基层政府保基本民生保工资保运转等，这些公共制度都依靠财政支撑。另外，为提高公众对疫情的风险认知，居家隔离、讲究卫生、呼吁戴口罩、保持社交距离等宣传成本也由财政负担。

（2）财政在应急管理中约束个体和集体行为规则

风险是人为的混合物，人的行为会导致并加剧风险。社会行为中个体行为的外部化会转化成公共风险，例如携带病毒的无症状感染者会造成社区疫情流行，而集体行为的脆弱性会强化公共风险，例如印度因为社会系统的管理和制度不足，缺乏足够力量应对新冠疫情而酿成惨剧。当今社会群体呈现高度关联性，疫情又存在人传人现象，为降低局部风险演化为全局风险的危险程度，应急财政及时兜底新冠肺炎确诊患者的治疗费用及疑似患者检测、隔离所需费用，能够解决因财力担忧而瞒报和不检测行为，化解个体行为外部化风险。另外为有效控制疫情的传播和蔓延，多数地区实施交通管制、延迟复工、延长假期等措施，对餐饮、旅游、娱乐、交运等行业产生巨大影响，财政及时通过补贴和减税政策，减轻国内投资、消费和出口等的压力，约束公共不理性行为。

（3）财政在应急管理中引导资源配置

财政通过预算、税收和财政支出政策调节政府与市场以及政府与社会的关系。习近平总书记提出要实施更加积极有为的财政政策，以全面应对新冠疫情给经济社会发展带来的重大影响。国家连续出台了一系列税收优惠政策，聚焦疫情防控、减轻企业社保费负担、扶助小微企业和个体工商户、稳外贸稳外资等；扩大专项债额度，尤其扩大其在民生领域内的适用范围；鼓励公益捐赠，调动社会资源弥补公共资源的不足等。

此外，应急性对口支援作为一种横向财政转移支付形式，在中央政府宏观调控下实现地方政府间跨区域资源横向配置和互助合作，在地方政府间实现风险共担，将突发公共卫生风险化解在基层。中央政府启动联防联控机制，19个省区市对口帮扶除武汉市以外的16个市、州，"一省包一市"支援湖北省疫情相对严重的市县；共派出340多支医疗队、42,000多名医务人员火线驰援，集中全国优质医疗资源对口支援湖北地区；从1月27日至3月19日，全国向湖北地区运送防疫物资和生活物资92.88万吨，运送电煤、燃油等生产物资148.7万吨，煤、电、油、气、热等能源供应充足，保障了湖北省社会正常运转和隔离措施顺利实施。这种一省包一市的对口支援，一方面能够迅速集中人力、财力、物力，有效配置全国范围内的应急性资源，在短时间内聚集强大的财政支出能力，有效预防疫情扩散和社会不稳定风险；另一方面，通过省际对口支援，能极大缓解中央政府的财政压力，即在利用财政风险置换卫生风险和社会风险的同时，援助省份直接划拨资金降低了中央和重灾省份短期内巨额支出引发的财政风险。

（三）财政防范化解公共卫生风险的启示

一方面，财政风险置换公共风险并承担最终风险。治理公共风险的过程就是将分散的风险点置换为单一的财政风险，以避免公共风险扩散。疫情原因使全国经济活动基本全部"暂停"，"三驾马车"都受到影响，税基大幅减少，税费减免政策继续延续，而疫情防控和救助的各项支出迅速增长，保基层正常运转、保发展、促民生的资金需求不断扩大。中央财政转移支付和债务规模增加，地方财政压力空前加大，财政风险上升，尽管财政风险上升会制约财政自身正常运行，甚至又外溢影响到公共风险，但考虑到当时国内爆发系统性债务风险的可能较小，中央政府仍有举债空间，所以财政风险被作为治理疫情这一公共卫生风险的有效政策工具，通过财政承担更多的风险以获取企业、个人风险的压力缓释。政府通过直接转移支付以及对口支援形式的横向转移支付，大幅增加财政支出应对疫情和保障民生，并且通过税费减免政策鼓励疫情抗击和经济恢复，这是短期内政府以财政风险置换疫情扩散和社会风险，长期则要通过优化财政支出结构、提高资金使用效率、提振经济等降低自身风险。

另一方面，不断创新公共制度是应对不确定性的关键举措。新冠疫情是对一国治理体系和治理能力的严峻考验，财政政策需要在公共治理层面补齐短板，系统提升外部风险冲击能力。一是加大财政对公共卫生投入力度，健全公共卫生应急体系。从基层医疗卫生机构能力建设、医疗物资储备、卫生领域科研和人才培养到疫情防控体制机制，多层次提升整体治理能力。二是提高预备费[①]比例并加强管理。增加财政对重大突发事件的事前投入，即增加预防方面的资金保障，织牢财政应对突发事件的安全网，同时建立资金累积制度，可将当年未用完的预备费结转下年使用。三是构建应急管理中的财税制度体系。制度化突发公共卫生事件税收政策应急预案和税收征管程序，规范各项减税降费优惠政策，完善应对突发事件的短期补贴体系，重大公共风险的财政补贴尽量纳入预算范围，统筹多方建成多层次社会保障体系。四是规范突发公共卫生事件应急性对口援助机制，进一步通过法律法规提高对口支援捐助活动的制度化、规范化水平，发挥财政引导应急性资源配置的重要作用，完善慈善组织的治理水平，充分发挥慈善组织的作用，汇集民间力量防范化解重大公共风险。

---

① 《中华人民共和国预算法》第四十条规定，"各级政府预算应当按照本级政府预算支出额的百分之一至百分之三设置预备费，用于当年预算执行中的自然灾害救灾开支及其他难以预见的特殊开支"。

参考文献

Aaron H, J., "Behavioral Dimensions of Retirement Economics", *Journal of Policy Analysis & Management*, 1999, 19（4）: 647–649.

Allingham, M. G., Sandmo Agnar, "Income Tax Evasion: A Theoretical Analysis", *Journal of Public Economics*, 1972,（1）: 323–338.

Camerer, C. F., "Progress in Behavioral Game Theory", *The Journal of economic perspectives*, 1997, 11（4）: 167–188.

Eckel, Grossman, Johnston, "An Experimental Test of the Crowding out Hypothesis", *Journal of Public Economics*, 2005, 89（8）: 1543–1560.

Frey, B. S, Feld L. P., "Deterrence and Morale in Taxation: An Empirical Analysis", *Social Science Electronic Publishing*, 2002,（8）.

Kahneman, D., Tversky, A., "Prospect Theory: An Analysis of Decision under Risk", *Econometrica*, 1979, 47（2）.

Laibson, D., "Golden Eggs and Hyperbolic Discounting", *Scholarly Articles*, 1997, 112（2）: 443–477.

Loewenstein, G., Prelec. D., "Anomalies in Intertemporal Choice: Evidence and an Interpretation", *Quarterly Journal of Economics*, 1992, 107（2）: 573–597.

McCaffery, Slemrod., "Toward an agenda for behavioral public finance", *Behavioral Public Finance*, Russell Sage Foundation Press, 2006.

Thaler, R. H., Shefrin, H. M., "An Economic Theory of Self-Control", *Social Science Electronic Publishing*, 1981, 89（2）: 392–406.

Thaler. R. H., "Mental Accounting and Consumer Choice", *Marketing Science*, 2008.

白彦锋、郝晓婧："行为财政学视角下提升税收遵从的路径选择——基于B市地税加强零申报纳税人管理的案例分析",《税收经济研究》2018年第2期。

白彦锋、岳童："行为财政学与我国财政决策变革研究——基于我国社保缴费制度改革的分析",《新疆财经》2019年第2期。

曹春："公共风险与政府社会保障责任",《财政研究》2013年第3期。

曹荆如："行为财政学研究与概述",《商界论坛》2014年第3期。

陈建奇、刘雪燕："中国财政可持续性研究：理论与实证",《经济研究参考》年2012年第2期。

陈曦、刘尚希:"经济学关于不确定性认知的变迁",《财政研究》2020年第7期。

陈叶烽、叶航、汪丁丁:"超越经济人的社会偏好理论:一个基于实验经济学的综述",《南开经济研究》2012年第1期。

崔兵、何彦霖、邱少春:"制度主义公共债务管理模式失灵的再反思——与刘尚希等商榷",《湖北工业大学学报》2018年第33(06)期。

丁建定、王伟:"西方国家社会保障制度发展模式研究",《东岳论丛》2021年第3期。

范云佳:"对新冠肺炎疫情防控财政资金和税收政策落实情况审计的思考",《现代审计与会计》2021年第4期。

冯俏彬、韩博:"新冠肺炎疫情对我国财政经济的影响及其应对之策",《财政研究》2020年第4期。

冯俏彬:"中国财政可持续之道:基于政府收入体系视角的研究",《地方财政研究》2019年第3期。

郭庆旺、吕冰洋、何乘才:"我国的财政赤字'过大'吗?",《财贸经济》2003年第8期。

郭庆旺、赵志耘:"论我国财政赤字的拉动效应",《财贸经济》1999年第6期。

郭庆旺、赵志耘:"中国财政赤字的规模与作用",《经济理论与经济管理》2002年第2期。

侯光辉、王元地:"'邻避风险链':邻避危机演化的一个风险解释框架",《公共行政评论》2015年第1期。

胡杨:"解释中国消费增速下滑现象——基于居民杠杆率的视角",《浙江金融》2020年第11期。

黄群慧:"改革开放40年中国的产业发展与工业化进程",《中国工业经济》2018年第9期。

贾根良:"贸易平衡、财政赤字与国内大循环经济发展战略",《财经问题研究》2020年第8期。

江国华:"健全中国特色基本公共服务制度体系",《社会治理》2021年第1期。

李成威、杜崇珊:"公共风险、公共债务与财政健康度",《现代经济探讨》2021年第3期。

李成威、景婉博:"财政政策与货币政策的有效协同模式:赤字货币化",《经济与管理评论》2021年第2期。

李成威：“不确定性、虚拟理性与风险分配——公共风险视角的财政哲学"，《财政研究》2020年第11期。

李成威：“从公共风险视角看财政经济学——传统财政经济学观点述评"，《财政研究》2021年第2期。

李成威：“理解现代财政：公共风险的视角"，《财政科学》2021年第1期。

李春根、舒成：“基于路径优化的我国地方政府间事权和支出责任再划分"，《财政研究》2015年第6期。

李华、董艳玲：“中国基本公共服务均等化测度及趋势演进——基于高质量发展维度的研究"，《中国软科学》2020年第10期。

李明、汪晓文：“应对突发公共卫生事件的税收政策探讨"，《财政科学》2020年第2期。

李永友：“我国财政支出结构演进及其效率"，《经济学（季刊）》2010年第1期。

李勇军：“基于信息不对称的政策决策分析"，《行政论坛》2010年第2期。

廖淑萍：“当前哪些因素可能加大全球经济下行风险"，《中国财经报》2019年7月6日。

林晓丹：“基于财政应急管理视角的预备费管理研究——我国应对新冠肺炎疫情的经验及启示"，《预算管理与会计》2020年第11期。

刘安长：“从逆周期到跨周期：财政政策调控的反思及展望"，《经济纵横》2021年第3期。

刘安长：“我国财政定位的演变：从宏观调控工具到国家治理的基础与支柱"，《青海社会科学》2020年第2期。

刘蓉、黄洪：“行为财政学研究评述"，《经济学动态》2010年第5期。

刘溶沧、马拴友：“赤字、国债与经济增长关系的实证分析——兼评积极财政政策是否有挤出效应"，《经济研究》2001年第2期。

刘尚希、白景明、傅志华、程瑜、李成威、梁季、梁强：“高度警惕风险变形 提升驾驭风险能力——'2017年地方财政经济运行'调研总报告"，《财政研究》2018年第3期。

刘尚希、樊轶侠：“减税降负支持民营经济发展"，《中国金融》2018年第24期。

刘尚希、郭鸿勋、郭煜晓：“政府或有负债：隐匿性财政风险解析"，《中央财经大学学报》2003年第5期。

刘尚希、李成威、杨德威：“财政与国家治理：基于不确定性与风险社会的逻辑"，《财政研究》2018年第1期。

刘尚希、李成威:"基于公共风险重新定义公共产品",《财政研究》2018年第8期。

刘尚希、李成威:"努力让公共风险最小化(上)",《中国财经报》2014年第7期。

刘尚希、李成威:《现代财政论纲》,经济科学出版社2019年版,第6页。

刘尚希、马洪范、刘微等:"以明晰支出责任为切入点完善财政体制",《中国财政》2013年第5期。

刘尚希、盛松成、伍戈等:"财政赤字货币化的必要性讨论",《国际经济评论》2020年第4期。

刘尚希、石英华、王志刚、王宏利、张鹏、武靖州、李靖、苏京春、刘天琦:"经济下行压力加大,亮点与挑战并存——2019年三季度宏观经济形势分析报告",《财政科学》2019年第11期。

刘尚希、石英华、王志刚、张鹏、王宏利、武靖州、苏京春、李承怡、刘帅、张帅、刘天琦、吉嘉:"经济持续回暖,下行压力依然存在——2020年经济运行分析及2021年经济形势展望",《财政科学》2021年第2期。

刘尚希、石英华、武靖州:"公共风险视角下中央与地方财政事权划分研究",《改革》2018年第8期。

刘尚希、石英华、武靖州:"制度主义公共债务管理模式的失灵——基于公共风险视角的反思",《管理世界》2017年第1期。

刘尚希、王朝才等:"'地方财政经济运行'全国问卷调查分析报告",《经济研究参考》2017年第3期。

刘尚希、王志刚、程瑜等:"公共风险视角下的财政事权与支出责任划分——基于贵州、陕西的调研报告",《财政科学》2018年第3期。

刘尚希、武靖州:"财政改革四十年的基本动力与多维观察—基于公共风险的逻辑",《经济纵横》2018年第11期。

刘尚希、武靖州:"风险社会背景下的财政政策转型方向研究",《经济学动态》2021年第3期。

刘尚希、邢丽、梁季、施文泼、刘昶、肖琼琪:"财源建设挑战加大,地方收支失衡问题突出——基于浙江、四川、海南三省的调查",《财政科学》2021年第1期。

刘尚希、杨良初、李成威:"优化公共收入结构:财政增收的重要途径之一",《杭州师范学院学报(社会科学版)》2005年第5期。

刘尚希：“把握稳进平衡 提高积极财政政策实施效果”，《经济日报》2017年7月28日。

刘尚希：“财政风险：从经济总量角度的分析”，《管理世界》2005年第7期。

刘尚希：“财政风险：防范的路径与方法”，《财贸经济》2004年第12期。

刘尚希：“财政风险：一个分析框架”，《经济研究》2003年第5期。

刘尚希：“财政政策需要新思路”，《北京日报》2020年2月17日。

刘尚希：“从'打静靶'转向'打飞靶'”，《经济日报》2021年1月18日。

刘尚希：“公共风险变化：财政改革四十年的逻辑”，《审计观察》2018年第6期。

刘尚希：“公共支出范围：分析与界定”，《经济研究》2002年第6期。

刘尚希：“宏观经济形势及宏观政策内在逻辑发生新变化”，《财政科学》2021年第4期。

刘尚希：“财政分权改革——'辖区财政'”，《中国改革》2009年第6期。

刘尚希：“政府在防范化解金融风险中的责任”，《财经界》2018年第4期。

刘尚希：“论四十年财政改革的逻辑本质”，《财政监督》2018年第22期。

刘尚希：“盘活存量债务 激发经济活力——化解地方政府债务风险”，《清华金融评论》2019年第7期。

刘尚希：“以公共风险的结构和强度重塑财政政策体系”，《财政科学》2021年第3期。

刘尚希：“中国财政风险的制度特征：'风险大锅饭'”，《管理世界》2004年第5期。

刘树成：“防止经济增速一路下行——2015—2020年中国经济走势分析”，《经济学动态》2015年第3期。

刘思源：“财政赤字货币化：理论与实践”，《宏观经济研究》2020年第9期。

刘志鹏：“公共政策过程中的信息不对称及其治理”，《国家行政学院学报》2010年第3期。

任梅、刘银喜、赵子昕：“基本公共服务可及性体系构建与实现机制——整体性治理视角的分析”，《中国行政管理》2020年第12期。

石英华、刘帅、李承怡、吉嘉：“促进国内国际双循环 宏观调控如何发力——'双循环发展与财政政策'研讨会观点综述”，《财政科学》2020年第11期。

苏力：“从契约理论到社会契约理论——一种国家学说的知识考古学”，《中国社会科学》1996年第3期。

睢党臣、程旭、吴雪:"人口结构转变、人口红利与经济增长——基于中日两国的比较",《经济体制改革》2020年第5期。

孙洁、侯鱼凡:"后疫情时代我国地方财政政策的变化与调整",《党政研究》2020年第4期。

文秋林:"财政抗疫的经验与启示",《现代商贸工业》2021年第15期。

闻媛:"技术创新政策分析与工具选择",《科技管理研究》2009年第8期。

席恒、余澍、李东方:"光荣与梦想:中国共产党社会保障100年回顾",《管理世界》2021年第4期。

杨忠孝、梁洋:"后疫情时代我国结构性减税制度的困境及其出路",《法律方法》2020年第30(01)期。

尹翔硕、陈孝东、肖康康:"财政政策与逆周期调控成效——基于广义财政刺激力度视角",《上海经济研究》2020年第2期。

于海峰、葛立宇:"积极财政政策下的财政风险研究——基于新冠疫情背景的分析",《广东财经大学学报》2021年第36(01)期。

张斌:"新冠肺炎疫情对宏观经济的影响及财政政策的对冲效应评价分析",《工业技术经济》2020年第39(10)期。

张萌:"财税政策应对新冠肺炎疫情的思考",《会计之友》2020年第12期。

张伟强:"奥尔森的国家起源理论",《北方法学》2009年第3(02)期。

张熙:"我国社会保障法中公平与效率的价值定位",《纳税》2017年第21期。

郑功成:"面向2035年的中国特色社会保障体系建设——基于目标导向的理论思考与政策建议",《社会科学文摘》2021年第4期。

中国财政科学研究院宏观经济研究中心课题组,刘尚希、白景明,等:"财政风险指数框架研究",《财政科学》2016年第4期。

中国人民大学中国宏观经济分析与预测课题组,陈彦斌、陈小亮、刘哲希:"结构性去杠杆下的中国宏观经济——2018年中期中国宏观经济分析与预测",《经济理论与经济管理》2018年第8期。

周方迢:"欧盟经济社会发展的双刃剑——社会保障制度",《党政干部学刊》2006年第10期。

朱静、刘尚希:"转移支付关联着区域公平和效率",《新理财(政府理财)》2019年第8期。

后　　记

　　习近平总书记在2016年哲学社会科学工作座谈会上强调："要按照立足中国、借鉴国外、挖掘历史、把握当代，关怀人类、面向未来的思路，着力构建中国特色哲学社会科学，在指导思想、学科体系、学术体系、话语体系等方面充分体现中国特色、中国风格、中国气派。"这为中国特色社会科学创新发展指明了根本方向。2022年，习近平总书记在中国人民大学考察时进一步指出："加快构建中国特色哲学社会科学，归根结底是建构中国自主的知识体系。要以中国为观照、以时代为观照，立足中国实际，解决中国问题，不断推动中华优秀传统文化创造性转化、创新性发展，不断推进知识创新、理论创新、方法创新，使中国特色哲学社会科学真正屹立于世界学术之林。"当今财政理论研究者的使命，就是立足我国的国情和制度特点，放眼世界，从财政实践中汲取经验和灵感，逐步构筑中国自主财政知识体系，夯实国家治理的基础。

　　世界的本质是不确定的。风险此起彼伏是新时代的一个基本特征，这就要求财政基础理论创新必须转变思维方式，打破传统的确定性世界观，代之以不确定性世界观。从不确定性世界观来看，人类生存和发展的前提是防范和化解公共风险，在不确定性中构建社会共同体的确定性。正如乌尔里希·贝克《风险社会》这本书所写的，在风险社会里，"过去"丧失了它决定"现在"的权力，取而代之的是"未来"。也就是说,某些不存在的、设计的、虚构的事物,成了当下经验和行动的"原因"。我们今天积极作为,是为了避免、缓解或预防明后天的问题与危机——或者干脆什么也不做。进入风险社会意味着我们对世界的认识、对财政实践的认识以及对财政学的认识需要新的范式。防范和化解公共风险是财政的新范式,即应以公共风险为逻辑起点,以整体观和行为主义为逻辑线索,重构财政基础理论和财政学。

我们对公共风险和风险财政理论的研究由来已久。早在20世纪90年代,学界关于公共财政理论的探索如火如荼的时候,我意识到,构建在"二元论"和工业文明基础上的传统理论在解释和指导我国改革发展实践方面存在内在逻辑缺陷——未来是在今天的延长线上,是线性的、确定的,"规律论"是研究的普遍范式和最流行的话语,"规律"这个概念给一切话语披上了一件科学外衣。然而,人类社会的演进是不确定的,从目前来看已经进入一个高度不确定的风险社会,这需要有新的理论准备和相应的制度安排。在此后的研究过程中,我就结合观察中国及世界各国财政演进的轨迹,开始了风险财政理论的探索,始终关注如何通过财政制度创新和运用财政政策注入"确定性"来防范和化解经济社会运行中的公共风险,避免公共危机,为未来构建确定性。

2018年,我的关于公共风险研究的阶段性成果《公共风险论》出版,与此同时中国财政科学研究院和中国财政学会先后成立"重构财政学理论体系研究"和"中国特色社会主义财政基础理论研究"等课题组,试图以公共风险理论为基础构建自主财政知识体系。在中国财政学会组织的一系列新时代财政理论创新推进会上,如"廊坊会议""泰安会议""长沙会议""南昌会议""上海会议""武汉会议",我们提出的关于风险财政学的一些观点和主张,引起了与会学者的共鸣,而课题组对国内相关专家建议的吸收和融合则极大地促进了风险财政理论的发展。另外,我带领的研究团队运用风险财政理论、风险财政实践和风险财政史观出版了一系列成果,包括《大国财政》《中国改革开放的财政逻辑》《新中国70年发展的财政逻辑》《百年大党的人民财政观》《企业成本:我们的调查与分析》《现代财政论纲》和《全球风险治理专题报告》等。

在上述研究积淀基础上,研究团队经过数年的研究和写作,形成了目前呈现在大家面前的《风险财政观》。本书从酝酿提纲,到写作初稿,再到多次推倒重来,前后历时5年之久。成稿的《风险财政观》全书共分为四部分内容,第一部分"风险财政观之思想史研究",从古今中外财政经济思想史中提炼风险财政观的演化史,同时也为风险财政的研究探寻思想资源。研究发现,风险财政观在思想史中虽未明确提出,但始终隐含在其中;第二部分"风险财政学之财政基础理论流变",通过对财政基础理论演变过程的深入研究,分析了风险财政学的发生、发展及主要观点和学术贡献;第三部分"风险财政观之实践观察",从财政体制、预算和减税降费等角度研究了风险财政学的实践价值;第四部分"风险财政观之行为分析"着重对风险财政学的"行为逻辑"进行了分析,结合相关现实案例阐述了"行为主义"在风险社会比"制度主义"更重要,更具有理论和实践价值。

《风险财政观》是团队合作研究的成果,我设计了《风险财政观》全书基本框架,参与了各部分内容的讨论研究,并对基本观点做最后的定型。傅志华研究员和程北平副研究员参与了课题研究讨论,提出了很多建设性建议。刘晔教授、马珺研究员、崔惠玉教授和李华教授等参与了课题研究，他们的创造性贡献奠定了本书的基础，没有他们坚持不懈的努力就不可能有这本书。其中，刘晔教授参与了本书"风险财政观之思想史研究"部分的写作；马珺研究员参与了本书"风险财政学之财政基础理论流变"部分的写作；崔惠玉教授参与了本书"风险财政观之实践观察"部分的写作；李华教授参与了本书"风险财政观之行为分析"部分的写作。程瑜研究员、陈龙研究员、李成威研究员和武靖州研究员等深度参与相关讨论。在这里，谨对本书做出贡献的各位研究同仁表示衷心的感谢！

时代是思想之母，实践是理论之源。风险财政研究团队试图回答时代之问，试图站在人类文明发展的高度来观察现有的理论和实践。然而，理论创新谈何容易，研究团队付出了艰辛努力，但也只是刚刚起步，未来创新之路还很漫长。希望学界一起努力，共同推动中国财政基础理论的创新与繁荣发展。